50 algoritmos que todo programador debe conocer
Segunda edición

Enfréntese a retos informáticos con algoritmos clásicos y modernos en Machine Learning, diseño de software, sistemas de datos y criptografía

Imran Ahmad

Marcombo

Segunda edición original publicada en inglés por Packt Publishing Ltd. con el título: *50 Algorithms Every Programmer Should Know*, © 2023 Packt Publishing

Título de la edición en español: *50 algoritmos que todo programador debe conocer*

Segunda edición en español, 2024

© 2024 MARCOMBO, S.L.
www.marcombo.com

Traducción: Sonia Llena
Corrección: Cristina Pazos
Directora de producción: M.ª Rosa Castillo

ISBN: 978-84-267-3839-4
D.L.: B 11505-2024

Impreso en Arteos
Printed in Spain

Libro ecológico
Impreso con papel procedente de bosques gestionados de manera eficiente, libre de cloro

Prólogo

En 2014, a pesar de tener un doctorado en Economía, acogí con entusiasmo mi nuevo empleo como científico de datos. Aunque algunos lo verán como un cambio radical, para mí fue una progresión natural. Sin embargo, el panorama tradicional de la economía podría sugerir que los económetras y los científicos de datos no siguen el mismo camino.

Al principio de mi aventura en la ciencia de datos, me encontré con un sinfín de materiales en Internet. La enorme cantidad de recursos disponibles hacía que encontrarlos fuera como hallar un diamante en bruto. Con demasiada frecuencia, el contenido carecía de ideas prácticas relevantes para mí, lo que me provocaba algún que otro episodio de desilusión.

Mi veterano colega Imran fue quien iluminó mi viaje, pues su orientación y tutoría constantes fueron transformadoras. Me mostró recursos que mejoraron mi comprensión, compartiendo siempre conmigo generosamente sus profundos conocimientos. Tenía el don de hacer comprensibles los temas más complejos.

Más allá de su experiencia como científico de datos, Imran destaca por ser un visionario, líder y un hábil ingeniero. Le encanta encontrar soluciones innovadoras, sobre todo ante las situaciones más complicadas. Parece que los retos le fortalecen. Con una capacidad de liderazgo natural, se desenvuelve con soltura en proyectos complejos. Sus notables contribuciones a la IA y el aprendizaje automático son encomiables. Además, su talento para conectar con el público, a menudo aderezado con humor, le distingue de los demás.

Esta experiencia brilla con luz propia en *50 algoritmos que todo programador debe conocer*. El libro va más allá de una enumeración de algoritmos, pues refleja la capacidad de Imran para hacer comprensibles temas complicados. Las aplicaciones reales van desde la predicción meteorológica hasta la creación de motores de recomendaciones de películas.

El libro destaca por su enfoque holístico de los algoritmos, no solo de la metodología, sino también del razonamiento que los sustenta. Es un tesoro para los defensores de la

IA responsable, pues subraya la importancia de la transparencia de los datos y la concienciación sobre los prejuicios.

50 algoritmos que todo programador debe conocer es un libro imprescindible en el arsenal de un científico de datos. Si estás empezando tu aventura en la ciencia de datos o quieres mejorar tus conocimientos, este libro es una buena plataforma de lanzamiento.

Somaieh Nikpoor, PhD

Director de Ciencia de Datos e Inteligencia Artificial, Gobierno de Canadá

Profesor adjunto, Sprott School of Business, Carleton Universitty

Colaboradores

Acerca del autor

El doctor Imran Ahmad trabaja como científico de datos en el **Advanced Analytics Solution Center (A2SC)** del Gobierno Federal canadiense, donde utiliza algoritmos de aprendizaje automático para aplicaciones de gran importancia.

En su tesis doctoral de 2010, presentó un algoritmo basado en programación lineal diseñado para la asignación óptima de recursos en entornos expansivos de computación en la nube. Más tarde, en 2017, el Dr. Ahmad fue pionero en el desarrollo de un marco analítico en tiempo real, StreamSensing. Esta herramienta se ha convertido en la piedra angular de varios de sus trabajos de investigación, ajustándola para procesar datos multimedia en diversos paradigmas de aprendizaje automático.

Fuera de sus funciones gubernamentales, el Dr. Ahmad es profesor visitante en la Universidad Carleton de Ottawa. En los últimos años, también ha sido reconocido como instructor autorizado tanto para Google Cloud como para AWS.

Estoy profundamente agradecido a mi mujer, Naheed, a mi hijo, Omar, y a mi hija, Anum, por su apoyo incondicional. Un guiño especial a mis padres, en particular a mi padre, Inayatuallah, por su incesante estímulo para seguir aprendiendo. Agradezco también a Karan Sonawane, Rianna Rodrigues y Denim de Packt por sus inestimables aportaciones.

Acerca de los revisores

Aishwarya Srinivasan ha trabajado como científica de datos en el equipo de Google Cloud AI Services, donde se dedicaba a crear soluciones de aprendizaje automático para casos de uso de clientes. Tiene un posgrado en ciencia de datos por la Universidad de Columbia y más de 450 000 seguidores en LinkedIn. Fue destacada como *LinkedIn Top Voice for data science influencers* (2020) y ha sido reconocida como *Women in AI Trailblazer* del año.

Tarek Ziadé es un programador residente en Borgoña (Francia). Ha trabajado en grandes empresas de software, como Mozilla y Elastic, donde creaba servicios web y herramientas para desarrolladores. Tarek fundó el grupo francés de usuarios de Python denominado *Afpy* y ha escrito varios superventas sobre Python y servicios web.

Me gustaría dar las gracias a mi familia: Freya, Suki, Milo, Amina y Martine. Porque siempre me han apoyado.

Brian Spiering empezó su carrera de programador en la sala de ordenadores de su escuela primaria, hackeando BASIC para crear programas que divertían a sus compañeros y molestaban a las autoridades. Mucho más tarde, Brian se doctoró en Psicología cognitiva por la Universidad de California, en Santa Bárbara. En la actualidad, Brian imparte clases de programación e inteligencia artificial.

Índice

Prefacio

En el ámbito de la informática, desde las teorías fundamentales hasta las aplicaciones prácticas, los algoritmos son la fuerza motriz. En esta edición actualizada, nos adentramos aún más en el dinámico mundo de los algoritmos, ampliando nuestro campo de acción para abordar problemas urgentes del mundo real. Empezando por los fundamentos de los algoritmos, viajaremos a través de una infinidad de técnicas de diseño que nos llevarán a áreas complejas como la programación lineal, la clasificación de páginas, los grafos y una exploración más profunda del aprendizaje automático. Para garantizar que estamos a la vanguardia de los avances tecnológicos, hemos incorporado debates sustanciales sobre redes secuenciales, LLM, LSTM y GRU, así como criptografía y la implementación de algoritmos a gran escala en entornos de computación en la nube.

También detallamos meticulosamente la importancia de los algoritmos en los sistemas de recomendación, un elemento fundamental en la era digital actual. Para manejar eficazmente estos algoritmos, es primordial comprender su lógica y matemáticas subyacentes. Nuestros casos de estudio, que van desde previsiones meteorológicas y análisis de tuits hasta recomendaciones de películas y la profundización en los matices de los LLM, ejemplifican sus aplicaciones prácticas.

Gracias a los conocimientos adquiridos con este libro, nuestro objetivo es reforzar tu confianza en el despliegue de algoritmos para afrontar retos computacionales modernos. Adéntrate en este largo viaje para descifrar y aprovechar los algoritmos en el cambiante panorama digital actual.

A quién va dirigido este libro

Si eres programador o desarrollador y sientes interés en utilizar algoritmos para resolver problemas y crear código eficiente, este libro es para ti. Desde los algoritmos clásicos más utilizados hasta lo último en ciencia de datos, aprendizaje automático y criptografía, esta guía cubre un amplio espectro. Si estás familiarizado con la programación en Python, será beneficioso para ti, aunque no es obligatorio.

Te será útil tener una base en cualquier lenguaje de programación. Además, incluso si no eres programador, pero tienes alguna orientación técnica, este libro te permitirá comprender mejor el amplio mundo de los algoritmos para resolver problemas.

De qué trata este libro

Sección 1: Fundamentos y algoritmos básicos

El capítulo 1, *Descripción general de los algoritmos*, ofrece una visión general de los fundamentos de los algoritmos. Comienza con los conceptos básicos de los algoritmos, cómo se empezaron a utilizar algoritmos para formular problemas y las limitaciones de distintos algoritmos. Como en este libro se utiliza Python para escribir los algoritmos, se explica cómo configurar un entorno Python para ejecutar los ejemplos. A continuación, se muestra cómo cuantificar el rendimiento de un algoritmo y compararlo con otros.

El capítulo 2, *Estructuras de datos utilizadas en algoritmos,* trata de las estructuras de datos en el contexto de los algoritmos. Como en este libro utilizamos Python, este capítulo se centra en las estructuras de datos de este lenguaje, pero los conceptos presentados pueden utilizarse en otros lenguajes como Java y C++. Este capítulo te mostrará cómo maneja Python las estructuras de datos complejas y qué estructuras deberían usarse para ciertos tipos de datos.

El capítulo 3, *Algoritmos de ordenación y búsqueda*, empieza presentando diferentes tipos de algoritmos de ordenación y varios enfoques para su diseño. A continuación, en base a ejemplos prácticos, también se tratan los algoritmos de búsqueda.

El capítulo 4, *Diseño de algoritmos*, aborda las opciones disponibles para diseñar algoritmos y analiza la importancia de caracterizar el problema que intentamos resolver. Utiliza el famoso **problema del vendedor viajero (TSP o *Traveling Salesperson Problem*)** como caso de uso y aplica las técnicas de diseño que presentaremos. También introduce la programación lineal y analiza sus aplicaciones.

El *Capítulo 5, Algoritmos de grafos*, cubre las distintas maneras de capturar grafos para representar estructuras de datos. Abarca algunas teorías, técnicas y métodos fundamentales relacionados con los algoritmos de grafos, como el análisis de la teoría de redes y los recorridos de grafos. Investigaremos un caso práctico en el que se utilizan algoritmos de grafos para profundizar en el análisis del fraude.

Sección 2: Algoritmos de aprendizaje automático

El capítulo 6, *Algoritmos de aprendizaje automático no supervisado*, explica cómo puede aplicarse el aprendizaje no supervisado a problemas del mundo real. Conoceremos sus algoritmos y metodologías básicas, como los algoritmos de agrupamiento, la reducción de la dimensionalidad y la minería de reglas de asociación.

El capítulo 7, *Algoritmos tradicionales de aprendizaje supervisado*, profundiza en los fundamentos del aprendizaje automático supervisado, presentando clasificadores y regresores. Exploraremos sus capacidades utilizando como casos prácticos problemas del mundo real. Se presentan seis algoritmos de clasificación distintos, seguidos de tres técnicas de regresión. Por último, compararemos sus resultados para resumir las principales conclusiones de esta presentación.

El capítulo 8, *Algoritmos de redes neuronales*, presenta los principales conceptos y componentes de una red neuronal típica. También muestra los distintos tipos de redes neuronales y las funciones de activación que se utilizan en ellas. Se analiza en detalle el algoritmo de retropropagación, que es el más utilizado para entrenar una red neuronal. Por último, aprenderemos a utilizar el aprendizaje profundo para detectar documentos fraudulentos mediante una aplicación de ejemplo real.

El capítulo 9, *Algoritmos para el procesamiento del lenguaje natural*, presenta algoritmos para el **procesamiento del lenguaje natural (PLN).** Introduce los fundamentos del PLN y cómo preparar datos para tareas de PLN. También se explican los conceptos de vectorización de datos textuales e incrustación de palabras. Por último, se presenta un caso de uso detallado.

El capítulo 10, *Modelos secuenciales*, trata sobre el entrenamiento de redes neuronales para datos secuenciales. Abarca los principios básicos de los modelos secuenciales y ofrece una visión general introductoria de sus técnicas y metodologías. También se estudia cómo el aprendizaje profundo puede mejorar las técnicas de PLN.

El capítulo 11, *Algoritmos avanzados de modelado secuencial*, considera las limitaciones de los modelos secuenciales y cómo ha evolucionado el modelado secuencial para superar estas limitaciones. Profundiza en los aspectos avanzados de los modelos secuenciales para comprender la creación de configuraciones complejas. Empieza desglosando los elementos clave, como los autocodificadores y los modelos **secuencia a secuencia (Seq2Seq).** A continuación, examina el mecanismo de atención y los transformadores, que son fundamentales en el desarrollo de los **grandes modelos de lenguaje (LLM o *Large Language Model*),** que estudiaremos más adelante.

Sección 3: Temas avanzados

El capítulo 12, *Motores de recomendación*, trata los principales tipos de motores de recomendación y el funcionamiento interno de cada uno de ellos. Estos sistemas son expertos en sugerir a los usuarios artículos o productos a medida, pero no están exentos de dificultades. Hablaremos tanto de sus puntos fuertes como de las limitaciones que presentan. Por último, aprenderemos a utilizar motores de recomendación para resolver un problema real.

El capítulo 13, *Estrategias algorítmicas para el tratamiento de datos*, presenta los algoritmos de datos y los conceptos básicos de la clasificación de datos. Analizaremos los algoritmos de almacenamiento y compresión de datos que se utilizan para gestionar datos con eficacia, lo que nos ayudará a comprender las ventajas y desventajas de diseñar y aplicar algoritmos centrados en datos.

El capítulo 14, *Criptografía*, te introducirá en los algoritmos relacionados con la criptografía. Empezaremos presentando los antecedentes de la criptografía antes de hablar de los algoritmos de cifrado simétrico. Conoceremos el algoritmo **Message-Digest 5 (MD5)** y el **Secure Hash Algorithm (SHA)** y presentaremos las limitaciones y debilidades de cada uno. También hablaremos de los algoritmos de cifrado asimétrico y de cómo se utilizan para crear certificados digitales. Por último, presentaremos un ejemplo práctico que resume todas estas técnicas.

El capítulo 15, *Algoritmos a gran escala*, empieza con una presentación de los algoritmos a gran escala y la infraestructura eficiente necesaria para soportarlos. Exploraremos diversas estrategias para gestionar el procesamiento de múltiples fuentes. También examinaremos las limitaciones del procesamiento paralelo, esbozadas por la ley de Amdahl, e investigaremos el uso de las unidades de procesamiento gráfico (GPU). Al finalizar este capítulo habrás adquirido una base sólida en las estrategias básicas esenciales para diseñar algoritmos a gran escala.

El capítulo 16, *Consideraciones prácticas*, presenta cuestiones relativas a la explicabilidad de un algoritmo, que es el grado en que la mecánica interna de un algoritmo puede explicarse en términos comprensibles. Seguidamente, trataremos la ética de utilizar un algoritmo y la posibilidad de crear sesgos o brechas al aplicarlos. Después, hablaremos de las técnicas para tratar problemas NP-duros (NP-hard) y, por último, conoceremos los factores que deben tenerse en cuenta antes de elegir un algoritmo.

Descargar los archivos de código de ejemplo

Los contenidos adicionales del libro están alojados en **www.marcombo.info** con el código **ALGORITMOS50**.

Convenciones en este libro

A lo largo de este libro se utilizan una serie de convenciones tipográficas.

`Código en texto`: indica texto de código, nombres de tablas de bases de datos, de carpetas, de archivos, extensiones de archivos, nombres de rutas y URL ficticias. He aquí un ejemplo: "Vamos a intentar crear un gráfico sencillo usando el paquete `networtx` en Python".

Negrita: indica un término nuevo, una o varias palabras importantes que se ven en pantalla. Por ejemplo, en el siguiente texto, los nuevos términos aparecen de este modo: "Python es también uno de los lenguajes que puedes utilizar en varias infraestructuras de computación en la nube, como **Amazon Web Services (AWS)** y **Google Cloud Platform (GCP)**".

a asegurarnos de que ofrecemos contenidos de excelente calidad.

 Las advertencias o las notas importantes se representan así.

 Los consejos y los trucos se representan así.

Sección 1

Fundamentos y algoritmos básicos

Esta sección presenta los aspectos fundamentales de los algoritmos. En ella veremos qué es un algoritmo y cómo diseñarlo. También conoceremos las estructuras de datos utilizadas en los algoritmos. Esta sección también presenta algoritmos de ordenación y búsqueda, así como aquellos para resolver problemas gráficos. Los capítulos incluidos en esta sección son:

- Capítulo 1, *Descripción general de los algoritmos*

- Capítulo 2, *Estructuras de datos utilizadas en algoritmos*

- Capítulo 3, *Algoritmos de ordenación y búsqueda*

- Capítulo 4, *Diseño de algoritmos*

- Capítulo 5, *Algoritmos de grafos*

1

Descripción general de los algoritmos

Un algoritmo hay que verlo para creerlo.

—Donald Knuth

Este libro contiene la información necesaria para comprender, clasificar, seleccionar e implementar algoritmos importantes. Además de explicar su lógica, este libro también analiza las estructuras de datos, los entornos de desarrollo y los entornos de producción adecuados para las distintas clases de algoritmos. Se trata de la segunda edición de este libro y, en ella, nos centramos especialmente en los algoritmos modernos de aprendizaje automático, que cada vez cobran más importancia. Junto a la lógica, también se presentan ejemplos prácticos del uso de algoritmos para resolver problemas cotidianos reales.

Este capítulo presenta los fundamentos de los algoritmos. Comienza con una sección sobre los conceptos básicos necesarios para comprender el funcionamiento de distintos algoritmos. Para ofrecer una perspectiva histórica, esta sección resume cómo la gente empezó a utilizar algoritmos para formular matemáticamente una determinada clase de problemas. También menciona las limitaciones de distintos algoritmos. En la siguiente sección se explican las diferentes formas de especificar la lógica de un algoritmo.

Como en este libro se utiliza Python para escribir los algoritmos, se explica cómo configurar un entorno Python para ejecutar los ejemplos. A continuación, se analizan las distintas formas de cuantificar el rendimiento de un algoritmo y de compararlo con otros. Por último, en este capítulo se analizan varias formas de validar una implementación concreta de un algoritmo.

En resumen, en este capítulo encontrarás los siguientes puntos principales:

- ¿Qué es un algoritmo?
- Fases de un algoritmo
- Entorno de desarrollo
- Técnicas de diseño de algoritmos
- Análisis de resultados
- Validación de un algoritmo

¿Qué es un algoritmo?

En palabras sencillas, un algoritmo es un conjunto de reglas para realizar ciertos cálculos con el fin de resolver un problema. Está diseñado para producir resultados para cualquier entrada válida según una serie de instrucciones definidas con precisión. Si buscas la palabra algoritmo en un diccionario, el concepto se define de la siguiente manera:

> *Un algoritmo es un conjunto finito de instrucciones inequívocas que, dadas unas condiciones iniciales, se pueden perfeccionar en una secuencia prescrita para lograr un objetivo determinado y que tiene un conjunto reconocible de condiciones finales.*

Diseñar un algoritmo es esforzarse por crear una receta matemática de la forma más eficiente, que pueda utilizarse eficazmente para resolver un problema del mundo real. Esta receta puede servir de base para desarrollar una solución matemática más reutilizable y genérica que pueda aplicarse a un conjunto más amplio de problemas similares.

Fases de un algoritmo

Las distintas fases de desarrollo, despliegue y uso de un algoritmo se ilustran en la figura 1.1:

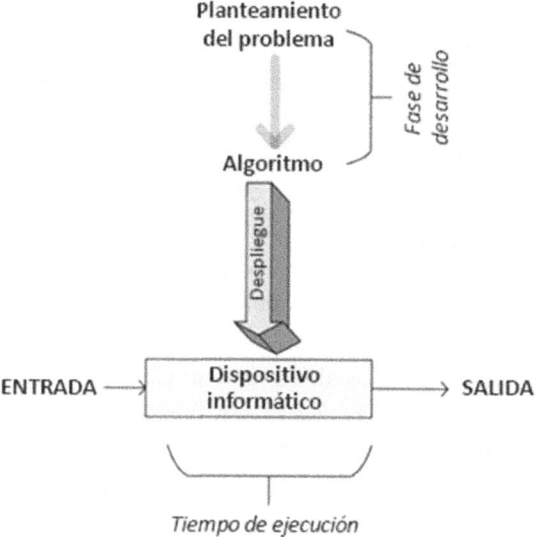

Figura 1.1: *Las distintas fases de desarrollo, despliegue y uso de un algoritmo.*

Como vemos, el proceso comienza con la comprensión de los requisitos a partir del planteamiento del problema, que detalla lo que hay que hacer. Una vez planteado el problema con claridad, se pasa a la fase de desarrollo.

La fase de desarrollo consta de dos fases:

1. **La fase de diseño**: en la fase de diseño, se conciben y documentan la arquitectura, la lógica y los detalles de implementación del algoritmo. Al diseñar un algoritmo, tenemos en cuenta tanto la precisión como el rendimiento. Cuando busquemos la mejor solución a un problema concreto, en muchos casos acabaremos teniendo más de un algoritmo candidato. La fase de diseño de un algoritmo es un proceso iterativo que implica comparar diferentes algoritmos candidatos. Algunos de ellos pueden proporcionar soluciones sencillas y rápidas, aunque poniendo en riesgo la precisión. Otros pueden ser muy precisos, pero tardar mucho tiempo en ejecutarse debido a su complejidad. Algunos de estos algoritmos complejos serán más eficaces que otros. Antes de elegir, hay que estudiar detenidamente todas las ventajas y desventajas inherentes a los algoritmos candidatos. Especialmente para un problema complejo, es importante diseñar un algoritmo eficiente. Un algoritmo correctamente diseñado dará lugar a una solución eficaz capaz de proporcionar un rendimiento satisfactorio y, al mismo tiempo, una precisión aceptable.

2. **La fase de codificación**: en la fase de codificación, el algoritmo diseñado se convierte en un programa informático. Es importante que el programa informático implemente toda la lógica y la arquitectura sugeridas en la fase de diseño.

Los requisitos del problema empresarial pueden dividirse en funcionales y no funcionales. Aquellos que especifican directamente las características previstas de las soluciones se denominan requisitos funcionales y detallan el comportamiento previsto de la solución. Por otro lado, los requisitos no funcionales se refieren al rendimiento, la escalabilidad, la usabilidad y la precisión del algoritmo. Este tipo de requisitos también establecen las previsiones sobre la seguridad de los datos. Por ejemplo, imaginemos que nos piden que diseñemos un algoritmo para una empresa de tarjetas de crédito que pueda identificar y señalar transacciones fraudulentas. En este ejemplo, los requisitos funcionales especificarán el comportamiento previsto de una solución válida proporcionando los detalles del resultado esperado según un determinado conjunto de datos de entrada. En este caso, los datos de entrada pueden ser los detalles de la transacción, mientras que la salida puede ser una señal binaria que etiqueta una transacción como fraudulenta o no fraudulenta. En este ejemplo, los requisitos no funcionales pueden especificar el tiempo de respuesta de cada una de las predicciones. Los requisitos no funcionales también fijarán los umbrales de precisión admisibles. Como en este ejemplo se trata de datos financieros, se espera que los requisitos de seguridad relacionados con la autenticación de usuarios, la autorización y la confidencialidad de los datos también formen parte de los requisitos no funcionales.

Los requisitos funcionales y no funcionales pretenden definir con precisión lo que hay que hacer. Diseñar la solución consiste en averiguar cómo se hará; implementar el diseño es desarrollar la solución real en el lenguaje de programación que hayas elegido. Conseguir un diseño que cumpla plenamente los requisitos funcionales y no funcionales puede llevar mucho tiempo y esfuerzo. La elección del lenguaje de programación y el entorno de desarrollo/producción adecuados puede depender de los requisitos del problema. Por ejemplo, como C/C++ es un lenguaje de un nivel inferior que Python, puede ser una opción mejor para aquellos algoritmos que necesiten código compilado y optimización a bajo nivel.

Una vez concluida la fase de diseño y completada la codificación, el algoritmo está listo para su despliegue. El despliegue de un algoritmo implica el diseño del entorno de producción real en el que se ejecutará el código. El entorno de producción debe diseñarse en función de las necesidades de datos y procesamiento del algoritmo. Por ejemplo, para los algoritmos paralelos, se necesitará un clúster con un número adecuado de nodos informáticos para que el algoritmo se ejecute de manera eficiente. En el caso de los algoritmos de uso intensivo de datos, puede ser necesario diseñar un canal de entrada de datos y una estrategia de almacenamiento de datos y de almacenamiento en caché. El diseño de un entorno de producción se trata con todo detalle en el capítulo 15, *Algoritmos a gran escala*, y en el capítulo 16, *Consideraciones prácticas*.

Una vez diseñado e implementado el entorno de producción, se despliega el algoritmo, que toma los datos de entrada, los procesa y genera la salida según los requisitos.

Entorno de desarrollo

Una vez diseñados, los algoritmos deben implementarse en un lenguaje de programación conforme al diseño. Para este libro, hemos elegido el lenguaje de programación Python. La razón es que Python es flexible y de código abierto. Python es, también, uno de los lenguajes que se pueden utilizar en diversas infraestructuras de computación en la nube, como Amazon Web Services (AWS), Microsoft Azure y Google Cloud Platform (GCP).

La página oficial de Python está disponible en `https://www.python.org/`, donde encontrarás instrucciones para la instalación y una útil guía para principiantes.

Se requiere que poseas conocimientos básicos de Python para comprender mejor los conceptos presentados en este libro.

Se recomienda que utilices la versión más reciente de Python 3. En el momento de su redacción, esta versión es la 3.12, que es la que utilizaremos para realizar los ejercicios.

Además de Python, también utilizaremos Jupyter Notebook para ejecutar el código. Antes de empezar el capítulo siguiente, es imprescindible que hayas instalado Python en tu equipo, que hayas configurado Jupyter Notebook correctamente y que se esté ejecutando.

Paquetes de Python

Python es un lenguaje de propósito general. Sigue la filosofía del "todo incluido", lo que significa que dispone de una biblioteca estándar disponible, para que el usuario no tenga que descargarse otros paquetes. Sin embargo, los módulos de esta biblioteca estándar solo proporcionan las funcionalidades mínimas. En función del caso específico en el que estés trabajando, puede que debas instalarte paquetes adicionales. El repositorio oficial de terceros para paquetes de Python se llama PyPI, que significa **Python Package Index**. Contiene paquetes de Python como distribución de código fuente y como código precompilado. Actualmente, hay más de 113 000 paquetes de Python alojados en PyPI. La forma más sencilla de instalar paquetes adicionales es a través del sistema de gestión de paquetes `pip`. `pip` que es un acrónimo recursivo *nerd*, los cuales abundan en la cultura Python. `pip` procede de Pip Installs Python. La buena noticia es que a partir de la versión 3.4 de Python, `pip` se instala por defecto. Para comprobar la versión de `pip`, escribe lo siguiente en la línea de comandos:

```
pip --version
```

Este comando `pip` puede utilizarse para instalar paquetes adicionales:

```
pip install PackageName
```

Los paquetes ya instalados deben actualizarse periódicamente para obtener su funcionalidad más reciente. Puedes hacerlo utilizando el parámetro `update`:

```
pip install PackageName --upgrade
```

Y para instalar una versión específica de un paquete de Python:

```
pip install PackageName==2.1
```

> Añadir las bibliotecas y versiones adecuadas forma parte de la configuración del entorno de programación Python. Una característica que ayuda a mantener estas bibliotecas es la posibilidad de crear un archivo de requisitos que enumere todos los paquetes necesarios. El archivo de requisitos es un simple archivo de texto que contiene el nombre de las bibliotecas y sus versiones asociadas. Este es el aspecto que tiene un archivo de requisitos:
>
> ```
> scikit-learn==0.24.1tensorflow==2.5.0 tensorboard==2.5.0
> ```
>
> El archivo requirements.txt se ubica en el directorio principal del proyecto.
>
> Una vez creado, este archivo se puede utilizar para configurar el entorno de desarrollo mediante la instalación de todas las bibliotecas de Python y sus versiones asociadas mediante el siguiente comando:
>
> ```
> pip install -r requirements.txt
> ```

Veamos ahora los principales paquetes que utilizaremos en este libro.

El ecosistema SciPy

Scientific Python (SciPy), que se pronuncia [sai pai], es un grupo de paquetes de Python creados para la comunidad científica. Contiene muchas funciones, entre ellas una amplia gama de generadores de números aleatorios, rutinas de álgebra lineal y optimizadores.

SciPy es un paquete completo y, con el tiempo, la gente ha desarrollado muchas extensiones para personalizarlo y ampliarlo según sus necesidades. SciPy es eficaz, ya que actúa como un fino envoltorio para código optimizado escrito en C/C++ o Fortran.

A continuación, se enumeran los principales paquetes que forman parte de este ecosistema:

- **NumPy:** para los algoritmos, la capacidad de crear estructuras de datos multidimensionales, como arrays y matrices, es realmente importante. NumPy ofrece un conjunto de tipos de datos de matrices y arrays que son importantes para la estadística y el análisis de datos. Encontrarás más información sobre NumPy en http://www.numpy.org/.

- **scikit-learn:** esta extensión de aprendizaje automático es una de las más populares de SciPy. Scikit-learn ofrece una amplia gama de importantes algoritmos de aprendizaje automático, como clasificación, regresión, agrupación y validación de modelos. Encontrarás más información sobre scikit-learn en `http://scikit-learn.org/`.

- **pandas:** pandas contiene la estructura de datos tabulares complejos que se utiliza habitualmente para la entrada, la salida y el procesamiento de datos de este tipo en diversos algoritmos. La biblioteca de pandas contiene muchas funciones útiles y ofrece un rendimiento muy optimizado. Encontrarás más información sobre el paquete pandas en `http://pandas.pydata.org/`.

- **Matplotlib:** Matplotlib proporciona herramientas para crear potentes representaciones. Los datos pueden presentarse en forma de gráficos de líneas, de dispersión, de barras, histogramas, circulares, etc. Encontrarás más información en `https://matplotlib.org/`.

Jupyter Notebook

En este libro utilizaremos Jupyter Notebook y Google's Colaboratory como IDE. En los apéndices A y B encontrarás más detalles sobre la configuración y el uso de ambos.

Técnicas de diseño de algoritmos

Un algoritmo es una solución matemática a un problema real. Cuando diseñamos un algoritmo, debemos tener en cuenta estos tres aspectos a la hora de diseñar y ajustar los algoritmos:

- **Aspecto 1:** ¿produce este algoritmo el resultado que esperábamos?

- **Aspecto 2:** ¿es esta la mejor forma de obtener estos resultados?

- **Aspecto 3:** ¿cómo va a funcionar el algoritmo en conjuntos de datos más grandes?

Es importante entender la complejidad del problema en sí antes de diseñar una solución a medida. Por ejemplo, podemos caracterizar el problema en función de sus necesidades y su complejidad para conseguir diseñar una solución adecuada.

En general, los algoritmos pueden dividirse en los siguientes tipos en función de las características del problema:

- **Algoritmos de uso intensivo de datos:** estos algoritmos están diseñados para tratar una gran cantidad de datos. Se espera que sus requisitos de procesamiento sean relativamente sencillos. Un algoritmo de compresión aplicado a un archivo enorme es un buen ejemplo de algoritmos de uso intensivo de datos. Para este tipo de algoritmos, el tamaño de los datos debería ser mucho mayor que la memoria del motor de procesamiento (un único nodo o un clúster), y puede ser necesario desarrollar un diseño de procesamiento iterativo para procesar eficientemente los datos de acuerdo con los requisitos.

- **Algoritmos de cómputo intensivo:** estos algoritmos tienen unos requisitos de procesamiento considerables, pero no implican grandes cantidades de datos. Un ejemplo sencillo es el algoritmo para encontrar un número primo muy grande. Encontrar una estrategia para dividir el algoritmo en diferentes fases de modo que al menos algunas de ellas sean paralelas es la clave para maximizar el rendimiento del algoritmo.

- **Algoritmos tanto de datos como de cómputo intensivos:** existen ciertos algoritmos que manejan una gran cantidad de datos y que, además, necesitan una cantidad considerable de cómputos. Los algoritmos utilizados para realizar análisis de sentimientos en secuencias de vídeo en tiempo real son un buen ejemplo de que tanto los datos como los requisitos de procesamiento son enormes para llevar a cabo dicha tarea. Estos algoritmos son los que consumen más recursos y requieren un diseño prudente del algoritmo y una asignación inteligente de los recursos disponibles.

Para caracterizar el problema en términos de complejidad y necesidad, resulta útil estudiar sus datos y dimensiones de cálculo con mayor profundidad, como veremos en la siguiente sección.

La dimensión de los datos

Para categorizar la dimensión de los datos del problema, nos fijamos en el **volumen**, la **velocidad** y la **variedad** (las **3 V**), que se definen del siguiente modo:

- **Volumen:** es el tamaño previsto de los datos que procesará el algoritmo.

- **Velocidad:** es la tasa prevista de generación de nuevos datos cuando se utiliza el algoritmo. Este valor puede ser cero.

- **Variedad:** cuantifica con cuántos tipos de datos diferentes se espera que trate el algoritmo diseñado.

La figura 1.2 muestra con más detalle las 3 V de los datos. El centro de este diagrama muestra los datos más simples posibles, con un volumen pequeño y poca variedad y velocidad. A medida que nos alejamos del centro, aumenta la complejidad de los datos, pudiendo aumentar en una o varias de las tres dimensiones.

Por ejemplo, en la dimensión de la velocidad, tenemos el proceso por lotes como el más sencillo, seguido del proceso periódico y, a continuación, el proceso en tiempo casi real. Por último, tenemos el proceso en tiempo real, que es el más complejo de manejar en el contexto de la velocidad de los datos. Por ejemplo, una colección de secuencias de vídeo en directo recogidas por un grupo de cámaras de vigilancia tendrá un volumen, una velocidad y una variedad elevados y necesitará un diseño adecuado para tener la capacidad de almacenar y procesar los datos con eficacia:

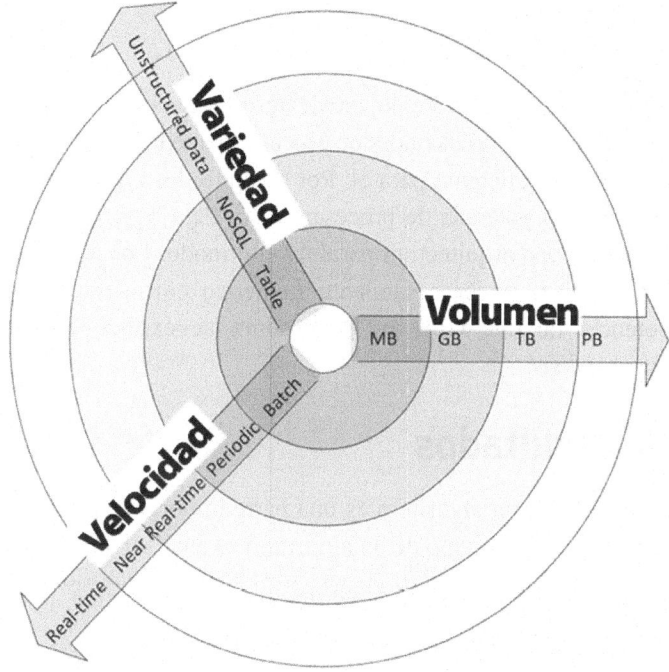

Figura 1.2: *Las 3 V de los datos: volumen, velocidad y variedad.*

Veamos tres ejemplos de casos con tres tipos de datos diferentes:

- En primer lugar, tomemos un caso sencillo de procesamiento de datos en el que los datos de entrada son un archivo `.csv`. En este caso, el volumen, la velocidad y la variedad de los datos serán bajos.

- En segundo lugar, tomemos el caso en el que los datos de entrada son las imágenes en directo de una cámara de vídeo de seguridad. Aquí, el volumen, la velocidad y la variedad de los datos serán bastante elevados y habrá que tenerlos en cuenta a la hora de diseñar un algoritmo para ellos.

- En tercer lugar, tomemos el caso de una red típica de sensores. Supongamos que la fuente de datos de esta red es una malla de sensores de temperatura instalada en un gran edificio. Aunque la velocidad a la que se generan los datos suele ser muy alta (ya que los nuevos datos se generan muy rápidamente), se prevé que el volumen sea bastante bajo (ya que cada elemento de datos suele tener solo 16 bits de longitud y consiste en una medición de 8 bits más metadatos de 8 bits, como una marca de tiempo y las coordenadas geográficas).

Los requisitos de procesamiento, las necesidades de almacenamiento y la selección de la pila de software adecuada serán diferentes para los tres ejemplos anteriores y, en general, dependerán del volumen, la velocidad y la variedad de las fuentes de datos. Es importante caracterizar previamente los datos como primer paso para diseñar un algoritmo.

La dimensión de cálculo

Para caracterizar la dimensión de cálculo, analizamos las necesidades de procesamiento del problema en cuestión. Las necesidades de procesamiento de un algoritmo determinan qué tipo de diseño es más eficiente para él. Por ejemplo, los algoritmos complejos, en general, requieren mucha potencia de procesamiento. Para este tipo de algoritmos, es importante disponer de una arquitectura paralela multinodo. Los algoritmos profundos modernos suelen implicar un procesamiento numérico considerable y en ocasiones necesitan la potencia de una GPU o TUP, como se explica en el capítulo 16, *Consideraciones prácticas*.

Análisis de resultados

Analizar el rendimiento de un algoritmo es una parte importante de su diseño. Una de las formas de estimar el rendimiento de un algoritmo es analizar su complejidad.

La teoría de la complejidad es el estudio del grado de complicación de los algoritmos. Para ser útil, todo algoritmo debe tener tres características clave:

- **Debe ser correcto:** un buen algoritmo debe producir el resultado correcto. Para confirmar que un algoritmo funciona correctamente, hay que someterlo a pruebas exhaustivas, sobre todo de casos extremos.

- **Debe ser comprensible:** un buen algoritmo debe ser comprensible. El mejor algoritmo del mundo no servirá de nada si es demasiado complicado para que lo implementemos en un ordenador.

- **Debe ser eficiente:** un buen algoritmo debe ser eficiente. Aunque un algoritmo produzca el resultado correcto, no nos servirá de mucho si tarda mil años o si requiere mil millones de terabytes de memoria.

Existen dos tipos de análisis posibles para cuantificar la complejidad de un algoritmo:

- **Análisis de la complejidad espacial:** estima los requisitos de memoria en tiempo de ejecución que necesita para ejecutar el algoritmo.

- **Análisis de la complejidad temporal:** estima el tiempo que tardará en ejecutarse el algoritmo.

Veamos los dos tipos de análisis por separado:

Análisis de la complejidad espacial

El análisis de la complejidad espacial calcula la cantidad de memoria que necesita el algoritmo para procesar los datos de entrada. Mientras procesa los datos de entrada, el algoritmo necesita almacenar en memoria las estructuras de datos temporales transitorias. La forma en que se diseña el algoritmo afecta al número, tipo y tamaño de estas estructuras de datos. En la era de la computación distribuida y con cantidades cada vez más elevadas de datos que hay que procesar, el análisis de la complejidad espacial cobra cada vez más importancia. El tamaño, el tipo y el número de estas estructuras de datos determinarán los requisitos de memoria del hardware subyacente. Las modernas estructuras de datos en memoria utilizadas en computación distribuida necesitan disponer de mecanismos eficientes de asignación de recursos que sean conscientes de los requisitos de memoria en las distintas fases de ejecución del algoritmo. Los algoritmos complejos tienden a ser iterativos por naturaleza. En lugar de introducir toda la información en la memoria de una sola vez, estos algoritmos rellenan las estructuras de datos de forma iterativa. Para calcular la complejidad espacial, es importante clasificar primero el tipo de algoritmo iterativo que vamos a utilizar. Un algoritmo iterativo puede utilizar uno de los tres tipos de iteraciones siguientes:

- **Iteraciones convergentes:** a medida que el algoritmo avanza por las iteraciones, la cantidad de datos que procesa en cada iteración individual disminuye. En otras palabras, la complejidad espacial aumenta a medida que el algoritmo avanza en sus iteraciones. El principal reto es abordar la complejidad espacial de las iteraciones iniciales. Las modernas infraestructuras escalables en la nube, como AWS y Google Cloud, son las más adecuadas para ejecutar este tipo de algoritmos.

- **Iteraciones divergentes:** a medida que el algoritmo avanza por las iteraciones, la cantidad de datos que procesa en cada iteración individual aumenta. Como la complejidad espacial aumenta, es importante establecer restricciones para evitar que el sistema se vuelva inestable. Estas restricciones pueden establecerse limitando el número de iteraciones y/o fijando un límite al tamaño de los datos iniciales.

- **Iteraciones planas:** a medida que el algoritmo avanza a través de las iteraciones, la cantidad de datos que procesa en cada iteración individual no se altera. Como la complejidad del espacio no cambia, no se necesita elasticidad en la infraestructura.

Para calcular la complejidad espacial, debemos centrarnos en una de las iteraciones más complejas. En muchos algoritmos, a medida que nos dirigimos hacia la solución, los recursos necesarios se reducen gradualmente. En estos casos, las iteraciones iniciales son las más complejas y nos dan una mejor estimación de la complejidad espacial. Una vez elegida, prevemos la cantidad total de memoria utilizada por el algoritmo, incluida la utilizada por sus estructuras de datos transitorias, la ejecución y los valores de entrada. Todo ello nos dará una buena estimación de la complejidad espacial del algoritmo.

Las siguientes directrices te ayudarán a minimizar la complejidad espacial:

- Siempre que sea posible, intenta diseñar un algoritmo como iterativo.

- Al diseñar un algoritmo iterativo, elige, siempre que puedas, un número elevado de iteraciones en lugar de uno menor. Normalmente, un mayor número de iteraciones de grano fino tendrá una menor complejidad espacial.

- Los algoritmos deben llevar a la memoria solo la información necesaria para el procesamiento en curso. Lo que no se necesite, debe eliminarse.

El análisis de la complejidad espacial es imprescindible para diseñar algoritmos de forma eficiente. Si no se lleva a cabo un análisis adecuado de la complejidad espacial y las estructuras de datos temporales transitorias no disponen de suficiente memoria, se podría producir un desbordamiento de disco innecesario, que podría afectar considerablemente al rendimiento y la eficacia del algoritmo.

En este capítulo profundizaremos en la complejidad temporal. La complejidad espacial se mostrará con más detalle en el capítulo 15, *Algoritmos a gran escala*, donde trataremos algoritmos distribuidos a gran escala con complejos requisitos de memoria en tiempo de ejecución.

Análisis de la complejidad temporal

El análisis de la complejidad temporal calcula cuánto tardará un algoritmo en completar el trabajo que se le ha asignado en función de su estructura. A diferencia de la complejidad espacial, la complejidad temporal no depende del hardware en el que se ejecute el algoritmo, sino únicamente de la estructura del propio algoritmo. El objetivo general del análisis de la complejidad temporal es intentar responder a estas dos importantes preguntas:

- ¿Será escalable este algoritmo? Un algoritmo bien diseñado debe ser plenamente capaz de aprovechar la moderna infraestructura elástica disponible en los entornos de computación en la nube. Un algoritmo debe diseñarse de forma que pueda utilizar la disponibilidad de varias CPU, núcleos de procesamiento, GPU y memoria. Por ejemplo, un algoritmo utilizado para entrenar un modelo en un problema de aprendizaje automático debería poder utilizar un entrenamiento distribuido en varias CPU disponibles.

  Estos algoritmos también deberían aprovechar las GPU y la memoria adicional si están disponibles durante la ejecución del algoritmo.

- ¿Qué tal gestionará este algoritmo los grandes conjuntos de datos?

Para responder a estas preguntas, debemos determinar el efecto sobre el rendimiento de un algoritmo a medida que aumenta el tamaño de los datos y asegurarnos de que el algoritmo está diseñado de forma que no solo sea preciso, sino que también se adapte bien. El rendimiento de un algoritmo es cada vez más importante para los grandes conjuntos de datos en el mundo actual del *big data*.

En muchos casos, podemos disponer de más de un enfoque para diseñar un algoritmo. El objetivo del análisis de la complejidad temporal, en este caso, será el siguiente:

"Si tenemos un problema y más de un algoritmo, ¿cuál es el más eficiente en términos temporales?"

Puede haber dos enfoques básicos para calcular la complejidad temporal de un algoritmo:

- **Un enfoque de elaboración de perfiles postimplementación:** donde se implementan diferentes algoritmos candidatos y se compara su rendimiento.

- **Un enfoque teórico preejecución:** donde el rendimiento de cada algoritmo se aproxima matemáticamente antes de ejecutarlo.

La ventaja del enfoque teórico es que solo depende de la estructura del propio algoritmo. No depende del hardware real que se utilizará para ejecutarlo, de la pila de software elegida en tiempo de ejecución o del lenguaje de programación utilizado para implementar el algoritmo.

Estimación del rendimiento

El rendimiento de un algoritmo típico dependerá del tipo de datos que reciba como entrada. Por ejemplo, si los datos ya están ordenados según el contexto del problema que intentamos resolver, el algoritmo puede funcionar rapidísimo. Si se utiliza la entrada ordenada para evaluar este algoritmo concreto, se obtendrá un valor de rendimiento poco realista, que no reflejará fielmente su rendimiento real en la mayoría de los escenarios. Para gestionar esta dependencia de los algoritmos respecto a los datos de entrada, debemos tener en cuenta diferentes tipos de casos cuando realizamos un análisis de rendimiento.

El mejor caso

En el mejor caso, los datos proporcionados como entrada se organizan de manera que el algoritmo ofrezca su mejor rendimiento. El análisis del mejor caso proporciona el límite más elevado del rendimiento.

El peor caso

La segunda manera de estimar el rendimiento de un algoritmo es intentar identificar el tiempo máximo posible que tardará en realizar el trabajo en unas condiciones determinadas. Este análisis del peor caso de un algoritmo es bastante útil, ya que estamos garantizando que, independientemente de las condiciones, el rendimiento del algoritmo siempre será mejor que los números que surgen de nuestro análisis. El análisis del peor caso es especialmente útil para estimar el rendimiento cuando se trata de problemas complejos con conjuntos de datos muy grandes, y proporciona el límite más bajo del rendimiento del algoritmo.

El caso medio

Para empezar, hay que dividir las posibles entradas en varios grupos. A continuación, se realiza el análisis de rendimiento a partir de una de las entradas representativas de cada grupo. Por último, se calcula la media del rendimiento de cada uno de los grupos.

El análisis del caso medio no siempre es preciso, ya que debe tener en cuenta todas las combinaciones y posibilidades de entrada del algoritmo, lo cual no siempre es fácil.

Notación Big O

La notación Big O fue presentada por primera vez por Bachmann en 1894 en un trabajo de investigación para describir el crecimiento de un algoritmo. Bachmann escribió:

> "... con el símbolo O(n) expresamos una magnitud cuyo orden respecto a n no supera el orden de n" (Bachmann, 1894, p. 401).

La notación Big O permite describir la tasa de crecimiento a largo plazo del rendimiento de un algoritmo. En términos más sencillos, nos dice cómo aumenta el tiempo de ejecución de un algoritmo a medida que crece el tamaño de la entrada. Vamos a desglosarlo con la ayuda de dos funciones, $f(n)$ y $g(n)$. Si decimos que $f = O(g)$, lo que queremos decir es que, a medida que n se acerca al infinito, la proporción $f(n)/g(n)$ se mantiene limitada o acotada. En otras palabras, por muy grande que sea nuestra entrada, $f(n)$ no crecerá de forma desproporcionada más rápido que $g(n)$.

Veamos unas funciones concretas:

$$f(n) = 1000n^2 + 100n + 10$$

y

$$g(n) = n^2$$

Observa que ambas funciones se aproximarán a infinito a medida que n también lo haga. Averigüemos si $f = O(g)$ aplicando la definición.

En primer lugar, debemos calcular $\frac{f(n)}{g(n)}$ que será igual a:

$$\frac{f(n)}{g(n)} = \frac{1000n^2 + 100n + 10}{n^2} = \left(1000 + \frac{100}{n} + \frac{10}{n^2}\right).$$

Está claro que $\frac{f(n)}{g(n)}$ está acotado y no se acercará a infinito cuando n sí que lo haga. Por tanto, $f(n) = O(g) = O(n^2)$.

(n^2) representa que la complejidad de esta función aumenta con el cuadrado de la entrada n. Si duplicamos el número de elementos de entrada, se espera que la complejidad se cuatriplique.

Cuando trabajes con la notación Big O, deberás tener en cuenta las 5 reglas siguientes:

Regla 1:

Cuando un algoritmo trabaja con una estructura secuencial, ejecutando una función $f(n)$ seguida de otra función $g(n)$, la complejidad global de las tareas se convierte en una suma de las dos. Por lo tanto, se representa como $O\ (f(n)+g(n))$.

Regla 2:

Para aquellos algoritmos que tienen una estructura dividida, donde una tarea se distribuye en múltiples subtareas, si cada subtarea tiene una complejidad de $f(n)$, la complejidad global del algoritmo sigue siendo $O(f(n))$, suponiendo que las subtareas se procesan simultáneamente o no dependen unas de otras.

Regla 3:

En cuanto a los algoritmos recursivos, si un algoritmo se llama a sí mismo con una fracción del tamaño de la entrada, como $f(n/2)$ o $f(n/3)$, y realiza otras operaciones que requieren $g(n)$ pasos, la complejidad combinada puede representarse como $O(f(n/2)+g(n))$ u $O(f(n/3)+g(n))$, dependiendo de la fracción.

Regla 4:

En el caso de las estructuras recursivas anidadas, si un algoritmo divide su entrada en fragmentos más pequeños y procesa cada uno de ellos de manera recursiva, y cada fragmento se vuelve a dividir y procesar de forma similar, la complejidad global sería una representación acumulativa de estas operaciones anidadas. Por ejemplo, si un problema de tamaño n se divide en subproblemas de tamaño $n/2$, y estos subproblemas se procesan de forma similar, la complejidad podría expresarse como $O(f(n) \times g(n/2))$.

Regla 5:

Cuando calcules la complejidad de un algoritmo, ignora los múltiplos constantes. Si k es una constante, entonces $O(kf(n))$ es lo mismo que $O(f(n))$.

Además, $O(f(k \times n))$ es lo mismo que $O(f(n))$.

Por tanto, $O(5n^2) = O(n^2)$.

Y $O((3n^2)) = O(n^2)$.

Ten en cuenta que:

- La complejidad cuantificada por la notación Big O es solo una estimación.

- Para conjuntos de datos más pequeños, la complejidad temporal puede que no sea un problema importante. Esto se debe a que, con datos limitados, incluso los algoritmos menos eficientes pueden ejecutarse rápidamente.

- La complejidad temporal $T(n)$ es mayor que la función original. Una buena elección de $T(n)$ intentará crear un límite superior ajustado para $F(n)$.

La siguiente tabla resume los distintos tipos de notación Big O que se tratan en esta sección:

Tipo de complejidad	Nombre	Ejemplos de operaciones
O(1)	Constante	Unir, obtener, fijar elemento
O(logn)	Logarítmico	Encontrar un elemento en una matriz ordenada
O(n)	Lineal	Copiar, insertar, eliminar, iteración
O(n²)	Cuadrático	Bucles anidados

Complejidad de tiempo constante (O(1))

Si un algoritmo tarda siempre lo mismo en ejecutarse, independientemente del tamaño de los datos de entrada, se dice que se ejecuta en tiempo constante. Se representa mediante la expresión $O(1)$. Vamos a tomar como ejemplo el acceso al enésimo elemento de una matriz. Independientemente del tamaño de la matriz, se tardará un tiempo constante en obtener los resultados. Por ejemplo, la siguiente función devolverá el primer elemento de la matriz y tiene una complejidad de $O(1)$:

```python
def get_first(my_list):
return my_list[0]


get_first([1, 2, 3])
```

```
1
```

```python
get_first([1, 2, 3, 4, 5, 6, 7, 8, 9, 10])
```

```
1
```

Ten en cuenta que:

- La adición de un nuevo elemento a una pila se realiza mediante push y su eliminación, mediante pop. Independientemente del tamaño de la pila, se tardará lo mismo en añadir un elemento que en eliminarlo.

- Al acceder al elemento de la tabla hash, ten en cuenta que se trata de una estructura de datos que almacena datos en un formato asociativo, normalmente como pares clave-valor.

Complejidad de tiempo lineal (O(n))

Se dice que un algoritmo tiene una complejidad de tiempo lineal, representada por *O(n)*, si el tiempo de ejecución es directamente proporcional al tamaño de la entrada. Un ejemplo sencillo es la suma de los elementos de una estructura de datos unidimensional:

```
def get_sum(my_list):
    sum = 0
    for item in my_list:
        sum = sum + item
    return sum
```

Observa el bucle principal del algoritmo. El número de iteraciones en el bucle principal aumenta linealmente con un valor creciente de *n*, produciendo una complejidad *O(n)* como se indica a continuación:

```
get_sum([1, 2, 3])
```
```
6
```
```
get_sum([1, 2, 3, 4])
```
```
10
```

Otros ejemplos de operaciones con matrices son los siguientes:

- Buscar un elemento

- Encontrar el valor mínimo entre todos los elementos de una matriz

Complejidad de tiempo cuadrático (O(n2))

Se dice que un algoritmo se ejecuta en tiempo cuadrático si su tiempo de ejecución es proporcional al cuadrado del tamaño de la entrada. Un ejemplo de ello sería una función simple que suma una matriz bidimensional como esta:

```
def get_sum(my_list):
    sum = 0
```

19

```
for row in my_list:
    for item in row:
        sum += item
return sum
```

Observa el bucle interno anidado dentro del bucle principal. Dicho bucle confiere al código anterior una complejidad de $O(n^2)$:

```
get_sum([[1, 2], [3, 4]])
```

```
10
```

```
get_sum([[1, 2, 3], [4, 5, 6]])
```

```
21
```

Otro ejemplo sería el *algoritmo de ordenación por burbuja* (en inglés, *Bubble sort*), que trataremos en el capítulo 2, *Estructuras de datos utilizadas en algoritmos*.

Complejidad de tiempo logarítmico (O(logn))

Se dice que un algoritmo se ejecuta en tiempo logarítmico si su tiempo de ejecución es proporcional al logaritmo del tamaño de entrada. Con cada iteración, el tamaño de entrada disminuye por factores de múltiplos constantes. Un ejemplo de algoritmo logarítmico es la búsqueda binaria, que se utiliza para encontrar un elemento concreto en una estructura de datos unidimensional, como una lista de Python. Los elementos de la estructura de datos deben ordenarse de forma descendente. El algoritmo de búsqueda binaria se implementa en una función llamada search_binary, como se muestra a continuación:

```
def search_binary(my_list, item):
    first = 0
    last = len(my_list)-1
    found_flag = False
    while(first <= last and not found_flag):
        mid = (first + last)//2
        if my_list[mid] == item:
            found_flag = True
        else:
            if item < my_list[mid]:
                last = mid - 1
            else:
                first = mid + 1
    return found_flag
```

```
searchBinary([8,9,10,100,1000,2000,3000], 10)
```

```
True
```

```
searchBinary([8,9,10,100,1000,2000,3000], 5)
```

```
False
```

El bucle principal aprovecha que la lista está ordenada. Divide dicha lista por la mitad en cada iteración hasta llegar al resultado.

Una vez definida la función, se prueba para buscar un elemento concreto. El algoritmo de búsqueda binaria se trata con más detalle en el capítulo 3, *Algoritmos de ordenación y búsqueda*.

Observa que, de los cuatro tipos de notación Big O representados, $O(n^2)$ es el que tiene el peor rendimiento y $O(logn)$, el mejor. Por otro lado, $O(n^2)$ no es tan malo como $O(n^3)$ pero, aun así, los algoritmos de esta clase no pueden utilizarse con *big data*, ya que la complejidad temporal limita la cantidad de datos que pueden procesar de forma realista. En la figura 1.3 se muestra el rendimiento de los cuatro tipos de notación Big O:

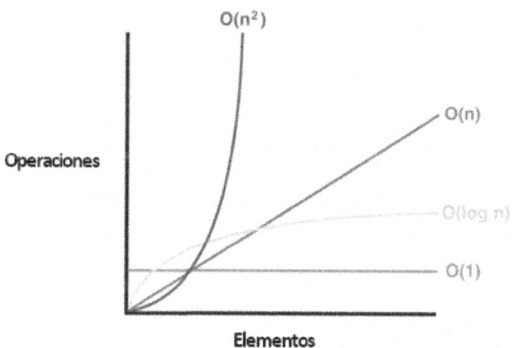

Figura 1.3: *Gráfico de complejidad de Big O.*

Una manera de reducir la complejidad de un algoritmo es comprometer su precisión, acción que producirá un tipo de algoritmo llamado **algoritmo de aproximación**.

Selección de un algoritmo

¿Cómo puedes saber cuál es la mejor solución? ¿Cómo puedes saber qué algoritmo funciona más rápido? El análisis de la complejidad temporal de un algoritmo puede responder a este tipo de preguntas.

Para ver en qué casos puede ser útil, tomemos un ejemplo sencillo en el que el objetivo es ordenar una lista de números. Existen un montón de algoritmos que pueden hacer este trabajo. La cuestión es cómo elegir el adecuado.

En primer lugar, debemos advertir que, si la lista no contiene demasiados números, no importa qué algoritmo elijamos para ordenarla. Es decir, si solo hay 10 números en la lista (*n=10*), no es importante la elección del algoritmo, pues probablemente no tardará más de unos microsegundos, incluso con un algoritmo muy simple. Pero, a medida que *n* aumenta, elegir el algoritmo adecuado empieza a ser importante. Un algoritmo mal diseñado puede tardar un par de horas en ejecutarse, mientras que uno bien diseñado puede terminar de ordenar la lista en un par de segundos. Por lo tanto, para conjuntos grandes de datos de entrada, tiene mucho sentido invertir tiempo y esfuerzo, realizar un análisis de rendimiento y elegir el algoritmo diseñado correctamente que hará el trabajo requerido de manera eficiente.

Validación de un algoritmo

La validación de un algoritmo confirma que realmente proporciona una solución matemática al problema que intentamos resolver. Un proceso de validación debe comprobar los resultados para el mayor número posible de valores y tipos de valores de entrada.

Algoritmos exactos, de aproximación y aleatorios

La validación de un algoritmo también depende del tipo de algoritmo, ya que las técnicas de comprobación son diferentes. Diferenciemos primero los algoritmos deterministas de los aleatorios.

En los algoritmos deterministas, una entrada en particular genera siempre exactamente la misma salida. Pero, para ciertos tipos de algoritmos, también se toma como entrada una secuencia de números aleatorios, lo que hace que la salida sea diferente cada vez que se ejecuta el algoritmo. El algoritmo de agrupamiento *k*-means, que se detalla en el capítulo 6, *Algoritmos de aprendizaje automático no supervisado*, es un ejemplo de este tipo:

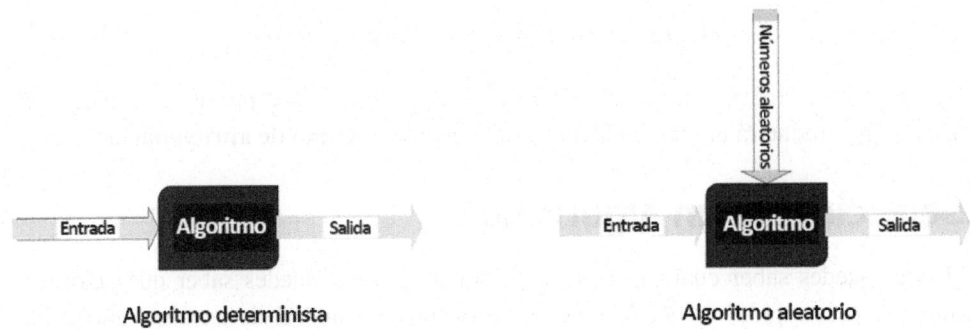

Figura 1.4: *Algoritmos deterministas y aleatorios.*

Los algoritmos también pueden dividirse en los dos tipos siguientes en función de las suposiciones o aproximaciones utilizadas para simplificar la lógica y hacer que funcionen más rápido:

- **Algoritmo exacto**: los algoritmos exactos deberían producir una solución precisa sin suposiciones ni aproximaciones.

- **Algoritmo de aproximación**: cuando la complejidad del problema es excesiva para los recursos proporcionados, simplificamos nuestro problema con algunas suposiciones. Los algoritmos basados en estas simplificaciones o suposiciones se llaman algoritmos de aproximación, los cuales no acaban de darnos una solución exacta.

Veamos un ejemplo que nos ayudará a entender la diferencia entre algoritmos exactos y de aproximación: el famoso problema del viajante de comercio, presentado en 1930. Este problema te reta a encontrar la ruta más corta para un vendedor que visita todas las ciudades de una lista y regresa al punto de partida, de ahí su nombre. El primer intento de dar con la solución consiste en generar todas las combinaciones de ciudades y elegir la que resulte más barata. Obviamente, la complejidad temporal empieza a ser incontrolable más allá de 30 ciudades.

Si el número de ciudades es superior a 30, una forma de reducir la complejidad es introduciendo algunas aproximaciones y suposiciones.

En el caso de los algoritmos de aproximación, es importante fijar las expectativas de precisión al recopilar los requisitos. Validar un algoritmo de aproximación consiste en comprobar que el error de los resultados se encuentra dentro de un margen aceptable.

Explicabilidad

Cuando se utilizan algoritmos para casos críticos, es importante poder explicar el porqué de cada resultado cuando sea debido. De este modo, nos aseguramos de que las decisiones basadas en los resultados de los algoritmos no presentan sesgos.

La capacidad de identificar exactamente las características que se utilizan directa o indirectamente para llegar a una decisión concreta se denomina explicabilidad de un algoritmo. Los algoritmos, cuando se utilizan para casos de uso críticos, deben ser evaluados para detectar sesgos y prejuicios. Su análisis ético se ha convertido en una parte estándar del proceso de validación de aquellos algoritmos que pueden afectar a la toma de decisiones relacionadas con la vida de las personas.

Para aquellos algoritmos que tratan el aprendizaje profundo, la explicabilidad es difícil de lograr. Por ejemplo, si se utiliza un algoritmo para rechazar la solicitud de hipoteca de una persona, es importante tener la claridad y la capacidad de explicar el motivo.

La explicabilidad algorítmica es un campo de investigación activo. Una de las técnicas más eficaces que se han desarrollado recientemente es la denominada **Local Interpretable Model-Agnostic Explanations (LIME)**, planteada en los documentos de la **22.ª Association for Computing Machinery (ACM)** durante la conferencia internacional **Special Interest Group on Knowledge Discovery and Data Mining (SIGKDD)** sobre el descubrimiento del conocimiento y la minería de datos en 2016. La LIME se basa en un concepto en el que se introducen pequeños cambios en la entrada para cada instancia y, a continuación, se intenta mapear el límite de decisión local para esta instancia. Posteriormente, es posible cuantificar la influencia de cada variable para dicha instancia.

Resumen

En este capítulo hemos aprendido los aspectos básicos de los algoritmos. En primer lugar, hemos conocido las distintas fases del desarrollo de un algoritmo y hemos tratado las diferentes maneras de especificar la lógica de un algoritmo que se necesitan para diseñarlo. A continuación, hemos visto cómo diseñar un algoritmo y hemos aprendido dos formas diferentes de analizar su rendimiento. Por último, hemos conocido distintos aspectos sobre la validación de algoritmos.

En este capítulo también hemos visto las distintas fases de desarrollo y despliegue de un algoritmo, y hemos aprendido a utilizar la notación Big O para evaluar su rendimiento.

El siguiente capítulo trata de las estructuras de datos utilizadas en los algoritmos. Empezaremos por examinar las estructuras disponibles en Python y veremos cómo podemos utilizarlas para crear otras estructuras de datos más sofisticadas, como pilas, colas y árboles, necesarias para desarrollar algoritmos complejos.

2

Estructuras de datos utilizadas en algoritmos

Los algoritmos necesitan estructuras de datos en memoria que puedan contener datos temporales mientras se ejecutan. Elegir las estructuras de datos adecuadas es esencial para una aplicación eficaz. Ciertas clases de algoritmos tienen una lógica recursiva o iterativa y necesitan estructuras de datos especialmente diseñadas para ellos. Por ejemplo, un algoritmo recursivo puede implementarse más fácilmente y mostrar un rendimiento mejor si se utilizan estructuras de datos anidadas. En este capítulo se analizan las estructuras de datos en el contexto de los algoritmos. Como en este libro utilizamos Python, el presente capítulo se centra en las estructuras de datos de este lenguaje, aunque los conceptos presentados pueden utilizarse en otros lenguajes como Java y C++.

Al final de este capítulo deberías entender cómo maneja Python las estructuras de datos complejas y cuáles deberían usarse para un determinado tipo de datos.

Estos son los principales puntos tratados en este capítulo:

- Exploración de los tipos de datos integrados en Python
- Uso de series y marcos de datos
- Matrices y operaciones con matrices
- Tipos de datos abstractos

Tipos de datos integrados en Python

En cualquier lenguaje se utilizan estructuras de datos para almacenar y manipular datos complejos. En Python, las estructuras de datos son contenedores de almacenamiento para gestionar, organizar y buscar datos de forma eficiente. Se utilizan para almacenar un grupo de datos denominados colecciones que deben ser guardados y procesados juntos. Las estructuras de datos importantes que se pueden utilizar en Python para almacenar colecciones se resumen en la tabla 2.1:

Estructura de datos	Explicación resumida	Ejemplo
Lista	Secuencia ordenada, posiblemente anidada y variable de elementos	`["John", 33,"Toronto", True]`
Tupla	Secuencia ordenada e inalterable de elementos	`('Red','Green','Blue', 'Yellow')`
Diccionario	Colección desordenada de pares clave-valor	`{'brand': 'Apple', 'color': 'black'}`
Conjunto	Colección desordenada de elementos	`{'a', 'b', 'c'}`

Tabla 2.1: *Estructuras de datos en Python*

En los siguientes apartados las veremos con más detalle.

Listas

En Python, una lista es el principal tipo de datos utilizado para almacenar una secuencia variable de elementos. No es necesario que dichos elementos sean del mismo tipo.

Una lista se define encerrando los elementos entre [ ] y deben ir separados por una coma. Por ejemplo, el siguiente código crea cuatro datos juntos de diferentes tipos:

```
list_a = ["John", 33,"Toronto", True]
print(list_a)
```

```
['John', 33, 'Toronto', True]
```

En Python, una lista es una forma práctica de crear estructuras de datos unidimensionales que se pueden modificar, especialmente necesarias en diferentes etapas internas de los algoritmos.

Utilizar listas

Las funciones de utilidad en estructuras de datos las hacen muy útiles, ya que permiten gestionar datos en listas.

Veamos cómo podemos utilizarlas:

- **Indexación de listas:** como en una lista la posición de un elemento es determinista, el índice puede utilizarse para obtener un elemento situado en una posición determinada. El siguiente código muestra este concepto:

```
bin_colors=['Red','Green','Blue','Yellow']
```

La lista de cuatro elementos creada mediante este código se muestra en la figura 2.1:

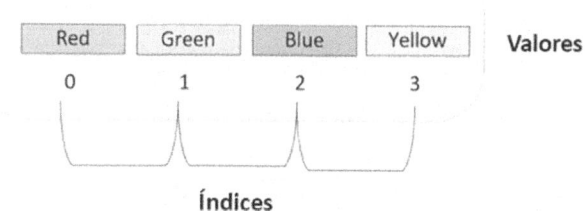

Figura 2.1: *Lista de cuatro elementos en Python.*

Ahora, vamos a ejecutar el código:

```
bin_colors[1]
```

```
'Green'
```

Ten en cuenta que Python es un lenguaje de indexación de base cero. Esto significa que el índice inicial de cualquier estructura de datos, incluidas las listas, será 0. Green, el segundo elemento, se recupera mediante el índice 1, es decir, bin_colors[1].

- **Segmentación de listas:** la recuperación de un subconjunto de elementos de una lista especificando un rango de índices se denomina **segmentación**. El siguiente código se puede utilizar para crear un segmento de la lista:

```
bin_colors[0:2]
```

```
['Red', 'Green']
```

Las listas son una de las estructuras de datos unidimensionales más populares en Python.

Al segmentar una lista, el rango se indica del siguiente modo: primer número (incluido) y segundo número (no incluido). Por ejemplo, bin_colors[0:2] incluirá bin_color[0] y bin_color[1], pero no bin_color[2]. Debes tener en cuenta este aspecto cuando utilices listas, pues algunos usuarios de Python se quejan de que no es muy intuitivo.

Veamos el siguiente fragmento de código:

```
bin_colors=['Red','Green','Blue','Yellow']
bin_colors[2:]
```

```
['Blue', 'Yellow']
```

```
bin_colors[:2]
```

```
['Red', 'Green']
```

Si no se especifica el índice inicial, se indica el principio de la lista, y si no se especifica el índice final, se indica el final de la lista, como demuestra el código anterior.

- **Indexación negativa:** en Python también existen índices negativos, que se contabilizan desde el final de la lista, tal y como se muestra en el siguiente código:

```
bin_colors=['Red','Green','Blue','Yellow']
bin_colors[:-1]
```

```
['Red', 'Green', 'Blue']
```

```
bin_colors[:-2]
```

```
['Red', 'Green']
```

```
bin_colors[-2:-1]
```

```
['Blue']
```

Los índices negativos son especialmente útiles cuando queremos utilizar el último elemento como punto de referencia en lugar del primero.

- **Anidar listas:** un elemento de una lista puede ser de cualquier tipo de datos, lo que permite crear listas anidadas. Para los algoritmos iterativos y recursivos, esto proporciona importantes ventajas.

Veamos en el siguiente código un ejemplo de una lista dentro de otra (lista anidada):

```
a = [1,2,[100,200,300],6]
max(a[2])
```

```
300
```

```
a[2][1]
```

```
200
```

- **Iteración:** Python permite iterar sobre cada elemento de una lista utilizando un bucle for, como podemos ver en el siguiente ejemplo:

```
for color_a in bin_colors:
    print(color_a + " Square")
```

```
Red Square
Green Square
Blue Square
Yellow Square
```

El código anterior recorre la lista y muestra cada elemento. Ahora vamos a eliminar el último elemento de la pila utilizando la función pop().

Modificar listas: métodos append y pop

Veamos ahora cómo podemos modificar listas con métodos como append y pop.

Añadir elementos con append()

Cuando se desea insertar un nuevo elemento al final de una lista, se emplea el método append(), el cual funciona añadiendo el nuevo elemento en la ranura de memoria disponible más cercana. Si la lista ya está al máximo de su capacidad, Python amplía la asignación de memoria, duplica los elementos anteriores en el espacio recién creado e inserta el nuevo elemento:

```
bin_colors = ['Red', 'Green', 'Blue', 'Yellow']
bin_colors.append('Purple')
print(bin_colors)
```

```
['Red', 'Green', 'Blue', 'Yellow', 'Purple']
```

Eliminar elementos con pop()

Para extraer un elemento de la lista, en particular el último, el método pop() es una herramienta muy útil. Cuando se invoca, este método elimina el elemento especificado (o el último, si no se indica ningún índice). Los elementos situados después del elemento extraído se recolocan para mantener la continuidad de la memoria:

```
bin_colors.pop()
print(bin_colors)
```

```
['Red', 'Green', 'Blue', 'Yellow']
```

 Ten en cuenta que no hemos especificado ningún índice, por lo que pop() ha eliminado el último elemento de la matriz, 'Purple', añadido en el ejemplo anterior.

La función range()

La función range() puede utilizarse para generar fácilmente una larga lista de números, así como para autocompletar secuencias de números en una lista.

La función range() es fácil de usar: simplemente, debemos especificar el número de elementos que queremos que contenga nuestra lista. Por defecto, empieza desde cero y aumenta de uno en uno:

```
x = range(4)
for n in x:
    print(n)
```

```
0 1 2 3
```

También podemos especificar el número final y el paso:

```
odd_num = range(3,30,2)
for n in odd_num:
    print(n)
```

```
3 5 7 9 11 13 15 17 19 21 23 25 27 29
```

La función anterior nos dará números impares del 3 al 29.

Para recorrer una lista, podemos utilizar la función for:

```
for i in odd_num:
    print(i*100)
```

```
300 500 700 900 1100 1300 1500 1700 1900 2100 2300 2500 2700 2900
```

También podemos utilizar la función range() para generar una lista de números aleatorios. Por ejemplo, para simular diez lanzamientos de un dado, podemos utilizar el siguiente código:

```
import random
dice_output = [random.randint(1, 6) for x in range(10)]
print(dice_output)
```

```
[6, 6, 6, 6, 2, 4, 6, 5, 1, 4]
```

La complejidad temporal de las listas

La complejidad temporal de varias funciones de una lista puede resumirse del siguiente modo mediante la notación Big O:

- **Inserción de un elemento:** la inserción de un elemento al final de una lista suele tener una complejidad de tiempo constante, representada como $O(1)$. Esto significa que el tiempo necesario para realizar esta operación se mantiene bastante constante, independientemente del tamaño de la lista.

- **Eliminación de un elemento:** la supresión de un elemento de una lista puede tener una complejidad de tiempo de $O(n)$ en el peor de los casos. Esto se debe a que, en la situación menos favorable, el programa podría necesitar recorrer toda la lista antes de eliminar el elemento deseado.

- **Segmentación:** cuando segmentamos una lista o extraemos una parte de ella, la operación puede tardar un tiempo proporcional al tamaño del fragmento, por lo que su complejidad temporal es $O(n)$.

- **Recuperación de un elemento:** en el peor de los casos, encontrar un elemento dentro de una lista, sin ningún tipo de indexación, puede requerir el recorrido de todos sus elementos. Por tanto, su complejidad temporal también es $O(n)$.

- **Copia:** crear una copia de la lista requiere visitar cada elemento una vez, lo que conlleva una complejidad temporal de $O(n)$.

Tuplas

La segunda estructura de datos que puede utilizarse para almacenar una colección es una tupla. A diferencia de las listas, las tuplas son estructuras de datos invariables (de solo lectura). Las tuplas constan de varios elementos encerrados entre ( ).

Al igual que las listas, los elementos de una tupla pueden ser de distintos tipos, permitiendo, del mismo modo, que sus elementos sean tipos de datos complejos. Es por ello por lo que puede haber una tupla dentro de otra tupla, lo que permite crear una estructura de datos anidada. La capacidad de crear estructuras de datos anidadas es especialmente útil en algoritmos iterativos y recursivos.

El siguiente código muestra cómo se crean las tuplas:

```
bin_colors=('Red','Green','Blue','Yellow')
print(f"The second element of the tuple is {bin_colors[1]}")
```

```
The second element of the tuple is Green
```

```
print(f "The elements after third element onwards are {bin_colors[2:]}")
```

```
The elements after third element onwards are ('Blue', 'Yellow')
```

```
# Nested Tuple Data structure nested_tuple = (1,2,(100,200,300),6)
print(f "The maximum value of the inner tuple {max(nested_tuple[2])}")
```

```
The maximum value of the inner tuple 300
```

Por razones de rendimiento, cuando sea posible, se optará por las estructuras de datos invariables (como las tuplas) frente a las variables (como las listas). Sobre todo, cuando se trata de *big data*, las estructuras de datos invariables son mucho más rápidas que las variables. Cuando una estructura de datos se pasa a una función como invariable, no es necesario crear una copia, ya que la función no puede modificarla. Así, la salida puede referirse a la estructura de datos de entrada, lo cual se conoce como transparencia referencial y mejora el rendimiento. Hay un precio que pagamos por la capacidad de cambiar datos en las listas. Por ello, deberíamos analizar cuidadosamente si este cambio es realmente necesario, pues podemos implementar el código como tuplas de solo lectura, un proceso mucho más rápido.

Ten en cuenta que, como Python es un lenguaje de indexación basado en cero, a[2] se refiere al tercer elemento, que es una tupla, (100,200,300), y a[2][1] se refiere al segundo elemento dentro de esta tupla, que es 200.

La complejidad temporal de las tuplas

La complejidad temporal de algunas funciones de las tuplas puede resumirse, mediante la notación Big O, del siguiente modo:

- **Acceso a un elemento:** las tuplas permiten acceder directamente a sus elementos mediante la indexación. Esta operación es de tiempo constante, *O(1)*, es decir, el tiempo empleado permanece constante independientemente del tamaño de la tupla.

- **Segmentación:** cuando se extrae o segmenta una parte de una tupla, la eficiencia de la operación es proporcional al tamaño del fragmento, lo que produce una complejidad temporal de *O(n)*.

- **Recuperación de un elemento:** encontrar un elemento dentro de una tupla, sin ningún tipo de indexación, puede requerir, en el peor de los casos, recorrer todos sus elementos. Por lo tanto, su complejidad temporal es *O(n)*.

- **Copia:** duplicar una tupla, o crear su copia, requiere recorrer cada elemento una vez, dándole una complejidad de tiempo de *O(n)*.

Diccionarios y conjuntos

En esta sección hablaremos de conjuntos y diccionarios, los cuales se utilizan para almacenar datos sin un orden explícito o implícito. Los diccionarios y los conjuntos son bastante similares. La diferencia es que los diccionarios tienen pares clave-valor y los conjuntos pueden considerarse como una colección de claves únicas. Veámoslos por separado.

Diccionarios

Mantener los datos como pares clave-valor es importante, especialmente en algoritmos distribuidos. En Python, las colecciones de estos pares clave-valor se almacenan como estructuras de datos llamadas diccionarios. Para crear un diccionario, debe elegirse una clave como atributo que sirva para identificar los datos durante su procesamiento. La limitación en el valor de las claves es que deben ser hashables. Un hashable es el tipo de objeto sobre el que podemos ejecutar la función hash, generando un código hash que no cambia nunca. Esto garantiza que las claves sean únicas y que la búsqueda de estas sea rápida. Los tipos numéricos y los fijos invariables son todos hashables y buenas opciones para ser claves del diccionario. El valor puede ser un elemento de cualquier tipo, por ejemplo, un número o una cadena. Python siempre utiliza como valores tipos de datos complejos, como las listas. Se pueden crear diccionarios anidados utilizando un diccionario como tipo de datos de un valor.

Para crear un diccionario sencillo que asigne colores a diversas variables, los pares clave-valor deben encerrarse entre { }. Por ejemplo, el siguiente código crea un diccionario sencillo formado por tres pares clave-valor:

```
bin_colors ={
    "manual_color": "Yellow",
    "approved_color": "Green",
    "refused_color": "Red"
}
```

```
print(bin_colors)
```

```
{'manual_color': 'Yellow', 'approved_color': 'Green',
'refused_color':'Red'}
```

Los tres pares clave-valor creados por el código anterior se ilustran en la siguiente imagen:

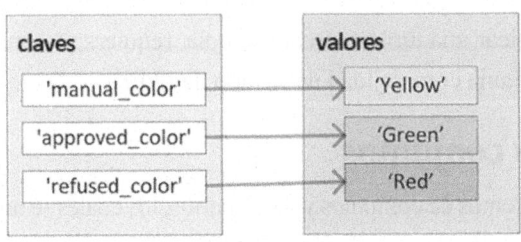

bin_colors

Figura 2.2: *Pares clave-valor en un diccionario sencillo.*

Veamos ahora cómo recuperar y actualizar un valor asociado a una clave:

1. Para recuperar un valor asociado a una clave, podemos utilizar la función get o bien la clave como índice:

   ```
   bin_colors.get('approved_color')
   ```

   ```
   'Green'
   ```

   ```
   bin_colors['approved_color']
   ```

   ```
   'Green'
   ```

2. Para actualizar un valor asociado a una clave, utilizamos el siguiente código:

   ```
   bin_colors['approved_color']="
   Purple"print(bin_colors)
   ```

   ```
   {'manual_color': 'Yellow', 'approved_color': 'Purple',
   'refused_color': 'Red'}
   ```

El código anterior muestra cómo podemos actualizar un valor relacionado con una clave concreta de un diccionario.

Cuando iteramos a través de un diccionario, normalmente necesitaremos tanto las claves como los valores. En Python, podemos iterar a través de un diccionario utilizando .items():

```
for k,v in bin_colors.items():
    print(k,'->',v+' color')
```

```
manual_color -> Yellow color
approved_color ->
Purple color
```

Para eliminar un elemento de un diccionario, utilizaremos la función `del`:

```
del bin_colors['approved_color']
print(bin_colors)
```

```
{'manual_color': 'Yellow', 'refused_color': 'Red'}
```

La complejidad temporal de un diccionario

Estas son las complejidades temporales de algunas operaciones para los diccionarios de Python:

- **Acceso a un valor mediante la clave:** los diccionarios están diseñados para realizar búsquedas rápidas. Cuando se tiene la clave, acceder al valor correspondiente suele ser una operación de tiempo constante, $O(1)$. Esto es así a menos que se produzca una colisión de hash, lo cual es poco frecuente.

- **Inserción de un par clave-valor:** añadir un nuevo par clave-valor es generalmente una operación rápida con una complejidad de tiempo $O(1)$.

- **Eliminación de un par clave-valor:** suprimir una entrada de un diccionario, cuando se conoce la clave, también suele ser una operación $O(1)$.

- **Búsqueda de una clave:** gracias a los mecanismos de hashing, verificar la presencia de una clave suele ser una operación de tiempo constante, $O(1)$. Sin embargo, en el peor de los casos, esto podría elevarse a $O(n)$, especialmente con muchas colisiones de hash.

- **Copia:** crear una copia de un diccionario requiere recorrer cada par clave-valor, lo que da como resultado una complejidad de tiempo lineal, $O(n)$.

Conjuntos

Estrechamente relacionados con los diccionarios, los conjuntos se definen como una colección desordenada de elementos distintos que pueden ser de diferentes tipos. Una de las formas de definir un conjunto es encerrando los valores entre { }. Por ejemplo, observa el siguiente bloque de código:

```
green = {'grass', 'leaves'}
print(green)
```

```
{'leaves', 'grass'}
```

La característica que define a un conjunto es que solo almacena el valor distinto de cada elemento. Si intentamos añadir otro elemento redundante, lo ignorará, como se muestra a continuación:

```
green = {'grass', 'leaves','leaves'}
print(green)
```

```
{'leaves', 'grass'}
```

Para mostrar qué tipo de operaciones se pueden realizar con conjuntos, definamos un par de ellos:

- Un conjunto llamado `yellow`, que contiene cosas amarillas.
- Un conjunto llamado `red`, que contiene cosas rojas.

Observa que algunas cosas son comunes para ambos conjuntos. Estos conjuntos y su relación pueden representarse con ayuda del siguiente diagrama de Venn:

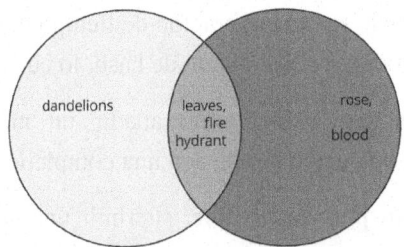

Figura 2.3: *Diagrama de Venn que muestra cómo se almacenan los elementos en conjuntos.*

Si queremos implementar estos dos conjuntos en Python, el código tendrá el siguiente aspecto:

```
yellow = {'dandelions', 'fire hydrant', 'leaves'}
red = {'fire hydrants', 'blood', 'rose', 'leaves'}
```

El siguiente código ejemplifica las operaciones con conjuntos con Python:

```
print(f "The union of yellow and red sets is {yellow|red}")
```

```
The union of yellow and red sets is {leaves, blood, dandelions, fire
    hydrant, rose}
```

```
print(f "The intersection of yellow and red is {yellow&red}")
```

```
The intersection of yellow and red is {'fire hydrant', 'leaves'}
```

Como se muestra en el fragmento de código anterior, los conjuntos en Python permiten operaciones como uniones e intersecciones. Como ya sabemos, la operación de unión combina todos los elementos de ambos conjuntos y la de intersección muestra un conjunto de elementos comunes en los dos conjuntos. Fíjate en lo siguiente:

- `yellow|red` se utiliza para obtener la unión de los dos conjuntos definidos anteriores.

- `yellow&red` se utiliza para obtener el solapamiento entre el amarillo y el rojo.

Como los conjuntos no están ordenados, los elementos de un conjunto no tienen índice. Esto significa que no podemos acceder a ellos haciendo referencia a un índice.

Podemos recorrer los elementos de un conjunto utilizando un bucle `for`:

```
for x in yellow:
    print(x)
```

```
fire hydrant

leaves
```

También podemos comprobar si un conjunto tiene un valor concreto mediante la palabra clave `in`.

```
print("leaves" in yellow)
```

```
Tru
```

Análisis de la complejidad temporal de los conjuntos

A continuación, se presenta el análisis de la complejidad temporal de los conjuntos:

Conjuntos	Complejidad
Añadir un elemento	O(1)
Eliminar un elemento	O(1)
Copiar	O(n)

Tabla 2.2: *Complejidad temporal de los conjuntos*

Cuándo utilizar un diccionario y cuándo un conjunto

Supongamos que buscamos una estructura de datos para una guía telefónica donde almacenaremos los números de teléfono de los empleados de una empresa. Para ello, un diccionario es la estructura de datos adecuada. El nombre de cada empleado será la clave y el valor, el número de teléfono:

```
employees_dict = {
    "Ikrema Hamza": "555-555-5555",
    "Joyce Doston" : "212-555-5555",
}
```

Pero si lo que queremos es almacenar solo el valor de cada empleado, utilizaremos un conjunto:

```
employees_set = {
    "Ikrema Hamza",
    "Joyce Doston"
}
```

Uso de Series y DataFrames

El procesamiento de datos es una de las tareas fundamentales que hay que realizar al implementar la mayoría de los algoritmos. En Python, el procesamiento de datos suele realizarse utilizando funciones y estructuras de datos de la biblioteca pandas.

En esta sección veremos estas dos importantes estructuras de datos de la biblioteca pandas, que se utilizarán más adelante para implementar varios algoritmos:

- **Series:** es una matriz unidimensional de valores.
- **DataFrame:** es una estructura de datos bidimensional utilizada para almacenar datos tabulares.

Veamos primero la estructura de datos denominada Series.

Series

En la biblioteca pandas, una estructura Series es una matriz unidimensional de valores para datos homogéneos. Podemos pensar en Series como en una columna de una hoja de cálculo, como si contuviera varios valores de una variable concreta.

Una Series puede definirse del siguiente modo:

```
import pandas as pd
person_1 = pd.Series(['John',"Male",33,True])
print(person_1)
```

```
0       John
1       Male
2       33
3       True
dtype:    object
```

En las estructuras de datos basadas en Series de pandas, existe un término llamado "eje" que se utiliza para representar una secuencia de valores en una dimensión determinada. *Series* solo tiene un "eje 0" porque solo tiene una dimensión. Veremos cómo se aplica este concepto de eje a DataFrame en la siguiente sección.

DataFrame

Un DataFrame se construye sobre la estructura de datos Series. Se almacena como datos tabulares bidimensionales y se utiliza para procesar datos estructurados tradicionales. Observa la siguiente tabla:

ID	Nombre	Edad	Valor
1	Fares	32	True
2	Elena	23	False
3	Doug	40	True

Vamos a representar esta tabla con un DataFrame.

Se puede crear un DataFrame sencillo utilizando el siguiente código:

```
employees_df = pd.DataFrame([
    ['1', 'Fares', 32, True],
    ['2', 'Elena', 23, False],
    ['3', 'Doug', 40, True]])
employees_df.columns = ['id', 'nombre', 'edad', 'valor']
print(employees_df)
```

```
     id   nombre   edad   valor
0    1    Fares    32     True
1    2    Elena    23     False
2    3    Doug     40     True
```

En el código anterior, `df.column` es una lista que especifica los nombres de las columnas. En un DataFrame, una columna o una fila se denomina eje.

 Los DataFrames también se utilizan en otros lenguajes y frameworks populares para implementar una estructura de datos tabular. Algunos ejemplos son R y el framework Apache Spark.

Crear un subconjunto de un DataFrame

Existen básicamente dos maneras de crear un subconjunto de un DataFrame:

- Selección de columnas
- Selección de filas

Veamos las dos formas por separado.

Selección de columnas

En los algoritmos de aprendizaje automático, es importante seleccionar el conjunto adecuado de características. De todas las que podamos tener, puede que no todas sean necesarias en una fase concreta del algoritmo. En Python, la selección de características se consigue mediante la selección de columnas, que explicamos en esta sección.

Una columna puede recuperarse mediante su nombre, como se muestra en el siguiente ejemplo:

```
df[['nombre','edad']]
```

```
     nombre  edad
0    Fares   32
1    Elena   23
2    Doug    40
```

El posicionamiento de una columna es determinista en un DataFrame, pues las columnas también pueden recuperarse por su posición, como se indica a continuación:

```
df.iloc[:,3]
```

```
0    True
1    False
2    True
Nombre: valor, dtype: bool
```

Observa que, en este código, hemos recuperado todas las filas del DataFrame.

Selección de filas

Cada fila de un DataFrame corresponde a un punto de datos en nuestro planteamiento. Necesitamos realizar una selección de filas si queremos crear un subconjunto de los datos de que disponemos. Este subconjunto puede crearse mediante uno de los dos métodos siguientes:

- Especificando su posición

- Especificando un filtro

Se puede recuperar un subconjunto de filas por su posición, como se indica a continuación:

```
df.iloc[1:3,:]
```

```
     id   nombre   edad   valor
1    2    Elena    23     False
```

El código anterior devolverá la segunda y tercera filas y, además, todas las columnas. Utiliza el método `iloc`, el cual nos permite acceder a los elementos por su índice numérico.

Para crear un subconjunto especificando un filtro, necesitamos utilizar una o más columnas que definan el criterio de selección. Por ejemplo, se puede seleccionar un subconjunto de datos mediante este método, como se indica a continuación:

```
df[df.edad>30]
```

	id	nombre	edad	valor
0	1	Fares	32	True
2	3	Doug	40	True

```
df[(df.edad<35)&(df.valor==True)]
```

	id	nombre	edad	valor
0	1	Fares	32	True

Este código crea un subconjunto de filas que responde a la condición estipulada en el filtro.

Análisis de la complejidad temporal de los conjuntos

Veamos ahora las complejidades temporales de algunas operaciones fundamentales de los DataFrame.

- Operaciones de selección
    - **Selección de columnas:** el acceso a una columna de un DataFrame, que suele realizarse mediante el uso de corchetes o de puntos (para nombres de columnas sin espacios), es una operación $O(1)$. Esta operación ofrece una referencia rápida de los datos sin necesidad de copiarlos.
    - **Selección de filas:** el uso de métodos como `.loc[]` o `.iloc[]` para seleccionar filas, especialmente con segmentación, tiene una complejidad temporal de $O(n)$, donde "n" representa el número de filas a las que se accede.
- Operaciones de inserción
    - **Inserción de columnas:** la inserción de una nueva columna a un DataFrame suele ser una operación $O(1)$. Sin embargo, el tiempo real puede variar en función del tipo y el tamaño de los datos que se añadan.
    - **Inserción de filas:** la inserción de filas mediante métodos como `.append()` o `.concat()` puede resultar en una complejidad $O(n)$, pues a menudo requiere reordenar y reasignar.

- Operaciones de eliminación

  - **Eliminación de columnas:** la eliminación de una columna de un DataFrame, realizada mediante el método `.drop()`, es una operación *O(1)*. Esta operación marca la columna como basura en lugar de eliminarla al instante.

  - **Eliminación de filas:** de forma similar a la inserción de filas, su eliminación puede conllevar una complejidad de tiempo *O(n)*, ya que el DataFrame tiene que reorganizar su estructura.

Matrices

Una matriz es una estructura de datos bidimensional con un número fijo de columnas y filas. Cada elemento de una matriz puede designarse por su columna y su fila.

En Python, se puede crear una matriz utilizando una matriz numpy o una lista. Las matrices numpy son mucho más rápidas que las listas porque son colecciones de datos homogéneos ubicadas en una asignación contigua de memoria. El siguiente código se puede utilizar para crear una matriz a partir de una matriz numpy:

```
import numpy as np
matrix_1 = np.array([[11, 12, 13], [21, 22, 23], [31, 32, 33]])
print(matrix_1)
```

```
[[11 12 13]
 [21 22 23]
 [31 32 33]]
```

```
print(type(matrix_1))
```

```
<class 'numpy.ndarray'>
```

El código anterior creará una matriz con tres filas y tres columnas.

Operaciones con matrices

Existen muchas operaciones para manipular datos en matrices. Por ejemplo, vamos a intentar cambiar la posición de los elementos de la matriz anterior. Para ello, utilizaremos la función `transpose()`, que convertirá las columnas en filas y las filas en columnas:

```
print(matrix_1.transpose())
```

```
array([[11,
    21, 31],
[12, 22, 32],
[13, 23, 33]])
```

Las operaciones con matrices se utilizan mucho en la manipulación de datos multimedia.

Notación Big O y matrices

Cuando se habla de eficiencia de las operaciones, la notación Big O proporciona una visión de alto nivel de su impacto a medida que aumentan los datos:

- **Acceso:** acceder a un elemento, ya sea en una lista Python o en una matriz numpy, es una operación de tiempo constante, $O(1)$, pues se puede acceder directamente a cada elemento gracias a su correspondiente índice.

- **Inserción:** añadir un elemento al final de una lista Python es, en la mayoría de los casos, una operación $O(1)$. Sin embargo, para una matriz numpy, la operación puede ser $O(n)$ en el peor de los casos, ya que puede ser necesario copiar toda la matriz a una nueva ubicación de memoria si no hay espacio contiguo disponible.

- **Multiplicación de matrices:** aquí es donde numpy destaca. La multiplicación de matrices puede ser intensa desde el punto de vista computacional. Los métodos tradicionales pueden tener una complejidad temporal de $O(n^3)$ para matrices $n \times n$. Sin embargo, numpy utiliza algoritmos optimizados, como el algoritmo de Strassen, que la reduce significativamente.

Ahora que ya conocemos las estructuras de datos en Python, en la siguiente sección veremos los tipos de datos abstractos.

Explorar los tipos de datos abstractos

Los **tipos de datos abstractos (TDA)** son abstracciones de alto nivel cuyo comportamiento se define como un conjunto de variables y un conjunto de operaciones relacionadas. Los TDA definen las normas sobre "qué" debe suceder, pero dan libertad al programador en "cómo" se implementará exactamente. Algunos ejemplos de TDA son los vectores, las colas y las pilas. Esto significa que dos programadores pueden utilizar dos enfoques distintos para implementar un TDA, como una pila. Al ocultar los detalles del nivel de implementación y ofrecer al usuario una estructura de datos genérica e independiente de dicha implementación, el uso de un TDA crea algoritmos que generan un código más sencillo y limpio. Los TDA pueden implementarse en cualquier lenguaje de programación, como C++, Java y Scala. En esta sección implementaremos algunos TDA mediante Python. Empezaremos por los vectores.

Vectores

Un vector es una estructura unidimensional para almacenar datos y es una de las estructuras de datos más populares en Python. Hay dos maneras de crear vectores en este lenguaje:

- **Con una lista de Python:** es la forma más sencilla, como puedes ver a continuación:

```
vector_1 = [22,33,44,55]
print(vector_1)
```
```
[22, 33, 44, 55]
```
```
print(type(vector_1))
```
```
<class 'list'>
```

Este código creará una lista con cuatro elementos.

- **Con una matriz numpy:** otra forma popular de crear un vector es con una matriz numpy. Las matrices numpy son generalmente más rápidas y eficientes en memoria que las listas de Python, especialmente para operaciones que implican grandes cantidades de datos. Esto se debe a que numpy está diseñada para trabajar con datos homogéneos y puede aprovechar optimizaciones de bajo nivel. Una matriz numpy puede implementarse de la siguiente manera:

```
vector_2 = np.array([22,33,44,55])
print(vector_2)
```
```
[22 33 44 55]
```
```
print(type(vector_2))
```
```
<class 'numpy.ndarray'>
```

De este modo, hemos creado el elemento vector_2 mediante np.array.

En Python, podemos representar números enteros utilizando guiones bajos para separar partes. Esto hace que sean más legibles y menos propensos a errores, especialmente cuando se trata de números grandes. Así, mil millones pueden representarse como 1000_000_000.

```
large_number=1000_000_000
print(large_number)
```
```
1000000000
```

Complejidad temporal de los vectores

Cuando hablamos de eficiencia de las operaciones vectoriales, es vital conocer la complejidad temporal:

- **Acceso:** el acceso a un elemento, tanto en una lista Python como en una matriz numpy (vector), conlleva un tiempo constante, $O(1)$, lo que garantiza una rápida recuperación de los datos.

- **Inserción:** la inserción de un elemento a una lista Python tiene una complejidad media de $O(1)$. Sin embargo, en el caso de una matriz numpy, la inserción podría conllevar hasta $O(n)$ en el peor de los casos, ya que este tipo de matrices requieren asignaciones contiguas de memoria.

- **Búsqueda:** encontrar un elemento en un vector tiene una complejidad temporal de $O(n)$, pues, en el peor de los casos, puede que haya que recorrer todos los elementos.

Pilas

Una pila es una estructura de datos lineal para almacenar una lista unidimensional. Puede almacenar los elementos tanto con el método **Last-In, First-Out (LIFO)** como con el método **First-In, Last-Out (FILO).** La característica que define a una pila es la forma en que en ella se añaden y eliminan elementos. Se añade un nuevo elemento en un extremo y se elimina otro elemento solo de ese extremo.

A continuación, se indican las operaciones relacionadas con las pilas:

- **isEmpty:** devuelve true si la pila está vacía.
- **push:** añade un nuevo elemento.
- **pop:** devuelve el último elemento añadido y lo elimina.

La figura 2.4 muestra cómo pueden utilizarse las operaciones push y pop para añadir y eliminar datos de una pila:

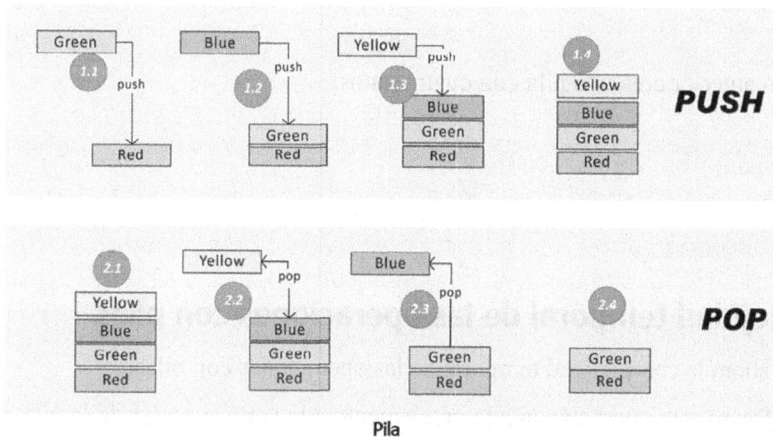

Pila

Figura 2.4: *Operaciones push y pop.*

La parte superior de la figura 2.4 muestra el uso de operaciones `push` para añadir elementos a la pila. En los pasos 1.1, 1.2 y 1.3, dicha operación se utiliza tres veces para añadir tres elementos. La parte inferior se utiliza para recuperar los valores almacenados en la pila. En los pasos 2.2 y 2.3, las operaciones `pop` se utilizan para recuperar dos elementos de la pila en formato LIFO.

Vamos a crear en Python una clase llamada `Stack`, donde definiremos todas las operaciones relacionadas con ella. El código de esta clase será el siguiente:

```python
class Stack:
    def __init__ (self):
        self.items = []
    def isEmpty(self):
        return self.items == []
    def push(self, item):
        self.items.append(item)
    def pop(self):
        return self.items.pop()
    def peek(self):
        return self.items[len(self.items)-1]
    def size(self):
        return len(self.items)
```

Para añadir cuatro elementos a la pila, podemos utilizar el siguiente código:

```python
# Completar la pila
stack=Stack()
stack.push('Red')
stack.push('Green')
stack.push("Blue")
stack.push("Yellow")
```

El código anterior crea una pila con cuatro datos:

```python
# Pop
stack.pop()

stack.isEmpty()
```

Complejidad temporal de las operaciones con pilas

Veamos ahora la complejidad temporal de las operaciones con pilas:

- **Push:** esta operación añade un elemento a la parte superior de la pila. Como no implica ninguna iteración ni comprobación, la complejidad temporal de la operación push es *O(1)* o de tiempo constante. El elemento se coloca en la parte superior, independientemente del tamaño de la pila.

- **Pop:** esta operación elimina el elemento superior de la pila. Como no hay necesidad de interactuar con el resto de la pila, la operación pop también tiene una complejidad de tiempo *O(1)*. Es una acción directa sobre el elemento superior.

Ejemplo práctico

En muchos casos, utilizamos pilas como estructura de datos. Por ejemplo, cuando un usuario quiere navegar por el historial en un navegador web, se trata de un patrón de acceso a datos LIFO, y se puede utilizar una pila para almacenar dicho historial. Otro ejemplo es cuando un usuario quiere deshacer una acción en un programa de tratamiento de textos.

Colas

Al igual que las pilas, una cola almacena *n* elementos en una estructura unidimensional. Los elementos se añaden y eliminan en formato FIFO. Un extremo de la cola se llama rear o trasero y el otro front o delantero. Cuando se retiran elementos del extremo delantero, la operación se denomina dequeue. Cuando los elementos se añaden en la parte trasera, la operación se denomina enqueue.

En el siguiente diagrama, la parte superior muestra la operación enqueue. Los pasos 1.1, 1.2 y 1.3 añaden tres elementos a la cola y la cola resultante se muestra en 1.4. Observa que el elemento **Yellow** es la parte trasera y el elemento **Red**, la delantera.

La parte inferior del siguiente diagrama muestra una operación dequeue. Los pasos 2.2, 2.3 y 2.4 eliminan elementos de la cola uno a uno desde el extremo delantero:

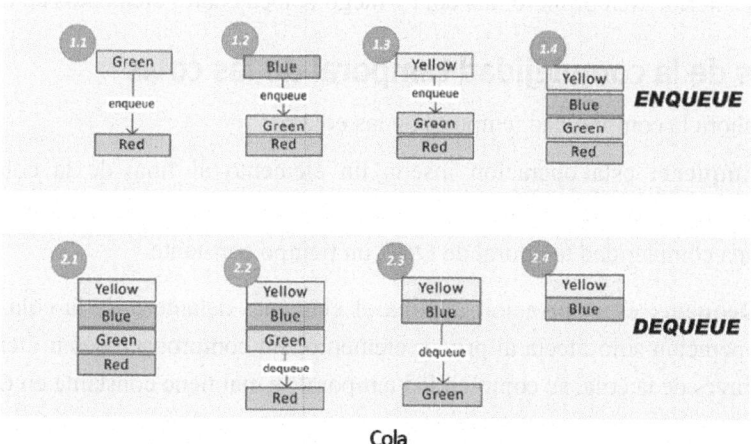

Cola

Figura 2.5: *Operaciones Enqueue y Dequeue.*

Podemos implementar la cola del diagrama anterior utilizando el siguiente código:

```python
class Queue(object):
    def __init__(self):
        self.items = []
    def isEmpty(self):
        return self.items == []
    def enqueue(self, item):
        self.items.insert(0,item)
    def dequeue(self):
        return self.items.pop()
    def size(self):
        return len(self.items)
```

Vamos a aplicar enqueue y dequeue a los elementos como se muestra en el diagrama anterior con la ayuda del siguiente código:

```python
# Con Queue
queue = Queue()
queue.enqueue("Red")

queue.enqueue('Green')
queue.enqueue('Blue')
queue.enqueue('Yellow')
print(f"Size of queue is {queue.size()}")
```

```
Size of queue is 4
```

```python
print(queue.dequeue())
```

```
Red
```

El código anterior crea primero una cola y luego coloca cuatro elementos en ella.

Análisis de la complejidad temporal de las colas

Veamos ahora la complejidad temporal de las colas:

- **Enqueue:** esta operación inserta un elemento al final de la cola. Por su naturaleza directa, sin necesidad de iterar o recorrer, la operación enqueue tiene una complejidad temporal de $O(1)$, un tiempo constante.

- **Dequeue:** esta operación elimina el elemento delantero de la cola. Como la operación solo afecta al primer elemento, sin comprobaciones ni iteraciones a través de la cola, su complejidad temporal se mantiene constante en $O(1)$.

La idea básica del uso de pilas y colas

Para ver cuál es la idea básica del uso de pilas y colas utilizaremos una analogía. Supongamos que tenemos una mesa donde colocamos el correo que nos trae el cartero. Lo apilamos hasta que tengamos tiempo de abrir y mirar las cartas, una a una. Hay dos formas posibles de hacerlo:

- Colocamos las cartas en una pila y, cada vez que nos llegue una nueva, la ponemos en la parte superior de la misma. Cuando queramos leerlas, empezaremos por la que está en la parte superior. Esto es lo que llamamos **pila**. Ten en cuenta que la última carta en llegar será la de la parte superior y se procesará en primer lugar. La acción de coger una carta de la parte superior de la pila se denomina pop. Cada vez que llega una nueva carta, la acción de colocarla en la parte superior se denomina push. Si acabamos teniendo una pila considerable y continúan llegando cartas, existe la posibilidad de que nunca leamos una carta importante que nos espera en último lugar de la pila.

- Colocamos y ordenamos las cartas horizontalmente, como si fueran libros en una estantería. A medida que llegan nuevas cartas, las añadimos a la izquierda. Cuando queramos abrirlas, las cogeremos por el lado derecho. De este modo, siempre abrimos primero las cartas más antiguas. Primero en entrar, primero en salir. Esto es lo que llamamos **cola**. Añadir una carta a la pila se denomina enqueue y eliminarla, dequeue.

Árboles

En el contexto de los algoritmos, un árbol es una de las estructuras de datos más útiles por su capacidad de almacenamiento jerárquico de datos. Al diseñar algoritmos, utilizamos árboles siempre que necesitamos representar relaciones jerárquicas entre los datos que queramos almacenar o procesar.

Conozcamos con profundidad algo más de esta interesante y tan importante estructura de datos.

Cada árbol dispone de un conjunto finito de nodos, de modo que tiene un elemento de datos inicial llamado **raíz** y un conjunto de nodos unidos entre sí por enlaces llamados **ramas**.

Terminología

A continuación, veremos algunos términos relacionados con la estructura de datos en árbol:

Nodo raíz	Un nodo sin padre se denomina nodo raíz. Por ejemplo, en el siguiente diagrama (figura 2.6), el nodo raíz es A. En los algoritmos, normalmente, el nodo raíz contiene el valor más importante de la estructura de árbol.
Nivel de nodo	La distancia desde el nodo raíz es el nivel de un nodo. Por ejemplo, en el siguiente diagrama, el nivel de los nodos D, E y F es dos.
Nodos hermanos	Dos nodos de un árbol se llaman hermanos si están en el mismo nivel. Por ejemplo, en el siguiente diagrama, los nodos B y C son hermanos.
Nodo hijo y nodo padre	El nodo F es hijo del nodo C si ambos están conectados directamente y el nivel del nodo C es menor que el del nodo F. A la inversa, el nodo C es padre del nodo F. Los nodos C y F del siguiente diagrama muestran esta relación padre-hijo.
Grado de un nodo	El grado de un nodo es el número de hijos que tiene. Por ejemplo, en el siguiente diagrama, el nodo B tiene un grado de dos.
Grado de un árbol	El grado de un árbol es igual al grado máximo que se puede encontrar entre los nodos que lo constituyen. Por ejemplo, el árbol presentado en el siguiente diagrama tiene un grado de dos.
Subárbol	Un subárbol de un árbol es una porción del árbol con el nodo elegido como nodo raíz del subárbol y todos los hijos como nodos del árbol. Por ejemplo, un subárbol en el nodo E del árbol presentado en el siguiente diagrama tiene el nodo E como raíz y los nodos G y H como los dos hijos.
Nodo hoja	Un nodo de un árbol sin hijos se denomina nodo hoja. Por ejemplo, en la siguiente figura, los nodos D, G, H y F son los cuatro nodos hoja.
Nodo interno	Cualquier nodo que no sea ni raíz ni hoja es un nodo interno. Este tipo de nodo tendrá al menos un nodo padre y un nodo hijo.

Los árboles son un tipo de red o grafo que estudiaremos en el capítulo 6, *Algoritmos de aprendizaje automático no supervisados*. En grafos y análisis de redes, utilizamos los términos **enlace** o **arista** en lugar de ramas. La mayor parte del resto de la terminología es la misma.

Tipos de árboles

Existen diferentes tipos de árboles, los cuales veremos a continuación:

- **Árbol binario:** si el grado de un árbol es dos, ese árbol se llama árbol binario. Por ejemplo, el árbol del siguiente diagrama es un árbol binario, ya que tiene un grado de dos:

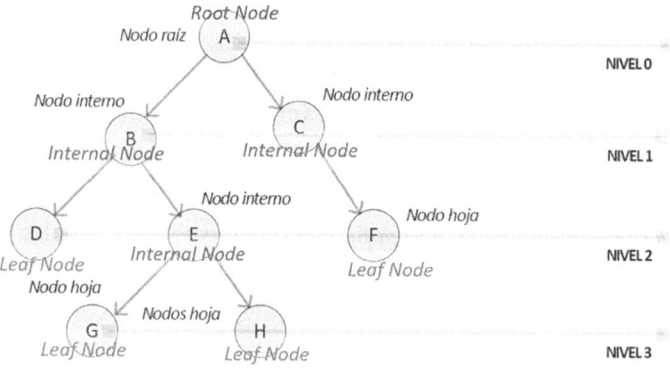

Figura 2.6: *Árbol binario.*

El diagrama anterior (figura 2.6) muestra un árbol que tiene cuatro niveles con ocho nodos.

- **Árbol completo:** un árbol completo es aquel en el que todos los nodos tienen el mismo grado, que será el mismo que el del árbol. El siguiente diagrama (figura 2.7) muestra los tipos de árboles comentados anteriormente:

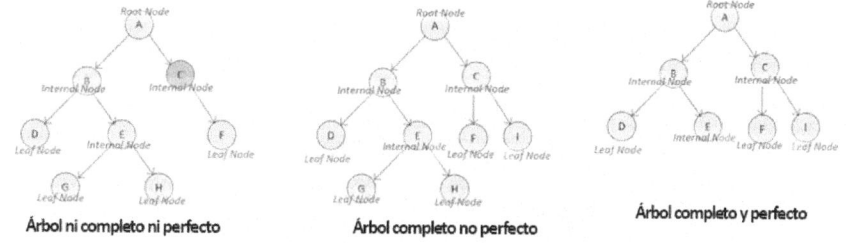

Figura 2.7: *Árbol completo.*

Observa que el árbol binario de la izquierda no es un árbol completo, ya que el nodo C tiene un grado uno y todos los demás nodos tienen un grado dos. El árbol del centro y el de la derecha son árboles completos.

- **Árbol perfecto:** un árbol perfecto es un tipo especial de árbol completo en el que todos los nodos hoja están en el mismo nivel. Por ejemplo, el árbol binario de la derecha, tal y como se muestra en el diagrama anterior, es un árbol completo perfecto, ya que todos los nodos hoja se encuentran en el mismo nivel, es decir, en el **nivel 2**.

- **Árbol ordenado:** si los hijos de un nodo están organizados en algún orden según criterios particulares, el árbol se denomina **ordenado**. Un árbol, por ejemplo, puede ordenarse de izquierda a derecha en orden ascendente, donde los nodos del mismo nivel aumentarán de valor al recorrerlo de izquierda a derecha.

Ejemplos prácticos

Un árbol TDA es una de las principales estructuras de datos que se utilizan en el desarrollo de árboles de decisión, como se verá en el capítulo 7, *Algoritmos tradicionales de aprendizaje supervisado*. Debido a su estructura jerárquica, también se utiliza mucho en algoritmos relacionados con el análisis de redes, como se verá en detalle en el capítulo 6, *Algoritmos de aprendizaje automático no supervisado*. Los árboles también se utilizan en varios algoritmos de ordenación y búsqueda en los que es necesario aplicar estrategias del tipo divide y vencerás.

Resumen

En este capítulo hemos hablado de las estructuras de datos que se pueden utilizar para implementar varios tipos de algoritmos. Después de leer este capítulo deberías ser capaz de seleccionar la estructura de datos adecuada para almacenar y procesar datos con un algoritmo. También deberías comprender las implicaciones de su elección en el rendimiento del algoritmo.

El siguiente capítulo trata sobre algoritmos de ordenación y búsqueda, en el que utilizaremos algunas de las estructuras de datos presentadas en este capítulo para implementar los algoritmos.

3

Algoritmos de ordenación y búsqueda

En este capítulo veremos los algoritmos que se utilizan para ordenar y buscar. Se trata de una clase importante de algoritmos que pueden utilizarse por sí solos o convertirse en la base de algoritmos más complejos. Entre ellos figuran el **procesamiento del lenguaje natural (PLN)** y los algoritmos de extracción de patrones. Este capítulo empieza presentando diferentes tipos de algoritmos de ordenación y comparando el rendimiento de varios enfoques para diseñar un algoritmo de este tipo. A continuación, se presentan en detalle algunos algoritmos de búsqueda. Por último, veremos un ejemplo práctico de los algoritmos de ordenación y búsqueda presentados en este capítulo.

Al final de este capítulo conocerás los distintos algoritmos que se utilizan para ordenar y buscar, así como sus puntos fuertes y débiles. Dado que los algoritmos de búsqueda y ordenación son los componentes básicos de muchos algoritmos complejos, entenderlos en detalle nos ayudará a comprender mejor los algoritmos complejos modernos que presentaremos en capítulos posteriores.

Estos son los principales conceptos que trataremos en este capítulo:

- Introducción a los algoritmos de ordenación
- Introducción a los algoritmos de búsqueda

- Análisis del rendimiento de los algoritmos de ordenación y búsqueda
- Aplicaciones prácticas de la ordenación y la búsqueda

Empezaremos con algunos algoritmos de ordenación.

Introducción a los algoritmos de ordenación

La capacidad de ordenar y buscar eficazmente elementos en una estructura de datos compleja es importante, ya que existen muchos algoritmos modernos que la necesitan. Como se explica en este capítulo, la estrategia adecuada para clasificar y buscar datos dependerá del tamaño y el tipo de los datos. Aunque el resultado final es exactamente el mismo, se necesitará un algoritmo de ordenación y búsqueda adecuado para obtener una solución eficaz a un problema real. Por eso es importante analizar detenidamente el rendimiento de estos algoritmos.

Los algoritmos de ordenación se utilizan mucho en sistemas de almacenamiento de datos distribuidos, como las modernas bases de datos NoSQL que permiten arquitecturas de clúster y computación en la nube. En estos sistemas de almacenamiento de datos, los datos deben ordenarse y almacenarse periódicamente para que puedan ser recuperados con eficacia.

En este capítulo se presentan los siguientes algoritmos de ordenación:

- Ordenación por burbuja (*Buble sort*, en inglés)
- Ordenación por mezcla (*Merge sort*, en inglés)
- Ordenación por inserción (*Insertion sort*, en inglés)
- Ordenación de Shell (*Shell sort*, en inglés)
- Ordenación por selección (*Selection sort*, en inglés)

Pero antes de examinar estos algoritmos, hablaremos de la técnica de intercambio de variables en Python que utilizaremos en el código presentado en este capítulo.

Intercambio de variables en Python

Al aplicar algoritmos de ordenación y búsqueda, necesitamos intercambiar los valores de dos variables. En Python, existe un modo estándar para hacerlo, que mostramos a continuación:

```
var_1 = 1
var_2 = 2
var_1, var_2 = var_2, var_1
print(var_1,var_2)
```

```
2, 1
```

Esta sencilla forma de intercambiar valores se utiliza en todos los algoritmos de ordenación y búsqueda de este capítulo.

Vamos a empezar analizando el algoritmo de ordenación por burbuja.

Ordenación por burbuja

La ordenación por burbuja es uno de los algoritmos más simples y lentos utilizados para la ordenación. Está diseñado para que el valor más alto de una lista de *burbujas* de datos avance hasta la parte superior a medida que el algoritmo realiza bucles mediante iteraciones. Este tipo de ordenación requiere poca memoria en tiempo de ejecución, porque toda la ordenación se produce dentro de la estructura de datos original. No se necesitan nuevas estructuras de datos como búferes temporales. Ahora bien, su rendimiento es, en el peor de los casos, $O(N2)$, lo que supone una complejidad temporal cuadrática (donde N es el número de elementos que se ordenan). Como se explica en la sección siguiente, se recomienda utilizarlo solo para conjuntos de datos pequeños. Los límites reales recomendados para el tamaño de los datos para el uso de la ordenación por burbuja dependerán de la memoria y los recursos de procesamiento disponibles; sin embargo, la recomendación general es mantener el número de elementos (N) por debajo de 1000.

Comprender la lógica de la ordenación por burbuja

La ordenación por burbuja se basa en varias iteraciones llamadas pasadas. Para una lista de tamaño N, la ordenación por burbuja tendrá $N-1$ pasadas. Para entender su funcionamiento, centrémonos en la primera iteración: la pasada uno.

El objetivo de la pasada uno es empujar el valor más alto hasta el índice más alto (en la parte superior de la lista). En otras palabras, veremos cómo el valor más alto de la lista va subiendo a medida que la pasada uno avanza.

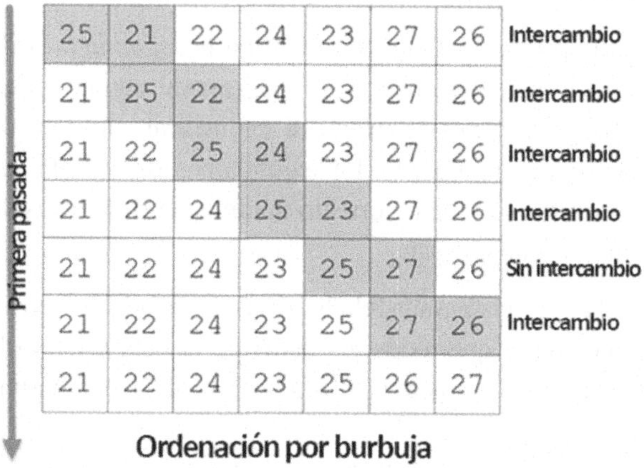

Figura 3.1: *Algoritmo de ordenación por burbuja.*

La lógica de la ordenación por burbuja se basa en la comparación de valores consecutivos adyacentes. Si el valor de un índice superior es más alto que el valor de un índice inferior, intercambiamos los valores. Esta iteración continúa hasta que llegamos al final de la lista. La figura 3.1 muestra este proceso:

Veamos ahora cómo se puede implementar la ordenación por burbuja con Python. Si implementamos la pasada uno, esta tendrá el siguiente aspecto:

```python
list = [25,21,22,24,23,27,26]
last_element_index = len(list)-1
print(0,list)
for idx in range(last_element_index):
    if list[idx]>list[idx+1]:
        list[idx],list[idx+1]=list[idx+1],list[idx]
    print(idx+1,list)
```

```
0 [25, 21, 22, 24, 23, 27, 26]
1 [21, 25, 22, 24, 23, 27, 26]
2 [21, 22, 25, 24, 23, 27, 26]
3 [21, 22, 24, 25, 23, 27, 26]
4 [21, 22, 24, 23, 25, 27, 26]
5 [21, 22, 24, 23, 25, 27, 26]
6 [21, 22, 24, 23, 25, 26, 27]
```

Observa que después de la *primera pasada*:

- El valor más alto es el primero de la lista, almacenado en idx+1.

- Al ejecutar la primera pasada, el algoritmo tiene que comparar cada uno de los elementos de la lista individualmente para llevar hasta arriba el valor máximo, como si fuera una *burbuja*.

Una vez completada la primera, el algoritmo pasa a la *segunda pasada*. El objetivo de esta segunda pasada es mover el segundo valor más alto al segundo índice más alto de la lista. Para ello, el algoritmo volverá a comparar los valores adyacentes, intercambiándolos si no están en orden. La segunda pasada excluirá el valor del índice superior, que fue colocado en el lugar correcto durante la primera pasada. Así, tendrá un elemento de datos menos que repasar.

Una vez completada la segunda pasada, el algoritmo sigue adelante, realizando la tercera pasada y las siguientes hasta que todos los datos de la lista estén ordenados de modo ascendente. Para ordenar por completo una lista de tamaño *N*, el algoritmo necesitará *N-1* pasadas.

```
[21, 22, 24, 23, 25, 26, 27]
```

Ya hemos mencionado que el rendimiento es una de las limitaciones del algoritmo de ordenación por burbuja. Vamos a cuantificar dicho rendimiento mediante su correspondiente análisis:

```python
def bubble_sort(list):
# Exchange the elements to arrange in order
    last_element_index = len(list)-1
    for pass_no in range(last_element_index,0,-1):
        for idx in range(pass_no):
            if list[idx]>list[idx+1]:
            list[idx],list[idx+1]=list[idx+1],list[idx]
    return list

list = [25,21,22,24,23,27,26]
bubble_sort(list)
```

```
[21, 22, 23, 24, 25, 26, 27]
```

Optimizar la ordenación por burbuja

La implementación anterior mediante la función `bubble_sort` es un método de ordenación sencillo en el que los elementos adyacentes se comparan repetidamente y se intercambian si están desordenados. En el peor de los casos, el algoritmo requiere sistemáticamente $O(N2)$ comparaciones e intercambios, siendo N el número de elementos de la lista. Esto se debe a que, para una lista de N elementos, el algoritmo realiza necesariamente $N-1$ pasadas, sea cual sea el orden inicial de la lista.

La siguiente es una versión optimizada de la función `bubble_sort`:

```python
def optimized_bubble_sort(list):
    last_element_index = len(list)-1
    for pass_no in range(last_element_index, 0, -1):
        swapped = False
        for idx in range(pass_no):
            if list[idx] > list[idx+1]:
                list[idx], list[idx+1] = list[idx+1], list[idx]
                swapped = True
        if not swapped:
            break
    return list
list = [25,21,22,24,23,27,26]
optimized_bubble_sort(list)
```

```
[21, 22, 23, 24, 25, 26, 27]
```

La función `optimized_bubble_sort` introduce una notable mejora en el rendimiento del algoritmo de ordenación por burbuja. Al añadir un indicador de intercambio, esta optimización permite al algoritmo detectar con antelación si la lista ya está ordenada antes de realizar todas las pasadas *N-1*. Cuando una pasada se completa sin ningún intercambio, es un claro indicador de que la lista ha sido ordenada y el algoritmo puede terminar antes. Por lo tanto, aunque la complejidad temporal en el peor de los casos sigue siendo *O(N2)* para listas completamente desordenadas o con ordenación inversa, gracias a esta optimización la complejidad, en el mejor de los casos, mejora a *O(N)* para listas ya ordenadas.

Básicamente, aunque ambas funciones tienen una complejidad temporal de *O(N2)* en el peor de los casos, el algoritmo `optimized_ bubble_sort` tiene la capacidad de funcionar mucho más rápido en escenarios reales en los que los datos pueden estar parcialmente ordenados, lo que lo convierte en una versión más eficiente del algoritmo de ordenación por burbuja convencional.

Análisis del rendimiento del algoritmo de ordenación por burbuja

Es evidente que la ordenación por burbuja implica dos niveles de bucles:

- **Un bucle exterior:** también denominado pasada. Por ejemplo, la pasada uno es la primera iteración del bucle exterior.

- **Un bucle interior:** se da cuando se ordenan el resto de elementos sin ordenar de la lista hasta que el valor más alto se mueve hacia la derecha. La primera pasada tendrá *N-1* comparaciones, la segunda tendrá *N-2* y cada paso subsiguiente reducirá el número de comparaciones en uno.

La complejidad temporal del algoritmo de ordenación por burbuja es la siguiente:

- **Mejor de los casos:** si la lista ya está ordenada (o casi todos los elementos están ordenados), la complejidad del tiempo de ejecución es *O(1)*.

- **Peor de los casos:** si no se ordena ningún elemento o muy pocos, la complejidad del tiempo de ejecución en el peor de los casos es *O(n2)*, ya que el algoritmo tendrá que recorrer completamente los bucles interior y exterior.

Veamos ahora el algoritmo de ordenación por inserción.

Ordenación por inserción

La idea básica de la ordenación por inserción es que, en cada iteración, eliminamos un punto de datos de la estructura de datos que tenemos y lo insertamos en su posición correcta. Por eso lo llamamos algoritmo de ordenación por inserción.

En la primera iteración, seleccionamos los dos puntos de datos y los ordenamos. A continuación, ampliamos nuestra selección con el tercer punto de datos y encontramos su posición correcta, basándonos en su valor. El algoritmo avanza hasta que todos los puntos de datos se desplazan a sus posiciones correctas.

Este proceso se muestra en el siguiente diagrama:

25	26	22	24	27	23	21	Inserción 25
25	26	22	24	27	23	21	Inserción 26
22	25	26	24	27	23	21	Inserción 22
22	24	25	26	27	23	21	Inserción 24
22	24	25	26	27	23	21	Inserción 27
22	23	24	25	26	27	21	Inserción 23
21	22	23	24	25	26	27	Inserción 21

Ordenación por inserción

Figura 3.2: *Algoritmo de ordenación por inserción.*

El algoritmo de ordenación por inserción puede codificarse en Python de la siguiente manera:

```python
def insertion_sort(elements):
    for i in range(1, len(elements)):
        j = i - 1
        next_element = elements[i]

        # Iteración hacia atrás a través de la parte ordenada,
        # buscando la posición apropiada para 'next_element'
        while j >= 0 and elements[j] > next_element:
            elements[j + 1] = elements[j]
            j -= 1

        elements[j + 1] = next_element
    return elements
list = [25,21,22,24,23,27,26]
insertion_sort(list)
```

```
[21, 22, 23, 24, 25, 26, 27]
```

En el bucle central del algoritmo, recorremos cada elemento de la lista empezando por el segundo elemento (indexado en *1*). Para cada elemento, el algoritmo comprueba los elementos precedentes para encontrar su posición correcta en la sublista ordenada. Esta comprobación se realiza en la condición `elements[j] > next_element`, lo que garantiza que estamos colocando nuestro `'next_element'` actual en la posición adecuada de la parte ordenada de la lista.

Veamos ahora el rendimiento del algoritmo de ordenación por inserción.

Análisis del rendimiento del algoritmo de ordenación por inserción

Comprender la eficiencia de un algoritmo es crucial para determinar su idoneidad para distintas aplicaciones. Veamos con mayor detalle las características de rendimiento de la ordenación por inserción.

En el mejor de los casos

Cuando los datos de entrada ya están ordenados, la ordenación por inserción muestra su mejor comportamiento. En dichos casos, el algoritmo se ejecuta eficientemente en tiempo lineal, denotado como *O(n)*, donde *n* representa el número de elementos en la estructura de datos.

En el peor de los casos

La eficiencia se ve afectada cuando la entrada está en orden inverso, lo que significa que el elemento más grande está al principio. En estos casos, para cada elemento *i* (donde *i* representa el índice del elemento actual en el bucle), el bucle interior podría necesitar desplazar casi todos los elementos precedentes. En estos casos, el rendimiento de la ordenación por inserción puede representarse matemáticamente mediante una función cuadrática de la forma:

$$(w \times i^2) + (N \times i) + \epsilon$$

donde:

- *w* es un factor de ponderación que ajusta el efecto de i^2.
- *N* representa un coeficiente que aumenta de valor con el tamaño de la entrada.
- ϵ es una constante, que suele representar gastos generales menores no cubiertos por los otros términos.

Caso medio

Por lo general, el rendimiento medio de la ordenación por inserción tiende a ser cuadrático, lo que puede resultar problemático en conjuntos de datos de gran tamaño.

Casos prácticos y recomendaciones

La ordenación por inserción es excepcionalmente eficaz para:

- Conjuntos de datos pequeños.

- Conjuntos de datos casi ordenados, en los que solo unos pocos elementos están desordenados.

Sin embargo, para conjuntos de datos más grandes y aleatorios, son más adecuados los algoritmos con un mejor rendimiento medio y en casos desfavorables, como la ordenación por mezcla o la ordenación rápida. La complejidad temporal cuadrática de la ordenación por inserción la hace menos escalable para grandes cantidades de datos.

Ordenación por mezcla

Igual que la ordenación por burbuja y la ordenación por inserción, la ordenación por mezcla destaca entre los algoritmos de este tipo por su enfoque único. John von Neumann introdujo esta técnica en 1940. Mientras que muchos algoritmos de ordenación funcionan mejor con datos parcialmente ordenados, el de mezcla permanece inalterable; su rendimiento se mantiene constante independientemente de la disposición inicial de los datos. Esta resistencia lo convierte en la opción preferida para ordenar grandes conjuntos de datos.

Divide y vencerás: la base de la ordenación por mezcla

La ordenación por mezcla utiliza la estrategia de divide y vencerás, la cual consta de dos fases clave: la división y la mezcla.

1. **Fase de división:** a diferencia de la iteración directa sobre la lista, esta fase divide recursivamente el conjunto de datos en mitades. Esta división continúa hasta que cada sección alcanza un tamaño mínimo (a efectos ilustrativos, un solo elemento). Aunque pueda parecer contraintuitivo dividir los datos en niveles tan diminutos, esta granularidad facilita la fusión organizada de la siguiente fase.

2. **Fase de fusión:** aquí, las partes previamente divididas se fusionan sistemáticamente. El algoritmo procesa y combina continuamente estas secciones hasta que toda la lista está ordenada.

Consulta la figura 3.3 para ver una representación visual del algoritmo de ordenación por mezcla.

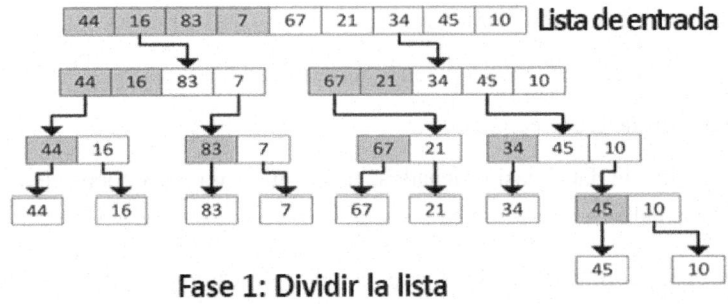

Fase 1: Dividir la lista

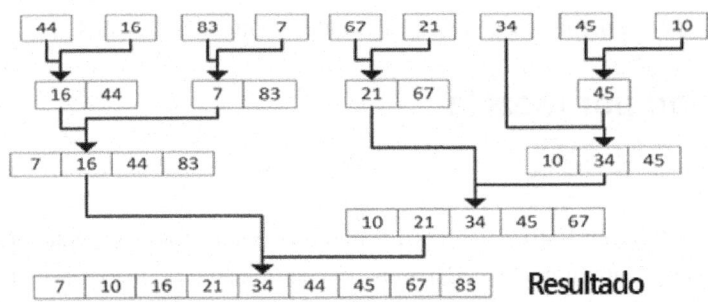

Figura 3.3: *Algoritmo de ordenación por mezcla.*

Resumen del pseudocódigo

Antes de profundizar en el código real, vamos a entender su lógica con un poco de pseudocódigo:

```
merge_sort (elements, start, end)
   if(start < end)
      midPoint = (end - start) / 2 + start
      merge_sort (elements, start, midPoint)
      merge_sort (elements, midPoint + 1, end)
      merge(elements, start, midPoint, end)
```

El pseudocódigo ofrece una instantánea de los pasos del algoritmo:

1. Divide la lista en torno a un punto medio central.

2. Divide recursivamente hasta que cada sección tenga un solo elemento.

3. Fusiona de forma sistemática las secciones ordenadas en una lista completa organizada.

Implementación en Python

Esta es la interpretación de Python de la ordenación por mezcla:

```python
def merge_sort(elements):

    # Condición básica para romper la recursividad
    if len(elements) <= 1:
        return elements

    mid = len(elements) // 2      # Divide la lista por la mitad
    left = elements[:mid]
    right = elements[mid:]

    merge_sort(left)      # Ordena la mitad izquierda
    merge_sort(right)     # Ordena la mitad derecha

    a, b, c = 0, 0, 0
    # Combina ambas mitades
    while a < len(left) and b < len(right):
        if left[a] < right[b]:
            elements[c] = left[a]
            a += 1
        else:
            elements[c] = right[b]
            b += 1
        c += 1

    # Si quedan elementos en la mitad izquierda
    while a < len(left):
        elements[c] = left[a]
        a += 1
        c += 1

    # Si quedan elementos en la mitad derecha
    while b < len(right):
        elements[c] = right[b]
        b += 1
        c += 1
    return elements

list = [21, 22, 23, 24, 25, 26, 27]
merge_sort(list)
```

```
[21, 22, 23, 24, 25, 26, 27]
```

Ordenación de Shell

El algoritmo de ordenación por burbuja compara los elementos consecutivos inmediatos y los intercambia si están desordenados. Por otro lado, la ordenación por inserción crea una lista ordenada transfiriendo los elementos uno a uno. Si tenemos una lista parcialmente ordenada, la ordenación por inserción debería ofrecer un rendimiento razonable.

Pero para una lista totalmente sin ordenar, de tamaño N, se puede argumentar que la ordenación por burbuja deberá recorrerla completamente a través de $N-1$ pasadas con el fin de ordenarla por completo.

Donald Shell propuso la ordenación de Shell (que lleva su nombre), que pone en duda la importancia de seleccionar los elementos consecutivos inmediatos para compararlos e intercambiarlos.

Tratemos de entender este concepto.

En la pasada uno, en lugar de seleccionar elementos consecutivos inmediatos, utilizamos elementos que se encuentran a una distancia fija, ordenando finalmente una sublista formada por un par de puntos de datos. Esta explicación se muestra de forma gráfica en el diagrama siguiente. En la pasada dos, ordena varias sublistas que contienen cuatro puntos de datos (como puedes ver en el diagrama). En las pasadas siguientes, el número de puntos de datos por sublista sigue aumentando y el número de sublistas sigue disminuyendo hasta que llegamos a una situación en la que solo hay una sublista con todos los puntos de datos.

En este momento, ya podemos suponer que la lista está ordenada:

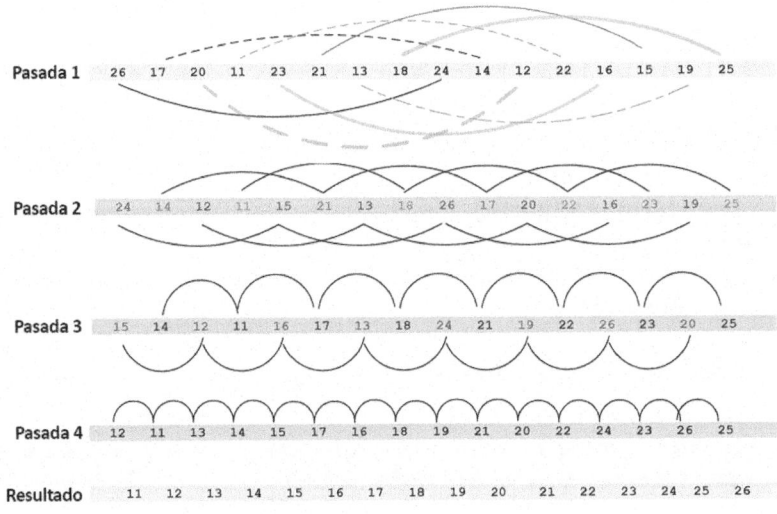

Pasadas del algoritmo de ordenación de Shell

Figura 3.4: *Pasadas en el algoritmo de ordenación de Shell.*

En Python, el código para implementar el algoritmo de ordenación de Shell es el siguiente:

```python
def shell_sort(elements):
    distance = len(elements) // 2
    while distance > 0:
        for i in range(distance, len(elements)):
            temp = elements[i]
            j = i
# Ordena la sublista para esta distancia
            while j >= distance and elements[j - distance] > temp:
                list[j] = elements[j - distance]
                j = j-distance
            list[j] = temp
# Reduce la distancia para el siguiente elemento
        distance = distance//2
    return elements
list = [21, 22, 23, 24, 25, 26, 27]
shell_sort(list)
```

```
[21, 22, 23, 24, 25, 26, 27]
```

Observa que, al llamar a la función ShellSort, se ha ordenado la matriz de entrada.

Análisis del rendimiento del algoritmo de ordenación de Shell

Se puede observar que, en el peor de los casos, el algoritmo de ordenación de Shell tendrá que recorrer ambos bucles, lo que le da una complejidad de $O(n^2)$. Este tipo de algoritmo de ordenación no es para *big data*, sino que se utiliza para conjuntos de datos de tamaño medio. A grandes rasgos, tiene un rendimiento razonablemente bueno en una lista con hasta 6000 elementos. Si los datos están ordenados de forma parcial, el rendimiento será mejor. En el mejor de los casos, si una lista ya está ordenada, solo necesitará una pasada por N elementos para validar el orden, lo que produce un rendimiento de $O(N)$.

Ordenación por selección

Como hemos visto anteriormente en este capítulo, la ordenación por burbuja es uno de los algoritmos de ordenación más sencillos. La ordenación por selección es una mejora de la ordenación por burbuja, en la que intentamos minimizar el número total de intercambios necesarios con el algoritmo. Está diseñado para realizar un intercambio en cada pasada, ante las *N-1* del algoritmo de ordenación por burbuja. En lugar de desplazar el valor más grande hacia la parte superior en pasadas muy pequeñas (como en la ordenación por burbuja, produciendo *N-1* intercambios), buscamos el valor más grande en cada pasada y lo desplazamos hacia la parte superior. Así, después de la primera pasada, el valor más grande estará en la parte superior. Tras la segunda pasada, el segundo valor más grande estará junto al valor superior. A medida que avanza el algoritmo, los valores subsiguientes se desplazarán a su lugar correcto en función de sus valores.

El último valor se moverá después de la pasada *(N-1)ᵃ.* Por lo tanto, la ordenación por selección requiere *N-1* pasadas para ordenar *N* elementos:

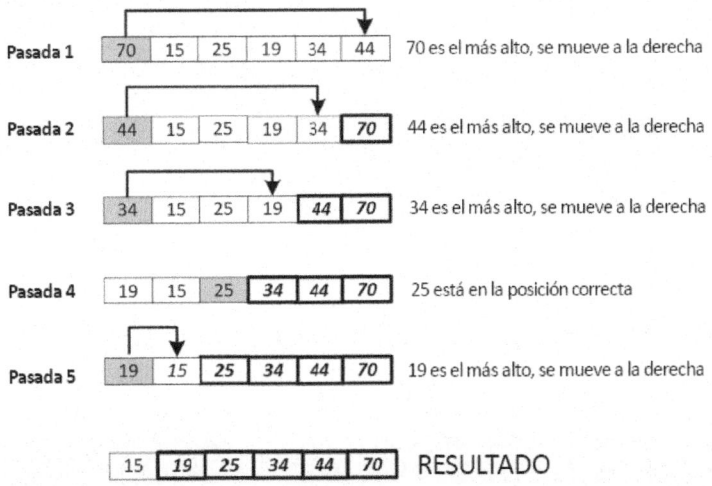

Figura 3.5: *Algoritmo de ordenación por selección.*

Esta es la implementación de la ordenación por selección en Python:

```python
def selection_sort(list):
    for fill_slot in range(len(list) - 1, 0, -1):
        max_index = 0
        for location in range(1, fill_slot + 1):
            if list[location] > list[max_index]:
                max_index = location
        list[fill_slot],list[max_index] = list[max_index],list[fill_slot]
    return list

list = [21, 22, 23, 24, 25, 26, 27]
selection_sort(list)
```

```
[21, 22, 23, 24, 25, 26, 27]
```

Análisis del rendimiento del algoritmo de ordenación por selección

En el peor de los casos, el rendimiento de la ordenación por selección es $O(N2)$. Ten en cuenta que su peor rendimiento es similar al de la ordenación por burbuja, y no debe utilizarse para ordenar grandes conjuntos de datos. Aun así, la ordenación por selección es un algoritmo mejor diseñado que la ordenación por burbuja y su rendimiento medio es mejor debido a la reducción del número de intercambios.

Elegir un algoritmo de ordenación

Cuando hablamos de algoritmos de ordenación, no existe una solución única. La elección óptima suele depender de las circunstancias específicas de los datos, como su tamaño y estado actual. En esta sección veremos cómo tomar una decisión con conocimiento de causa y mostraremos algunos ejemplos reales.

Listas pequeñas y ya ordenadas

Para conjuntos de datos pequeños, especialmente los que ya están ordenados, no suele ser necesario utilizar un algoritmo demasiado sofisticado. Aunque un algoritmo como el de ordenación por mezcla es innegablemente potente, sus inconvenientes podrían eclipsar sus ventajas para los datos pequeños.

Un ejemplo real: imagina que quieres ordenar unos cuantos libros en una estantería según los apellidos de sus autores. Lo más sencillo y rápido es organizarlos de forma manual (como haría una ordenación por burbuja), en lugar de utilizar un método de ordenación preciso.

Datos parcialmente ordenados

Cuando se trata de datos que ya están relativamente organizados, algoritmos como el de ordenación por inserción resultan muy apropiados, pues aprovechan el orden existente, aumentando la eficacia.

Un ejemplo real: imagínate una clase de un centro educativo. Si los alumnos se alinean por altura, pero algunos no se encuentran bien situados, el profesor puede detectar y ajustar fácilmente estas pequeñas diferencias (imitando el proceso de la ordenación por inserción), en lugar de reordenar toda la fila.

Conjuntos de datos grandes

En el caso de trabajar con datos extensos, cuyo volumen puede ser desmesurado, la ordenación por mezcla es la mejor aliada. Su estrategia de "divide y vencerás" permite trabajar eficazmente con grandes listas, lo que la convierte en una de las favoritas del sector.

Un ejemplo real: piensa en una gran biblioteca que recibe miles de libros. Para ordenarlos por fecha de publicación o autor es necesario un método sistemático. En este caso, un método como la ordenación por mezcla, que divide la tarea en fragmentos manejables, resulta de gran ayuda.

Introducción a los algoritmos de búsqueda

En el centro de muchas tareas computacionales se encuentra una necesidad fundamental: localizar datos específicos dentro de estructuras complejas. A primera vista, lo más sencillo sería escanear todos y cada uno de los datos hasta dar con el objetivo. Pero, como podemos imaginar, este método va perdiendo utilidad a medida que aumenta el volumen de datos.

¿Por qué es tan importante la búsqueda? Tanto un usuario que consulta una base de datos como un sistema que accede a archivos o una aplicación que obtiene datos específicos, una búsqueda eficiente determina la velocidad y la capacidad de respuesta de todas estas operaciones. Sin unas técnicas de búsqueda adecuadas, los sistemas pueden volverse lentos, sobre todo con conjuntos de datos que no paran de crecer.

A medida que aumenta la necesidad de recuperar datos con rapidez, el papel de los algoritmos de búsqueda complejos se hace innegable. Estos proporcionan la agilidad y la eficacia necesarias para navegar entre grandes cantidades de datos, garantizando la habilidad de los sistemas y la satisfacción de los usuarios. Así, los algoritmos de búsqueda actúan como navegantes del reino digital, los cuales nos guían hasta los datos precisos que buscamos en un mar de información.

En esta sección se presentan los siguientes algoritmos de búsqueda:

- Búsqueda lineal
- Búsqueda binaria
- Búsqueda por interpolación

Veamos cada uno de ellos con más detalle.

Búsqueda lineal

Una de las estrategias más sencillas para buscar datos consiste simplemente en recorrer cada elemento buscando el valor objetivo. Se busca una coincidencia en cada punto de datos y, cuando se encuentra, se devuelven los resultados y el algoritmo sale del bucle. En caso contrario, el algoritmo sigue buscando hasta llegar al final. El inconveniente obvio de la búsqueda lineal es que es muy lenta debido a la búsqueda exhaustiva inherente. La ventaja es que no es necesario ordenar los datos, como exigen los demás algoritmos presentados en este capítulo.

Veamos el código para la búsqueda lineal:

```python
def linear_search(elements, item):
    index = 0
    found = False

    # Empareja el valor con cada dato
    while index < len(elements) and found is False:
        if elements[index] == item:
            found = True
        else:
            index = index + 1
    return found
```

Veamos ahora la salida del código anterior:

```python
list = [12, 33, 11, 99, 22, 55, 90]
print(linear_search(list, 12))
print(linear_search(list, 91))
```

```
True
False
```

La ejecución de la función LinearSearch devuelve un valor True si puede encontrar con éxito los datos.

Análisis del rendimiento de los algoritmos de búsqueda lineal

Como ya se ha comentado, la búsqueda lineal es un algoritmo sencillo que realiza búsquedas exhaustivas. Su comportamiento en el peor de los casos es O(N). Puedes encontrar más información en https://wiki.python.org/moin/TimeComplexity.

Búsqueda binaria

El requisito previo para el algoritmo de búsqueda binaria son los datos ordenados. Este algoritmo divide iterativamente una lista en dos partes y contabiliza los índices más bajo y alto hasta que encuentra el valor que busca:

La salida es la siguiente:

```python
def binary_search(elements, item):
    first = 0
    last = len(elements) – 1

    while first<=last:
        midpoint = (first + last) // 2
```

```
        if elements[midpoint] == item:
            return True
        else:
            if item < elements[midpoint]:
                last = midpoint - 1
            else:
                first = midpoint + 1
    return False
```

La salida es la siguiente:

```
list = [12, 33, 11, 99, 22, 55, 90]
sorted_list = bubble_sort(list)
print(binary_search(list, 12))
print(binary_search(list, 91))
```

```
True
False
```

La llamada a BinarySearch devolverá True si el valor se encuentra en la lista de entrada.

Análisis del rendimiento de los algoritmos de búsqueda binaria

La búsqueda binaria se llama así porque, en cada iteración, el algoritmo divide los datos en dos partes. Si los datos tienen N elementos, se tardará un máximo de O(logN) pasos en iterar. Esto significa que el algoritmo tiene un tiempo de ejecución de O(logN).

Búsqueda por interpolación

La búsqueda binaria se basa en la lógica que se focaliza en la parte central de los datos. La búsqueda por interpolación es más compleja, pues utiliza el valor objetivo para estimar la posición del elemento en la matriz ordenada. Vamos a intentar explicarlo con un ejemplo. Supongamos que queremos buscar una palabra en un diccionario inglés, por ejemplo, *river*. Utilizaremos esta información para interpolar y empezar a buscar palabras que empiecen por *r*. Se puede programar una búsqueda por interpolación más generalizada de la siguiente manera:

```
def int_polsearch(list,x ):
    idx0 = 0
    idxn = (len(list) - 1)
    while idx0 <= idxn and x >= list[idx0] and x <= list[idxn]:
```

```
# Encuentra el punto medio
        mid = idx0 +int(((float(idxn - idx0)/(list[idxn] - list[idx0])) *
(x - list[idx0])))

# Compara el valor en el punto medio con el valor de búsqueda
        if list[mid] == x:
            return True
        if list[mid] < x:
            idx0 = mid + 1
    return False
```

La salida es la siguiente:

```
list = [12, 33, 11, 99, 22, 55, 90]
sorted_list = bubble_sort(list)
print(int_polsearch(list, 12))
print(int_polsearch(list, 91))
```

```
True
False
```

Ten en cuenta que, antes de utilizar `IntPolsearch`, es preciso ordenar la matriz utilizando un algoritmo de ordenación.

Análisis del rendimiento de los algoritmos de búsqueda por interpolación

Si los datos están distribuidos de manera desigual, el rendimiento del algoritmo de búsqueda por interpolación será deficiente. El rendimiento de este algoritmo en el peor de los casos es $O(N)$ y, si los datos son relativamente uniformes, el rendimiento en casos óptimos es `O(log(log N))`.

Aplicaciones prácticas

La capacidad de buscar datos de forma eficiente y precisa en un repositorio de datos determinado es fundamental para muchas aplicaciones de la vida real. Según el algoritmo de búsqueda que elijas, es posible que, además, tengas que ordenar previamente los datos. La elección de un algoritmo de ordenación y búsqueda adecuado dependerá del tipo y el tamaño de los datos, así como de la naturaleza del problema que se intente resolver.

Vamos a intentar utilizar los algoritmos presentados en este capítulo para cotejar un nuevo solicitante en el departamento de inmigración de un determinado país con los registros históricos. Cuando alguien solicita un visado para entrar en un país, el sistema trata de cotejar al solicitante con los registros históricos existentes. Si se encuentra al menos una coincidencia, el sistema calcula además el número de veces que la persona ha sido aprobada o rechazada en el pasado. Por otro lado, si no se encuentra ninguna coincidencia, el sistema clasifica al solicitante como nuevo candidato y le asigna un nuevo identificador.

La capacidad de buscar, localizar e identificar a una persona en los datos históricos es fundamental para el sistema. Esta información es importante porque, si alguien ya ha presentado una solicitud y se sabe que ha sido rechazada, esto puede afectar negativamente a su solicitud actual. Del mismo modo, si se sabe que una solicitud ya ha sido aprobada, esta aprobación puede aumentar las posibilidades de que esa persona obtenga la aprobación para su solicitud actual. Normalmente, la base de datos histórica tendrá millones de filas, por lo que necesitaremos una solución bien diseñada para cotejar en ella los nuevos solicitantes.

Supongamos que la base de datos histórica tiene el siguiente aspecto:

ID personal	ID solicitud	Nombre	Apellido	Fecha nacimiento	Resolución	Fecha resolución
45583	677862	John	Doe	19-09-2000	Aprobado	07-08-2018
54543	877653	Xman	Xsir	10-03-1970	Denegado	07-06-2018
34332	344565	Agro	Waka	15-02-1973	Denegado	05-05-2018
45583	677864	John	Doe	19-09-2000	Aprobado	02-03-2018
22331	344553	Kal	Sorts	02-01-1975	Aprobado	15-04-2018

En esta tabla, la primera columna, ID personal, está asociada a cada uno de los solicitantes únicos de la base de datos. Si hay 30 millones de solicitantes únicos, habrá 30 millones de identificadores personales únicos. Cada ID personal identifica a un solicitante en la base de datos histórica.

La segunda columna que tenemos es ID solicitud. Cada ID de solicitud identifica una solicitud única en el sistema. Una persona puede haber presentado su solicitud más de una vez anteriormente. Por lo tanto, en la base de datos histórica, tendremos más ID de solicitud únicos que ID personales. John Doe solo tendrá un identificador personal, pero tiene dos ID de solicitud, como se muestra en la tabla anterior.

Esta tabla solo muestra una parte del conjunto de datos históricos. Supongamos que tenemos cerca de 1 millón de filas en nuestra base de datos histórica, que contiene los registros de los últimos 10 años de solicitantes. Continuamente llegan nuevos solicitantes a un ritmo medio de unos 2 por minuto. Para cada solicitante, tenemos que hacer lo siguiente:

- Emitir un nuevo ID de solicitud.

- Comprobar si coincide con un solicitante en la base de datos histórica.

- Si se encuentra una coincidencia, utilizar el ID personal de ese solicitante, tal y como se encuentra en la base de datos. También tenemos que determinar cuántas veces se ha aprobado o denegado la solicitud en dicha base de datos.

- Si no se encuentra ninguna coincidencia, tendremos que emitir un nuevo ID personal.

Supongamos que llega una nueva persona con las siguientes credenciales:

- `Nombre: John`

- `Apellido: Doe`

- `Fecha Nacimiento: 19-09-2000`

¿Cómo diseñamos una solicitud capaz de realizar una búsqueda eficaz y rentable?

Una estrategia para buscar la nueva solicitud en la base de datos puede ser la siguiente:

1. Ordenar la base de datos histórica por `Fecha Nacimiento`.

2. Cada vez que llegue una nueva persona, emitir un nuevo ID de solicitud.

3. Obtener todos los registros que coincidan con esa fecha de nacimiento. Esta será la búsqueda principal.

4. A partir de los registros que han aparecido como coincidentes, realizar una búsqueda secundaria utilizando el nombre y el apellido.

5. Si se encuentra una coincidencia, utilizar el ID personal para referirse a los solicitantes. Calcular el número de aprobados y denegados.

6. Si no se encuentra ninguna coincidencia, emitir un nuevo ID personal para el solicitante.

A continuación, vamos a intentar elegir el algoritmo adecuado para ordenar la base de datos histórica. Podemos descartar con seguridad la ordenación por burbuja, ya que el tamaño de los datos es enorme. La ordenación de Shell podría funcionar mejor, pero solo si la lista está parcialmente ordenada. Por lo tanto, la ordenación por mezcla puede ser la mejor opción.

Cuando llega una nueva persona, tenemos que buscarla y localizarla en la base de datos. Como los datos ya están ordenados, se puede utilizar la búsqueda por interpolación o la búsqueda binaria. Dado que es probable que los solicitantes estén repartidos de forma equitativa, como por fecha de nacimiento, podemos utilizar con seguridad la búsqueda binaria.

Inicialmente, la búsqueda se basa en la fecha de nacimiento, que devuelve un conjunto de solicitantes que comparten este mismo dato. Ahora, tenemos que encontrar a la persona requerida dentro del pequeño subconjunto de elementos que comparten la misma fecha de nacimiento. Como hemos conseguido reducir los datos a un subconjunto pequeño, para buscar al solicitante, podemos utilizar cualquier algoritmo de búsqueda, incluida la ordenación por burbuja. Ten en cuenta que aquí hemos simplificado un poco el problema de la búsqueda secundaria. También tenemos que calcular el número total de aprobaciones y denegaciones agregando los resultados de la búsqueda, si se encuentra más de una coincidencia.

En un escenario real, será necesario identificar a cada individuo en la búsqueda secundaria utilizando algún algoritmo de búsqueda difusa, ya que el nombre y el apellido pueden escribirse de forma ligeramente distinta. Puede ser que la búsqueda necesite utilizar algún tipo de algoritmo de distancia para implementar la búsqueda difusa, donde los puntos de datos cuya similitud está por encima de un umbral definido se consideran iguales.

Resumen

En este capítulo hemos presentado algunos algoritmos de ordenación y búsqueda y hemos tratado los puntos fuertes y débiles de estos tipos de algoritmos. Además, hemos cuantificado el rendimiento de estos algoritmos y aprendido en qué procesos utilizar cada uno de ellos.

En el próximo capítulo estudiaremos los algoritmos dinámicos. También veremos un ejemplo práctico de diseño de un algoritmo y los detalles del algoritmo de clasificación de páginas. Por último, estudiaremos el algoritmo de programación lineal.

4

Diseño de algoritmos

Este capítulo presenta los conceptos básicos de diseño de varios algoritmos y analiza los puntos fuertes y débiles de diversas técnicas de diseño de algoritmos. Conociendo estos conceptos, aprenderemos a diseñar algoritmos eficientes.

Este capítulo empieza analizando las distintas opciones de que disponemos a la hora de diseñar algoritmos. A continuación, se analiza la importancia de caracterizar el problema concreto que intentamos resolver. También utiliza el famoso **problema del vendedor viajero (TSP o _Traveling Salesperson Problem_)** como caso de uso y aplica las técnicas de diseño que presentaremos. Además, introduce la programación lineal y analiza sus aplicaciones. Por último, presenta cómo se puede utilizar la programación lineal para resolver un problema real.

Al final de este capítulo entenderás los conceptos básicos del diseño de un algoritmo eficiente.

Estos son los principales conceptos que trataremos en este capítulo:

- Distintos enfoques para diseñar un algoritmo.
- Ventajas y desventajas de elegir el diseño correcto de un algoritmo.
- Buenas prácticas para formular un problema real.
- Resolución de un problema de optimización del mundo real.

Veamos primero los conceptos básicos de diseño de un algoritmo.

Conceptos básicos de diseño de un algoritmo

Según el American Heritage Dictionary, un algoritmo se define de la siguiente manera:

> *Conjunto finito de instrucciones inequívocas que, dadas unas condiciones iniciales, se pueden perfeccionar en una secuencia prescrita para lograr un objetivo determinado y que tiene un conjunto reconocible de condiciones finales.*

Diseñar un algoritmo consiste en idear ese "*conjunto finito de instrucciones inequívocas*" de la forma más eficiente para "*alcanzar un objetivo determinado*". Para un problema complejo real, diseñar un algoritmo es una tarea tediosa. Para conseguir un buen diseño, primero tenemos que entender perfectamente el problema que intentamos resolver. Empezamos por averiguar qué hay que hacer (es decir, comprender los requisitos) antes de estudiar cómo se hará (es decir, diseñar el algoritmo). Comprender el problema incluye abordar los requisitos funcionales y no funcionales del mismo. Veamos cuáles son:

- Los requisitos funcionales especifican formalmente las interfaces de entrada y salida del problema que queremos resolver y las funciones asociadas a ellas. Los requisitos funcionales nos ayudan a comprender el procesamiento de los datos, su manipulación y los cálculos que hay que realizar para generar el resultado.

- Los requisitos no funcionales establecen las expectativas sobre el rendimiento y los aspectos de seguridad del algoritmo.

Ten en cuenta que el diseño de un algoritmo consiste en abordar tanto los requisitos funcionales como los no funcionales de la mejor manera posible en el conjunto de circunstancias dadas y considerando el conjunto de recursos disponibles para ejecutar el algoritmo diseñado.

Para obtener una buena respuesta que cumpla los requisitos funcionales y no funcionales, nuestro diseño debe respetar los tres aspectos siguientes, tal y como se explica en el capítulo 1, *Descripción general de los algoritmos*:

- **Corrección:** ¿producirá el algoritmo diseñado el resultado que esperamos?

- **Rendimiento:** ¿es ésta la forma óptima de obtener estos resultados?

- **Escalabilidad:** ¿cómo va a funcionar el algoritmo en conjuntos de datos más grandes?

En esta sección examinaremos estos aspectos uno a uno.

1: Corrección: ¿producirá el algoritmo diseñado el resultado que esperamos?

Un algoritmo es una solución matemática a un problema real. Para ser útil, debe producir resultados precisos. Verificar la corrección de un algoritmo no debe dejarse para más adelante, sino que debe estar integrada en el diseño del algoritmo. Antes de plantearnos cómo verificar un algoritmo, tenemos que pensar en los dos aspectos siguientes:

- **Definir la verdad:** para verificar el algoritmo, necesitamos algunos resultados correctos conocidos para un conjunto específico de entradas. Estos resultados se denominan verdades en el contexto del problema que intentamos resolver. La verdad es importante, ya que se utiliza como referencia cuando trabajamos iterativamente en la evolución de nuestro algoritmo hacia una solución mejor.

- **Elegir la métrica:** también tenemos que pensar en cómo vamos a cuantificar la desviación de la verdad definida. Elegir las métricas correctas nos ayudará a cuantificar con precisión la calidad de nuestro algoritmo.

  Por ejemplo, para los algoritmos de aprendizaje automático supervisado, podemos utilizar como verdad datos etiquetados existentes. Podemos elegir una o varias métricas, como la exactitud, el recuerdo o la precisión, para cuantificar la desviación de la verdad. Es importante señalar que, en algunos casos de uso, la salida correcta no es un valor único, sino que se define como el rango para un conjunto específico de entradas. A medida que trabajemos en el diseño y desarrollo de nuestro algoritmo, el objetivo será mejorarlo iterativamente hasta que se encuentre dentro del rango especificado en los requisitos.

- **Considerar los casos límite:** un caso límite ocurre cuando nuestro algoritmo diseñado funciona en los extremos de los parámetros de funcionamiento. Aunque los casos límite suelen ser poco frecuentes, deben probarse bien, ya que pueden ser la causa de que nuestro algoritmo falle. Los casos no límite se denominan "happy path" o camino ideal y abarcan todos los escenarios que suelen darse cuando los parámetros de funcionamiento se encuentran dentro del rango normal. La gran mayoría de las veces, el algoritmo permanecerá en el "happy path". Desgraciadamente, no hay forma de encontrar todos los posibles casos límite para un algoritmo concreto, pero deberíamos considerar tantos como sea posible. Si no, pueden surgir problemas.

2: Rendimiento: ¿es esta la forma óptima de obtener estos resultados?

El segundo aspecto consiste en encontrar la respuesta a la siguiente pregunta:

¿Es esta la solución óptima para este problema y podemos comprobar que no existe ninguna otra que sea mejor que la nuestra?

A primera vista, esta pregunta parece bastante sencilla de responder. Sin embargo, para cierta clase de algoritmos, los investigadores han pasado décadas comprobando sin éxito si una solución concreta generada por un algoritmo es la mejor y si no existe ninguna otra que pueda ofrecer un mejor rendimiento. Por lo tanto, es importante entender primero el problema, sus requisitos y los recursos disponibles para ejecutar el algoritmo.

Para ofrecer la mejor solución a un determinado problema complejo, tenemos que responder a la pregunta fundamental de si debemos siquiera aspirar a encontrar la solución óptima para este problema. Si encontrar y verificar la solución óptima es una tarea enormemente larga y compleja, entonces una solución factible puede ser nuestra mejor apuesta. Estas soluciones aproximadas viables son heurísticas.

Por tanto, entender el problema y sus complejidades es importante y nos ayuda a estimar las necesidades de reaprovisionamiento.

Antes de profundizar en este tema, definamos un par de términos:

- **Algoritmo polinómico:** si un algoritmo tiene una complejidad temporal de $O(n^k)$, lo llamamos algoritmo polinómico, donde k es una constante.

- **Certificado:** una propuesta de posible solución producida al final de una iteración se denomina certificado. A medida que avanzamos iterativamente en la resolución de un problema concreto, solemos generar una serie de certificados. Si la solución avanza hacia la convergencia, cada certificado generado será mejor que el anterior. En algún momento, cuando nuestro certificado cumpla los requisitos, lo escogeremos como solución definitiva.

En el capítulo 1, *Descripción general de los algoritmos*, presentamos la notación Big O, que puede utilizarse para analizar la complejidad temporal de un algoritmo. En el contexto del análisis de la complejidad temporal, consideramos los siguientes intervalos de tiempo diferentes:

- **Tiempo de generación de la solución candidata, t_r:** es el tiempo que tarda un algoritmo en producir una solución candidata.

- **Tiempo de verificación de la posible solución, t_s:** es el tiempo que se tarda en verificar la solución candidata (certificado).

Caracterizar la complejidad del problema

A lo largo de los años, la comunidad investigadora ha dividido los problemas en varias categorías en función de su complejidad.

Antes de intentar diseñar la solución a un problema, tiene sentido intentar caracterizarlo. En general, existen tres tipos de problemas:

- Problemas para los que podemos garantizar que existe un algoritmo polinómico que puede utilizarse para resolverlos.

- Problemas para los que podemos demostrar que no pueden resolverse mediante un algoritmo polinómico.

- Problemas para los que no podemos encontrar un algoritmo polinómico que los resuelva, pero tampoco podemos demostrar que sea imposible encontrarlo.

Veamos las distintas clases de problemas según su complejidad:

- **Polinómico no determinista (NP):** problemas que pueden ser resueltos en tiempo polinómico por un ordenador no determinista. En términos generales, significa que se puede encontrar y verificar una solución razonable a un problema en tiempos polinómicos haciendo una conjetura razonable en cada paso sin esforzarse por encontrar la solución óptima. Formalmente, para que un problema sea NP, debe cumplir la siguiente condición, denominada Condición A:

  - **Condición A:** se garantiza que existe un algoritmo polinómico que puede utilizarse para verificar que la solución candidata (certificado) es óptima.

- **Polinómico (P):** problemas que un ordenador determinista puede resolver en tiempo polinómico. Estos problemas pueden ser resueltos por algún algoritmo con tiempo de ejecución de $O(N^k)$ para alguna potencia k, no importa lo grande que sea. Se trata de tipos de problemas que pueden considerarse un subconjunto de NP. Además de cumplir la condición de un problema NP, la Condición A, los problemas P deben cumplir otra condición, denominada Condición B:

  - **Condición A:** se garantiza que existe un algoritmo polinómico que puede utilizarse para verificar que la solución candidata (certificado) es óptima.

  - **Condición B:** se garantiza que existe al menos un algoritmo polinómico que puede utilizarse para resolverlos.

Relación entre P y NP

Conocer la relación entre P y NP sigue siendo una tarea pendiente. Lo que sabemos con certeza es que P es un subconjunto de NP, es decir, P ⊆ NP. Esto es obvio a partir de la afirmación anterior, en la que NP solo necesita cumplir la primera de las dos condiciones que debe cumplir P.

La relación entre los problemas P y NP se muestra en la figura 4.1:

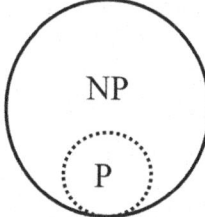

Figura 4.1: *Relación entre los problemas P y NP.*

Lo que no sabemos con certeza es que, si un problema es NP, ¿también es P? Este es uno de los grandes problemas de la informática que sigue sin resolverse. El Millennium Prize Problems, seleccionado por el Clay Mathematics Institute, entregará un premio de un millón de dólares a quien solucione este problema, ya que tendrá un gran impacto en campos como la IA, la criptografía y las ciencias informáticas teóricas. Hay determinados problemas, como la ordenación, que se sabe que están en P. Otros, como el de la mochila y el TSP, se sabe que están en NP.

Se está investigando mucho para responder a esta pregunta. Hasta la fecha, ningún investigador ha descubierto un algoritmo determinista en tiempo polinómico para resolver el problema de la mochila o el TSP. Todavía se está trabajando en ello y nadie ha sido capaz de demostrar que tal algoritmo no es posible.

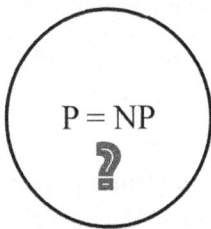

Figura 4.2: *¿P = NP? Aún no lo sabemos.*

Introducción al NP-completo y NP-difícil

Continuemos con la lista de los distintos tipos de problemas:

- **NP-completo:** la categoría NP-completo contiene los problemas más difíciles de todos los problemas NP. Un problema NP-completo cumple las dos condiciones siguientes:

  - No se conocen algoritmos polinómicos para generar un certificado.

  - Existen algoritmos polinómicos para verificar que el certificado propuesto es óptimo.

- **NP-difícil:** esta categoría contiene problemas que son al menos tan difíciles como cualquier problema de la categoría NP, pero que no necesitan estar en dicha categoría.

Vamos a intentar dibujar un diagrama para ilustrar estas diferentes clases de problemas:

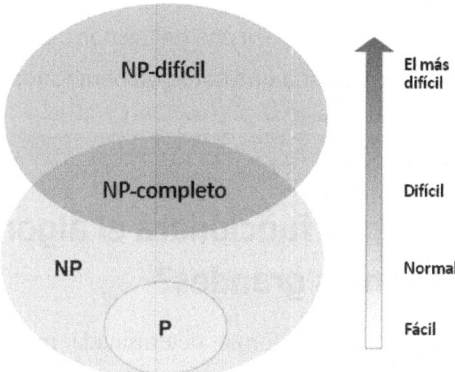

Figura 4.3: *Relación entre P, NP, NP-completo y NP-difícil.*

Recuerda que, aunque la comunidad de investigación aún no ha demostrado si P = NP, es muy probable que P ≠ NP. En ese caso, no existe ninguna solución polinómica para los problemas NP-completos. El diagrama anterior se basa en esta suposición.

Distinción entre P, NP, NP-completo y NP-difícil

Desgraciadamente, la distinción entre P, NP, NP-completo y NP-difícil no está clara. Vamos a resumir y estudiar algunos ejemplos para entender mejor los conceptos tratados en esta sección:

- **P:** es la clase de problemas resolubles en tiempo polinómico. Por ejemplo:

  - Búsquedas en una tabla hash

  - Algoritmos del camino más corto, como el de Djikstra

  - Algoritmos de búsqueda lineal y binaria

- **NP:** son problemas que no se pueden resolver en tiempo polinómico, pero cuya solución sí se puede verificar en tiempo polinómico. Por ejemplo:

  - Algoritmo de cifrado RSA

- **NP-difícil:** se trata de problemas complejos para los que nadie ha encontrado todavía una solución, pero que, si se resuelven, tendrían una solución en tiempo polinómico. Por ejemplo:

  - Agrupamiento óptimo mediante el algoritmo *k*-means

- **NP-completo:** los problemas NP-completos son los más "difíciles" entre los NP. Son tanto NP-difíciles como NP. Por ejemplo:

  - Cálculo de una solución óptima para el TSP

Encontrar una solución para una de las dos clases (NP-difícil o NP-completo) implicaría una solución para todos los problemas NP-difícil/NP-completo.

3: Escalabilidad: ¿cómo funcionará el algoritmo en conjuntos de datos más grandes?

Un algoritmo procesa datos de una forma determinada para producir un resultado. Generalmente, a medida que aumenta el tamaño de los datos, se necesita cada vez más tiempo para procesarlos y calcular los resultados requeridos. El término *big data* se utiliza a veces para identificar a grandes rasgos conjuntos de datos con los que se espera que la infraestructura y los algoritmos tengan dificultades para trabajar debido a su volumen, variedad y velocidad. Un algoritmo bien diseñado debe ser escalable, lo que significa que debe diseñarse de manera que, siempre que sea posible, pueda ejecutarse de forma eficiente, aprovechando los recursos disponibles y generando los resultados correctos en un plazo razonable. El diseño del algoritmo es aún más importante cuando se trata de grandes volúmenes de datos. Para cuantificar la escalabilidad de un algoritmo, debemos tener en cuenta los dos aspectos siguientes:

- **El aumento de las necesidades de recursos a medida que aumentan los datos de entrada:** la estimación de una necesidad de este tipo se denomina análisis de complejidad espacial.

- **El aumento del tiempo de ejecución a medida que aumentan los datos de entrada:** su estimación se denomina análisis de la complejidad temporal.

Hay que tener en cuenta que vivimos en una era definida por la explosión de datos. El término *big data* se ha generalizado, ya que capta el tamaño y la complejidad de los datos que normalmente deben procesar los algoritmos modernos.

Mientras se encuentran en fase de desarrollo y prueba, muchos algoritmos utilizan solo una pequeña muestra de datos. A la hora de diseñar un algoritmo, es importante tener en cuenta su escalabilidad. En particular, es importante analizar cuidadosamente (es decir, probar o predecir) el efecto del rendimiento de un algoritmo a medida que los conjuntos de datos aumentan de tamaño.

La elasticidad de la nube y la escalabilidad algorítmica

La computación en la nube proporciona nuevas opciones para hacer frente a las necesidades de recursos de un algoritmo. Sus infraestructuras son capaces de suministrar más recursos a medida que aumentan las necesidades de procesamiento. La capacidad de la computación en la nube se llama elasticidad de la infraestructura y actualmente nos proporciona más opciones para el diseño de algoritmos. Cuando se despliega en la nube, un algoritmo puede solicitar CPU o VM adicionales en función del tamaño de los datos a procesar.

Los algoritmos típicos de aprendizaje profundo son un buen ejemplo de ello. Para entrenar un buen modelo de este tipo, se necesitan muchos datos etiquetados. Para que un algoritmo de aprendizaje profundo esté bien diseñado, el procesamiento necesario para su entrenamiento es directamente proporcional o casi al número de ejemplos. Al entrenar un modelo de aprendizaje profundo en la nube, a medida que aumenta el tamaño de los datos, intentamos conseguir más recursos para mantener el tiempo de entrenamiento dentro de los límites manejables.

Estrategias algorítmicas

Un algoritmo bien diseñado intenta optimizar al máximo el uso de los recursos disponibles dividiendo el problema en subproblemas más pequeños siempre que sea posible. El diseño de algoritmos dispone de diferentes estrategias algorítmicas, las cuales se ocupan de tres aspectos de una lista de algoritmos que contiene aspectos del algoritmo que falta.

En esta sección presentaremos las tres estrategias siguientes:

- La estrategia de "divide y vencerás"
- La estrategia de programación dinámica
- La estrategia del algoritmo greedy o codicioso

La estrategia de "divide y vencerás"

Una de las estrategias consiste en encontrar la manera de dividir un problema mayor en problemas más pequeños que puedan resolverse independientemente unos de otros. Las subsoluciones producidas por estos subproblemas se combinan para generar la solución global del problema. Es lo que se denomina estrategia de "divide y vencerás".

Matemáticamente, si estamos diseñando una solución para un problema (P) con n entradas que necesita procesar el conjunto de datos d, dividimos el problema en k subproblemas, de $P1$ a Pk. Cada uno de los subproblemas procesará una partición del conjunto de datos, d. Normalmente, de $P1$ a Pk procesarán de $d1$ a dk respectivamente.

Veamos un ejemplo práctico.

Ejemplo práctico de "divide y vencerás" aplicado a Apache Spark

Apache Spark (https://spark.apache.org/) es un framework de código abierto que se utiliza para resolver problemas distribuidos complejos. Este sistema aplica la estrategia de "divide y vencerás" para resolver problemas. Para procesar un problema, lo divide en varios subproblemas y los procesa por separado. Estos subproblemas pueden ejecutarse en máquinas distintas, lo que permite un escalado horizontal. Lo demostraremos con un ejemplo sencillo: contar palabras de una lista.

Supongamos que tenemos la siguiente lista de palabras:

```
words_list = ["python", "java", "ottawa", "news", "java", "ottawa"]
```

Queremos calcular la frecuencia de cada palabra de la lista. Para resolver este problema de forma eficiente, aplicaremos la estrategia de "divide y vencerás".

La implementación de "divide y vencerás" se muestra en el siguiente diagrama:

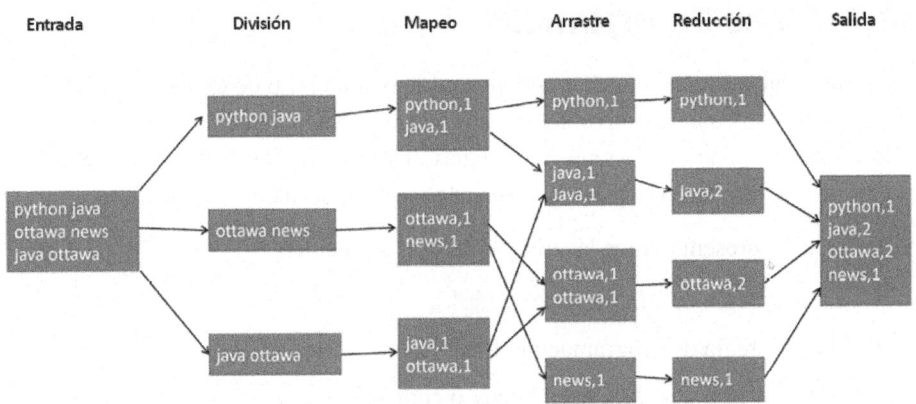

Figura 4.4: *Divide y vencerás.*

El diagrama anterior muestra las fases en las que se divide un problema:

1. **División:** los datos de entrada se dividen en partes que pueden procesarse independientemente unas de otras. Es lo que se llama división. En la figura anterior podemos ver tres divisiones.

2. **Mapeo:** cualquier operación que pueda ejecutarse en una división de forma independiente se denomina mapa. En el diagrama anterior, la operación de mapeo convierte cada una de las palabras de la partición en pares clave-valor. Coincidiendo con las tres divisiones, hay tres mapeadores que se ejecutan en paralelo.

3. **Arrastre:** el arrastre es el proceso de juntar claves similares. Una vez reunidas las claves similares, se pueden ejecutar funciones de agregación sobre sus valores. Hay que tener en cuenta que el arrastre es una operación que requiere un elevado rendimiento, ya que hay que reunir claves similares que originalmente pueden estar distribuidas por la red.

4. **Reducción:** la ejecución de una función de agregación sobre los valores de claves similares se denomina reducción. En el diagrama anterior, debemos contar el número de palabras.

Veamos cómo podemos escribir el código para implementar este proceso. Para demostrar la estrategia de "divide y vencerás", necesitamos un framework informático distribuido. Para ello ejecutaremos Python sobre Apache Spark:

1. Primero, para utilizar Apache Spark, crearemos un contexto de ejecución:

```
import findspark
findspark.init()
from pyspark.sql import SparkSession
spark = SparkSession.builder.master("local[*]").getOrCreate()
sc = spark.sparkContext
```

2. A continuación, crearemos una lista de ejemplo que contenga algunas palabras y la convertiremos en la estructura de datos distribuida nativa de Spark, llamada **Resilient Distributed Dataset (RDD)**:

```
wordsList = ['python', 'java', 'ottawa', 'ottawa', 'java', 'news']
wordsRDD = sc.parallelize(wordsList, 4)
# Muestra el tipo wordsRDD
print (wordsRDD.collect())
```

3. Esto es lo que se mostrará:

```
['python', 'java', 'ottawa', 'ottawa', 'java', 'news']
```

4. Seguidamente, utilicemos una función map para convertir las palabras en un par clave-valor:

```
wordPairs = wordsRDD.map(lambda w: (w, 1))
print (wordPairs.collect())
```

5. Esto es lo que se mostrará:

```
[('python', 1), ('java', 1), ('ottawa', 1), ('ottawa', 1),
('java', 1), ('news', 1)]
```

6. Utilicemos la función reduce para agregar y obtener el resultado:

```
wordCountsCollected = wordPairs.reduceByKey(lambda x,y: x+y)
print(wordCountsCollected.collect())
```

7. Esto es lo que se saldrá:

```
[('python', 1), ('java', 2), ('ottawa', 2), ('news', 1)]
```

Así es como podemos utilizar la estrategia de "divide y vencerás" para contar el número de palabras. Esta estrategia es útil cuando un problema puede dividirse en subproblemas y cada subproblema puede resolverse, al menos parcialmente, con independencia de los otros. No es la mejor opción para algoritmos que requieren un procesamiento iterativo intensivo, como los algoritmos de optimización, para los cuales es mejor una programación dinámica, que trataremos en la siguiente sección.

> Las infraestructuras modernas de computación en la nube, como Microsoft Azure, Amazon Web Services y Google Cloud, consiguen la escalabilidad en una infraestructura distribuida que utiliza varias CPU/GPU en paralelo aplicando una estrategia de "divide y vencerás" directa o indirectamente entre bastidores.

La estrategia de programación dinámica

En la sección anterior, hemos tratado la estrategia de "divide y vencerás", cuyo método es de tipo descendente. En cambio, la programación dinámica es una estrategia de tipo ascendente: empezamos por el subproblema más pequeño y seguimos adelante combinando las soluciones, hasta llegar a la solución final. La programación dinámica, al igual que el método "divide y vencerás", resuelve los problemas combinando las soluciones con subproblemas.

Se trata de una estrategia propuesta en los años 50 por Richard Bellman para optimizar ciertas clases de algoritmos. Ten en cuenta que, en la programación dinámica, la palabra "programación" se refiere al uso de un método tabular y no tiene nada que ver con la escritura de código. A diferencia de la estrategia "divide y vencerás", la programación dinámica es aplicable cuando los subproblemas no son independientes. Suele aplicarse a problemas de optimización en los que la solución de cada subproblema tiene un valor.

Nuestro objetivo es encontrar una solución con un valor óptimo. Un algoritmo de programación dinámica resuelve cada subproblema una sola vez y guarda su respuesta en una tabla, evitando así el trabajo de volver a calcular la respuesta cada vez que se encuentra dicho subproblema.

Componentes de la programación dinámica

La programación dinámica se basa en dos componentes principales:

- **Recursión:** resuelve subproblemas de forma recursiva.

- **Memoización:** memoización o almacenamiento en caché. Se basa en un mecanismo inteligente de almacenamiento en caché que intenta reutilizar los resultados de cálculos pesados. Este mecanismo se denomina memoización. Los subproblemas implican en parte un cálculo que se repite. La idea es realizar ese cálculo una vez (que es el paso que consume más tiempo) y luego reutilizarlo en los demás subproblemas. Esto se consigue mediante la memoización, que es especialmente útil para resolver problemas recursivos que pueden evaluar las mismas entradas varias veces.

Condiciones para utilizar la programación dinámica

El problema que intentamos resolver con la programación dinámica debe tener dos características.

- **Estructura óptima:** la programación dinámica ofrece buenas ventajas de rendimiento cuando el problema que intentamos resolver puede dividirse en subproblemas.

- **Superposición de subproblemas:** la programación dinámica utiliza una función recursiva que resuelve un problema concreto llamando a una copia de sí misma y resolviendo subproblemas más pequeños de los problemas originales. Las soluciones calculadas de los subproblemas se almacenan en una tabla para que no haya que volver a calcularlas. Por lo tanto, esta técnica es necesaria cuando existe una superposición de subproblemas.

La programación dinámica se adapta perfectamente a los problemas de optimización combinatoria, es decir, a aquellos problemas que requieren como solución combinaciones óptimas de elementos de entrada.

Algunos ejemplos de ello son:

- Encontrar la forma óptima de entregar paquetes para una empresa como FedEx o UPS.

- Encontrar rutas aéreas y aeropuertos óptimos.

- Decidir cómo asignar repartidores a un sistema de reparto de comida en línea como Uber Eats.

Algoritmos codiciosos

Como su nombre indica, un algoritmo codicioso produce, con relativa rapidez, una buena solución, aunque no sea óptima. Igual que la programación dinámica, los algoritmos codiciosos se utilizan principalmente para resolver problemas de optimización en los que no se puede utilizar una estrategia de "divide y vencerás". En este tipo de algoritmos, la solución se calcula siguiendo una secuencia de pasos. En cada paso, se realiza una elección localmente óptima.

Condiciones para utilizar la programación codiciosa

La programación codiciosa es una estrategia que funciona bien en problemas que tengan estas dos características:

- **Global a partir de local**: se puede llegar a un óptimo global seleccionando un óptimo local.

- **Subestructura óptima:** la solución óptima del problema se obtiene a partir de las soluciones óptimas de los subproblemas.

Para entender el algoritmo codicioso, definamos primero dos términos:

- **Sobrecarga algorítmica:** cada vez que intentamos encontrar la solución óptima a un problema determinado, tardamos un tiempo concreto. A medida que los problemas que intentamos optimizar se vuelven más y más complejos, también aumenta el tiempo que se tarda en encontrar la solución óptima. La sobrecarga algorítmica se representa con Ωi.

- **Delta con respecto al óptimo:** para un problema de optimización específico, existe una solución óptima. Normalmente, optimizamos la solución de forma iterativa utilizando el algoritmo que hayamos elegido. Para un problema concreto, siempre existe una solución perfecta, llamada solución óptima. Como ya se ha comentado, en función de la clasificación del problema que intentemos resolver, es posible que la solución óptima sea desconocida o que se tarde un tiempo excesivo en calcularla y verificarla. Suponiendo que se conoce dicha solución, la diferencia con respecto al óptimo para la solución actual en la iteración i-ésima se denomina delta con respecto al óptimo y se representa mediante Δi.

Para problemas complejos, tenemos dos estrategias posibles:

- Dedicar más tiempo a encontrar una solución lo más cercana al óptimo para que Δi sea lo más pequeña posible.

- Minimizar la sobrecarga algorítmica, Ωi. Adopta un enfoque rápido y sencillo y limítate a utilizar una solución viable.

Los algoritmos codiciosos se basan en la segunda estrategia, en la que no nos esforzamos por encontrar un óptimo global y, en su lugar, optamos por minimizar la sobrecarga algorítmica.

Utilizar un algoritmo codicioso es una estrategia rápida y sencilla para encontrar el valor óptimo global en problemas de varias etapas. Se basa en seleccionar los valores óptimos locales sin esforzarse en verificar si estos son también globales. Por lo general, a menos que tengamos suerte, un algoritmo codicioso no dará como resultado un valor que pueda considerarse globalmente óptimo. Sin embargo, encontrar un valor de este tipo es una tarea que necesita mucho tiempo. Por lo tanto, el algoritmo codicioso es rápido en comparación con los algoritmos "divide y vencerás" y de programación dinámica.

En general, un algoritmo codicioso se define de la siguiente manera:

1. Supongamos que tenemos un conjunto de datos, D. En este conjunto de datos, elegimos un elemento, k.

2. Supongamos que la solución candidata o certificado es *S*. Consideramos la posibilidad de incluir *k* en la solución, S. Si se puede, entonces la solución es *Union(S, e)*.

3. Repetimos el proceso hasta que *S* se llene o *D* se agote.

Ejemplo

El **algoritmo de árboles de clasificación y regresión (CART)** es un algoritmo codicioso, que busca una división óptima en el nivel superior, repitiendo el proceso en cada nivel. Ten en cuenta que dicho algoritmo no calcula ni comprueba si la división conducirá a la impureza más baja posible unos niveles más abajo. CART utiliza un algoritmo codicioso porque se sabe que encontrar el árbol óptimo es un problema NP-completo. Tiene una complejidad algorítmica de tiempo $O(exp(m))$.

Una aplicación práctica: resolver el TSP

Veamos primero el enunciado del problema del TSP, un problema NP-difícil muy conocido que se acuñó como reto en la década de 1930. Para empezar, podemos generar un recorrido que cumpla la condición de visitar todas las ciudades sin preocuparnos por la solución óptima. A continuación, podemos trabajar para mejorar la solución con cada iteración. Cada recorrido generado en una iteración se denomina solución candidata (o certificado). Demostrar que un certificado es óptimo requiere una cantidad de tiempo exponencialmente creciente. En su lugar, se utilizan diferentes soluciones basadas en la heurística que generan recorridos que se acercan a la solución óptima pero que no lo son.

Un vendedor tiene que visitar una lista determinada de ciudades para realizar su trabajo:

ENTRADA	Una lista de *n* ciudades (representada como *V*) y las distancias entre cada par de ciudades, *d ij (1 ≤ i, j ≤ n)*
SALIDA	El recorrido más corto para visitar cada ciudad una vez y regresar a la de origen

Fíjate en lo siguiente:

• Conocemos las distancias entre las ciudades de la lista.

• Cada ciudad de la lista debe visitarse *exactamente* una vez.

¿Podemos generar el plan de viaje para el vendedor? ¿Cuál será la solución óptima para minimizar la distancia total recorrida?

A continuación, se indican las distancias entre cinco ciudades canadienses que podemos utilizar para el TSP:

	Ottawa	Montreal	Kingston	Toronto	Sudbury
Ottawa	-	199	196	450	484
Montreal	199	-	287	542	680
Kingston	196	287	-	263	634
Toronto	450	542	263	-	400
Sudbury	484	680	634	400	-

Recuerda que el objetivo es conseguir un recorrido que empiece y termine en la ciudad de origen. Por ejemplo, un recorrido típico puede ser Ottawa-Sudbury-Montreal-Kingston-Toronto-Ottawa con un coste de *484 + 680 + 287 + 263 + 450 = 2164*. ¿Es este el recorrido más corto para el vendedor? ¿Cuál será la solución óptima capaz de minimizar la distancia total recorrida? Te dejo para que lo pienses y lo calcules.

Utilizar una estrategia de fuerza bruta

La primera solución que se nos ocurre para resolver el TSP es utilizar la fuerza bruta para dar con el camino más corto, mediante el cual el vendedor visite cada ciudad exactamente una vez y regrese a la ciudad de origen. Dicha estrategia funciona de la siguiente manera:

- Evalúa todos los recorridos posibles.

- Elige aquella para la que se obtenga la distancia más corta.

El problema es que, para un número n de ciudades, existen *(n-1)!* posibles recorridos. Eso significa que cinco ciudades darán como resultado *4! = 24* recorridos, y tendremos que seleccionar el que corresponda a la menor distancia. Es obvio que este método solo funcionará cuando no tengamos demasiadas ciudades. A medida que aumenta el número de ciudades, la estrategia de fuerza bruta se vuelve irresoluble debido al gran número de combinaciones que se generan.

Veamos cómo podemos implementar la estrategia de fuerza bruta en Python.

En primer lugar, observa que un recorrido, *{1,2,3}*, representa un recorrido desde la ciudad 1 hasta la ciudad 2 y la ciudad 3. La distancia total de un recorrido es la distancia total recorrida. Supongamos que la distancia entre ciudades es la más corta entre ellas (que es la distancia euclidiana).

Definamos, primero, tres funciones de utilidad:

- `distance_points`: calcula la distancia absoluta entre dos puntos.

- `distance_tour`: calcula la distancia total que debe recorrer el vendedor en un recorrido determinado.

- generate_cities: genera aleatoriamente un conjunto de *n* ciudades situadas en un rectángulo de 500 de anchura y 300 de altura.

Veamos el siguiente código:

```
import random
from itertools import permutations
```

En el código anterior, hemos implementado alltours a partir de la función permutations del paquete itertools. Además, hemos representado la distancia con un número complejo. Esto significa lo siguiente:

Calcular la distancia entre dos ciudades, a y *b*, es tan sencillo como distance (a,b).

Podemos crear un número *n* de ciudades simplemente llamando a generate_cities(n):

```
def distance_tour(aTour):
    return sum(distance_points(aTour[i - 1], aTour[i])
            for i in range(len(aTour))
    )
aCity = complex

def distance_points(first, second):
    return abs(first - second)

def generate_cities (number_of_cities):
    seed=111
    width=500
    height=300
    random.seed((number_of_cities, seed))
    return frozenset(aCity(random.randint(1, width),
                        random.randint(1, height))
                for c in range(number_of_cities))
```

Definamos ahora una función del tipo brute_force que genere todos los recorridos posibles de las ciudades. Una vez hecho esto, dicha función elegirá el que tenga la distancia más corta:

```
def brute_force(cities):
    return shortest_tour(alltours(cities))

def shortest_tour(tours):
    return min(tours, key=distance_tour)
```

Definamos ahora las funciones de utilidad que pueden ayudarnos a trazar las ciudades. Estas son las siguientes:

- `visualize_tour`: muestra todas las ciudades y enlaces de un recorrido concreto. También destaca la ciudad desde la que se inició el recorrido.

- `visualize_segment`: lo utiliza `visualize_tour` para trazar ciudades y enlaces en un segmento.

Mira el siguiente código:

```python
import matplotlib.pyplot as plt
def visualize_tour(tour, style='bo-'):
if len(tour) > 1000:
    plt.figure(figsize=(15, 10))
    start = tour[0:1]
    visualize_segment(tour + start, style)
    visualize_segment(start, 'rD')


def visualize_segment (segment, style='bo-'):
    plt.plot([X(c) for c in segment], [Y(c) for c in segment], style,
clip_on=False)
    plt.axis('scaled')
    plt.axis('off')


def X(city):
    "X axis";
    return city.real
def Y(city):
    "Y axis";
    return city.imag
```

Vamos a implementar una función, `tsp()`, que haga lo siguiente:

1. Generar el recorrido en función del algoritmo y el número de ciudades solicitadas.

2. Calcular el tiempo de ejecución del algoritmo.

3. Generar un gráfico.

Una vez definida la función tsp(), podemos utilizarla para crear un recorrido:

```python
from time import time
from collections import Counter
def tsp(algorithm, cities):
    t0 = time()
    tour = algorithm(cities)
    t1 = time()
```

```
# Cada ciudad aparece exactamente una vez en el recorrido
assert Counter(tour) == Counter(cities)
visalize_tour(tour)
print("{}:{} cities => tour length {;.0f} (in {:.3f} sec".format(
    name(algorithm), len(tour), distance_tour(tour), t1-t0))
def name(algorithm):
    return algorithm.__name__.replace('_tsp','')


tps(brute_force, generate_cities(10))
```

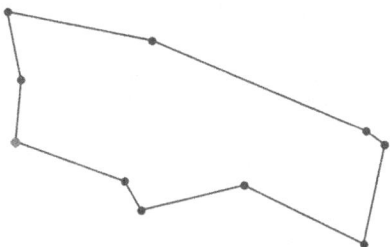

Figura 4.5: *Solución del TSP.*

Observa que lo hemos utilizado para generar el recorrido de 10 ciudades. Como *n = 10*, generará *(10-1)! = 362 880* combinaciones posibles. Si *n* aumenta, el número de combinaciones aumentará bruscamente y el método de fuerza bruta no podrá utilizarse.

Utilizar un algoritmo codicioso

Si utilizamos un algoritmo codicioso para resolver el TSP, en cada paso, podremos elegir una ciudad que parezca razonable, en lugar de encontrar una que dé como resultado el mejor camino global. Por lo tanto, cada vez que necesitamos seleccionar una ciudad, simplemente seleccionamos la ciudad más cercana sin molestarnos en verificar que esta elección dará como resultado el camino globalmente óptimo.

El planteamiento del algoritmo codicioso es sencillo:

1. Empieza en cualquier ciudad.

2. A cada paso, sigue construyendo el recorrido pasando a la siguiente ciudad que no haya visitado antes.

3. Repite el paso 2.

Vamos a definir una función llamada greedy_algorithm que puede implementar esta lógica:

```
def greedy_algorithm(cities, start=None):
    city_ = start or first(cities)
```

```
tour = [city_]
unvisited = set(cities - {city_})
while unvisited:
    city_ = nearest_neighbor(city_, unvisited)
    tour.append(city_)
    unvisited.remove(city_)return tour


def first(collection): return next(iter(collection))


def nearest_neighbor(city_a, cities):
    return min(cities, key=lambda city_: distance_points(city_, city_a))
```

Y, ahora, utilizaremos `greedy_algorithm` para crear un recorrido por 2000 ciudades:

```
tsp(greedy_algorithm, generate_cities(2000))
```

```
nn: 1991 cities ⇒ tour length 15846 (in 0.514 sec)
```

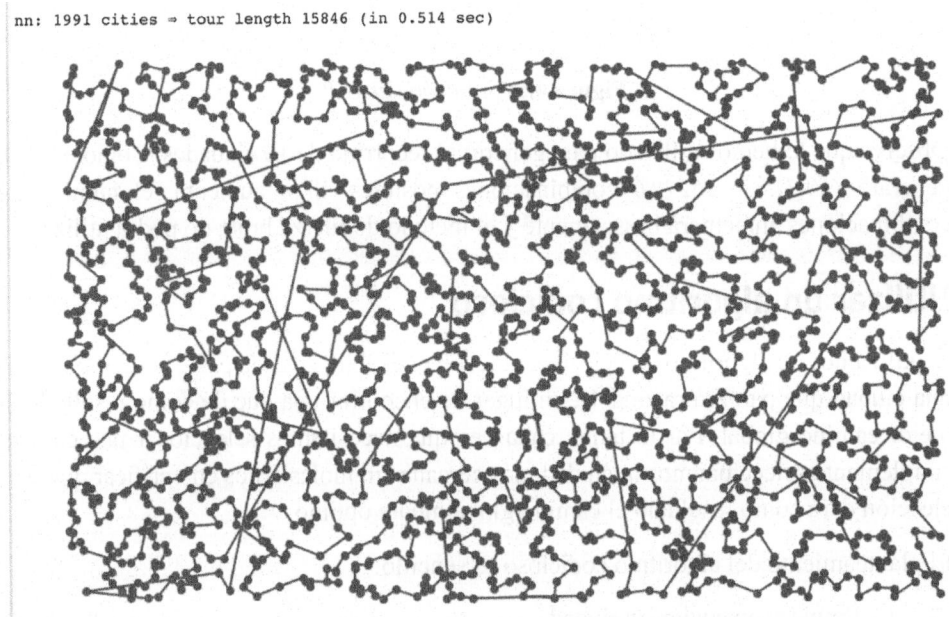

Figura 4.6: *Ciudades mostradas en Jupyter Notebook.*

Observa que solo se han necesitado `0.514` segundos en generar el recorrido por 2000 ciudades. Si hubiéramos utilizado el método de la fuerza bruta, habría generado *(2000-1)!* = $1{,}65e^{5732}$ combinaciones, un resultado casi infinito.

Ten en cuenta que el algoritmo codicioso se basa en la heurística y que no hay ninguna prueba de que la solución sea óptima.

Comparación de las tres estrategias

En resumen, el resultado del algoritmo codicioso es más eficiente en términos de tiempo de cálculo, mientras que el método de fuerza bruta proporciona la combinación con el óptimo global. Esto significa que tanto el tiempo de cálculo como la calidad del resultado difieren. El algoritmo codicioso propuesto puede alcanzar resultados casi tan altos como la fuerza bruta, con un tiempo de cálculo significativamente menor, pero como no busca una solución óptima, se basa en una estrategia basada en el esfuerzo y sin garantías.

A continuación, veremos el diseño del algoritmo PageRank.

El algoritmo PageRank

Como ejemplo práctico, veamos el algoritmo PageRank, que utiliza Google para clasificar los resultados de búsqueda de una consulta de usuario. Este algoritmo genera un número que cuantifica la importancia de los resultados de búsqueda en el contexto de la consulta ejecutada. PageRank fue diseñado por dos estudiantes de doctorado de Stanford, Larry Page y Sergey Brin, a finales de los 90, los cuales también fundaron Google. El algoritmo PageRank debe su nombre a Larry Page.

Empezaremos definiendo formalmente el problema para el que fue diseñado inicialmente PageRank.

Definición del problema

Cuando un usuario introduce una consulta en un motor de búsqueda web, suele obtener un gran número de resultados. Para que estos resultados sean útiles para el usuario, es importante clasificar las páginas web utilizando algunos criterios. Los resultados que se muestran utilizan esta clasificación para resumirlos y dependen de los criterios definidos por el algoritmo subyacente utilizado.

Implementación del algoritmo PageRank

Al utilizar el algoritmo PageRank, se utiliza la siguiente representación:

- Las páginas web se representan mediante nodos en un grafo dirigido.
- Las aristas del gráfico corresponden a hipervínculos.

La parte más importante del algoritmo PageRank es encontrar la mejor manera de calcular la importancia de cada página que devuelven los resultados de la consulta. La clasificación de una página web concreta en la red se calcula como la probabilidad de que una persona que recorra aleatoriamente las aristas (es decir, que haga clic en los enlaces) llegue a esa página. Además, este algoritmo está parametrizado por el factor de damping alfa, que tiene un valor por defecto de 0.85. Este factor es la probabilidad de que el usuario siga haciendo clic. La página con el PageRank más alto es la más atractiva: independientemente de dónde empiece la persona, esta página tiene la mayor probabilidad de ser el destino final.

Este algoritmo requiere muchas iteraciones o pasadas por la lista de páginas web para determinar la importancia correcta (o valor PageRank) de cada una de dichas páginas.

Para calcular un número de 0 a 1 que pueda cuantificar la importancia de una página concreta, el algoritmo incorpora información de los dos componentes siguientes:

- **Información específica de la consulta introducida por el usuario:** este componente estima, en el contexto de la consulta introducida por el usuario, la pertinencia del contenido de la página web. El contenido de la página depende directamente del autor de esta.

- **Información no relevante para la consulta introducida por el usuario:** este componente intenta cuantificar la importancia de cada página web en el contexto de sus enlaces, visualizaciones y vecindario. El entorno o vecindario de una página web es el grupo de páginas directamente conectadas a una página determinada. Este componente es difícil de calcular, ya que las páginas web son heterogéneas y resulta complicado elaborar criterios que puedan aplicarse en toda la web.

Para implementar el algoritmo PageRank en Python, vamos a importar las bibliotecas necesarias:

```
import numpy as np import
networkx as nx
import matplotlib.pyplot as plt
```

Ten en cuenta que hemos tomado la red de https://networkx.org/. A efectos de esta demostración, supongamos que analizamos solo cinco páginas web de la red. Llamaremos a este conjunto de páginas my_pages y juntas formarán una red llamada my_web:

```
my_web = nx.DiGraph()
my_pages = range(1,6)
```

A continuación, vamos a conectarlas aleatoriamente para simular una red real:

```
connections = [(1,3),(2,1),(2,3),(3,1),(3,2),(3,4),(4,5),(5,1),(5,4)]
my_web.add_nodes_from(my_pages)
my_web.add_edges_from(connections)
```

Seguidamente, trazaremos el gráfico:

```
pos = nx.shell_layout(my_web)
```

```
nx.draw(my_web, pos, arrows=True, with_labels=True)
plt.show()
```

Este código crea la representación visual de nuestra red, como puedes ver a continuación:

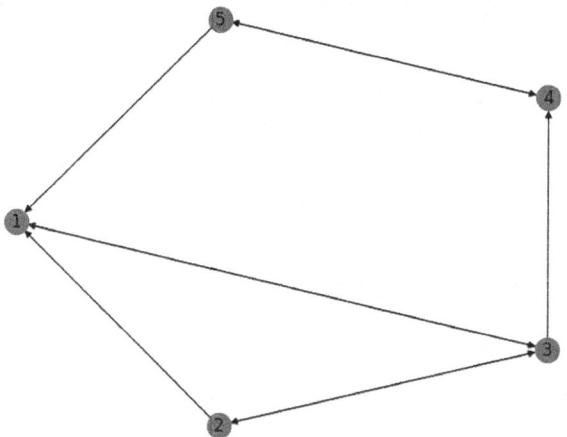

Figura 4.7: *Representación visual de la red.*

En el algoritmo PageRank, los patrones de una página web están contenidos en una matriz llamada de transición. Existen algoritmos que actualizan constantemente la matriz de transición para captar el estado en constante cambio de la web. El tamaño de esta matriz es n x n, donde n es el número de nodos. Los números de la matriz son la probabilidad de que un visitante vaya después a ese enlace gracias al enlace de salida.

En nuestro caso, el gráfico anterior muestra una web estática. Vamos a definir una función que se puede utilizar para crear la matriz de transición:

```
def create_page_rank(a_graph):
    nodes_set = len(a_graph)
    M = nx.to numpy_matrix(a_graph)
    outwards = np.squeeze(np.asarray (np. sum (M, axis=1)))
    prob outwards = np.array([
        1.0 / count if count>0
        else 0.0
        for count in outwards
    ])
    G = np.asarray(np.multiply (M.T, prob_outwards))
    p = np.ones(nodes_set) / float (nodes_set)
    return G, p
```

Ten en cuenta que esta función devolverá G, que representa la matriz de transición de nuestro grafo.

Vamos a generar ahora dicha matriz de transición:

```
G,p = create_page_rank(my_web)
print (G)
```

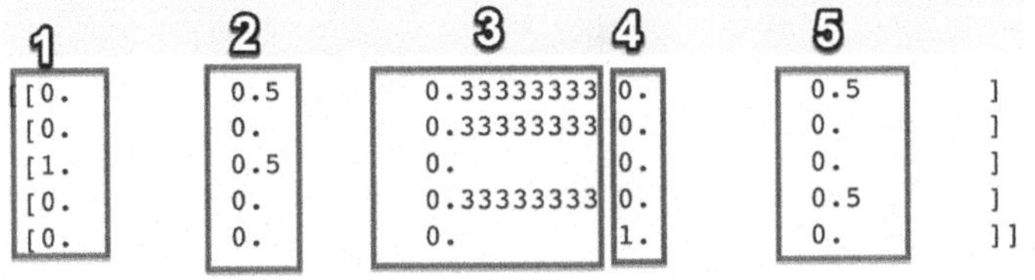

Figura 4.8: *Matriz de transición.*

Observa que, para nuestro grafo, la matriz de transición es de 5 x 5, donde cada columna corresponde a un nodo. Por ejemplo, la columna 2 se refiere al segundo nodo. Existe una probabilidad de 0.5 de que el visitante navegue del nodo 2 al nodo 1 o al nodo 3. Observa que la diagonal de la matriz de transición es 0, ya que en nuestro grafo no existe ningún enlace de salida de un nodo hacia sí mismo. En una red real puede suceder.

La matriz de transición es una matriz dispersa. A medida que aumenta el número de nodos, la mayoría de sus valores será 0. Así, la estructura de un grafo se extrae como una matriz de transición. En una matriz de transición, los nodos se representan en columnas y filas:

- **Columnas:** indican al nodo que un internauta está en línea.

- **Filas:** indican la probabilidad de que el internauta visite otros nodos debido a los enlaces de salida.

En la web real, la matriz de transición que alimenta el algoritmo PageRank se construye mediante la exploración continua de enlaces por parte de arañas.

La programación lineal

Muchos problemas del mundo real implican maximizar o minimizar un objetivo, con algunas restricciones determinadas. Un enfoque consiste en especificar el objetivo como una función lineal de algunas variables. También formulamos las restricciones sobre los recursos como igualdades o desigualdades sobre esas variables. Este planteamiento se denomina problema de programación lineal. El algoritmo básico de la programación lineal fue desarrollado por George Dantzig en la Universidad de California, en Berkeley, a principios de la década de 1940. Dantzig utilizó este concepto para experimentar con la planificación logística del abastecimiento y la capacidad de las tropas mientras trabajaba para la Fuerza Aérea de los Estados Unidos.

Al final de la Segunda Guerra Mundial, Dantzig empezó a trabajar para el Pentágono y trabajó en su algoritmo hasta convertirlo en una técnica que denominó programación lineal y que se utilizaba para planificar combates militares.

Hoy en día, se utiliza para resolver importantes problemas del mundo real relacionados con la minimización o maximización de una variable en función de determinadas restricciones. Algunos ejemplos de estos problemas son los siguientes:

- Minimizar el tiempo de reparación de un coche en un taller mecánico en función de los recursos.

- Asignar los recursos distribuidos disponibles en un entorno informático distribuido para minimizar los tiempos de respuesta.

- Maximizar el beneficio de una empresa basándose en la asignación óptima de recursos dentro de ella.

Formular un problema de programación lineal

Las condiciones para utilizar la programación lineal son las siguientes:

- El problema debe poder ser formulado mediante un conjunto de ecuaciones.

- Las variables utilizadas en la ecuación deben ser lineales.

Definición de la función objetivo

El objetivo de cada uno de los tres ejemplos anteriores consiste en minimizar o maximizar una variable. Este objetivo se formula matemáticamente como una función lineal de otras variables y se denomina función objetivo. El objetivo de un problema de programación lineal es minimizar o maximizar esta función objetivo dentro de las restricciones especificadas.

Especificar las restricciones

En los problemas del mundo real, cuando se intenta minimizar o maximizar algo, hay ciertas restricciones que deben respetarse. Por ejemplo, al intentar minimizar el tiempo que se tarda en reparar un coche, hay que tener en cuenta, entre otros aspectos, que hay un número limitado de mecánicos disponibles. Especificar cada restricción mediante una ecuación lineal es una parte importante de la formulación de un problema de programación lineal.

Aplicación práctica: planificar capacidades con programación lineal

Veamos un caso práctico en el que la programación lineal puede utilizarse para resolver un problema del mundo real.

Supongamos que queremos maximizar los beneficios de una fábrica puntera que produce dos tipos diferentes de robots:

- **Modelo avanzado (A):** ofrece todas las funciones. Fabricar cada unidad del modelo avanzado supone un beneficio de 4200 dólares.

- **Modelo básico (B):** solo ofrece funciones básicas. Fabricar cada unidad del modelo básico genera un beneficio de 2800 dólares.

Para fabricar un robot se necesitan tres tipos de personas y el número exacto de días necesarios para fabricar un robot de cada tipo es el siguiente:

Tipo de robot	Técnico	Especialista en IA	Ingeniero
Robot A: modelo avanzado	3 días	4 días	4 días
Robot B: modelo básico	2 días	3 días	3 días

La fábrica funciona en ciclos de 30 días. Un único especialista en IA está disponible durante 30 días por ciclo. Cada uno de los dos ingenieros se cogerá 8 días libres en 30 días, por lo que, solo está disponible 22 días por ciclo. Hay un único técnico disponible durante 20 días en un ciclo de 30 días.

La siguiente tabla muestra el número de personas disponibles en la fábrica:

	Técnico	Especialista en IA	Ingeniero
Número de personas	1	1	2
Número total de días por ciclo	1 x 20 = 20 días	1 x 30 = 30 días	2 x 22 = 44 días

Esto puede procesarse de la siguiente manera:

- Beneficio máximo = 4200A + 2800B

- Esto está sujeto a lo siguiente:

    - `A ≥ 0`: el número de robots avanzados producidos puede ser 0 o más.

    - `B ≥ 0`: el número de robots básicos producidos puede ser 0 o más.

    - `3A + 2B ≤ 20`: estas son las limitaciones de disponibilidad del técnico.

    - `4A+3B ≤ 30`: estas son las limitaciones de disponibilidad del especialista en IA.

    - `4A+ 3B ≤ 44`: estas son las limitaciones de disponibilidad de los ingenieros.

Empezamos importando el paquete de Python llamado `pulp`, para implementar la programación lineal:

```
import pulp
```

A continuación, llamamos a la función `LpProblem` de este paquete para instanciar la clase de problema. Denominamos a la instancia `Profit maximising problem`:

```
# Instanciamos nuestra clase de problema
model = pulp.LpProblem("Profit_maximising_problem", pulp.LpMaximize)
```

Ahora, definimos dos variables lineales, `A` y `B`. La variable `A` representa el número de robots avanzados que se producen y la variable `B`, el número de robots básicos:

```
A = pulp.LpVariable('A', lowBound=0,  cat='Integer')
B = pulp.LpVariable('B', lowBound=0, cat='Integer')
```

Definimos la función objetivo y las restricciones del siguiente modo:

```
# Función objetivo
model += 5000 * A + 2500 * B, "Profit"

# Restricciones
model += 3 * A + 2 * B <= 20
model += 4 * A + 3 * B <= 30
model += 4 * A + 3 * B <= 44
```

Utilizamos la función `solve` para generar una solución:

```
# Solucionamos nuestro problema
model.solve()
pulp.LpStatus[model.status]
```

A continuación, mostramos los valores de `A` y `B` y el valor de la función objetivo:

```
# Muestra los valores de nuestras variables de decisión
print (A.varValue)
print (B.varValue)
```

El resultado es:

```
6.0
1.0
```

```
# Muestra el valor de nuestra función objetivo
print (pulp.value(model.objective))
```

Esto es lo que se mostrará:

```
32500.0
```

La programación lineal se utiliza mucho en la industria manufacturera para encontrar el número óptimo de productos que deben utilizarse para optimizar el uso de los recursos disponibles.

Y aquí llegamos al final de este capítulo. Vamos a resumir lo que hemos aprendido.

Resumen

En este capítulo hemos estudiado varios enfoques para diseñar un algoritmo, y hemos examinado las ventajas y desventajas de elegir el diseño correcto de un algoritmo, así como las mejores prácticas para formular un problema del mundo real. También hemos aprendido a resolver un problema de optimización del mundo real. Todo cuanto hemos aprendido en este capítulo nos puede servir para aplicar algoritmos bien diseñados.

En el próximo capítulo nos centraremos en los algoritmos basados en grafos. Empezaremos estudiando distintas formas de representar grafos. A continuación, estudiaremos las técnicas para establecer un entorno alrededor de varios puntos de datos para llevar a cabo una investigación concreta. Por último, veremos las mejores maneras de buscar información en grafos.

5

Algoritmos de grafos

Los grafos ofrecen una forma distinta de representar estructuras de datos, sobre todo si se comparan con datos estructurados o tabulares. Mientras que los datos estructurados, como las bases de datos, son excelentes para almacenar y consultar información estática y uniforme, los grafos destacan por captar las complejas relaciones y patrones que existen entre las entidades. Pensemos en Facebook, donde cada usuario es un nodo, y cada amistad o interacción se convierte en una arista de conexión; esta red de conexiones puede representarse y analizarse mejor mediante estructuras de grafos.

En el ámbito computacional, ciertos problemas, a menudo los que implican relaciones y conexiones, se abordan de forma más natural utilizando algoritmos de grafos. Básicamente, estos algoritmos pretenden dar a entender la estructura del grafo. Esta comprensión implica averiguar cómo se conectan los puntos de datos (o nodos) a través de enlaces (o aristas) y cómo navegar eficazmente por estas conexiones para recuperar o analizar los datos deseados.

En este capítulo nos embarcaremos en un viaje por los siguientes ámbitos:

- **Representaciones de grafos:** diversas maneras de capturar grafos.

- **Análisis de la teoría de redes:** la teoría fundacional de las estructuras de red.

- **Recorridos de grafos:** técnicas para navegar eficientemente por los grafos.

- **Caso práctico:** análisis del fraude mediante algoritmos de grafos.

- **Técnicas de vecindario:** métodos para determinar y analizar regiones localizadas dentro de grafos de gran tamaño.

Al finalizar, tendremos un sólido conocimiento de los grafos como estructuras de datos. Podremos formular relaciones complejas —tanto directas como indirectas— y contaremos con todo lo necesario para abordar problemas complejos del mundo real utilizando algoritmos de grafos.

Entender los grafos: breve introducción

En los vastos paisajes interconectados de los datos modernos, más allá de los confines de los modelos tabulares, las estructuras de grafos surgen como poderosas herramientas para encapsular intrincadas relaciones. Su auge no es una mera tendencia, sino una respuesta a los retos que plantea el entramado del mundo digital. Los históricos avances en la teoría de los grafos, como la solución pionera de Leonhard Euler al problema de los siete puentes de Königsberg, sentaron las bases para comprender las relaciones complejas. El método de Euler de traducir cuestiones del mundo real en representaciones gráficas revolucionó la forma en que percibimos y navegamos por los grafos.

Grafos: la columna vertebral de las redes de datos modernas

Los grafos no solo constituyen la columna vertebral de plataformas como las redes sociales y los motores de recomendación, sino que también son la clave para desentrañar patrones en sectores aparentemente inconexos, como redes de carreteras, circuitos eléctricos, moléculas orgánicas, ecosistemas e, incluso, el flujo lógico de los programas informáticos. Lo fundamental de los gráficos es su capacidad intrínseca para expresar interacciones tanto tangibles como intangibles.

Pero ¿por qué esta estructura, con sus nodos y aristas, es tan fundamental para la informática moderna? La respuesta está en los algoritmos de grafos. Diseñados para comprender e interpretar relaciones, estos algoritmos matemáticos están pensados para procesar conexiones: establecen pasos claros para descodificar un grafo, revelando tanto sus características generales como sus intrincados detalles.

Antes de entrar en las representaciones de los grafos, es fundamental comprender la mecánica que los sustenta. Los grafos, arraigados en el rico suelo de las matemáticas y la informática, ofrecen un método ilustrativo para representar relaciones entre entidades.

Aplicaciones reales

Los patrones y conexiones cada vez más complejos que se observan en los datos modernos se pueden explicar gracias a la teoría de grafos. Más allá de los simples nodos y aristas, se encuentran las soluciones a algunos de los problemas más complejos del mundo. Cuando la precisión matemática de los algoritmos de grafos se enfrenta a retos del mundo real, los resultados pueden ser asombrosamente transformadores:

- **Detección del fraude:** en el mundo de las finanzas digitales, las transacciones fraudulentas pueden estar profundamente interconectadas, tejiendo a menudo una sutil red destinada a engañar a los sistemas de detección convencionales. La teoría de grafos se utiliza para detectar estos patrones. Por ejemplo, un repentino aumento de pequeñas transacciones interconectadas de una única fuente a múltiples cuentas podría ser un indicio de blanqueo de capitales.

  Al trazar estas transacciones en un grafo, los analistas pueden identificar patrones inusuales, aislar nodos sospechosos y rastrear el origen de posibles fraudes, garantizando la seguridad de las economías digitales.

- **Control del tráfico aéreo:** el cielo está repleto de movimiento. Cada avión debe navegar por un laberinto de rutas manteniendo distancias seguras respecto al resto. Los algoritmos de grafos cartografían los cielos, tratando cada avión como un nodo y sus trayectorias de vuelo, como aristas. Los atascos aéreos de 2010 en EE. UU. son una prueba del poder del análisis de grafos. Los científicos utilizaron la teoría de grafos para descifrar los retrasos sistémicos en cascada, lo que permitió optimizar los horarios de vuelo y reducir las posibilidades de que volvieran a producirse en el futuro.

- **Modelización de la propagación de enfermedades:** la proliferación de enfermedades, especialmente las contagiosas, no ocurre al azar, pues siguen las líneas invisibles de la interacción y el movimiento humanos. La teoría de grafos crea complejos modelos que imitan estos patrones. Al tratar a los individuos como nodos y sus interacciones como aristas, los epidemiólogos han logrado proyectar la propagación de enfermedades, identificar posibles puntos críticos y permitir intervenciones oportunas. Por ejemplo, durante los primeros días de la pandemia de COVID-19, los algoritmos de grafos desempeñaron un papel fundamental en la predicción de posibles grupos de brotes, ayudando a orientar los cierres y otras medidas preventivas.

- **Recomendaciones en redes sociales:** ¿te has preguntado alguna vez cómo plataformas como Facebook o Twitter sugieren amigos o contenidos? Estas sugerencias se basan en amplios grafos que representan las interacciones, los intereses y los comportamientos de los usuarios. Por ejemplo, si dos usuarios tienen varios amigos en común o patrones de participación similares, es muy probable que se conozcan o tengan intereses afines. Los algoritmos de grafos ayudan a descifrar estas conexiones, lo que permite a las plataformas mejorar la experiencia del usuario mediante recomendaciones pertinentes.

Conceptos básicos de un grafo: vértices (o nodos)

Son las entidades individuales o puntos de datos del grafo. Imagina que cada amigo de tu lista de Facebook es un vértice distinto:

- **Aristas (o enlaces):** conexiones o relaciones entre vértices. Cuando te haces amigo de alguien en Facebook, se forma una arista entre tu vértice y el suyo.

- **Red:** gran estructura formada por la red interconectada de vértices y aristas. Por ejemplo, Facebook, con todos sus usuarios y sus amistades, puede considerarse una red colosal.

En la figura 5.1, **A, B** y **C** representan los vértices, mientras que las líneas que los conectan son aristas. Se trata de una representación sencilla de un grafo, que sienta las bases para las estructuras y operaciones más complejas que exploraremos.

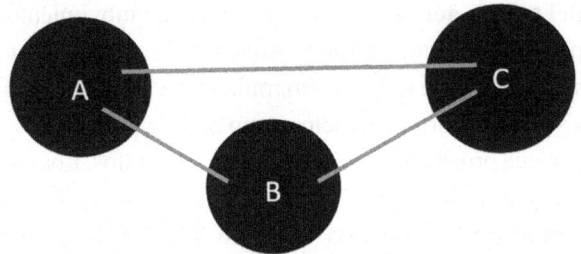

Figura 5.1: *Representación gráfica de un grafo sencillo.*

Teoría de grafos y análisis de redes

A pesar de estar interrelacionados, la teoría de grafos y el análisis de redes cumplen funciones distintas en la comprensión de los sistemas complejos. Mientras que la teoría de grafos es una rama de las matemáticas discretas que proporciona los conceptos fundamentales de nodos (entidades) y aristas (relaciones), el análisis de redes es la aplicación de estos principios para estudiar e interpretar las redes del mundo real. Por ejemplo, la teoría de grafos podría definir la estructura de una plataforma de redes sociales en la que los individuos son nodos y sus amistades, aristas. Por su lado, el análisis de redes profundizaría en esta estructura para descubrir patrones, como centros de influencia o comunidades aisladas, proporcionando así información procesable sobre el comportamiento de los usuarios y la dinámica de la plataforma.

Empezaremos estudiando cómo podemos representar los grafos matemática y visualmente. Después, aprovecharemos la potencia del análisis de redes en estas representaciones utilizando un conjunto fundamental de herramientas conocidas como "algoritmos de grafos".

Representaciones de grafos

Un grafo es una estructura que representa datos como vértices y aristas. Un grafo se representa como $a_{Graph} = (\mathcal{V}, \mathcal{E})$ donde $\mathcal{V}$ representa un conjunto de vértices y $\mathcal{E}$ representa un conjunto de aristas. a_{Graph} tiene $|\mathcal{V}|$ vértices y $|\mathcal{E}|$ aristas. Es importante señalar que, a menos que se especifique lo contrario, una arista puede ser bidireccional, lo que implica una relación bidireccional entre los vértices conectados.

Un vértice, $v \in \mathcal{V}$, representa un objeto del mundo real, como una persona, un ordenador o una actividad. Una arista, $v \in \mathcal{E}$, conecta dos vértices de un grafo:

$$e(v1, v2) \mid e \in \mathcal{E} \; \& \; vi \in \mathcal{V}$$

La ecuación anterior indica que, en un grafo, todas las aristas pertenecen a un conjunto, $\mathcal{E}$, y todos los vértices pertenecen a un conjunto, $\mathcal{V}$. Observa que la notación "|" es una representación simbólica que indica que un elemento pertenece a un conjunto determinado, lo que garantiza la claridad en la relación entre aristas, vértices y sus respectivos conjuntos.

Un vértice simboliza entidades tangibles como individuos u ordenadores, mientras que una arista, que conecta dos vértices, denota una relación. Estas relaciones pueden ser amistades entre individuos, conexiones en línea, vínculos físicos entre dispositivos o conexiones participativas, como la asistencia a una conferencia.

Mecánica y tipos de grafos

Existen múltiples tipos de grafos, cada uno con sus atributos únicos:

- **Grafo simple:** grafo sin aristas paralelas ni bucles.

- **Grafo dirigido o digrafo:** grafo en el que cada arista tiene una dirección, que indica una relación unidireccional.

- **Grafo no dirigido:** grafo en el que las aristas no tienen una dirección específica, lo que sugiere una relación mutua.

- **Grafo ponderado:** grafo en el que cada arista tiene un peso, que suele representar distancias, costes, etc.

En este capítulo utilizaremos el paquete `networkx` de Python para representar nuestros grafos. Puedes descargarlo desde `https://networkx.org/`. Vamos a intentar crear un grafo simple utilizando el paquete `networtx`. Un "grafo simple", como se alude en la teoría de grafos, es un grafo que no tiene aristas paralelas ni bucles. Para empezar, vamos a intentar crear un grafo vacío, `aGraph`, sin vértices ni nodos:

```
import networkx as nx
graph = nx.Graph()
```

Añadiremos un único vértice:

```
graph.add_node("Mike")
```

También podemos añadir una serie de vértices utilizando una lista:

```
graph.add_nodes_from(["Amine", "Wassim", "Nick"])
```

Además, podemos añadir una arista entre los vértices existentes:

```
graph.add_edge("Mike", "Amine")
```

Vamos a mostrar ahora las aristas y los vértices:

```
print(graph.nodes())
print(graph.edges())
```

```
['Mike', 'Amine', 'Wassim', 'Nick']
[('Mike', 'Amine')]
```

Ten en cuenta que, si añadimos una arista, también se añaden los vértices asociados, si no existen ya, como se muestra aquí:

```
G.add_edge("Amine", "Imran")
```

Si mostramos la lista de nodos, el resultado que observamos es el siguiente:

```
print(graph.edges())
```

```
[('Mike', 'Amine'), ('Amine', 'Imran')]
```

Ten en cuenta que la solicitud de añadir un vértice que ya existe se ignora silenciosamente. La solicitud se ignora o se tiene en cuenta en función del tipo de grafo que hayamos creado.

Redes egocéntricas

En el centro de muchos análisis de redes se encuentra un concepto llamado red egocéntrica o, simplemente, egored. Imagina que deseas estudiar no solo un nodo individual, sino también su entorno inmediato. Aquí es donde entra en juego la egored.

Conceptos básicos de las egoredes

Para un vértice determinado —llamémoslo m—, los nodos circundantes están directamente conectados a m desde su entorno directo. Este entorno, combinado con el propio m, constituye la egored de m. En este contexto:

- m es conocida como *ego*.
- Los nodos conectados directamente se denominan *vecinos de un salto* o, simplemente, *alternos*.

Un salto, dos saltos, etc.

Cuando hablamos de "vecinos de un salto", nos referimos a los nodos que están directamente conectados a nuestro nodo de interés. Imagínate un único paso o "salto" de un nodo al siguiente. Si nos referimos a nodos que están a dos pasos de distancia, estos se denominarían "vecinos de dos saltos", y así sucesivamente. Esta nomenclatura puede extenderse a cualquier número de saltos, lo que puede ayudar a comprender los vecindarios de n grados.

La red egocéntrica de un nodo concreto, el 3, se muestra en el siguiente grafo:

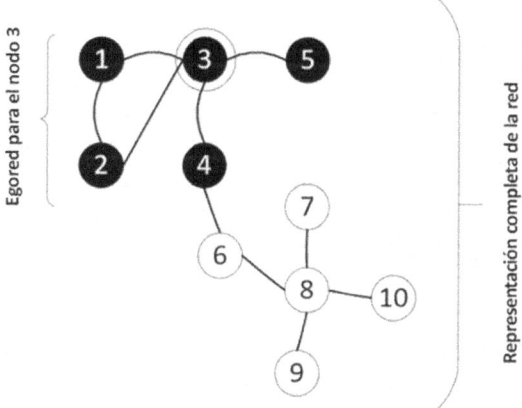

Figura 5.2: *Egored del nodo 3, que muestra el ego y sus vecinos de un salto.*

Aplicaciones de las egoredes

Las egoredes se utilizan mucho en el análisis de redes sociales. Son fundamentales para comprender las estructuras locales de las grandes redes y pueden ofrecer información sobre los comportamientos individuales a partir de su entorno de red inmediato.

Por ejemplo, en las plataformas sociales en línea, las egoredes pueden ayudar a detectar nodos influyentes o a comprender las pautas de difusión de la información dentro de regiones localizadas de la red.

Introducción a la teoría del análisis de redes

El análisis de redes nos permite profundizar en datos interconectados, presentándolos en forma de red. Consiste en estudiar y emplear metodologías para examinar datos organizados en este formato de red. A continuación, desglosaremos los elementos y conceptos básicos relacionados con el análisis de redes.

En el centro de una red se encuentra el "vértice", que sirve de unidad fundamental. Imagina una red como una telaraña; los vértices son los puntos de esta telaraña, mientras que los enlaces que los conectan representan las relaciones entre las distintas entidades objeto de estudio. En particular, entre dos vértices pueden existir diferentes relaciones, lo que implica que las aristas pueden etiquetarse para denotar varios tipos de relaciones. Imagina que dos personas están conectadas como "amigos" y como "colegas". Ambas son relaciones distintas, pero vinculan a los mismos individuos.

Para aprovechar plenamente el potencial del análisis de redes, es vital calibrar la importancia de un vértice dentro de una red, especialmente en lo que respecta al problema que nos ocupa. Existen múltiples técnicas para ayudarnos a determinar este significado.

Veamos algunos de los conceptos importantes utilizados en la teoría del análisis de redes.

El camino más corto

En la teoría de grafos, un "camino" se define como una secuencia de nodos que conectan un nodo inicial con un nodo final, sin pasar por ningún nodo intermedio. Básicamente, un camino traza la ruta entre dos vértices elegidos. La "longitud" de este camino se determina contando el número de aristas que contiene. Entre los distintos caminos posibles entre dos nodos, el que tiene el menor número de aristas se denomina "camino más corto".

Identificar el camino más corto es una tarea fundamental en muchos algoritmos de grafos. Sin embargo, su determinación no siempre es sencilla. A lo largo del tiempo, se han desarrollado múltiples algoritmos para abordar este problema, siendo el algoritmo de Dijkstra, presentado a finales de los años 50, uno de los más conocidos. Este algoritmo está diseñado para señalar la distancia más corta en un grafo y se utiliza en aplicaciones como los dispositivos GPS, que se basan en él para deducir la distancia mínima entre dos puntos. En el ámbito del enrutamiento de redes, el método de Dijkstra vuelve a resultar imprescindible.

Las grandes empresas tecnológicas, como Google y Apple, se encuentran en una carrera permanente, especialmente cuando se trata de mejorar sus servicios de mapas. El objetivo no es solo identificar la ruta más corta, sino hacerlo rápidamente, en cuestión de segundos.

Más adelante en este capítulo veremos el **algoritmo de búsqueda en anchura** (**BFS**, del inglés *Breadth-First Search*), un método que puede servir de base para el algoritmo de Dijkstra. El BFS estándar asume costes iguales para recorrer cualquier camino en un grafo. Sin embargo, el de Dijkstra tiene en cuenta la variación de los costes transversales. Para adaptar el BFS al de Dijkstra, necesitamos integrar estos costes transversales variables.

Por último, mientras que el algoritmo de Dijkstra se centra en identificar el camino más corto desde un único origen hacia todos los demás vértices, si lo que se pretende es determinar los caminos más cortos entre cada par de vértices de un grafo, el algoritmo de Floyd-Warshall es más adecuado.

Crear un vecindario

Al estudiar en profundidad los algoritmos de grafos, un término recurrente es el de "vecindario" (en inglés, *neighborhood*). ¿Qué entendemos por vecindario en este contexto? Piensa en ello como una comunidad muy unida en torno a un nodo específico.

Esta "comunidad" incluye nodos que tienen una conexión directa o están estrechamente asociados con el nodo focal.

Imaginemos un mapa urbano en el que los puntos de referencia representan nodos. Los hitos en las inmediaciones de un lugar destacado forman su "vecindario".

Un enfoque ampliamente adoptado para delimitar estos vecindarios es mediante la estrategia del orden k. En este caso, determinamos el vecindario de un nodo señalando los vértices que se encuentran a k saltos de distancia. Para que lo entiendas, en $k = 1$, el vecindario alberga todos los nodos vinculados directamente al nodo focal. Para $k = 2$, se amplía para incluir los nodos conectados a estos vecinos inmediatos, y el patrón continúa.

Imaginemos que nuestro vértice objetivo es un punto central dentro de un círculo. En $k = 1$, cualquier punto conectado directamente a esta figura central es su vecino. A medida que incrementamos k, el radio del círculo crece, encapsulando puntos situados a mayor distancia.

Aprovechar e interpretar los vecindarios es importante para los algoritmos de grafos, ya que identifica las zonas clave de análisis.

Estos son los distintos criterios para crear vecindarios:

1. Triángulos
2. Densidad

Veámoslos con más detalle.

Triángulos

En el extenso mundo de la teoría de grafos, identificar los vértices que comparten interconexiones sólidas puede revelar importantes ideas. Un enfoque clásico consiste en detectar triángulos, es decir, subgrafos en los que tres nodos mantienen conexiones directas entre sí.

Veamos este enfoque a través de un caso de uso tangible, la detección del fraude, que analizaremos con más detalle en el estudio de caso de este capítulo. Imagina un escenario en el que hay una red interconectada —una "egored"— girando en torno a una persona central, que llamaremos Max. En esta egored, además de Max, hay dos individuos más, Alice y Bob. Este trío forma un "triángulo": Max es nuestra figura principal (o "ego"), mientras que Alice y Bob son las figuras secundarias (o "alters").

Aquí es donde la cosa se pone interesante: si Alice y Bob tienen antecedentes de actividades fraudulentas, saltarán las alarmas sobre la credibilidad de Max. Es como descubrir que dos de tus amigos íntimos han estado implicados en hechos sospechosos: naturalmente, también sospecharán de ti. Sin embargo, si solo uno de ellos tiene un pasado cuestionable, la situación de Max se vuelve ambigua. No podemos etiquetarlo rotundamente, necesitaríamos una investigación más profunda.

Para verlo con más claridad, imagina a Max en el centro de un triángulo, con Alice y Bob en los otros vértices. Sus interrelaciones, especialmente si conllevan connotaciones negativas, pueden influir en cómo percibimos la integridad de Max.

Densidad

En el ámbito de la teoría de grafos, la densidad es una métrica que cuantifica la consistencia de una red. En concreto, es la relación entre el número de aristas presentes en el grafo y el número máximo posible de aristas. Matemáticamente, para un grafo simple no dirigido, la densidad se define como:

$$Densidad = \frac{Número\ de\ aristas}{Número\ de\ vértices \times (Número\ de\ vértices\ \text{-}1)}$$

Para ponerlo en perspectiva, veamos un ejemplo:

Supongamos que formamos parte de un club de lectura con cinco miembros: Alice, Bob, Charlie, Dave y Eve. Si cada miembro conoce a todos los demás y ha interactuado con ellos, habría un total de 10 conexiones (o aristas) entre ellos (Alice-Bob, Alice-Charlie, Alice-Dave, Alice-Eva, Bob-Charlie, etc.). En este caso, el número máximo de conexiones o aristas posibles es 10. Si todas estas conexiones existen, entonces la densidad es:

$$Densidad = \frac{2 \times 10}{5 \times 4} = 1$$

Esto indica una red perfectamente densa o totalmente conectada.

Sin embargo, supongamos que Alice solo conoce a Bob y a Charlie, Bob conoce a Alice y a Dave y Charlie solo conoce a Alice. Dave y Eve, aunque son miembros, aún no han interactuado con nadie. En este escenario, solo hay tres conexiones reales: Alice-Bob, Alice-Charlie y Bob-Dave. Calculemos de nuevo la densidad:

$$Densidad = \frac{2 \times 3}{5 \times 4} = 0.3$$

Este valor, al ser inferior a 1, muestra que la red de interacciones del club de lectura no está totalmente conectada, puesto que muchas interacciones potenciales (aristas) aún no se han producido.

Básicamente, una densidad cercana a 1 indica una red estrechamente conectada, mientras que un valor cercano a 0 sugiere interacciones dispersas. Comprender la densidad puede ayudar en varios escenarios, desde el análisis de redes sociales hasta la optimización de la planificación de infraestructuras, al calibrar lo interconectados que están los elementos del sistema.

Medidas de centralidad

Las medidas de centralidad ofrecen una ventana para entender la importancia de los nodos individuales dentro de un grafo. La centralidad se utiliza para identificar a los actores clave o nodos de una red. Por ejemplo, en un entorno social, puede ayudar a identificar a personas influyentes o figuras centrales que ejercen influencia. En planificación urbanística, la centralidad puede indicar edificios destacados o cruces de calles importantes para el flujo de tráfico o la accesibilidad. Entender la centralidad es esencial porque revela los nodos que son cruciales para el funcionamiento, la cohesión o la influencia dentro de una red.

Las métricas de centralidad más empleadas en el análisis de grafos son:

- **Grado**: refleja las conexiones directas que tiene un nodo.

- **Intermediación**: indica la frecuencia con la que un nodo actúa como puente en el camino más corto entre otros dos nodos.

- **Proximidad**: representa lo cerca que está un nodo de todos los demás nodos de la red.

- **Eigenvector**: mide la influencia de un nodo en función de la calidad de sus conexiones, no solo de la cantidad.

Las medidas de centralidad se aplican a todos los grafos. Como ya hemos comentado, los grafos son una representación general de objetos (vértices o nodos) y sus relaciones (aristas), y las medidas de centralidad ayudan a identificar la importancia o influencia de estos nodos dentro del grafo. Recordemos que las redes son realizaciones o aplicaciones específicas de los grafos, que a menudo representan sistemas del mundo real como redes sociales, sistemas de transporte o redes de comunicación. Así, aunque las medidas de centralidad analizadas pueden aplicarse universalmente a todo tipo de grafos, a menudo destacan en el contexto de las redes debido a sus implicaciones prácticas para comprender y optimizar los sistemas del mundo real.

Profundicemos en estas métricas para apreciar mejor su utilidad y sus matices.

Grado

Se dice que el número de aristas conectadas a un vértice concreto es su grado. Este concepto puede indicar lo bien conectado que está un vértice concreto y su capacidad para difundir rápidamente un mensaje por la red.

Consideremos $a_{Graph} = (\mathcal{V}, \mathcal{E})$, donde $\mathcal{V}$ representa un conjunto de vértices y $\mathcal{E}$ representa un conjunto de aristas. Recordemos que a_{Graph} tiene $|\mathcal{V}|$ vértices y $|\mathcal{E}|$ aristas. Si dividimos el grado de un nodo por $(|\mathcal{V}| - 1)$, esto se denomina centralidad de grado:

$$C_{DC_a} = \frac{deg\ (a)}{|\mathcal{V}| - 1}$$

Veamos ahora un ejemplo concreto. Observa el siguiente grafo:

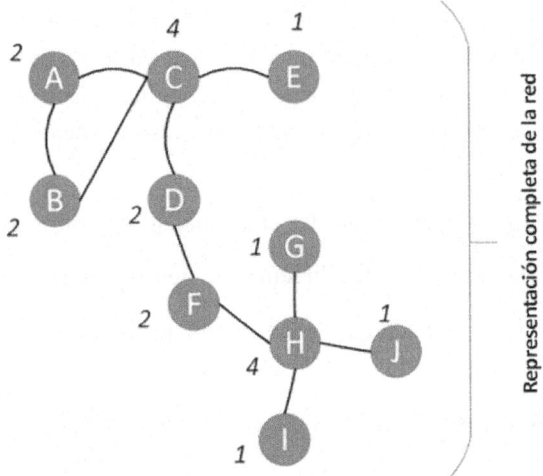

Figura 5.3: *Un ejemplo de grafo que ilustra el concepto de grado y centralidad de grado.*

En el gráfico anterior, el vértice *C* tiene un grado de 4. Su centralidad de grado puede calcularse del siguiente modo:

$$C_{DC_c} = \frac{deg\ (c)}{|\mathcal{V}| - 1} = \frac{4}{10 - 1} = 0.44$$

Intermediación

La centralidad de intermediación es una métrica clave que mide la importancia de un vértice dentro de un grafo. Cuando se aplica a contextos de redes sociales, evalúa la probabilidad de que un individuo desempeñe un papel crucial en las comunicaciones dentro de un subgrupo específico. En términos de redes informáticas, en las que un vértice simboliza un ordenador, la intermediación ofrece información sobre el impacto potencial en las comunicaciones entre nodos si un ordenador (o vértice) concreto fallara.

Para calcular la intermediación de un vértice a en un determinado $a_{Graph} = (\mathcal{V}, \mathcal{E})$, sigue estos pasos:

1. Calcula los caminos más cortos entre cada par de vértices de a_{Graph}. Para representarlo, utilizamos $^ncamino\ más\ corto_{Total}$.

2. A partir de $^ncamino\ más\ corto_{Total}$, cuenta el número de caminos más cortos que pasan por el vértice *a*. Para representarlo, utilizamos $^ncamino\ más\ corto_a$.

3. Calcula la intermediación con:

$$c_{intermediación_a} = \frac{{}^n camino\ más\ corto_a}{{}^n camino\ más\ corto_{Total}}$$

Equidad y proximidad

En teoría de grafos, a menudo queremos determinar lo centrado o distante que está un vértice específico en relación con otros vértices. Una manera de hacerlo es calculando una métrica conocida como "equidad". Para un vértice determinado, por ejemplo, "a", en un grafo "g", la equidad se determina sumando las distancias del vértice "a" a todos los demás vértices del grafo. Básicamente, este cálculo nos da una idea de lo "separado" o "alejado" que está un vértice de sus vecinos. Este concepto está estrechamente relacionado con la idea de centralidad, según la cual la centralidad de un vértice mide su distancia global con respecto a todos los demás vértices.

La "proximidad" puede considerarse lo contrario de la equidad. Aunque sea intuitivo pensar que la proximidad es la suma negativa de las distancias de un vértice a otros vértices, técnicamente esto no es exactamente así. La proximidad mide lo cerca que está un vértice de todos los demás vértices de un grafo, y suele calcularse tomando el recíproco de la suma de sus distancias a los demás.

Tanto la equidad como la proximidad son métricas esenciales en el análisis de redes. Ambas permiten saber cómo puede fluir la información en una red o qué influencia puede tener un nodo concreto. Conocer estas métricas permite entender mejor las estructuras de red y su dinámica subyacente.

Centralidad de eigenvector

La centralidad de eigenvector es una métrica que evalúa la importancia de los nodos dentro de un grafo. En lugar de limitarse a considerar el número de conexiones directas que tiene un nodo, tiene en cuenta la calidad de dichas conexiones. En términos sencillos, un nodo se considera importante si está conectado a otros nodos que, a su vez, son importantes dentro de la red.

Para dar a todo esto un contexto un poco más matemático, imagina que cada nodo $\mathcal{V}$ tiene una puntuación de centralidad de x(v). Para cada nodo v, la centralidad de eigenvector se calcula a partir de la suma de las puntuaciones de centralidad de sus vecinos, escalada por un factor λ (valor propio asociado al vector propio):

$$x(v) = \frac{1}{\lambda} \sum_{u \varepsilon M(v)} x(u)$$

donde M(v) representa a los vecinos de v.

Esta idea de ponderar la importancia de un nodo en función de sus vecinos fue fundamental para Google cuando desarrolló el algoritmo PageRank. Este algoritmo asigna una clasificación a cada página web de Internet que evalúa su importancia, y está muy influido por el concepto de centralidad de eigenvector.

Para aquellos lectores interesados en nuestro próximo ejemplo de la torre de vigilancia, comprender la esencia de la centralidad de eigenvector les proporcionará una visión más profunda del funcionamiento de las sofisticadas técnicas de análisis de redes.

Cálculo de métricas de centralidad con Python

Vamos a crear una red para la cual calcularemos su centralidad.

1. Sentar las bases: bibliotecas y datos

Este paso incluye la importación de las bibliotecas necesarias y la definición de nuestros datos:

```
import networkx as nx
import matplotlib.pyplot as plt
```

Para nuestra muestra, hemos considerado un conjunto de vértices y aristas:

```
vertices = range(1, 10)
edges = [(7, 2), (2, 3), (7, 4), (4, 5), (7, 3), (7, 5), (1, 6),
(1, 7), (2, 8), (2, 9)]
```

En esta configuración, los vértices representan puntos individuales o nodos de nuestra red y las aristas, las relaciones o vínculos entre estos nodos.

2. Elaborar el grafo

Una vez sentadas las bases, procedemos a elaborar nuestro gráfico. Se trata de introducir los datos (vértices y aristas) en la estructura del grafo:

```
graph = nx.Graph()
graph.add_nodes_from(vertices)
graph.add_edges_from(edges)
```

Aquí, la función Graph() crea un grafo vacío. Los métodos siguientes, add_nodes_from y add_edges_from, completan este grafo con los nodos y las aristas que hayamos definido.

3. Pintar un cuadro: visualizar el grafo

Una representación gráfica suele ser más elocuente que los datos en bruto, pues no solo facilita la comprensión, sino que también ofrece una instantánea de la estructura general del grafo:

```
nx.draw(graph, with_labels=True, node_color='y', node_size=800)
plt.show()
```

Este código nos dibuja el grafo. El método `with_labels=True` garantiza que cada nodo esté etiquetado, `node_color` proporciona un color distinto y `node_size` ajusta el tamaño del nodo para mayor claridad.

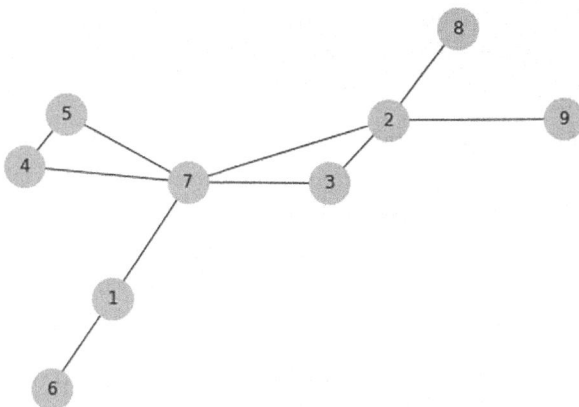

Figura 5.4: *Representación esquemática del grafo con los nodos y sus interrelaciones.*

Una vez creado nuestro grafo, el siguiente paso fundamental es calcular y comprender las medidas de centralidad de cada nodo. Como ya sabemos, las medidas de centralidad miden la importancia de los nodos en la red.

- **Centralidad de grado:** proporciona la fracción de nodos a los que está conectado un determinado nodo. En términos más sencillos, si un nodo tiene una centralidad de grado alta, significa que está conectado a muchos otros nodos de un grafo. La función `nx.degree_centrality(graph)` devuelve un diccionario con nodos como claves y sus respectivas centralidades de grado como valores:

```
print("Centralidad de grado:", nx.degree_centrality(graph))
```

```
Centralidad de grado: {1: 0,25, 2: 0,5, 3: 0,25, 4: 0,25, 5:
0,25, 6: 0.125, 7: 0.625, 8: 0.125, 9: 0.125}
```

- **Centralidad de intermediación:** indica el número de caminos más cortos que pasan por un nodo concreto. Los nodos con una centralidad de intermediación alta pueden considerarse "puentes" u "obstáculos" entre distintas partes de un grafo. La función `nx.betweenness_ centrality(graph)` lo calcula para cada nodo:

```
print("Centralidad de intermediación:", nx.betweenness_centrality(graph))
```

```
Centralidad de intermediación: {1: 0,25, 2: 0,46428571428571425, 3:
0,0, 4:0.0, 5: 0.0, 6: 0.0, 7: 0.7142857142857142, 8: 0.0, 9: 0.0}
```

- **Centralidad de proximidad:** representa lo cerca que está un nodo de todos los demás nodos de un grafo. Un nodo con una centralidad de proximidad alta puede interactuar rápidamente con todos los demás nodos, lo que lo convierte en central. Esta medida se calcula con `nx.closeness_centrality(graph)`:

```
print("Centralidad de proximidad:", nx.closeness_centrality(graph))
```

```
Centralidad de proximidad: {1: 0,5, 2: 0,6153846153846154, 3:
0.5333333333333333, 4: 0.47058823529411764, 5: 0.47058823529411764,
6: 0.34782608695652173, 7: 0.7272727272727273, 8: 0.4, 9: 0.4}
```

- **Centralidad de eigenvector:** a diferencia de la centralidad de grado, que cuenta las conexiones directas, la centralidad de eigenvector tiene en cuenta la calidad o fuerza de estas conexiones. Los nodos conectados a otros nodos con puntuaciones altas reciben un impulso, lo que lo convierte en una métrica de los nodos influyentes. Además, clasificamos estos valores de centralidad para facilitar su interpretación:

```
eigenvector_centrality = nx.eigenvector_centrality(graph)
sorted_centrality = sorted((vertex, '{:0.2f}'.format(centrality_val))
for vertex, centrality_val ineigenvector_centrality.items())
print("Centralidad de eigenvector:", sorted_centrality)
```

```
Centralidad de eigenvector: [(1, '0.24'), (2, '0.45'),
(3, '0.36'), (4,'0.32'), (5, '0.32'), (6, '0.08'), (7, '0.59'),
(8, '0.16'), (9,'0.16')]
```

Las métricas de centralidad deberían proporcionar la medida de centralidad de un vértice concreto en un grafo o subgrafo. Si observamos el gráfico, el vértice 7 parece tener la ubicación más centrada. Dicho vértice tiene los valores más altos en las cuatro métricas de centralidad, lo que refleja su importancia en este contexto.

Veamos ahora cómo podemos recuperar información a partir de los grafos. Los grafos son estructuras de datos complejas con mucha información almacenada tanto en los vértices como en las aristas. Veremos algunas estrategias que se pueden utilizar para navegar por los gráficos de forma eficiente, con el fin de obtener información sobre ellos para responder a las consultas.

Análisis de redes sociales

El análisis de redes sociales (ARS) destaca como una aplicación significativa dentro de la teoría de grafos. Básicamente, un análisis se considera un ARS cuando cumple los siguientes criterios:

- Los vértices de un grafo simbolizan individuos.

- Las aristas indican las conexiones sociales entre estas personas, que incluyen amistades, intereses compartidos, lazos familiares, diferencias de opinión y mucho más.

- El objetivo principal del análisis de grafo se inclina hacia la comprensión de un contexto social pronunciado.

Un aspecto fascinante del ARS es su capacidad para arrojar luz sobre los patrones vinculados a comportamientos delictivos. Al trazar las relaciones e interacciones, es posible detectar patrones o anomalías que podrían indicar actividades o comportamientos fraudulentos. Por ejemplo, el análisis de los patrones de conectividad podría revelar conexiones inusuales o interacciones frecuentes en lugares concretos, lo que indicaría la existencia de posibles focos o redes delictivas.

 LinkedIn ha c◻ntribuid◻ much◻ a la investigación y el desarr◻ll◻ de nuevas técnicas relaci◻nadas c◻n el ARS. De hech◻, LinkedIn puede c◻nsiderarse pi◻nera de much◻s alg◻ritm◻s en este ámbit◻.

Por tanto, el ARS, debido a su inherente arquitectura distribuida e interconectada de redes sociales, es uno de los casos de uso más potentes para la teoría de grafos. Otra forma de abstraer un grafo es considerarlo como red y aplicar un algoritmo diseñado para redes. Toda esta área se denomina teoría del análisis de redes, que trataremos a continuación.

Los recorridos de grafos

Para utilizar grafos hay que extraer información de ellos. El recorrido de grafo se define como la estrategia utilizada para garantizar que todos los vértices y las aristas se visitan de forma ordenada. Es preciso asegurarse de que cada vértice y arista se visita exactamente una vez, ni más ni menos. A grandes rasgos, puede haber dos formas diferentes de recorrer un grafo para buscar los datos que contiene.

En este capítulo hemos aprendido que avanzar a lo ancho se denomina **búsqueda por amplitud (BFS)** y que hacerlo en profundidad se denomina **búsqueda en profundidad (DFS)**. Veamos los tres tipos por separado.

BFS

El BFS funciona mejor cuando existe el concepto de capas o niveles de vecindario en el a_{Graph} que ya conocemos. Por ejemplo, cuando las conexiones de una persona en LinkedIn se expresan como un grafo, existen conexiones de primer nivel y de segundo nivel, que se traducen directamente a las capas.

El algoritmo BFS parte de un vértice raíz y explora los vértices en el vecindario. A continuación, pasa al siguiente nivel de vecindario y repite el proceso.

Veamos un algoritmo BFS. Para ello, observa primero el siguiente grafo no dirigido:

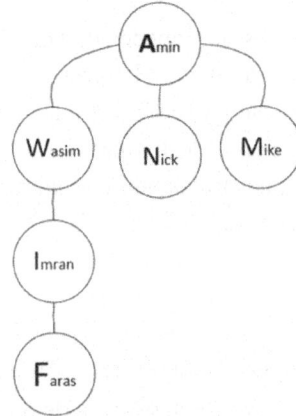

Figura 5.5: *Grafo no dirigido que muestra conexiones personales.*

Construir la lista de adyacencia

En Python, la estructura de datos de diccionario resulta adecuada para representar la lista de adyacencia de un grafo. Así es cómo podemos definir un grafo no dirigido:

```
graph={ 'Amin': {'Wasim', 'Nick', 'Mike'},
        'Wasim' : {'Imran', 'Amin'},
        'Imran' : {'Wasim','Faras'},
        'Faras' : {'Imran'},
        'Mike'  : {'Amin'},
        'Nick'  : {'Amin'}}
```

A continuación, veremos cómo implementarlo en Python.

Primero explicaremos la inicialización y luego, el bucle principal.

Implementación del algoritmo de BFS

La implementación del algoritmo constará de dos fases principales: la inicialización y el bucle principal.

Inicialización

Nuestro recorrido por el grafo se basa en dos estructuras de datos clave:

- **visitados:** se trata de un conjunto que contendrá todos los vértices que ya hemos explorado, y que empieza vacío.

- **cola:** es una lista utilizada para mantener los vértices pendientes de exploración. En un principio, contendrá solo nuestro vértice inicial.

Bucle principal

La lógica principal del BFS gira en torno a la exploración de nodos capa por capa:

1. Elimina el primer nodo de la cola y lo considera como el nodo actual para la iteración:

```
node = queue.pop(0)
```

2. Si el nodo no ha sido visitado, lo marca como visitado y busca a sus vecinos:

```
if node not in visited:
    visited.add(node)
    neighbours = graph[node]
```

3. Añade a los vecinos no visitados a la cola:

```
for neighbour in neighbours:
    if neighbour not in visited:
        queue.append(neighbour)
```

4. Una vez finalizado el bucle principal, se devuelve la estructura de datos visitada, que contiene todos los nodos recorridos.

Implementación completa del código BFS

El código completo, con la inicialización y el bucle principal, es el siguiente:

```
def bfs(graph, start):
    visited = set()
    queue = [start]
    while queue:
        node = queue.pop(0)
        if node not in visited:
            visited.add(node)
            neighbours = graph[node]
            unvisited_neighbours = [neighbour for neighbour in neighbours
                            if neighbour not in visited]
            queue.extend(unvisited_neighbours)
    return visited
```

El mecanismo recorrido del BFS es el siguiente:

1. El proceso empieza en el nivel uno, representado por el nodo "Amin".

2. Luego se expande al nivel dos, visitando a "Wasim'", "Nick" y "Mike".

3. Posteriormente, el BFS se adentra en los niveles tres y cuatro, visitando a "Imran" y "Faras", respectivamente.

Cuando el BFS completa su recorrido, todos los nodos han sido incluidos en el conjunto visitado y la cola queda vacía.

Utilizar el BFS para búsquedas específicas

Para entender de una manera práctica el funcionamiento del BFS, vamos a utilizar nuestra función implementada para encontrar la ruta hasta una persona específica de nuestro grafo:

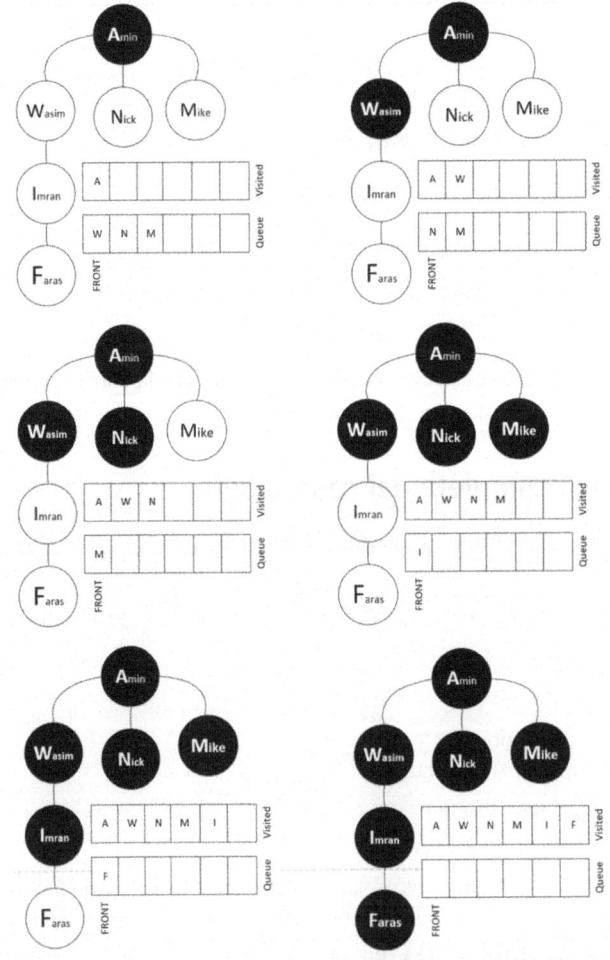

Figura 5.6: *Recorrido por capas de un grafo mediante el BFS.*

Ahora, intentaremos encontrar a una persona concreta del grafo utilizando el BFS. Vamos a especificar los datos que buscamos y observaremos los resultados:

```
start_node = 'Amin'
print(bfs(graph, start_node))
```

```
{'Faras', 'Nick', 'Wasim', 'Imran', 'Amin', 'Mike'}
```

Esta es la secuencia de nodos a los que se accede cuando el BFS empieza desde `Amin`.

Veamos ahora el algoritmo DFS.

DFS

El **DFS** ofrece un enfoque alternativo al BFS para recorrer grafos. Mientras que el BFS trata de explorar el grafo nivel por nivel, centrándose primero en los vecinos inmediatos, el DFS se aventura lo más profundamente posible por una ruta antes de retroceder.

Imagínate un árbol. Partiendo de la raíz, el DFS desciende hasta la hoja más lejana de una rama, marca todos los nodos de esa rama como visitados y retrocede para explorar otras ramas de forma similar. La idea es llegar al nodo hoja más alejado de una rama determinada antes de considerar otras ramas. "Hoja" es un término que se utiliza para referirse a los nodos de un árbol que no tienen ningún nodo hijo o, en un contexto gráfico, ningún nodo adyacente no visitado.

Para garantizar que el recorrido no queda atascado en un bucle, especialmente en grafos cíclicos, el DFS utiliza un indicador booleano. Este indicador señala si un nodo ha sido visitado y evita que el algoritmo vuelva a visitarlo y quede atrapado en ciclos infinitos.

Para implementar el DFS, utilizaremos una estructura de datos de pila, que tratamos en detalle en el capítulo 2, *Estructuras de datos utilizadas en algoritmos*. Recuerda que una pila se basa en el principio de último en entrar, primero en salir (LIFO). Esto contrasta con las colas, como la utilizada para el BFS, que funcionan según el principio FIFO (primero en entrar, primero en salir):

```
def dfs(graph, start, visited=None):
    if visited is None:
        visited = set()
    visited.add(start)
    print(start)
    for next in graph[start] - visited:
        dfs(graph, next, visited)
    return visited
```

El DFS utiliza el siguiente código:

```
graph={ 'Amin' : {'Wasim', 'Nick', 'Mike'},
        'Wasim' : {'Imran', 'Amin'},
        'Imran' : {'Wasim','Faras'},
        'Faras' : {'Imran'},
        'Mike'  :{'Amin'},
        'Nick'  :{'Amin'}}
```

Vamos a utilizar de nuevo el siguiente código para probar la función `dfs` definida anteriormente:

```
Amin
Wasim
Imran
Faras
Nick
Mike
```

Si ejecutamos este algoritmo, el resultado será el siguiente:

Veamos el patrón de recorrido exhaustivo de este grafo utilizando la metodología DFS:

1. La iteración comienza desde el nodo superior, Amin.

2. Luego, pasa al nivel dos, Wasim. A partir de ahí, se desplaza hacia los niveles inferiores hasta llegar al final, que son los nodos Imran y Fares.

3. Tras completar toda la primera rama, retrocede y pasa al nivel dos para visitar a Nick y Mike.

En la figura 5.7 se muestra el patrón del recorrido:

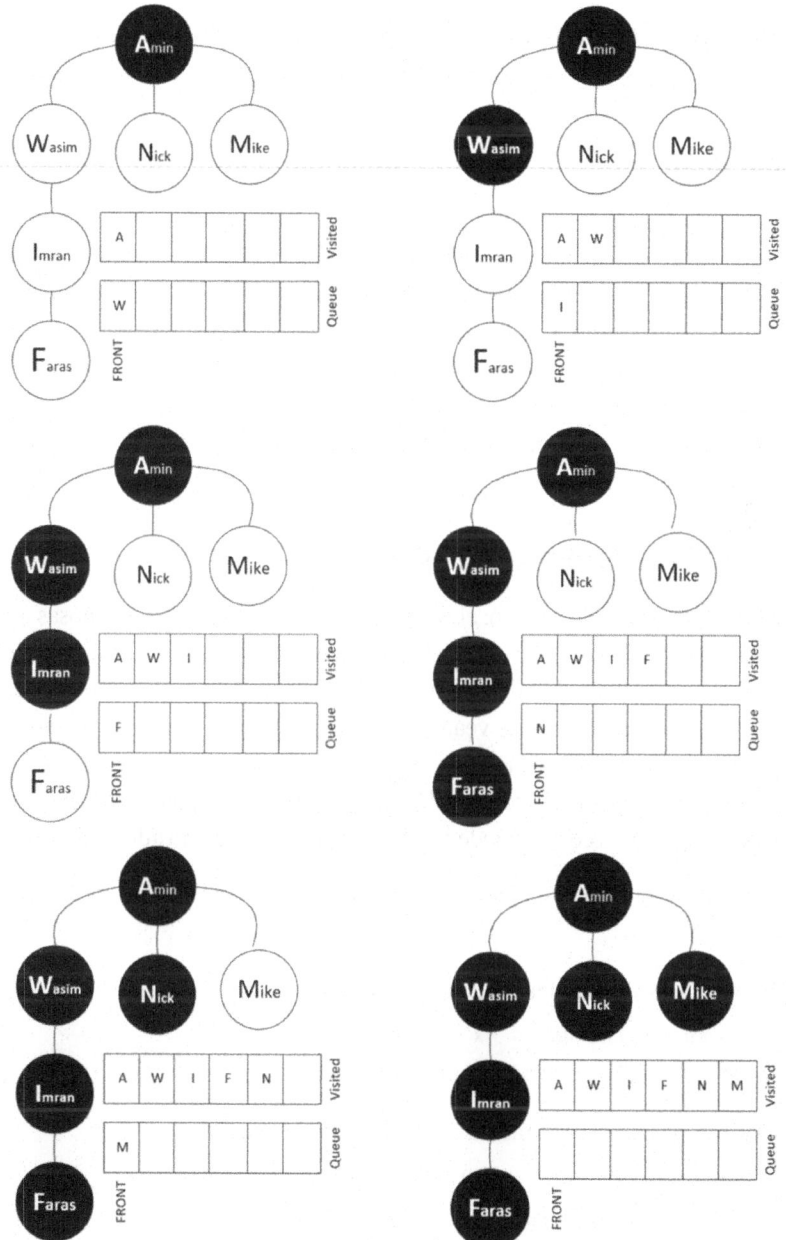

Figura 5.7: *Representación visual del recorrido del DFS.*

El DFS también se puede utilizar en árboles.

Veamos ahora un caso práctico, que explica cómo pueden utilizarse los conceptos que hemos tratado en este capítulo para resolver un problema del mundo real.

Estudio de caso: detección de fraudes mediante el ARS

Introducción

Los seres humanos son sociales por naturaleza y su comportamiento suele reflejar la compañía que tienen. En el ámbito del análisis del fraude, un principio llamado "homofilia" trata la probabilidad de que los individuos tengan asociaciones basadas en atributos o comportamientos compartidos. Una red homófila, por ejemplo, puede estar formada por personas de la misma ciudad natal, universidad o con aficiones comunes. El principio subyacente es que el comportamiento de los individuos, incluida la actividad fraudulenta, puede verse influido por sus conexiones inmediatas. Esto también se conoce a veces como "culpabilidad por asociación".

¿Qué es el fraude en este contexto?

En el contexto de este estudio de caso, el fraude se refiere a actividades engañosas que pueden incluir la suplantación de identidad, el robo de tarjetas de crédito, la presentación de cheques falsos o cualquier otra actividad ilícita que pueda representarse y analizarse en una red de relaciones. Para entender el proceso, veamos primero un caso sencillo. Utilizaremos un grafo con nueve vértices y ocho aristas. En esta red, cuatro de los vértices son casos conocidos de fraude y se clasifican como **fraude (F)**. Cinco de las personas restantes no tienen antecedentes relacionados con el fraude y se clasifican como **no fraude (NF)**.

Seguiremos los pasos siguientes para escribir el código que generará el correspondiente grafo:

1. Importamos los paquetes que necesitamos:

   ```
   import networkx as nx
   import matplotlib.pyplot as plt
   ```

2. Definimos las estructuras de datos de vértices y aristas:

   ```
   vertices = range(1,10)
   edges= [(7,2), (2,3), (7,4), (4,5), (7,3), (7,5),
   (1,6),(1,7),(2,8),(2,9)]
   ```

3. Instanciamos el grafo:

   ```
   graph = nx.Graph()
   ```

4. Y ahora, lo dibujamos:

   ```
   graph.add_nodes_from(vertices)
   graph.add_edges_from(edges)
   positions = nx.spring_layout(graph)
   ```

5. Definimos los nodos NF:

```
nx.draw_networkx_nodes(graph, positions,
                       nodelist=[1, 4, 3, 8, 9],
                       with_labels=True,
                       node_color='g',
                       node_size=1300)
```

6. A continuación, creamos los nodos que se sabe que están implicados en el fraude:

```
nx.draw_networkx_nodes(graph, positions,
                       nodelist=[1, 4, 3, 8,
                       9],with_labels=True,
                       node_color='g',
                       node_size=1300)
```

7. Por último, etiquetamos los nodos:

```
labels = {1: '1 NF', 2: '2 F', 3: '3 NF', 4: '4 NF', 5: '5 F', 6: '6
F', 7: '7 F', 8: '8 NF', 9: '9 NF'}

nx.draw_networkx_labels(graph, positions, labels, font_size=16)

nx.draw_networkx_edges(graph, positions, edges, width=3,
alpha=0.5,edge_color='b')
plt.show()
```

Una vez ejecutado el código anterior, aparecerá un grafo como este:

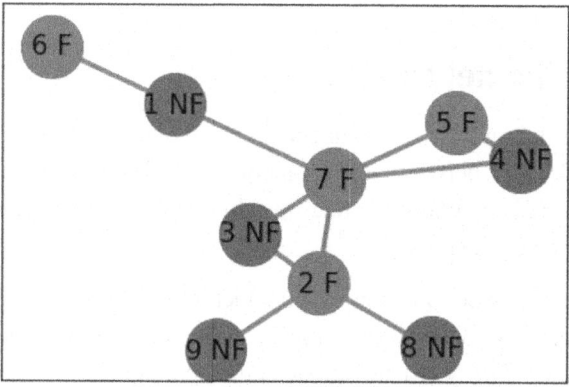

Figura 5.8: *Representación inicial de la red con nodos fraudulentos y no fraudulentos.*

Ten en cuenta que ya hemos realizado un análisis detallado para clasificar cada nodo como grafo o no grafo. Supongamos que añadimos otro vértice, llamado *q*, a la red, como se muestra en la figura siguiente. No tenemos información previa sobre esta persona ni si es fraudulenta o no. Queremos clasificar a esta persona como NF o F según sus vínculos con los miembros existentes de la red social:

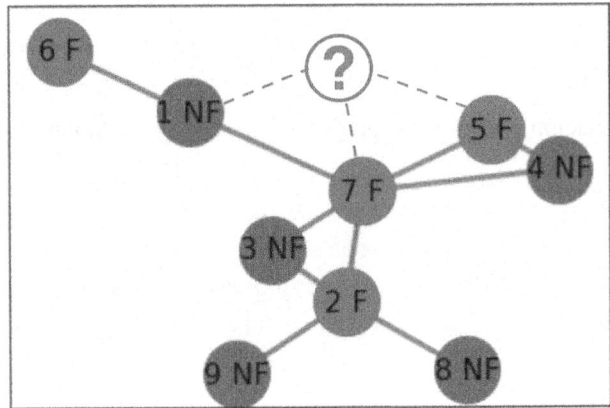

Figura 5.9: *Introducción de un nuevo nodo en la red existente.*

Hemos encontrado dos maneras de clasificar a esta nueva persona, representada por el nodo *q*, como F o NF:

- Mediante un método sencillo sin métricas de centralidad ni información adicional sobre el tipo de fraude.

- Mediante la metodología de la torre de vigilancia, una técnica avanzada que utiliza la métrica de centralidad de los nodos existentes, así como información adicional sobre el tipo de fraude.

Veamos cada uno de estos métodos en detalle.

Análisis sencillo del fraude

La sencilla técnica del análisis del fraude se basa en el supuesto de que, en una red, el comportamiento de una persona se ve afectado por las personas con las que está conectada. En una red, es más probable que dos vértices tengan un comportamiento similar si están asociados entre sí.

Partiendo de este supuesto, idearemos una técnica sencilla. Si queremos hallar la probabilidad de que un determinado nodo, *a*, pertenezca a *F*, la probabilidad se representa mediante *P(F/q)* y se calcula del siguiente modo:

$$P(F|q) = \frac{1}{degree_q} \sum_{n_j \in Neighborhood_n | class(n_j)=F} w(n, n_j)DOS_{normalized_j}$$

Vamos a aplicar esta fórmula a la figura anterior, donde $Vecindario_n$ representa a los vecinos del vértice n y $w(n, nj)$ representa el peso de la conexión entre n y nj. Además, $DOSnormalized$ es el valor del grado de sospecha normalizado entre 0 y 1. Por último, $degree_q$ es el grado del nodo q.

La probabilidad se calcula del siguiente modo:

$$P(F|q) = \frac{1+1}{3} = \frac{2}{3} = 0.67$$

Según este análisis, la probabilidad de que esta persona esté implicada en un fraude es del 67 %. Necesitamos fijar un umbral. Si dicho umbral es del 30 %, esta persona está por encima de este valor y podemos marcarla con seguridad como F.

Ten en cuenta que este proceso debe repetirse para cada uno de los nuevos nodos de la red. Veamos ahora una forma más avanzada de realizar un análisis de fraude.

Metodología de análisis del fraude de la torre de vigilancia

La sencilla técnica de análisis del fraude que acabamos de ver tiene estas dos limitaciones:

- No evalúa la importancia de cada vértice en la red social. Una conexión con un eje implicado en un fraude puede tener implicaciones distintas que una relación con una persona alejada y aislada.

- Al etiquetar a alguien como caso conocido de fraude en una red existente, no tenemos en cuenta la gravedad del delito.

La metodología de análisis del fraude de la torre de vigilancia aborda estas dos limitaciones. En primer lugar, veamos un par de conceptos.

Puntuación de resultados negativos

Si se sabe que una persona está implicada en un fraude, decimos que hay un resultado negativo asociado a este individuo. Pero no todos los resultados negativos tienen la misma gravedad. Una persona que se sabe que está suplantando a otra persona tendrá un tipo más grave de resultado negativo asociado, en comparación con alguien que solo está tratando de utilizar de una manera creativa una tarjeta regalo de 20 € caducada para que sea válida.

Del 1 al 10, vamos a clasificar los distintos resultados negativos de la siguiente manera:

Resultado negativo	Clasificación del resultado negativo
Suplantación de identidad	10
Implicación en el robo de tarjetas de	8

Resultado negativo	Clasificación del resultado negativo
crédito	
Presentación de cheques falsos	7
Antecedentes penales	6
Sin datos	0

Ten en cuenta que estas puntuaciones se basarán en nuestro análisis de los casos de fraude y su impacto a partir de datos históricos.

Grado de sospecha

El **grado de sospecha** (**DOS**, del inglés *Degree Of Suspicion*) cuantifica nuestro nivel de sospecha de que una persona pueda estar implicada en un fraude. Un valor de DOS de 0 significa que se trata de una persona de bajo riesgo, y un valor de DOS de 9 significa que se trata de una persona de alto riesgo.

El análisis de los datos históricos muestra que los defraudadores profesionales ocupan posiciones importantes en sus redes sociales. Para demostrarlo, primero calculamos las cuatro métricas de centralidad de cada vértice de nuestra red. A continuación, extraemos la media de estos vértices. Esto se traduce en la importancia de esa persona concreta en la red.

Si una persona asociada a un vértice está implicada en un fraude, ilustramos este resultado negativo puntuando a dicha persona con los valores predeterminados que se muestran en la tabla anterior. Esto se hace para que la gravedad del delito se refleje en el valor de cada DOS individual.

Por último, multiplicamos la media de las métricas de centralidad y la puntuación del resultado negativo para obtener el valor de DOS. Normalizamos el DOS dividiéndolo por el valor máximo del DOS en la red.

Vamos a calcular el DOS de cada uno de los nueve nodos de la red anterior:

	Nodo 1	Nodo 2	Nodo 3	Nodo 4	Nodo 5	Nodo 6	Nodo 7	Nodo 8	Nodo 9
Grado de centralidad	0.25	0.5	0.25	0.25	0.25	0.13	0.63	0.13	0.13
Intermediación	0.25	0.47	0	0	0	0	0.71	0	0
Proximidad	0.5	0.61	0.53	0.47	0.47	0.34	0.72	0.4	0.4
Eigenvector	0.24	0.45	0.36	0.32	0.32	0.08	0.59	0.16	0.16

	Nodo 1	Nodo 2	Nodo 3	Nodo 4	Nodo 5	Nodo 6	Nodo 7	Nodo 8	Nodo 9
Media de las métricas de centralidad	0.31	0.51	0.29	0.26	0.26	0.14	0.66	0.17	0.17
Clasificación del resultado negativo	0	6	0	0	7	8	10	0	0
DOS	0	3	0	0	1.82	1.1	6.625	0	0
DOS normalizado	0	0.47	0	0	0.27	0.17	1	0	0

La siguiente figura muestra cada uno de los nodos y su DOS normalizado:

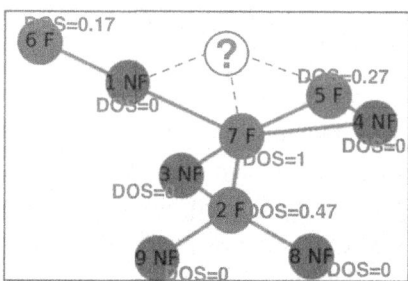

Figura 5.10: *Visualización de los nodos con sus valores DOS calculados.*

Para calcular el DOS del nodo que se ha añadido, utilizaremos la siguiente fórmula:

$$DOS_k = \frac{1}{degree_k} \sum_{n_j \in Neighborhood_n} w(n, n_j) DOS_{normalized_j}$$

Utilizando los valores correspondientes, calcularemos el DOS del siguiente modo:

$$DOS_k = \frac{(0 + 1 + 0.27)}{3} = 0.42$$

De este modo, indicamos el riesgo de fraude asociado a este nuevo nodo añadido al sistema. Esto significa que, en una escala de 0 a 1, esta persona tiene un valor DOS de 0.42. Podemos crear diferentes franjas de riesgo para el DOS, como se indica a continuación:

Valor del DOS	Clasificación del riesgo
DOS = 0	Sin riesgo

Valor del DOS	Clasificación del riesgo
0 < DOS < = 0.10	Riesgo bajo
0.10 < DOS < = 0.3	Riesgo medio
DOS>0.3	Riesgo alto

Basándose en estos criterios, podemos ver que el nuevo individuo es una persona de alto riesgo y debe ser señalado como tal.

Por lo general, en este tipo de análisis no interviene la dimensión temporal. Pero actualmente existen algunas técnicas avanzadas que observan el crecimiento de un grafo a medida que avanza el tiempo. Esto permite a los investigadores observar la relación entre los vértices mientras la red evoluciona. Aunque este análisis de series temporales en grafos aumentará varias veces la complejidad del problema, puede aportar información adicional sobre las pruebas de fraude que, de otro modo, no sería posible.

Resumen

En este capítulo hemos tratado los algoritmos basados en grafos. Hemos utilizado diferentes técnicas de representación, búsqueda y tratamiento de datos representados como grafos. También hemos desarrollado habilidades para poder calcular la distancia más corta entre dos vértices, y hemos construido vecindarios en nuestro espacio problemático. Todo ello puede ayudarnos a utilizar la teoría de grafos para abordar problemas como la detección del fraude.

En el siguiente capítulo nos centraremos en diferentes algoritmos de aprendizaje automático no supervisado, los cuales quedarán complementados con muchas de las técnicas de casos prácticos analizadas en este capítulo. Encontrar pruebas de fraude en un conjunto de datos es un ejemplo de estos casos de uso.

Sección 2

Algoritmos de aprendizaje automático

En esta sección se explican de forma detallada los distintos tipos de algoritmos de aprendizaje automático, como los de aprendizaje automático no supervisado y los tradicionales de aprendizaje supervisado, y también se presentan algoritmos para el procesamiento del lenguaje natural. Los capítulos incluidos en esta sección son:

- Capítulo 6, *Algoritmos de aprendizaje automático no supervisado*
- Capítulo 7, *Algoritmos tradicionales de aprendizaje supervisado*
- Capítulo 8, *Algoritmos de redes neuronales*
- Capítulo 9, *Algoritmos para el procesamiento del lenguaje natural*
- Capítulo 10, *Modelos secuenciales*
- Capítulo 11, *Algoritmos avanzados de modelos secuenciales*

6

Algoritmos de aprendizaje automático no supervisado

Este capítulo trata los algoritmos de aprendizaje automático no supervisado. Nuestro objetivo es que, al final de este capítulo, seamos capaces de comprender cómo el aprendizaje no supervisado, con sus algoritmos y metodologías básicas, puede aplicarse eficazmente para resolver problemas del mundo real.

Trataremos los siguientes temas:

- Introducción al aprendizaje no supervisado
- Los algoritmos de agrupamiento
- Reducción de la dimensionalidad
- Minería de reglas de asociación

Introducción al aprendizaje no supervisado

Si los datos no se generan aleatoriamente, tienden a mostrar ciertos patrones o relaciones entre sus elementos dentro de un espacio multidimensional. El aprendizaje no supervisado consiste en detectar y utilizar estos patrones en un conjunto de datos para estructurarlo y comprenderlo con mayor eficacia. Los algoritmos de aprendizaje no supervisado identifican estos patrones y los utilizan como base para otorgar una determinada estructura al conjunto de datos. La identificación de estos patrones contribuye a una comprensión y representación más profundas de los datos. La extracción de patrones a partir de datos en bruto permite comprender mejor este tipo de datos.

La figura 6.1 muestra este concepto:

Figura 6.1: *Uso del aprendizaje automático no supervisado para extraer patrones de datos en bruto sin etiquetar.*

En el siguiente apartado, navegaremos por el ciclo de vida CRISP-DM, un popular modelo para el proceso de aprendizaje automático. En este contexto, precisaremos dónde encaja el aprendizaje no supervisado. Para ilustrarlo, piensa en el aprendizaje no supervisado como un detective que va juntando pistas para formar patrones o grupos, sin tener ningún conocimiento predefinido de cuál podría ser el resultado final. Al igual que los conocimientos de un detective pueden ser cruciales para resolver un caso, el aprendizaje no supervisado desempeña un papel fundamental en el ciclo de vida del aprendizaje automático.

Aprendizaje no supervisado en el ciclo de vida de la minería de datos

Para empezar, veamos cuáles son las distintas fases de un proceso típico de aprendizaje automático. Para ello, abordaremos como ejemplo el uso del aprendizaje automático para un proceso de minería de datos. La minería de datos es el proceso de descubrir relaciones, patrones y tendencias significativas en un conjunto de datos determinado. Para analizar las distintas fases de la minería de datos mediante el aprendizaje automático, este libro utiliza el **proceso estándar intersectorial para la minería de datos** (**CRISP-DM**, del inglés *Cross Industry Standard Process for Data Mining*). CRISP-DM fue concebido y puesto en marcha por un grupo de expertos en minería de datos de distintas organizaciones, entre las que se incluyen nombres tan notables como Chrysler e IBM. Más información en https://www.ibm.com/docs/en/spss-modeler/saas?topic=dm-crisp-help-overview.

El ciclo de vida de CRISP-DM consta de seis fases distintas, que se muestran en la siguiente figura:

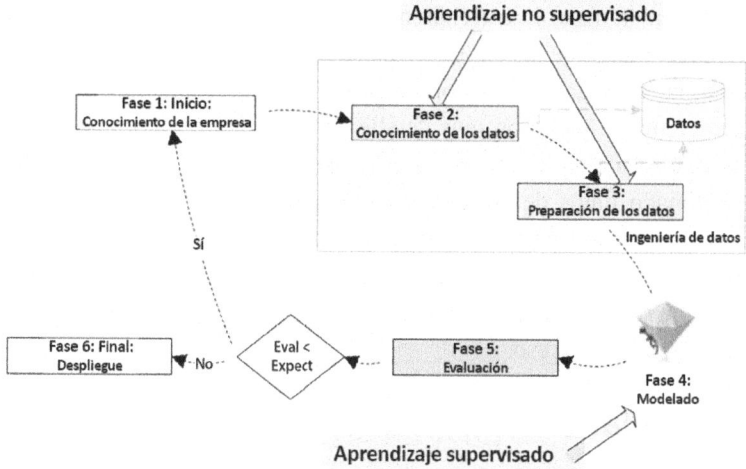

Figura 6.2: *Las distintas fases del ciclo de vida de CRISP-DM.*

Veamos en detalle cada una de estas fases.

Fase 1: Conocimiento de la empresa

En esta fase se recopilan los requisitos y se intenta comprender a fondo el problema desde un punto de vista empresarial. Definir el alcance del problema y reformularlo adecuadamente según el aprendizaje automático es una parte importante de esta fase, que consiste en identificar los objetivos, definir el campo de acción del proyecto y entender los requisitos de las partes interesadas.

 Es importante señalar que la fase 1 del ciclo de vida de CRISP-DM trata del conocimiento de la empresa. Se centra en lo que hay que hacer y no en cómo se hará.

Fase 2: Conocimiento de los datos

Esta fase consiste en conocer los datos disponibles para la minería de datos. En esta fase, averiguaremos si disponemos de toda la información necesaria para resolver el problema definido en la fase 1 en los conjuntos de datos proporcionados. Podemos utilizar herramientas como la visualización de datos, *dashboards* e informes resumidos para comprender los patrones de los datos. Como se explica más adelante en este capítulo, los algoritmos de aprendizaje automático no supervisado también pueden utilizarse para identificar los patrones de los datos y comprenderlos analizando su estructura en detalle.

Fase 3: Preparación de los datos

Durante esta fase se preparan los datos para el modelo de aprendizaje automático que posteriormente, en la fase 4, entrenaremos. Dependiendo del caso de uso y de los requisitos, la preparación de los datos puede incluir la eliminación de valores atípicos, la normalización, la eliminación de valores nulos y la reducción de la dimensionalidad de los datos. Este tema se trata con más detalle en capítulos posteriores. Tras procesar y preparar los datos, suelen dividirse en una proporción de 70-30. El fragmento más grande, denominado datos de entrenamiento, se utiliza para educar el modelo sobre varios patrones, mientras que el fragmento más pequeño, denominado datos de prueba, se guarda para evaluar durante la fase 5 el rendimiento del modelo en datos no vistos. También se puede reservar un conjunto opcional de datos para validar y afinar el modelo y evitar que se ajuste en exceso.

Fase 4: Modelado

Esta es la fase en la que formulamos los patrones en los datos mediante el entrenamiento del modelo. Para entrenar el modelo, utilizaremos los datos de entrenamiento preparados en la fase 3. El entrenamiento del modelo consiste en introducir los datos preparados en el algoritmo de aprendizaje automático. Mediante un aprendizaje iterativo, el algoritmo identifica y aprende los patrones inherentes en los datos. El objetivo es formular patrones que representen las relaciones y dependencias entre las distintas variables del conjunto de datos. En capítulos posteriores veremos cómo la complejidad y la naturaleza de estas formulaciones matemáticas dependen en gran medida del algoritmo que hayamos elegido; por ejemplo, un modelo de regresión lineal generará una ecuación lineal, mientras que un modelo de árbol de decisión construirá un modelo de decisiones en forma de árbol.

Además de su entrenamiento, el ajuste del modelo es otro componente de esta fase del ciclo de vida de CRISP-DM. Este proceso incluye la optimización de los parámetros del algoritmo de aprendizaje para mejorar su rendimiento y conseguir así predicciones más precisas. Consiste en precisar el modelo utilizando un conjunto de validación opcional, que ayuda a ajustar la complejidad del modelo para encontrar el equilibrio adecuado entre el aprendizaje a partir de los datos y la generalización a datos desconocidos. En términos de aprendizaje automático, un conjunto de validación es un subconjunto del conjunto de datos que se utiliza para ajustar con precisión un modelo predictivo.

Ayuda a modular la complejidad del modelo, con el objetivo de encontrar un equilibrio óptimo entre el aprendizaje a partir de datos conocidos y la generalización a datos desconocidos. Este equilibrio es importante para evitar el sobreajuste, circunstancia que se produce cuando el modelo aprende los datos de entrenamiento demasiado bien, pero funciona mal con datos nuevos desconocidos. De ahí que el ajuste del modelo no solo perfeccione su poder predictivo, sino que también garantice su solidez y fiabilidad.

Fase 5: Evaluación

Esta etapa consiste en evaluar el modelo recién entrenado utilizando los datos de prueba derivados de la fase 3. Medimos el rendimiento del modelo con respecto a la línea de base establecida, fijada durante la fase 1. Establecer esta línea de base en el aprendizaje automático sirve como punto de referencia, que puede determinarse utilizando varios métodos. Podría establecerse mediante sistemas básicos basados en reglas, modelos estadísticos sencillos, al azar o, incluso, basándose en la actuación de expertos humanos. El objetivo de esta línea de base es ofrecer un umbral mínimo de rendimiento que nuestros modelos de aprendizaje automático deberían superar. La línea de base actúa como evaluador para la comparación, dándonos un punto de referencia para nuestras expectativas. Si la evaluación del modelo coincide con las expectativas definidas inicialmente en la fase 1, seguimos adelante. Si no es así, hay que volver a pasar por todas las fases anteriores, desde la fase 1.

Fase 6: Despliegue

Una vez concluida la fase de evaluación, la fase 5, examinamos si el rendimiento del modelo entrenado cumple o supera las expectativas establecidas. Es fundamental recordar que el éxito de la evaluación no implica automáticamente que esté preparado para el despliegue. El modelo ha funcionado bien con nuestros datos de prueba, pero ese no es el único criterio para determinar si está preparado para resolver problemas del mundo real, como hemos definido en la fase 1. Debemos tener en cuenta factores como el rendimiento del modelo con datos nuevos que nunca ha visto antes, cómo se integrará con los sistemas existentes y cómo gestionará los casos extremos imprevistos. Por lo tanto, solo cuando estas evaluaciones exhaustivas se hayan realizado satisfactoriamente podremos proceder con confianza a desplegar el modelo en un entorno de producción, donde empiece a ofrecer una solución útil para nuestro problema predefinido.

Las fases 2 (conocimiento de los datos) y 3 (preparación de los datos) del ciclo de vida de CRISP-DM consisten en comprender los datos y prepararlos para el entrenamiento del modelo. Estas fases implican el tratamiento de datos. Algunas organizaciones contratan a especialistas para esta fase de la ingeniería de datos.

Es obvio que el proceso de sugerir una solución a un problema se basa totalmente en los datos. Por ello, se utiliza una combinación de aprendizaje automático supervisado y no supervisado para formular una solución viable. Este capítulo se centra en la parte de la solución que implica al aprendizaje no supervisado.

La ingeniería de datos comprende las fases 2 y 3 y es la parte del aprendizaje automático que más tiempo requiere. Puede ocupar hasta el 70 % del tiempo y los recursos de un proyecto típico de **aprendizaje automático** (*Data Management in Machine Learning: Challenges, Techniques, and Systems*, Cody et al, SIGMOD '17: Proceedings of the 2017 ACM International Conference on Management of Data, mayo de 2017). Los algoritmos de aprendizaje no supervisado pueden desempeñar un papel importante en la ingeniería de datos.

En las secciones siguientes se ofrecen más detalles sobre los algoritmos no supervisados.

Tendencias actuales de la investigación sobre aprendizaje no supervisado

El campo de la investigación sobre aprendizaje automático ha experimentado una enorme transformación. Anteriormente, la atención se centraba principalmente en las técnicas del aprendizaje supervisado, útiles para las tareas de inferencia, ya que ofrecen ventajas evidentes como el ahorro de tiempo, la reducción de costes y las mejoras perceptibles en la precisión de las predicciones.

A pesar de ello, no se ha prestado la merecida atención a las capacidades intrínsecas de los algoritmos de aprendizaje automático no supervisado hasta tiempos más recientes. A diferencia de sus homólogas supervisadas, las técnicas no supervisadas funcionan sin instrucciones directas ni suposiciones preconcebidas. Son expertas en explorar "dimensiones" o facetas más amplias de los datos, lo que permite un examen más exhaustivo de un conjunto de datos.

Debes saber que, en la terminología del aprendizaje automático, las "características" son propiedades o atributos individuales mensurables de los fenómenos observados. Por ejemplo, en un conjunto de datos relativos a información sobre clientes, las características podrían ser aspectos como la edad del cliente, su historial de compras o su manera de navegar. Las "etiquetas", por su parte, representan los resultados que queremos que el modelo prediga basándose en estas características.

Mientras que el aprendizaje supervisado se centra principalmente en establecer relaciones entre estas características y una etiqueta específica, el aprendizaje no supervisado no se limita a una etiqueta predeterminada. En cambio, puede profundizar más y desenterrar patrones complejos entre varias características que podrían pasarse por alto al utilizar métodos supervisados. Esto hace que el aprendizaje no supervisado sea potencialmente más amplio y versátil en sus aplicaciones.

Sin embargo, esta flexibilidad inherente al aprendizaje no supervisado conlleva un reto. Dado que el espacio de exploración es mayor, a menudo puede dar lugar a un aumento de los requisitos computacionales, lo que conlleva costes mayores y tiempos de procesamiento más largos. Además, la gestión de la escala o "alcance" de las tareas de aprendizaje no supervisado puede ser más compleja debido a su naturaleza exploratoria. Sin embargo, la capacidad de descubrir patrones ocultos o correlaciones en los datos convierte al aprendizaje no supervisado en una poderosa herramienta para obtener información basada en datos.

Hoy en día, las tendencias de investigación se dirigen hacia la integración de métodos de aprendizaje supervisado y no supervisado. Esta estrategia combinada pretende aprovechar las ventajas de ambos métodos.

Veamos ahora algunos ejemplos prácticos.

Ejemplos prácticos

En la actualidad, el aprendizaje no supervisado se utiliza para comprender mejor los datos y dotarlos de una mayor estructura; por ejemplo, se emplea en la segmentación de mercado, la categorización de datos, la detección de fraudes y el análisis de la cesta de la compra (que se trata más adelante en este capítulo). Veamos el ejemplo del uso del aprendizaje no supervisado para la segmentación de mercado.

Segmentación de mercado mediante aprendizaje no supervisado

El aprendizaje no supervisado es una potente herramienta para la segmentación de mercado. La segmentación de mercado se refiere al proceso de dividir un mercado objetivo en grupos distintos basados en características compartidas, lo que permite a las empresas adaptar sus estrategias y mensajes de *marketing* para llegar y captar eficazmente a segmentos específicos de clientes. Las características utilizadas para agrupar el mercado objetivo podrían incluir aspectos demográficos, comportamientos o similitudes geográficas. Aprovechando algoritmos y técnicas estadísticas, permite a las empresas extraer información significativa de los datos de sus clientes, identificar patrones ocultos y agrupar a los clientes en segmentos distintos en función de las similitudes en su comportamiento, preferencias o características. Este enfoque basado en los datos permite a los profesionales del *marketing* desarrollar estrategias a medida, mejorar la orientación a los clientes y aumentar la eficacia general del *marketing*.

Entender los algoritmos de agrupamiento

Una de las técnicas más sencillas y potentes del aprendizaje no supervisado se basa en la agrupación de patrones similares mediante algoritmos de agrupamiento (*clustering*).

Se utiliza para entender un aspecto concreto de los datos relacionado con el problema que intentamos resolver. Los algoritmos de agrupamiento buscan agrupaciones naturales en los datos. Como no se basa en ningún objetivo ni suposición, se clasifica como técnica de aprendizaje no supervisado.

Pensemos, por ejemplo, en una gran biblioteca llena de libros. Cada libro representa un punto de datos, que contiene multitud de atributos como género, autor, año de publicación, etc. Ahora imaginemos a un bibliotecario (el algoritmo de agrupamiento) encargado de organizar estos libros. Sin categorías ni instrucciones preexistentes, el bibliotecario empieza a clasificar los libros en función de sus atributos: todos los de misterio juntos, los clásicos juntos, los libros del mismo autor juntos, etc. Esto es lo que entendemos por "grupos naturales" en los datos, donde se agrupan aquellos que comparten características similares.

Las agrupaciones creadas por varios algoritmos de agrupamiento se basan en encontrar las similitudes entre varios puntos de datos en el espacio del problema. Ten en cuenta que, en el contexto del aprendizaje automático, un punto de datos es un conjunto de mediciones u observaciones que existen en un espacio multidimensional. En términos más sencillos, es un único dato que ayuda a la máquina a aprender sobre la tarea que está intentando realizar. La mejor manera de determinar las similitudes entre puntos de datos variará de un problema a otro y dependerá de la naturaleza del problema que estemos tratando. Veamos los distintos métodos que pueden utilizarse para calcular las similitudes entre varios puntos de datos.

Cuantificar las similitudes

Las técnicas de aprendizaje no supervisado, como los algoritmos de agrupamiento, funcionan eficazmente determinando similitudes entre varios puntos de datos dentro de un espacio problemático concreto. La eficacia de estos algoritmos depende en gran medida de nuestra capacidad para medir correctamente estas similitudes y, en la terminología del aprendizaje automático, a menudo se denominan "métricas de distancia". Pero ¿qué es exactamente una métrica de distancia?

Una métrica de distancia es, básicamente, una fórmula o un método matemático que calcula la "distancia" o similitud entre dos puntos de datos. Es fundamental entender que, en este contexto, el término "distancia" no se refiere a la distancia física, sino a la similitud o disimilitud entre puntos de datos en función de sus rasgos o características.

En el *clustering*, podemos hablar de dos tipos principales de distancias: interclúster e intraclúster. La distancia interclúster se refiere a la distancia entre distintos clústeres o grupos de puntos de datos. Por el contrario, la distancia intraclúster se refiere a la distancia dentro del mismo clúster o, en otras palabras, a la distancia entre puntos de datos dentro del mismo grupo. El objetivo de un buen algoritmo de agrupamiento es maximizar la distancia interclúster (asegurándose de que cada clúster sea distinto de los demás) y minimizar la distancia intraclúster (asegurándose de que los puntos de datos dentro del mismo clúster sean lo más parecidos posible). Estos son los tres métodos más populares que se utilizan para cuantificar las similitudes:

- Métrica de distancia euclidiana
- Métrica de distancia de Manhattan
- Métrica de distancia de coseno

Veámoslas con más detalle.

Distancia euclidiana

La distancia entre diferentes puntos puede cuantificar la similitud entre dos puntos de datos y se utiliza mucho en técnicas de aprendizaje automático no supervisado, como el *clustering*. La distancia euclidiana es la métrica de distancia más común y sencilla. En este contexto, el término "distancia" cuantifica la similitud o la diferencia que existe entre dos puntos de datos en un espacio multidimensional, lo que resulta crucial para comprender la agrupación de puntos de datos. Una de las métricas más sencillas y utilizadas de esta distancia es la denominada euclidiana.

La distancia euclidiana puede considerarse la distancia en línea recta entre dos puntos en un espacio tridimensional, de forma similar a como se mide la distancia en el mundo real. Por ejemplo, pensemos en dos ciudades en un mapa. La distancia euclidiana sería la distancia "a vista de pájaro" entre estas dos ciudades: una línea recta de la ciudad A a la ciudad B, sin tener en cuenta cualquier posible obstáculo como montañas o ríos.

De forma similar, en el espacio multidimensional de nuestros datos, la distancia euclidiana calcula la distancia "en línea recta" más corta posible entre dos puntos de datos. Al hacerlo, proporciona una métrica cuantitativa de lo cerca o lejos que están los puntos de datos, basándose en sus características o atributos. Por ejemplo, tenemos dos puntos, `A(1,1)` y `B(4,4)`, en un espacio bidimensional, como se muestra en el siguiente gráfico:

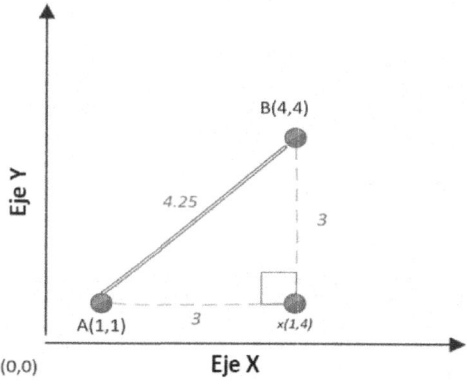

Figura 6.3: *Cálculo de la distancia euclidiana entre dos puntos determinados.*

Para calcular la distancia entre A y B, es decir, d(A,B), podemos utilizar la siguiente fórmula pitagórica:

$$d(A, B) = \sqrt{(a_2 - b_2)^2 + (a_1 - b_1)^2} = \sqrt{(4 - 1)^2 + (4 - 1)^2} = \sqrt{9 + 9} = 4.25$$

Ten en cuenta que este cálculo es para espacios bidimensionales. Para un espacio n-dimensional, podemos calcular la distancia entre dos puntos, **A** y **B**, de la siguiente manera:

$$d(A, B) = \sqrt{\sum_{i=1}^{n} (a_i - b_i)^2}$$

Distancia de Manhattan

En muchas situaciones, medir la distancia más corta entre dos puntos utilizando la métrica de distancia euclidiana no representará realmente la similitud o cercanía entre dos puntos. Por ejemplo, si dos puntos de datos representan ubicaciones en un mapa, la distancia real del punto **A** al punto **B** utilizando un medio de transporte terrestre, como un coche o un taxi, será mayor que la distancia calculada por la distancia euclidiana. Pensemos en una cuadrícula de una ciudad bulliciosa, donde no podemos atravesar los edificios para ir de un punto a otro (como en el caso de la distancia euclidiana), sino que debemos navegar por el entramado de calles. La distancia de Manhattan refleja esta navegación real: calcula la distancia total recorrida por esta cuadrícula desde el punto A hasta el punto B.

Para este tipo de situaciones utilizamos la distancia de Manhattan, que calcula la distancia entre dos puntos, recorrida al desplazarse por las calles de una ciudad en forma de cuadrícula desde un punto de partida hasta un punto de destino. A diferencia de las métricas de distancia en línea recta, como la distancia euclidiana, la distancia de Manhattan proporciona un reflejo más preciso de la distancia práctica entre dos ubicaciones en estos contextos. La comparación entre las métricas de distancia de Manhattan y euclidiana se muestra en el siguiente gráfico:

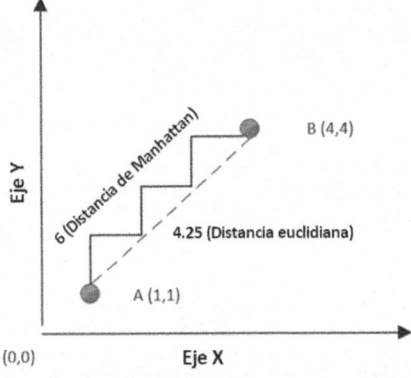

Figura 6.4: *Cálculo de la distancia de Manhattan entre dos puntos.*

Observa que, en esta figura, la distancia de Manhattan entre los puntos indicados se representa como una trayectoria en zigzag que se desplaza estrictamente a lo largo de las líneas de la cuadrícula de este gráfico. En cambio, la distancia euclidiana se muestra como una línea recta directa desde el punto A hasta el punto B. Es obvio que la distancia de Manhattan siempre será igual o mayor que la correspondiente distancia euclidiana calculada.

Distancia de coseno

Mientras que las métricas de distancia euclidiana y de Manhattan son útiles en espacios sencillos y de menor tamaño, su eficacia disminuye si trabajamos en conjuntos más complejos y "de alta dimensión". Un espacio "de alta dimensión" es un conjunto de datos que contiene un gran número de características o variables. A medida que aumenta el número de dimensiones (características), el cálculo de la distancia pierde sentido y resulta más profundo desde el punto de vista computacional con las distancias euclidiana y de Manhattan.

Ante esta situación, utilizamos la métrica de "distancia de coseno" en contextos de alta dimensión. Esta métrica funciona evaluando el coseno del ángulo formado por dos puntos de datos conectados a un punto de origen. Lo importante no es la distancia física entre los puntos, sino el ángulo que forman.

Si los puntos de datos están cerca en el espacio multidimensional, formarán un ángulo más pequeño, independientemente del número de dimensiones implicadas. Por el contrario, si los puntos de datos están muy separados, el ángulo resultante será mayor. Por lo tanto, la distancia de coseno proporciona una métrica más matizada de la similitud en datos de alta dimensión, ayudándonos a entender mejor los patrones de datos complejos:

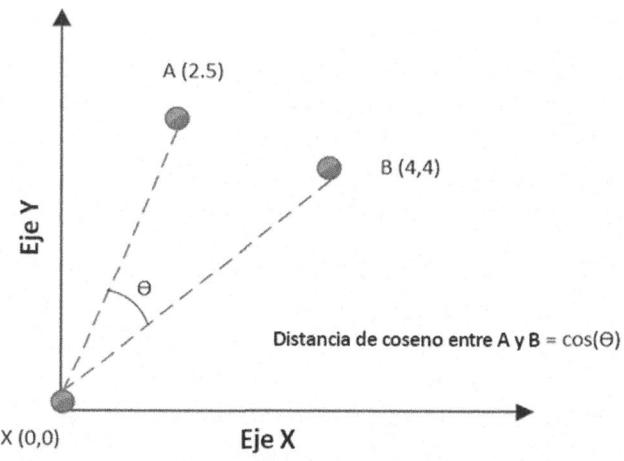

Figura 6.5: *Cálculo de la distancia de coseno.*

 Los datos textuales podrían considerarse un espacio altamente dimensional, debido a la naturaleza única de los datos de texto, donde cada palabra única puede considerarse una dimensión o característica distinta. Como la métrica de la distancia de coseno funciona muy bien con espacios h-dimensionales, es una buena opción cuando deben tratarse datos textuales.

En la figura anterior, el coseno del ángulo entre A(2,5) y B(4,4) es la distancia de coseno representada por θ en la figura 6.5. La referencia entre estos puntos es el origen, es decir, X(0,0). Pero, en realidad, cualquier punto del espacio del problema puede actuar como punto de datos de referencia, y no tiene por qué ser el origen.

Veamos ahora una de las técnicas de aprendizaje automático no supervisado más populares: el algoritmo de agrupamiento k-means.

El algoritmo de agrupamiento *k*-means

El algoritmo de agrupamiento k-means recibe su nombre del procedimiento de crear "k" agrupaciones y utilizar medias o promedios para determinar la "cercanía" entre los puntos de datos. El término "*means*" se refiere al método de cálculo del centroide o el "punto central" de cada agrupación, que es esencialmente la media de todos los puntos de datos dentro del grupo. En otras palabras, el algoritmo calcula el valor medio de cada característica dentro del grupo, dando como resultado un nuevo punto de datos: el centroide. Así, este centroide actúa como punto de referencia para medir la "cercanía" de otros puntos de datos.

La popularidad de k-means se debe a su escalabilidad y velocidad. El algoritmo es eficiente desde el punto de vista informático porque utiliza un proceso iterativo directo donde los centroides de los grupos se ajustan repetidamente hasta que se convierten en representativos de los miembros de cada grupo. Esta simplicidad hace que el algoritmo sea especialmente rápido y escalable para grandes conjuntos de datos.

Sin embargo, una limitación importante del algoritmo k-means es su incapacidad para determinar el número óptimo de agrupamientos, k, de forma independiente. El k ideal depende de las agrupaciones naturales dentro de un conjunto de datos determinado. La filosofía de diseño detrás de esta restricción es mantener el algoritmo directo y rápido, por lo que se asume la existencia de un mecanismo externo para calcular k. Según el contexto del problema, k podría determinarse directamente. Por ejemplo, si la tarea consiste en segregar una clase de estudiantes de Ciencia de datos en dos grupos, uno centrado en las habilidades de esta disciplina y el otro, en las de programación, k sería naturalmente dos. Sin embargo, para aquellos problemas en los que el valor de k no es evidente, puede ser necesario un proceso iterativo de prueba y error, o un método heurístico, para estimar el número de agrupaciones más adecuado para un conjunto de datos.

La lógica del agrupamiento de *k*-means

En esta parte, nos sumergiremos en el funcionamiento del algoritmo de agrupamiento *k*-means. Desglosaremos su funcionamiento, paso a paso, para que entiendas claramente sus mecanismos y usos. En esta sección describimos la lógica de este algoritmo.

Inicialización

El algoritmo *k*-means utiliza una métrica de distancia para hallar la similitud o cercanía entre los puntos de datos y, así, poder agruparlos. Antes de utilizar el algoritmo *k*-means, es necesario seleccionar la métrica de distancia más adecuada, que, por defecto, será la euclidiana. Sin embargo, según la naturaleza y los requisitos de los datos, puede que resulte más adecuada otra métrica, como la de Manhattan o la de coseno. Además, si el conjunto de datos tiene valores atípicos, habrá que idear un mecanismo para determinar los criterios que deben identificarse y eliminar dichos valores del conjunto de datos.

Existen distintos métodos estadísticos para la detección de los valores atípicos, como la puntuación Z o el **rango intercuartílico (IQR)**. A continuación, veremos los distintos pasos del algoritmo *k*-means.

Pasos del algoritmo *k*-means

Los pasos del algoritmo de agrupamiento *k*-means son los siguientes:

Paso 1	Elegimos el número de grupos o clústers, *k*.
Paso 2	Entre los puntos de datos, elegimos aleatoriamente *k* puntos como centros de clúster.
Paso 3	Basándonos en la métrica de distancia seleccionada, calculamos iterativamente la distancia desde cada punto del espacio del problema hasta cada uno de los *k* centros del clúster. En función del tamaño del conjunto de datos, este paso puede llevar mucho tiempo; por ejemplo, si hay 10 000 puntos en el clúster y *k = 3*, habrá que calcular 30 000 distancias.
Paso 4	Asignamos cada punto de datos al centro de clúster más cercano.
Paso 5	Ahora, cada punto de datos de nuestro espacio tiene un centro de clúster asignado. Pero no hemos terminado, ya que la selección de los centros de clúster iniciales ha sido aleatoria, por lo que debemos comprobar que estos centros son realmente el centro de gravedad de cada clúster. Volvemos a calcular los centros de clúster calculando la media o *mean* de los puntos de datos constituyentes de cada uno de los *k* clústeres. Este paso explica por qué este algoritmo se llama *k*-means.

Paso 6	Si en el paso 5 los centros de clúster se han desplazado, significa que tenemos que volver a calcular la asignación de clústeres para cada punto de datos. Para ello, volveremos al paso 3. Si los centros de clúster no se han desplazado o si se ha cumplido nuestro criterio de parada predeterminada (por ejemplo, el número de iteraciones máximas), entonces hemos terminado.

La siguiente figura muestra el resultado de ejecutar el algoritmo k-means en un espacio bidimensional:

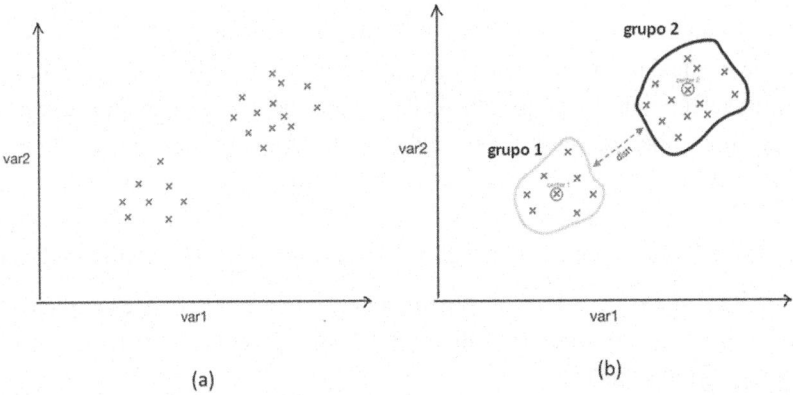

(a)

(b)

Figura 6.6: *Resultados del algoritmo k-means (a) Puntos de datos antes del agrupamiento; (b) clústeres resultantes tras ejecutar el algoritmo k-means.*

Observa que, en este caso, los dos clústeres resultantes creados tras ejecutar k-means están bien diferenciados. Veamos ahora el criterio de parada del algoritmo k-means.

Criterio de parada

En algoritmos de aprendizaje no supervisado como k-means, el criterio de parada desempeña un papel crucial a la hora de determinar cuándo debe detener el algoritmo su proceso iterativo. Para el algoritmo k-means, el criterio de parada predeterminado se produce cuando no hay más desplazamiento de centros de clúster en el paso 5. Ahora bien, como ocurre con muchos otros algoritmos, los algoritmos k-means pueden tardar mucho tiempo en converger, especialmente al procesar grandes conjuntos de datos en un espacio de alta dimensión.

En lugar de esperar a que el algoritmo converja, también podemos definir explícitamente el criterio de parada de la siguiente manera:

- Especificando el tiempo máximo de ejecución:

  - **Criterio de parada:** $t > t_{max}$, donde t es el tiempo de ejecución actual y t_{max} es el tiempo máximo de ejecución que hemos establecido para el algoritmo.

- Especificando el máximo de iteraciones:
  - **Criterio de parada:** si $m > m_{max}$, donde m es la iteración actual y m_{max} es el número máximo de iteraciones que hemos establecido para el algoritmo.

Codificación del algoritmo *k*-means

Vamos a realizar un agrupamiento *k*-means en un simple conjunto de datos bidimensional, con dos características, x e y. Imagina un enjambre de luciérnagas dispersas por un jardín por la noche. Tu tarea consiste en agrupar estas luciérnagas en función de su proximidad entre sí. Esta es la esencia del agrupamiento *k*-means, un popular algoritmo de aprendizaje no supervisado.

Tenemos un conjunto de datos, parecido a nuestro jardín, con puntos de datos trazados en un espacio bidimensional. Nuestros puntos de datos están representados mediante coordenadas x e y:

```
import pandas as pd
dataset = pd.DataFrame({
    'x': [11, 21, 28, 17, 29, 33, 24, 45, 45, 52, 51, 52, 55, 53, 55, 61,
62, 70, 72, 10],
    'y': [39, 36, 30, 52, 53, 46, 55, 59, 63, 70, 66, 63, 58, 23, 14, 8,
18, 7, 24, 10]
})
```

Nuestra tarea consiste en agrupar estos puntos de datos mediante el algoritmo *k*-means.

En primer lugar, importamos las bibliotecas necesarias:

```
from sklearn import cluster
import matplotlib.pyplot as plt
```

A continuación, iniciaremos la clase KMeans especificando el número de agrupaciones (k). Para este ejemplo, supongamos que queremos dividir nuestros datos en 3 grupos:

```
kmeans = cluster.KMeans(n_clusters=2)
```

A continuación, entrenamos nuestro modelo KMeans con nuestro conjunto de datos. Cabe mencionar que este modelo solo necesita la matriz de características (x) y no el vector objetivo (y), pues se trata de un algoritmo de aprendizaje no supervisado:

```
kmeans.fit(dataset)
```

Veamos ahora las etiquetas y los centros de clúster:

```
labels = labels = kmeans.labels_
centers = kmeans.cluster_centers_
print(labels)
```

```
[0 0 0 0 0 0 0 0 1 1 1 1 1 1 1 1 1 1 1 0]
```

```
print(centers)
```

```
[[16.77777778 48.88888889]
 [57.09090909 15.09090909]]
```

Por último, para visualizar los grupos, trazamos nuestros puntos de datos, coloreándolos según el grupo asignado. También debemos trazar los centros de los clústeres, también conocidos como centroides:

```
plt.scatter(dataset['x'], dataset['y'], c=labels)
plt.scatter(kmeans.cluster_centers_[:, 0], kmeans.cluster_centers_[:, 1],
s=300, c='red')
plt.show()
```

En el gráfico, los puntos coloreados representan nuestros puntos de datos y sus respectivos clústeres, mientras que los puntos rojos denotan los centroides de cada clúster.

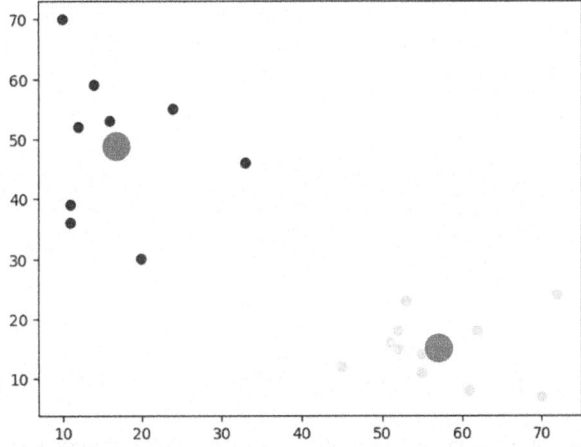

Figura 6.7: *Resultados de la agrupación k-means.*

Los puntos más grandes del gráfico son los centroides determinados por el algoritmo *k*-means.

Limitaciones de la agrupación *k*-means

El algoritmo *k*-means está diseñado para ser un algoritmo sencillo y rápido. Debido a la simplicidad intencionada de su diseño, presenta las siguientes limitaciones:

- La mayor limitación de la agrupación *k*-means es que el número inicial de clústeres tiene que estar predeterminado.

- La asignación inicial de los centros de clúster es aleatoria. Esto significa que, cada vez que se ejecuta el algoritmo, puede dar agrupaciones ligeramente distintas.

- Cada punto de datos se asigna a un solo grupo.

- La agrupación *k*-means es sensible a los valores atípicos.

A continuación, veremos otra técnica de aprendizaje automático no supervisado: el agrupamiento jerárquico.

El agrupamiento jerárquico

El agrupamiento *k*-means utiliza un planteamiento descendente, pues iniciamos el algoritmo a partir de los puntos de datos más importantes, que son los centros de clúster. Existe un planteamiento alternativo de agrupamiento donde, en lugar de empezar por arriba, empezamos el algoritmo por abajo. En este contexto, esta parte inferior es cada uno de los puntos de datos individuales en el espacio del problema. La solución consiste en seguir agrupando puntos de datos similares a medida que se avanza hacia los centros de clúster. Este planteamiento ascendente alternativo es el que utilizan los algoritmos de agrupamiento jerárquico y que analizamos en esta sección.

Pasos del agrupamiento jerárquico

En el agrupamiento jerárquico intervienen los siguientes pasos:

1. Creamos un clúster distinto para cada punto de datos de nuestro espacio. Si nuestro espacio consta de 100 puntos de datos, empezaremos con 100 clústeres.

2. Agrupamos solo los puntos más cercanos entre sí.

3. Comprobamos si se cumple el criterio de parada; si no es así, repetimos el paso 2.

La estructura agrupada resultante se denomina **dendrograma**.

En un dendrograma, la altura de las líneas verticales determina lo cerca que están los elementos, como se muestra en el siguiente diagrama:

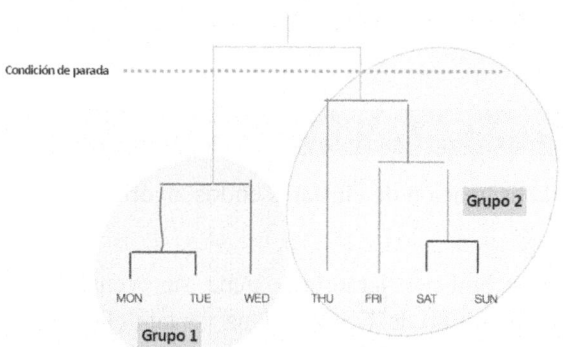

Figura 6.8: *Agrupamiento jerárquico.*

En la figura 6.8, el criterio de parada se muestra como una línea de puntos.

Codificación de un algoritmo de agrupamiento jerárquico

Veamos ahora cómo podemos codificar un algoritmo jerárquico en Python:

1. Primero importamos la función `AgglomerativeClustering` de la librería `sklearn.cluster`, junto con los paquetes `pandas` y `numpy`:

```
from sklearn.cluster import AgglomerativeClusteringimport
pandas as pd
import numpy as np
```

2. A continuación, creamos 20 puntos de datos en un espacio bidimensional:

```
dataset = pd.DataFrame({
    'x': [11, 11, 20, 12, 16, 33, 24, 14, 45, 52, 51, 52, 55, 53,
55, 61, 62, 70, 72, 10],
    'y': [39, 36, 30, 52, 53, 46, 55, 59, 12, 15, 16, 18, 11, 23,
14, 8, 18, 7, 24, 70]
})
```

3. Seguidamente, creamos el agrupamiento jerárquico especificando los hiperparámetros. Un hiperparámetro es un parámetro de configuración de un modelo de aprendizaje automático que se establece antes del proceso de entrenamiento e influye en el comportamiento y el rendimiento del modelo. Utilizamos la función `fit_predict` para procesar realmente el algoritmo:

```
cluster = AgglomerativeClustering(n_clusters=2,
affinity='euclidean', linkage='ward')
cluster.fit_predict(dataset)
```

4. Veamos ahora la asociación de cada punto de datos a los dos clústeres creados:

```
print(cluster.labels_)
```

```
[0 0 0 0 0 0 0 0 1 1 1 1 1 1 1 1 1 1 1 0]
```

Como puedes ver, la asignación de clústeres en los algoritmos jerárquico y *k*-means es muy similar.

El algoritmo de agrupamiento jerárquico tiene sus ventajas e inconvenientes en comparación con el algoritmo de *k*-means. Una ventaja clave es que el agrupamiento jerárquico no requiere que se especifique de antemano el número de grupos, a diferencia de *k*-means.

Esta característica puede ser increíblemente útil cuando los datos no sugieren claramente un número óptimo de agrupamientos. El agrupamiento jerárquico también proporciona un dendrograma, un diagrama en forma de árbol que puede ser muy perspicaz para visualizar el agrupamiento anidado de los datos y comprender la estructura jerárquica.

Sin embargo, el agrupamiento jerárquico también tiene sus inconvenientes. Es computacionalmente más intensivo que k-means, por lo que no es tan adecuado para conjuntos de datos grandes.

Entender el algoritmo DBSCAN

El agrupamiento espacial basado en densidad de aplicaciones con ruido o **Density-based spatial clustering of applications with noise (DBSCAN)** es una técnica de aprendizaje no supervisado que realiza el agrupamiento basándose en la densidad de los puntos. La idea básica se basa en la suposición de que, si agrupamos los puntos de datos en un espacio abarrotado o de alta densidad, podemos lograr un agrupamiento significativo.

Este enfoque tiene dos implicaciones importantes:

- Según esta idea, es probable que el algoritmo agrupe los puntos que están juntos, independientemente de su forma o patrón. Esta metodología ayuda a crear agrupamientos de formas arbitrarias. Por "forma" nos referimos al patrón o distribución de los puntos de datos en un espacio multidimensional. Esta capacidad es beneficiosa porque los datos del mundo real suelen ser complejos y no lineales, y la capacidad de crear agrupamientos de formas arbitrarias permite una representación y comprensión más precisas de dichos datos.

- A diferencia del algoritmo k-means, no necesitamos especificar el número de grupos y el algoritmo puede detectar el número adecuado de agrupaciones en los datos.

Estos son los pasos implicados en el algoritmo DBSCAN:

1. El algoritmo establece un vecindario alrededor de cada punto de datos. En este contexto, el término "vecindario" se refiere a un área en la que se examinan otros puntos de datos para determinar su proximidad al punto de interés. Esto se consigue contando el número de puntos de datos dentro de una distancia representada normalmente por una variable, *eps*. En esta configuración, la variable *eps* especifica la distancia máxima entre dos puntos de datos para que se consideren del mismo vecindario. La distancia se determina por defecto mediante la métrica de distancia euclidiana.

2. A continuación, el algoritmo cuantifica la densidad de cada punto de datos. Utiliza una variable llamada `min_samples`, que representa el número mínimo de otros puntos de datos que debe haber en la distancia *eps* para que un punto de datos se considere un "punto núcleo". Para que se entienda, un punto núcleo es un punto de datos que está densamente rodeado por otros puntos de datos.

Lógicamente, las regiones con una alta densidad de puntos de datos tendrán un mayor número de estos puntos núcleo.

3. Cada uno de los vecindarios identificados constituye una agrupación. Es fundamental tener en cuenta que el vecindario que rodea a un punto núcleo (un punto de datos que tiene un número mínimo de otros puntos de datos dentro de su distancia *eps*) puede abarcar otros puntos núcleo. Esto significa que los puntos núcleo no son exclusivos de un único clúster, sino que pueden contribuir a la formación de varios clústeres debido a su proximidad a varios puntos de datos. En consecuencia, los bordes de estas agrupaciones pueden solaparse, dando lugar a una estructura de agrupaciones compleja e interconectada.

4. Cualquier punto de datos que no sea un punto núcleo o no se encuentre en su vecindario se considera un valor atípico.

Veamos cómo podemos crear agrupamientos utilizando DBSCAN en Python.

Creación de agrupamientos con DBSCAN en Python

En primer lugar, importaremos las funciones necesarias de la biblioteca `sklearn`:

```
from sklearn.cluster  import  DBSCAN
from sklearn.datasets import make_moons
```

Vamos a utilizar DBSCAN para abordar un problema de agrupación ligeramente más complejo, uno que implica estructuras conocidas como "medias lunas". En este contexto, las "medias lunas" se refieren a dos conjuntos de puntos de datos con forma de media luna, en los que cada luna representa un grupo único. Estos conjuntos de datos plantean un reto porque los agrupamientos no son linealmente separables, lo que significa que una línea recta no puede dividir fácilmente los distintos grupos.

Aquí es donde entra en juego el concepto de "límites de clase no lineales". A diferencia de los límites de clase lineales, que pueden representarse mediante una línea recta, los límites de clase no lineales son más complejos y suelen necesitar líneas curvas o superficies multidimensionales para separar con precisión las distintas clases o grupos.

Para generar este conjunto de datos de medias lunas, podemos aprovechar la función `make_moons()`. Esta función crea un patrón en forma de remolino que se asemeja a dos lunas. El "ruido" de las formas lunares y el número de muestras a generar pueden ajustarse según nuestras necesidades.

Este es el aspecto del conjunto de datos generado:

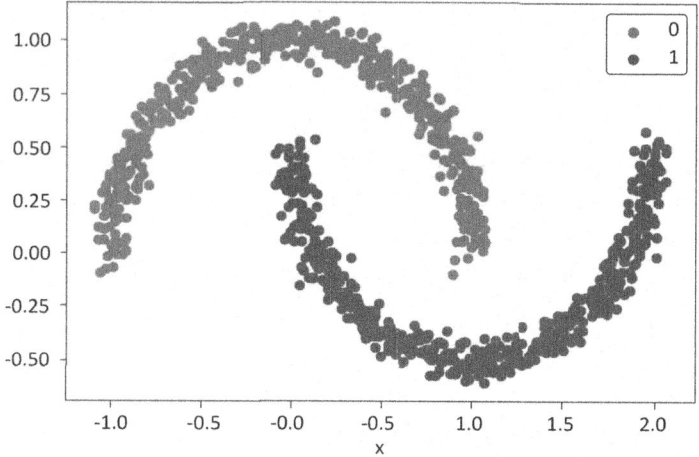

Figura 6.9: *Datos utilizados para DBSCAN.*

Para poder utilizar DBSCAN, necesitamos proporcionar los parámetros `eps` y `min_samples`:

```
from matplotlib import pyplot
from pandas import DataFrame
# genera un conjunto de datos de clasificación 2d
X, y = make_moons (n_samples=1000, noise=0.05)
# gráfico de dispersión, puntos coloreados por valor de clase
df = DataFrame (dict (x=X[,0], y=X[,1], label=y))
colors = {0: 'red', 1:'blue'}
fig, ax = pyplot.subplots()
grouped = df.groupby('label')
for key, group in grouped:
    group.plot(ax=ax, kind='scatter', x='x', y='y', label=key, color-
colors[key])
pyplot.show()
```

Evaluar las agrupaciones

El objetivo de un agrupamiento de buena calidad es que los puntos de datos que pertenecen a los distintos grupos se puedan distinguir. Esto implica lo siguiente:

- Los puntos de datos que pertenecen al mismo grupo deben ser lo más parecidos posible.

- Los puntos de datos que pertenecen a grupos separados deben ser lo más diferentes posible.

La evaluación de los resultados de la agrupación se puede llevar a cabo por intuición mediante la representación gráfica de los agrupamientos, pero existen métodos matemáticos que pueden cuantificar la calidad de los grupos. No solo miden la rigidez de cada grupo (cohesión) y la separación entre ellos, sino que también ofrecen una forma numérica y, por tanto, objetiva, de evaluar la calidad de la agrupación. El análisis de siluetas es una de estas técnicas que compara la rigidez y la separación en los grupos creados por el algoritmo k-means. Es una métrica que cuantifica el grado de cohesión y separación en las agrupaciones. Aunque mencionamos esta técnica en el contexto del k-means, en realidad es generalizable y puede aplicarse para evaluar los resultados de cualquier algoritmo de agrupamiento, no solo de k-means.

El análisis de silueta asigna una puntuación, conocida como valor de silueta, a cada punto de datos en un intervalo de 0 a 1. Básicamente mide lo cerca que está cada punto de datos de un grupo de los puntos de los grupos vecinos.

Aplicación del agrupamiento

El agrupamiento se utiliza siempre que necesitamos descubrir los patrones subyacentes en conjuntos de datos.

En casos de uso gubernamental, el agrupamiento puede utilizarse para lo siguiente:

- **Análisis de focos de delincuencia:** se aplica a datos de geolocalización, informes de incidentes y otras características relacionadas. Esta técnica ayuda a identificar las zonas de mayor incidencia delictiva, lo que permite a las fuerzas del orden optimizar las rutas de patrulla y desplegar los recursos con mayor eficacia.

- **Análisis social demográfico:** puede analizar datos demográficos como la edad, los ingresos, la educación y la ocupación. Esta técnica ayuda a comprender la situación socioeconómica de las distintas regiones y sirve de base para las políticas públicas y la prestación de servicios sociales.

En los estudios de mercado, el agrupamiento puede utilizarse para lo siguiente:

- **Segmentación de mercado:** mediante el agrupamiento de datos de consumo, incluidos los hábitos de gasto, las preferencias de productos y los indicadores de estilo de vida, las empresas pueden identificar segmentos de mercado diferenciados. Esta técnica permite desarrollar productos y enfoques de *marketing* a medida.

- **Publicidad dirigida:** el agrupamiento ayuda a analizar el comportamiento en línea de los clientes, incluidos los patrones de navegación, las tasas de clics y el historial de compras. Esto permite a las empresas crear anuncios personalizados para cada grupo de clientes, mejorando el compromiso y las tasas de conversión.

- **Categorización de clientes:** mediante el agrupamiento, las empresas pueden categorizar a los clientes en función de su interacción con los productos o servicios, sus comentarios y su fidelidad. Esta técnica ayuda a comprender el comportamiento de los clientes, predecir tendencias y desarrollar estrategias de retención.

El **análisis de componentes principales (ACP)** también se utiliza para explorar los datos en general y eliminar el ruido de los datos en tiempo real, como la negociación bursátil. En este contexto, la palabra "ruido" se refiere a fluctuaciones aleatorias o irregulares que pueden ocultar patrones o tendencias subyacentes en los datos. El ACP ayuda a filtrar estas fluctuaciones erráticas, lo que permite un análisis y una interpretación más claros de los datos.

Reducción de la dimensionalidad

Cada característica de nuestros datos corresponde a una dimensión de nuestro espacio. Minimizar el número de características para simplificar el espacio del problema se denomina **reducción de la dimensionalidad** y se puede llevar a cabo de una de estas dos maneras:

- **Selección de características:** selección de un conjunto de características que son importantes en el contexto del problema que tratamos de resolver.

- **Inserción de características:** combinación de dos o más características para reducir las dimensiones mediante uno de los siguientes algoritmos:

  - **ACP:** algoritmo lineal de aprendizaje automático no supervisado

  - **Análisis discriminante lineal** (LDA, del inglés *Linear discriminant analysis*): algoritmo lineal supervisado de aprendizaje automático

  - **KPCA:** algoritmo no lineal

Veamos con más detalle uno de los algoritmos de reducción de la dimensionalidad más populares, el ACP.

Análisis de componentes principales

El ACP es un método de aprendizaje automático no supervisado que suele utilizarse para reducir la dimensionalidad de los conjuntos de datos mediante un proceso conocido como transformación lineal. En términos más sencillos, es una forma de simplificar los datos centrándose en sus partes más importantes, que se identifican en función de su discrepancia.

Consideremos una representación gráfica de un conjunto de datos, en la que cada punto se representa en un espacio multidimensional. El ACP ayuda a identificar los componentes principales, que son las direcciones en las que más varían los datos. En la figura 6.10 vemos dos de ellos, PC1 y PC2. Estos componentes principales ilustran la "forma" general de la distribución de los puntos de datos.

Cada componente principal corresponde a una nueva dimensión menor que capta la mayor cantidad de información posible. En la práctica, estos componentes principales pueden considerarse indicadores resumidos de los datos originales, lo que los hace más manejables y fáciles de analizar. Por ejemplo, en un gran conjunto de datos sobre el comportamiento de los clientes, el ACP puede ayudarnos a identificar los factores clave (componentes principales) que definen la mayoría de los comportamientos de los clientes.

Determinar los coeficientes de estos componentes principales implica calcular los vectores propios o eigenvectors y los valores propios o eigenvalues de la matriz de covarianza de los datos, un tema que trataremos con más detalle en una sección posterior. Estos coeficientes sirven de peso para cada característica original en el nuevo espacio de componentes, definiendo cómo contribuye cada característica en el componente principal.

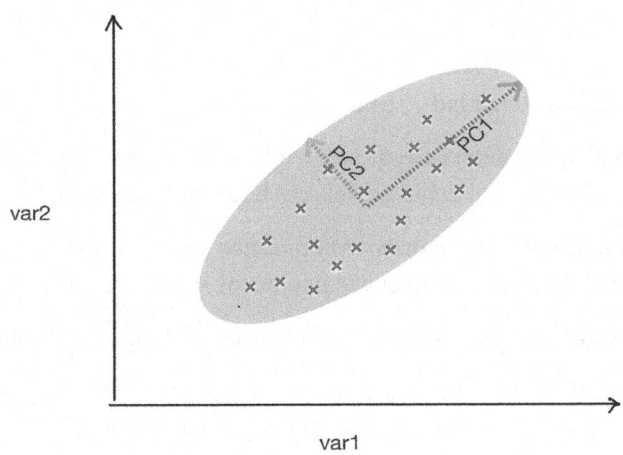

Figura 6.10: *Análisis de componentes principales.*

Para explicarlo con más detalle, imagina que tienes un conjunto de datos que contiene diversos aspectos de la economía de un país, como el PIB, las tasas de empleo, la inflación, etc. Los datos son enormes y multidimensionales. En este caso, el ACP permitiría reducir estas múltiples dimensiones en dos componentes principales, PC1 y PC2. Estos componentes encapsularían la información más relevante y descartarían el ruido o los detalles menos importantes.

El grafo resultante, con PC1 y PC2 como ejes, ofrecería una representación visual de los datos económicos más fácil de interpretar, en la que cada punto representaría un estado de la economía en función de su combinación de PIB, tasas de empleo y otros factores.

Esto convierte al ACP en una herramienta inestimable para simplificar e interpretar datos de alta dimensión. Ahora observemos el siguiente código:

```python
from sklearn.decomposition import PCA
import pandas as pd
```

```
url = "https://storage.googleapis.com/neurals/data/iris.csv"
iris = pd.read_csv(url)


iris
X = iris.drop('Species', axis=1)
pca = PCA(n_components=4)
pca.fit(X)
```

	Sepal.Length	Sepal.Width	Petal.Length	Petal.Width	Species
0	5.1	3.5	1.4	0.2	setosa
1	4.9	3.0	1.4	0.2	setosa
2	4.7	3.2	1.3	0.2	setosa
3	4.6	3.1	1.5	0.2	setosa
4	5.0	3.6	1.4	0.2	setosa
...	...	...	...	...	...
145	6.7	3.0	5.2	2.3	virginica
146	6.3	2.5	5.0	1.9	virginica
147	6.5	3.0	5.2	2.0	virginica
148	6.2	3.4	5.4	2.3	virginica
149	5.9	3.0	5.1	1.8	virginica

```
X = iris.drop('Species', axis=1)
pca = PCA(n_components=4)
pca.fit(X)
```

```
PCA(n_components=4)
```

Vamos a imprimir los coeficientes de nuestro modelo ACP:

```
pca_df=(pd.DataFrame(pca.components_,columns=X.columns))
pca_df
```

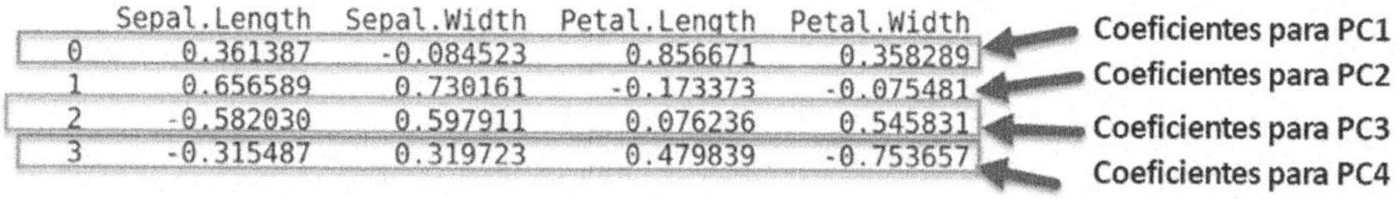

	Sepal.Length	Sepal.Width	Petal.Length	Petal.Width	
0	0.361387	-0.084523	0.856671	0.358289	← Coeficientes para PC1
1	0.656589	0.730161	-0.173373	-0.075481	← Coeficientes para PC2
2	-0.582030	0.597911	0.076236	0.545831	← Coeficientes para PC3
3	-0.315487	0.319723	0.479839	-0.753657	← Coeficientes para PC4

Figura 6.11: *Diagrama que muestra los coeficientes del modelo ACP.*

Observa que el DataFrame original tiene cuatro características: Sepal.Length, Sepal.Width, Petal.Length y Petal.Width. El DataFrame anterior especifica los coeficientes de los cuatro componentes principales, PC1, PC2, PC3 y PC4; por ejemplo, la primera fila especifica los coeficientes de PC1 que se pueden utilizar para sustituir las cuatro variables originales.

Es importante señalar que el número de componentes principales (en este caso, cuatro: PC1, PC2, PC3 y PC4) no tiene por qué ser necesariamente dos, como en nuestro ejemplo de economía anterior. El número de componentes principales es una elección que hacemos en función del nivel de complejidad que estamos dispuestos a manejar en nuestros datos. Cuantos más componentes principales elijamos, más varianza de los datos originales podremos conservar, a costa de una mayor complejidad.

Basándonos en estos coeficientes, podemos calcular los componentes ACP para nuestro DataFrame X de entrada:

```
X['PC1'] = X['Sepal.Length']* pca_df['Sepal.Length'][0] + X['Sepal.
Width']* pca_df['Sepal.Width'][0]+ X['Petal.Length']* pca_df['Petal.
Length'][0]+X['Petal.Width']* pca_df['Petal.Width'][0]

X['PC2'] = X['Sepal.Length']* pca_df['Sepal.Length'][1] + X['Sepal.
Width']* pca_df['Sepal.Width'][1]+ X['Petal.Length']* pca_df['Petal.
Length'][1]+X['Petal.Width']* pca_df['Petal.Width'][1]

X['PC3'] = X['Sepal.Length']* pca_df['Sepal.Length'][2] + X['Sepal.
Width']* pca_df['Sepal.Width'][2]+ X['Petal.Length']* pca_df['Petal.
Length'][2]+X['Petal.Width']* pca_df['Petal.Width'][2]

X['PC4'] = X['Sepal.Length']* pca_df['Sepal.Length'][3] + X['Sepal.
Width']* pca_df['Sepal.Width'][3]+ X['Petal.Length']* pca_df['Petal.
Length'][3]+X['Petal.Width']* pca_df['Petal.Width'][3]

X
```

Ahora vamos a mostrar X después de calcular los componentes ACP:

	Sepal.Length	Sepal.Width	Petal.Length	Petal.Width	PC1	PC2	PC3	PC4
0	5.1	3.5	1.4	0.2	2.818240	5.646350	-0.659768	0.031089
1	4.9	3.0	1.4	0.2	2.788223	5.149951	-0.842317	-0.065675
2	4.7	3.2	1.3	0.2	2.613375	5.182003	-0.613952	0.013383
3	4.6	3.1	1.5	0.2	2.757022	5.008654	-0.600293	0.108928
4	5.0	3.6	1.4	0.2	2.773649	5.653707	-0.541773	0.094610
...	...	...	...	...	...	...	...	...
145	6.7	3.0	5.2	2.3	7.446475	5.514485	-0.454028	-0.392844
146	6.3	2.5	5.0	1.9	7.029532	4.951636	-0.753751	-0.221016
147	6.5	3.0	5.2	2.0	7.266711	5.405811	-0.501371	-0.103650
148	6.2	3.4	5.4	2.3	7.403307	5.443581	0.091399	-0.011244
149	5.9	3.0	5.1	1.8	6.892554	5.044292	-0.268943	0.188390

Figura 6.12: *Muestra del cálculo de los componentes del ACP.*

Ahora, mostraremos la relación de varianza e intentaremos comprender qué implica usar el ACP:

```
print(pca.explained_variance_ratio_)
```

```
[0.92461872 0.05306648 0.01710261 0.00521218]
```

El coeficiente de varianza indica lo siguiente:

- Si optamos por sustituir las cuatro características originales por PC1, podremos capturar aproximadamente el 92.3 % de la varianza de las variables originales. Introduciremos algunas aproximaciones al no capturar el 100 % de la varianza de las cuatro características originales.

- Si optamos por sustituir las cuatro características originales por PC1 y PC2, capturaremos un 5.3 % adicional de la varianza de las variables originales.

- Si decidimos sustituir las cuatro características originales por PC1, PC2 y PC3, capturaremos otro 0.017 % de la varianza de las variables originales.

- Si optamos por sustituir las cuatro características originales por los cuatro componentes principales, entonces capturaremos el 100 % de la varianza de las variables originales (92.4 + 0.053 + 0.017 + 0.005), aunque sustituir cuatro características originales por cuatro componentes principales no tiene sentido, ya que no reducimos las dimensiones en absoluto y no conseguimos nada. A continuación, veamos las limitaciones que presenta el ACP.

Limitaciones del ACP

A pesar de sus muchas ventajas, el ACP no está exento de limitaciones, como mostramos a continuación:

- En primer lugar, el ACP es más eficaz cuando trata con variables continuas, ya que sus principios matemáticos subyacentes están diseñados para manejar datos numéricos. Tiene dificultades con las variables categóricas, habituales en los conjuntos de datos que incluyen atributos como el género, la nacionalidad o el tipo de producto. Por ejemplo, si estuvieras analizando un conjunto de datos de una encuesta con una mezcla de respuestas numéricas (como la edad o los ingresos) y respuestas categóricas (como las preferencias o las opciones seleccionadas), el ACP no sería adecuado para los datos categóricos.

- Además, el ACP funciona creando una aproximación de los datos originales de alta dimensión en un espacio de menor dimensión. Aunque esta reducción simplifica la gestión y el tratamiento de los datos, tiene un coste: la pérdida de parte de la información. Se trata de un coste que debe evaluarse cuidadosamente en cada caso de uso. Por ejemplo, si se trata de un conjunto de datos biomédicos en el que cada característica representa un marcador genético específico, el uso del ACP podría suponer el riesgo de perder información crítica que podría ser relevante para el diagnóstico o el tratamiento de una enfermedad concreta.

Así pues, aunque el ACP es una potente herramienta para reducir la dimensionalidad, sobre todo cuando se trata de grandes conjuntos de datos con muchas variables numéricas interrelacionadas, hay que tener muy en cuenta sus limitaciones para asegurarse de que es la opción adecuada para una aplicación determinada.

Minería de reglas de asociación

Los patrones de un conjunto de datos concreto son un tesoro que hay que descubrir, comprender y extraer para obtener la información que contienen. Existe un importante conjunto de algoritmos que trata de centrarse en el análisis de patrones en un conjunto de datos determinado. Uno de los algoritmos más populares de este tipo es el llamado algoritmo de **minería de reglas de asociación**, que nos proporciona las siguientes capacidades:

- Capacidad de medir la frecuencia de un patrón.

- Capacidad de establecer relaciones causa-efecto entre los patrones.

- Capacidad de cuantificar la utilidad de los patrones comparando su precisión con la de las suposiciones aleatorias.

Veamos algunos ejemplos de minería de reglas de asociación.

Ejemplos de uso

La minería de reglas de asociación se utiliza cuando se intenta investigar la relación causa-efecto entre distintas variables de un conjunto de datos. A continuación, se ofrecen ejemplos de preguntas a las que puede ayudar a responder:

- ¿Qué valores de humedad, nubosidad y temperatura pueden provocar lluvia mañana?

- ¿Qué tipo de reclamación al seguro puede indicar fraude?

- ¿Qué combinaciones de medicamentos pueden provocar complicaciones a los pacientes?

Como ilustran estos ejemplos, la minería de reglas de asociación tiene un amplio abanico de aplicaciones que van desde la inteligencia empresarial hasta la sanidad y los estudios medioambientales. Este algoritmo es un potente instrumento en la caja de herramientas de los científicos de datos, capaz de traducir patrones complejos en perspectivas procesables en diversos campos.

Análisis de la cesta de la compra

Los motores de recomendación, un tema importante que trataremos ampliamente en el capítulo 12, *Motores de recomendación*, son potentes herramientas para personalizar las experiencias de los usuarios. Sin embargo, existe un método más sencillo pero eficaz para generar recomendaciones, conocido como análisis de la cesta de la compra. Este análisis se basa en información sobre artículos que se suelen comprar juntos. A diferencia de otros motores de recomendación más sofisticados, este método no tiene en cuenta datos adicionales específicos del usuario ni las preferencias individuales de artículos expresadas por este. Es esencial hacer una distinción sobre este aspecto. Los motores de recomendación suelen crear sugerencias personalizadas basadas en el comportamiento anterior del usuario, sus preferencias y otra gran cantidad de información específica. En cambio, el análisis de la cesta de la compra se centra únicamente en las combinaciones de artículos adquiridos, independientemente de quién los haya comprado o de sus preferencias individuales.

Una de las principales ventajas del análisis de la cesta de la compra es la relativa facilidad para recopilar los datos. La recopilación de datos exhaustivos sobre las preferencias de los usuarios puede ser compleja y requerir mucho tiempo. Sin embargo, los datos relativos a los artículos que se compran juntos a menudo pueden extraerse fácilmente de los registros de transacciones, lo que hace que el análisis de la cesta de la compra sea un punto de partida adecuado para las empresas que empiezan en el ámbito de las recomendaciones. Por ejemplo, este tipo de datos se genera cuando compramos en Walmart, y no hace falta ninguna técnica especial para obtenerlos.

Por "técnicas especiales" nos referimos a pasos adicionales como la realización de encuestas a los usuarios, el empleo de *cookies* de seguimiento o la construcción de complejas canalizaciones de datos. En cambio, los datos están disponibles como un subproducto del proceso de venta. Estos datos, cuando se recogen a lo largo de un periodo de tiempo, se denominan **datos transnacionales**.

El análisis de reglas de asociación que se aplica a conjuntos de datos transnacionales de los carritos de la compra que se utilizan en tiendas de conveniencia, supermercados y cadenas de comida rápida se denomina **análisis de la cesta de la compra**. Este método mide la probabilidad condicional de comprar un conjunto de artículos juntos, lo que ayuda a responder a las siguientes preguntas:

- ¿Cuál es la colocación óptima de los artículos en las estanterías?
- ¿Cómo deben aparecer los artículos en el catálogo?
- ¿Qué debe recomendarse en función de las pautas de compra del usuario?

Dado que el análisis de la cesta de la compra permite estimar la relación entre los artículos, se suele utilizar para la venta masiva al por menor, como supermercados, tiendas de conveniencia, farmacias y cadenas de comida rápida. La ventaja del análisis de la cesta de la compra es que los resultados son casi autoexplicativos, lo que significa que son fácilmente comprensibles para los empresarios que lo utilizan.

Pensemos en un supermercado típico. Todos los artículos disponibles en la tienda pueden representarse de forma individual mediante un conjunto, $\pi = \{$artículo$_1$, artículo$_2$, . . ., artículo$_m\}$. Así, si este supermercado vende 500 artículos distintos, entonces π será un conjunto con un tamaño de 500.

La gente comprará artículos en esta tienda. Cada vez que alguien compra un artículo y pasa por caja, se añade a un conjunto de artículos de una transacción concreta, denominado **itemset**. En un periodo de tiempo determinado, las transacciones se agrupan en un conjunto representado por Δ, donde $\Delta = \{t_1, t_2, \ldots, t_n\}$.

Veamos los siguientes datos de transacciones simples que constan de solo cuatro transacciones que se resumen en la siguiente tabla:

t_1	*Wickets*, protecciones
t_2	Bates, *wickets*, protecciones, cascos
t_3	Cascos, pelotas
t_4	Bates, protecciones, cascos

Veamos este ejemplo con más detalle:

$\pi = \{$bate, *wickets*, protecciones, cascos, pelotas$\}$, que representa todos los artículos únicos disponibles en la tienda.

Consideremos una de las transacciones de Δ, t_3. Observa que los artículos comprados en t_3 pueden representarse en el itemset $t_3 = \{$cascos, pelotas$\}$, lo que significa que un cliente ha comprado dos artículos. Este conjunto se denomina itemset porque engloba todos los artículos comprados en una misma transacción. Como este itemset consta de dos elementos, se dice que el tamaño del conjunto de elementos t_3 es dos. Esta terminología nos permite clasificar y analizar los patrones de compra con mayor eficacia.

Minería de reglas de asociación

Una regla de asociación describe matemáticamente los elementos relacionales implicados en varias transacciones. Para ello, investiga la relación entre dos conjuntos de elementos del tipo $X \Rightarrow Y$, donde $X \subset \pi$, $Y \subset \pi$. Además, X e Y son conjuntos de elementos no superpuestos, lo que significa que $X \cap Y = \emptyset$.

Una regla de asociación podría describirse de la siguiente manera:

$$\{\text{cascos, pelotas}\} \Rightarrow \{\text{bicicleta}\}$$

Aquí, $\{$cascos, pelotas$\}$ es X, y $\{$bicicleta$\}$ es Y.

Veamos los distintos tipos de reglas de asociación.

Tipos de reglas

La ejecución de algoritmos de análisis asociativo suele dar lugar a la generación de un gran número de reglas a partir de un conjunto de datos transaccional, la mayoría de las cuales son inútiles. Para elegir las que pueden producir información útil, podemos clasificarlas en uno de los tres tipos siguientes:

- Trivial

- Inexplicable

- Aplicable

Veamos cada uno de estos tipos con más detalle.

Reglas triviales

Entre el gran número de reglas generadas, muchas serán inútiles, ya que resumen conocimientos comunes sobre la empresa. Por ello, se denominan reglas triviales. Incluso si la confianza en las reglas triviales es alta, siguen siendo inútiles y no pueden utilizarse para ninguna toma de decisiones basada en datos. Ten en cuenta que, en este contexto, "confianza" se refiere a la métrica utilizada en el análisis de asociación que cuantifica la probabilidad de que se produzca un evento concreto (por ejemplo, B), dado que ya se ha producido otro evento (A). Todas las reglas triviales pueden ser ignoradas con total seguridad.

Los siguientes son ejemplos de reglas triviales:

- Cualquiera que salte de un edificio alto probablemente morirá.

- Trabajando más se obtienen mejores notas en los exámenes.

- Las ventas de calefactores aumentan a medida que bajan las temperaturas.

- Conducir un coche por encima del límite de velocidad en una autopista aumenta las probabilidades de sufrir un accidente.

Reglas inexplicables

Entre las reglas que se generan tras ejecutar el algoritmo de reglas de asociación, las que no tienen una explicación obvia son las más difíciles de utilizar. Ten en cuenta que una regla solo puede ser útil si puede ayudarnos a descubrir y comprender un nuevo patrón que se espera que conduzca finalmente hacia un determinado curso de acción. Si no es así, y no podemos explicar por qué el evento X condujo al evento Y, entonces es una regla inexplicable, porque no es más que una fórmula matemática que acaba explorando la relación sin sentido entre dos eventos que no están relacionados y son independientes.

Los siguientes son ejemplos de reglas inexplicables:

- Las personas que llevan camisetas rojas suelen sacar mejores notas en los exámenes.

- Las bicicletas verdes tienen más probabilidades de ser robadas.

- La gente que compra pepinillos acaba comprando también pañales.

Reglas aplicables

Las reglas aplicables son las reglas de oro que buscamos. La empresa las entiende y le aportan información. Pueden ayudarnos a descubrir las posibles causas de un evento cuando se presentan a un público familiarizado con el ámbito empresarial: por ejemplo, las reglas aplicables pueden sugerir la mejor ubicación en una tienda para un producto concreto basándose en los patrones de compra actuales. También pueden sugerir qué artículos colocar juntos para aumentar sus posibilidades de venta, pues los usuarios tienden a comprarlos juntos.

A continuación, se muestran algunos ejemplos de reglas aplicables y sus acciones correspondientes:

- **Regla 1:** mostrar anuncios en las cuentas de redes sociales de los usuarios da como resultado una mayor probabilidad de ventas.

- **Elemento aplicable:** sugiere formas alternativas de anunciar un producto.

- **Regla 2:** crear más puntos de precio aumenta la probabilidad de ventas.

- **Elemento aplicable:** un artículo puede anunciarse en rebajas, mientras que el precio de otro artículo aumenta.

Veamos ahora cómo clasificar estas reglas.

Clasificación de las reglas

Las reglas de asociación se miden de tres maneras:

- Soporte (frecuencia) de los elementos

- Confianza

- *Lift*

Veamos estos conceptos con más detalle.

Soporte

El valor del soporte es un número que cuantifica la frecuencia del patrón que buscamos en nuestro conjunto de datos. Se calcula contando primero el número de apariciones de nuestro patrón de interés y dividiéndolo después por el número total de todas las transacciones.

Veamos la siguiente fórmula para un *itemset_a* determinado:

$$numItemset_a = \text{Número de transacciones que contienen } itemset_a$$

$$num_{total} = \text{Número total de transacciones}$$

$$soporte\,(itemset_a) = (numItemset_a)\,/\,(num_{total})$$

Con solo mirar el soporte, podemos hacernos una idea de lo poco habitual que es la aparición de un patrón. Un soporte bajo significa que estamos ante un acontecimiento poco frecuente. En un contexto empresarial, estos eventos poco habituales podrían ser casos excepcionales o valores atípicos, que podrían tener implicaciones importantes. Por ejemplo, pueden denotar un comportamiento inusual de los clientes o una tendencia única de las ventas, lo que podría indicar oportunidades o amenazas que requieran una atención estratégica.

Por ejemplo, si *itemset_a = {casco, pelota}* aparece en dos transacciones de seis, entonces el soporte *(itemset_a) = 2/6 = 0.33*.

Confianza

La confianza es un valor que cuantifica con qué fuerza podemos asociar el lado izquierdo (*X*) con el lado derecho (*Y*) calculando la probabilidad condicional. Calcula la probabilidad de que el evento *X* conduzca al evento *Y*, dado que se ha producido el evento *X*.

Matemáticamente, consideremos la regla $X \Rightarrow Y$.

La confianza de esta regla se representa como confianza *(X ⇒ Y)* y se mide de la siguiente manera:

$$confianza(X \Rightarrow Y) = soporte(X \cup Y)\,/\,soporte\,(X)$$

Veamos un ejemplo. Observa la siguiente regla:

$$\{casco, pelota\} \Rightarrow \{wickets\}$$

La confianza de esta regla se calcula mediante la siguiente fórmula:

$$confianza(casco, pelota \Rightarrow wickets) = soporte(casco, pelota \cup wickets)\,/$$
$$soporte(casco, pelota) = (1/6)\,/\,(2/6) = 0.5$$

Esto significa que, si alguien tiene {casco, pelotas} en la cesta, habrá un 0.5 o 50 % de probabilidad de que también compre *wickets*.

Lift

Otra forma de estimar la calidad de una regla es calcular el *lift*. El *lift* o sustentación devuelve un número que cuantifica la mejora conseguida por una regla al predecir el resultado en comparación con suponer el resultado en el lado derecho de la ecuación. Por "mejora" se entiende el grado de aumento o perfeccionamiento logrado por una regla en su capacidad para predecir un resultado en comparación con un enfoque de referencia o predeterminado. Representa hasta qué punto la regla proporciona predicciones más precisas o perspicaces que las que se obtendrían mediante suposiciones basadas únicamente en el lado derecho de la ecuación. Si los itemsets X e Y son independientes, el *lift* se calcula del siguiente modo:

$$Lift(X \Rightarrow Y) = soporte(X \cup Y) \ / \ (soporte(X) \times soporte(Y))$$

Algoritmos para análisis de asociación

En esta sección estudiaremos los siguientes algoritmos que pueden utilizarse para el análisis de asociación:

- **Algoritmo *a priori*:** propuesto por Agrawal, R. y Srikant en 1994.

- **Algoritmo de crecimiento de patrones frecuentes (FP):** mejora sugerida por Han *et al.* en 2001.

Veamos cada uno de estos algoritmos.

Algoritmo *a priori*

El algoritmo *a priori* es un algoritmo iterativo y multifase utilizado para generar reglas de asociación. Se basa en un planteamiento de generación y prueba.

Antes de ejecutar el *algoritmo a priori,* necesitamos definir dos variables: $soporte_{umbral}$ y $confianza_{umbral}$.

El algoritmo consta de las dos fases siguientes:

- **Fase de generación de candidatos:** genera los itemsets candidatos, que contienen conjuntos de todos los itemsets por encima de $soporte_{umbral}$.

- **Fase de filtrado:** Filtra todas las reglas por debajo de la $confianza_{umbral}$ esperada.

Una vez filtradas, las reglas resultantes son la respuesta.

Limitaciones del algoritmo *a priori*

El principal cuello de botella del algoritmo *a priori* es la generación de reglas candidatas en la fase 1: por ejemplo, π = {artículo$_1$, artículo$_2$, ..., artículo$_m$} puede producir 2^m itemsets posibles. Debido a su diseño multifase, primero genera estos itemsets y luego trabaja para encontrar los itemsets frecuentes. Esta limitación supone un enorme cuello de botella para el rendimiento y hace que el algoritmo *a priori* no sea adecuado para elementos muy grandes, ya que genera demasiados itemsets antes de poder encontrar elementos frecuentes, lo que repercutirá en el tiempo empleado.

Veamos ahora el algoritmo de crecimiento de patrones frecuentes.

Algoritmo de crecimiento de patrones frecuentes

El algoritmo de crecimiento de patrones frecuentes (**FP-growth**) es una mejora del algoritmo *a priori*. Empieza mostrando el árbol de transacciones frecuentes, un árbol ordenado. Consta de dos pasos:

- Rellenar el árbol FP.
- Extraer patrones frecuentes

Veamos estos pasos uno por uno.

Rellenar el árbol FP

Observa los datos de transacción que se muestran en la siguiente tabla. En primer lugar, la representamos como una matriz dispersa:

ID	Bate	*Wickets*	Protecciones	Casco	Pelota
1	0	1	1	0	0
2	1	1	1	1	0
3	0	0	0	1	1
4	1	0	1	1	0

A continuación, calculamos la frecuencia de cada elemento y los ordenamos en modo descendente por frecuencia:

Elemento	Frecuencia
protecciones	3
cascos	3
bates	2
wickets	2
pelotas	1

Ahora reorganizamos los datos basados en transacciones en función de la frecuencia:

ID	Elementos originales	Elementos reordenados
t1	*Wickets*, protecciones	Protecciones, *wickets*
t2	Bates, *wickets*, protecciones, cascos	Cascos, protecciones, *wickets*, bates

ID	Elementos originales	Elementos reordenados
t3	Cascos, pelotas	Cascos, pelotas
t4	Bates, protecciones, cascos	Cascos, protecciones, bates

Para construir el árbol FP, empecemos por la primera rama. El árbol FP comienza con un **Null** como raíz. Podemos representar cada elemento con un nodo, como se muestra en el siguiente diagrama (en este caso, se muestra la representación en árbol de t_1).

Ten en cuenta que la etiqueta de cada nodo es el nombre del elemento y su frecuencia se añade después de los dos puntos. Además, el elemento **protecciones** tiene una frecuencia de 1:

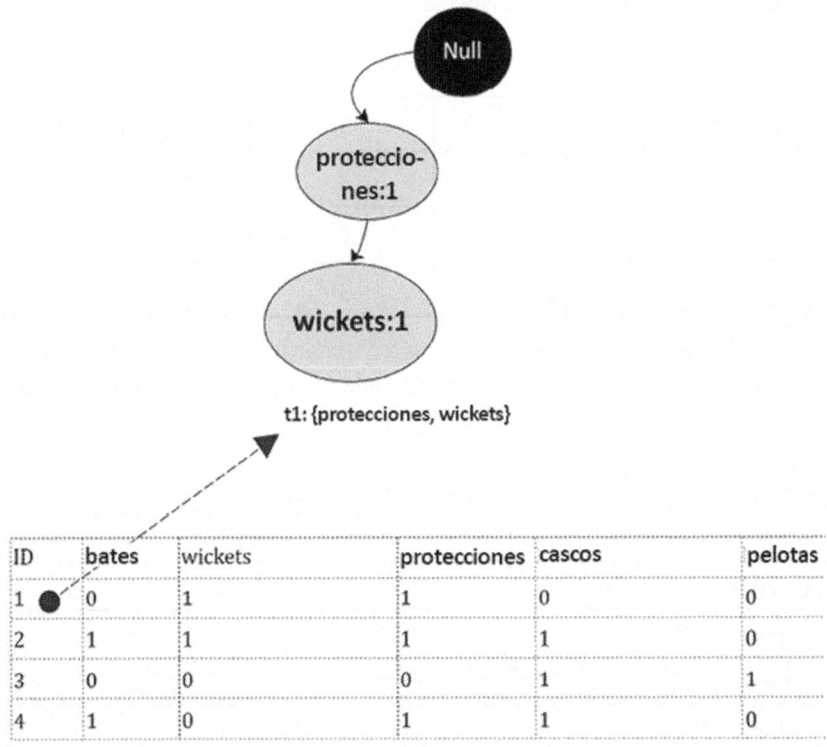

Figura 6.13: *Representación del árbol FP de la primera transacción.*

Utilizando el mismo patrón, podemos dibujar las cuatro transacciones y obtendremos, así, el árbol FP completo. El árbol FP tiene cuatro nodos hoja, cada uno de los cuales representa el conjunto de elementos asociados a las cuatro transacciones. Hay que tener en cuenta que debemos contar las frecuencias de cada elemento y aumentarlas cuando se utiliza varias veces; por ejemplo, al añadir t_2 al árbol FP, la frecuencia de los **cascos** ha aumentado a dos. Del mismo modo, al añadir t_4, ha aumentado de nuevo a tres.

El árbol resultante se muestra en el siguiente diagrama:

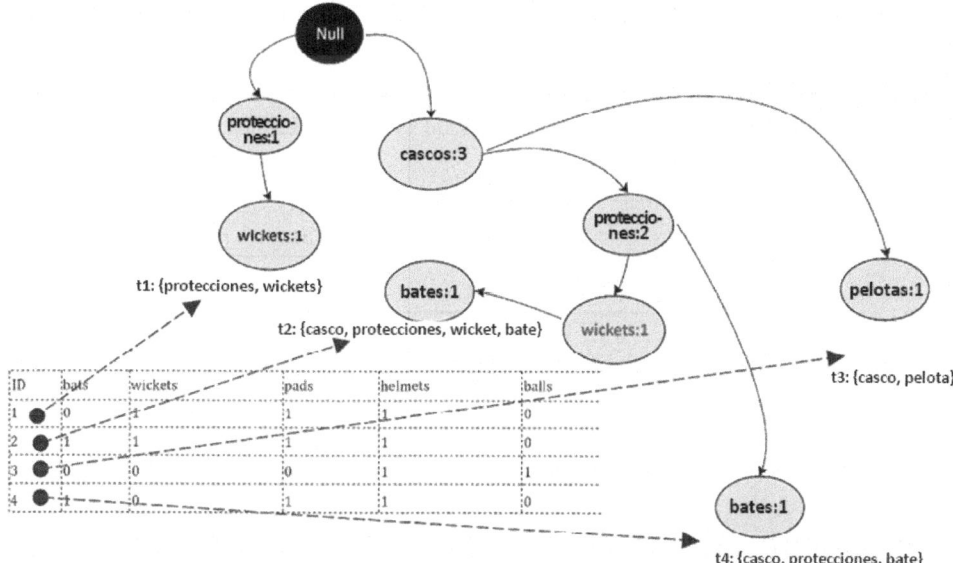

Figura 6.14: *Árbol FP que representa todas las transacciones.*

Observa que el árbol FP generado en el diagrama anterior es un árbol ordenado. Esto nos lleva a la segunda fase del árbol de crecimiento FP: la extracción de patrones frecuentes.

Extracción de patrones frecuentes

La segunda fase del proceso de crecimiento FP se centra en la extracción de patrones frecuentes del árbol FP. La creación de un árbol ordenado es una acción deliberada, destinada a producir una estructura de datos que facilite la navegación sin esfuerzo a la hora de buscar estos patrones frecuentes.

Empezamos este viaje desde un nodo hoja, que es un nodo final, y lo recorremos en sentido ascendente. Como ejemplo, empecemos por uno de los elementos del nodo hoja, "bates". Nuestra siguiente tarea es averiguar la base de patrones condicionales para "bates". El término "base de patrones condicionales" puede sonar complejo, pero no es más que una colección de todas las rutas que llevan de un nodo hoja específico a la raíz del árbol. Para nuestro elemento "bate", la base del patrón condicional comprenderá todas las rutas desde el nodo "bate" hasta la parte superior del árbol. En este punto, es fundamental entender la diferencia entre árboles ordenados y desordenados. En un árbol ordenado como el árbol FP, los elementos siguen un orden fijo, lo que simplifica el proceso de extracción de patrones. Un árbol desordenado no proporciona esta configuración estructurada, lo que podría dificultar la identificación de esos patrones frecuentes.

Al calcular la base de patrones condicionales para "bates", básicamente estamos trazando todas las rutas desde el nodo "bates" hasta la raíz. Estas rutas revelan los elementos que suelen coincidir con "bate" en las transacciones. En esencia, estamos siguiendo la "rama" del árbol asociada a "bate" para entender sus relaciones con otros elementos. Esta ilustración visual aclara de dónde obtenemos esta información y cómo el árbol FP ayuda a identificar patrones frecuentes en los datos de las transacciones. La base del patrón condicional para el bate será la siguiente:

Wicket: 1	Protecciones: 1	Casco: 1
Protección: 1	Casco: 1	

El patrón frecuente para el bate será el siguiente:

{*wicket*, protecciones, casco}: bate

{protección, casco}: bate

Código para utilizar el algoritmo de crecimiento FP

Veamos cómo podemos generar reglas de asociación utilizando el algoritmo de crecimiento FP en Python. Para ello, utilizaremos el paquete `pyfpgrowth`. En primer lugar, si nunca hemos utilizado `pyfpgrowth`, debemos instalarlo:

```
!pip install pyfpgrowth
```

A continuación, vamos a importar los paquetes que necesitamos utilizar para implementar este algoritmo:

```
import pandas as pd
import numpy as np
import pyfpgrowth as fp
```

Ahora crearemos los datos de entrada en forma de `transactionSet`:

```
dict1 = {
    'id':[0,1,2,3],
    'elementos':[["wickets", "protecciones"],
    ["bate","wickets","protecciones","casco"],
    ["casco","protección"],
    ["bate","protecciones","casco"]]
}
transactionSet = pd.DataFrame(dict1)
```

```
     id    elementos
0    0     [wickets, protecciones]
```

```
1    1    [bate, wickets, protecciones, casco]
2    2    [casco, protección]
3    3    [bate, protecciones, casco]
```

Una vez generados los datos de entrada, generaremos patrones que se basarán en los parámetros que pasamos en `find_frequent_patterns()`. Observa que el segundo parámetro que se pasa a esta función es el soporte mínimo, que en este caso es 1:

```
patterns = fp.find_frequent_patterns(transactionSet['items'],1)
```

Se han generado los patrones. Vamos a mostrarlos en pantalla. Los patrones enumeran las combinaciones de elementos con sus soportes:

```
patrones
```

```
{('protección',): 1,

 ('casco', 'protección'): 1,

 ('wickets',): 2,

 ('protecciones', 'wickets'): 2,

 ('bate', 'wickets'): 1,

 ('casco', 'wickets'): 1,

 ('bate', 'protecciones', 'wickets'): 1,

 ('casco', 'protecciones', 'wickets'): 1,

 ('bate', 'casco', 'wickets'): 1,

 ('bate', 'casco', 'protecciones', 'wickets'): 1, ('bate',): 2,

 ('bate', 'casco'): 2,

 ('bate', 'protecciones'): 2,

 ('bate', 'casco', 'protecciones'): 2, ('protecciones',): 3,

 ('casco',): 3,

 ('casco', 'protecciones'): 2}
```

Ahora vamos a generar las reglas:

```
rules = fp.generate_association_rules(patterns,0.3)
rules
```

```
{('casco',): (('protecciones',), 0.6666666666666666),

 ('protección',): (('casco',), 1.0),

 ('protecciones',): (('casco',), 0.6666666666666666),

 ('wickets',): (('bate', 'casco', 'protecciones'), 0.5),

 ('bate',): (('casco', 'protecciones'), 1.0),

 ('bate', 'protecciones'): (('casco',), 1.0),

 ('bate', 'wickets'): (('casco', 'protecciones'), 1.0),

 ('protecciones', 'wickets'): (('bate', 'casco'), 0.5),

 ('casco', 'protecciones'): (('bate',), 1.0),

 ('casco', 'wickets'): (('bate', 'protecciones'), 1.0),

 ('bate', 'casco'): (('protecciones',), 1.0),

 ('bate', 'casco', 'protecciones'): (('wickets',), 0.5),

 ('bate', 'casco', 'wickets'): (('protecciones',), 1.0),

 ('bate', 'protecciones', 'wickets'): (('casco',), 1.0),

 ('casco', 'protecciones', 'wickets'): (('bate',), 1.0)}
```

Cada regla tiene un lado izquierdo y un lado derecho, separados por dos puntos (:). También nos da el soporte de cada una de las reglas en nuestro conjunto de datos de entrada.

Resumen

En este capítulo hemos examinado varias técnicas de aprendizaje automático no supervisado. Hemos estudiado las circunstancias en las que es una buena idea intentar reducir la dimensionalidad del problema que intentamos resolver y los distintos métodos para hacerlo. También hemos visto ejemplos prácticos en los que las técnicas de aprendizaje automático no supervisado pueden ser muy útiles, como el análisis de la cesta de la compra.

En el próximo capítulo veremos distintas técnicas de aprendizaje supervisado. Empezaremos con la regresión lineal y luego veremos técnicas de aprendizaje automático supervisado más sofisticadas, como los algoritmos basados en árboles de decisión, SVM y XGBoost. También estudiaremos el algoritmo Naive Bayes, que es el más adecuado para datos textuales no estructurados.

7

Algoritmos tradicionales de aprendizaje supervisado

La inteligencia artificial es la nueva electricidad.

—Andrew Ng

En este capítulo nos centraremos en los algoritmos de aprendizaje automático supervisado. Caracterizados por su dependencia de datos etiquetados para el entrenamiento del modelo, estos algoritmos son polifacéticos y versátiles por naturaleza. Trataremos casos como los árboles de decisión, las **máquinas de vectores de soporte (SVM)** y la regresión lineal, por nombrar algunos, que forman parte del aprendizaje supervisado.

A medida que profundizamos en este campo, es importante señalar que este capítulo no cubre las redes neuronales, una categoría importante dentro del aprendizaje automático supervisado. Dada su complejidad y los rápidos avances que se están produciendo en este campo, las redes neuronales merecen una exploración en profundidad, que recorreremos en los tres capítulos siguientes. La vasta extensión de las redes neuronales requiere más de un capítulo para tratar a fondo sus complejidades y potencialidades.

En este capítulo nos adentraremos en los fundamentos del aprendizaje automático supervisado, con clasificadores y regresores. Exploraremos sus capacidades utilizando como casos prácticos problemas del mundo real. Veremos seis algoritmos de clasificación distintos, seguidos de tres técnicas de regresión. Por último, compararemos sus resultados para resumir las principales conclusiones de esta presentación.

El objetivo general de este capítulo es que conozcas los distintos tipos de técnicas de aprendizaje automático supervisado y sepas cuáles son las mejores para determinadas clases de problemas.

Estos son los principales conceptos que trataremos en este capítulo:

- El aprendizaje automático supervisado.
- Los algoritmos de clasificación.
- Métodos para evaluar el rendimiento de los clasificadores.
- Los algoritmos de regresión.
- Métodos para evaluar el rendimiento de los algoritmos de regresión.

Empecemos viendo los conceptos básicos del aprendizaje automático supervisado.

El aprendizaje automático supervisado

El aprendizaje automático se centra en el uso de enfoques basados en datos para crear sistemas autónomos que nos ayuden a tomar decisiones con o sin supervisión humana. Para crear estos sistemas autónomos, el aprendizaje automático utiliza un conjunto de algoritmos y metodologías para identificar y formular patrones repetibles en los datos. Una de las metodologías más populares y potentes utilizadas en el aprendizaje automático es el aprendizaje automático supervisado. En este tipo de aprendizaje automático, un algoritmo recibe un conjunto de entradas, denominadas características, y sus correspondientes salidas, denominadas etiquetas. Estas características suelen incluir datos estructurados como perfiles de usuario, cifras históricas de ventas o mediciones de sensores, mientras que las etiquetas suelen representar resultados específicos que queremos predecir, como hábitos de compra de los clientes o calificaciones de calidad de los productos. A partir de un conjunto de datos determinado, se utiliza un algoritmo de aprendizaje automático supervisado para entrenar un modelo que capte la compleja relación entre las características y las etiquetas representadas por una fórmula matemática. Este modelo entrenado es el vehículo básico que se utiliza para las predicciones.

La capacidad de aprender de los datos existentes en el aprendizaje supervisado es similar a la capacidad del cerebro humano de aprender de la experiencia. Esta capacidad de aprendizaje supervisado utiliza uno de los atributos del cerebro humano y es una forma fundamental de abrir la puerta a llevar el poder de decisión y la inteligencia a las máquinas.

Veamos un ejemplo en el cual queremos utilizar técnicas de aprendizaje automático supervisado para entrenar un modelo que pueda clasificar un conjunto de correos electrónicos en legítimos (llamados *legit*) y no deseados (llamados *spam*). Para empezar, necesitamos ejemplos previos para que la máquina pueda aprender qué tipo de contenido de los correos electrónicos debe clasificarse como no deseado.

Esta tarea de aprendizaje basado en el contenido a partir de datos textuales es un proceso complejo y se consigue mediante uno de los algoritmos de aprendizaje automático supervisado. Algunos ejemplos de algoritmos que pueden utilizarse para entrenar nuestro modelo son los árboles de decisión y los clasificadores Naive Bayes, de los que hablaremos más adelante en este capítulo.

Por ahora, nos centraremos en cómo podemos formular problemas de aprendizaje automático supervisado.

Formular problemas de aprendizaje automático supervisado

Antes de profundizar en los detalles de los algoritmos de aprendizaje automático supervisado, definamos algunos términos básicos de este tipo de aprendizaje:

Terminología	Explicación
Etiqueta	Una etiqueta es la variable que nuestro modelo debe predecir. En un modelo de aprendizaje automático supervisado solo puede haber una etiqueta
Características	El conjunto de variables de entrada utilizadas para predecir la etiqueta se denomina características
Ingeniería de funciones	La transformación de características para prepararlas para el algoritmo de aprendizaje automático supervisado elegido se denomina ingeniería de funciones
Vector de características	Antes de proporcionar una entrada a un algoritmo de aprendizaje automático supervisado, todas las características se combinan en una estructura de datos denominada vector de características
Datos históricos	Los datos del pasado que se utilizan para formular la relación entre la etiqueta y las características se denominan datos históricos. Los datos históricos vienen con ejemplos
Datos de entrenamiento/ pruebas	Los datos históricos con ejemplos se dividen en dos partes: un conjunto de datos más grande llamado datos de entrenamiento y otro más pequeño llamado datos de prueba
Modelo	Una formulación matemática de los patrones que mejor capturan la relación entre la etiqueta y las características
Entrenamiento	Creación de un modelo a partir de datos de entrenamiento

Terminología	Explicación
Pruebas	Evaluación de la calidad del modelo entrenado mediante datos de prueba
Predicción	La acción de utilizar nuestro modelo entrenado para estimar la etiqueta. En este contexto, la "predicción" es el resultado definitivo del modelo, que especifica un resultado preciso. Es crucial distinguir esto de la "probabilidad de predicción", que en lugar de proporcionar un resultado concreto ofrece una probabilidad estadística de cada resultado potencial

Un modelo de aprendizaje automático supervisado y entrenado es capaz de realizar predicciones estimando la etiqueta a partir de las características.

Esta es la notación que utilizaremos en este capítulo para hablar de las técnicas de aprendizaje automático:

Variable	Significado
y	Etiqueta real
ý	Etiqueta prevista
d	Número total de ejemplos
b	Número de ejemplos de entrenamiento
c	Número de ejemplos de pruebas
X_train	Vector de características de entrenamiento

En este contexto, un "ejemplo" es una única instancia de nuestro conjunto de datos. Cada ejemplo consta de un conjunto de características (datos de entrada) y su etiqueta correspondiente (el resultado que predecimos).

Veamos en detalle algunas aplicaciones prácticas de los términos que acabamos de presentar. Hablemos del vector de características, que es básicamente una estructura de datos que engloba todas las características.

Por ejemplo, si tenemos "n" características y "b" ejemplos de entrenamiento, representamos este vector de características de entrenamiento como X_train. Por lo tanto, si nuestro conjunto de datos de entrenamiento consta de cinco ejemplos y cinco variables o características, X_train tendrá cinco filas, una para cada ejemplo, y un total de 25 elementos (5 ejemplos x 5 características).

En este contexto, X_train es un término específico que representa nuestro conjunto de datos de entrenamiento. Cada ejemplo de este conjunto es una combinación de las características y su etiqueta asociada. Utilizamos superíndices para indicar el número de fila de un ejemplo concreto. Así, un ejemplo de nuestro conjunto de datos se da como $(X^{(1)}, y^{(1)})$, donde $X^{(1)}$ se refiere a las características del primer ejemplo e $y^{(1)}$ es su etiqueta correspondiente.

Nuestro conjunto de datos etiquetados completo, D, puede expresarse como $D = \{(X^{(1)}, y^{(1)}), (y^{(2)}, y^{(2)}), ..., (X^{(d)}, y^{(d)})\}$, donde D es el número total de ejemplos.

Dividimos D en dos subconjuntos: el conjunto de entrenamiento D_{train} y el conjunto de pruebas D_{test}. El conjunto de entrenamiento puede representarse como $D_{train} = \{(X^{(1)}, y^{(1)}), (X^{(2)}, y^{(2)}), ..., (X^{(b)}, y^{(b)})\}$, donde '$b$' es el número de ejemplos de entrenamiento.

El objetivo principal del entrenamiento de un modelo es garantizar que el valor objetivo predicho ('ý') para cualquier ejemplo $i^{ésimo}$ del conjunto de entrenamiento se ajuste lo máximo posible a la etiqueta real ('y'). Esto garantiza que las predicciones del modelo reflejen los resultados reales presentados en los ejemplos.

Veamos ahora cómo se formulan en la práctica algunas de estas terminologías.

Como ya hemos comentado, un vector de características se define como una estructura de datos que contiene todas las características almacenadas.

Si el número de características es n y el número de ejemplos de entrenamiento es b, X_train representa el vector de características de entrenamiento.

Para el conjunto de datos de entrenamiento, el vector de características se representa mediante X_train. Si hay b ejemplos en el conjunto de datos de entrenamiento, entonces X_train tendrá b filas. Si hay n variables, el conjunto de datos de entrenamiento tendrá una dimensión de $n \times b$.

Utilizaremos el superíndice para representar el número de fila de un ejemplo de entrenamiento.

Este ejemplo concreto de nuestro conjunto de datos etiquetados está representado por $(Características^{(1)}, etiqueta^{(1)}) = (X^{(1)}, y^{(1)})$.

Así, nuestro conjunto de datos etiquetados está representado por $D = \{(X^{(1)}, y^{(1)}), (X^{(2)}, y^{(2)}), ..., (X^{(d)}, y^{(d)})\}$.

Lo dividimos en dos partes: D_{train} y D_{test}.

Así, nuestro conjunto de entrenamiento puede representarse mediante $D_{train} = \{(X^{(1)}, y^{(1)}), (X^{(2)}, y^{(2)}), ..., (X^{(b)}, y^{(b)})\}$.

El objetivo del entrenamiento de un modelo es que, para cualquier ejemplo $i^{ésimo}$ del conjunto de entrenamiento, el valor predicho del valor objetivo sea lo más parecido posible al valor real de los ejemplos. En otras palabras:

$$\acute{y}(i) \approx y(i); \text{ para } 1 \le i \le b$$

Así, nuestro conjunto de pruebas puede representarse mediante $D_{test} = \{(X^{(1)}, y^{(1)}), (X^{(2)}, y^{(2)}), ..., (X^{(c)}, y^{(c)})\}$.

Los valores de la etiqueta se representan mediante un vector, Y:

$$Y = \{y^{(1)}, y^{(2)}, ..., y^{(m)}\}$$

Vamos a ilustrar todos estos conceptos con un ejemplo.

Imaginemos que estamos trabajando en un proyecto para predecir el precio de la vivienda en función de varias características, como el número de habitaciones, el tamaño de la casa en metros cuadrados y su antigüedad. Así es como aplicaríamos nuestra terminología de aprendizaje automático a este escenario real.

Nuestras "características" serían el número de habitaciones, el tamaño de la casa y la antigüedad. Supongamos que tenemos 50 ejemplos (es decir, 50 casas diferentes de las que tenemos estos datos y el precio correspondiente). Podemos representar dichos ejemplos en un vector de características de entrenamiento llamado X_train.

X_train se convierte en una tabla con 50 filas (una por cada casa) y 3 columnas (una por cada característica: habitaciones, tamaño y antigüedad). Es una matriz de 50 x 3 que contiene todos nuestros datos de características.

El conjunto de características y el precio de una vivienda pueden representarse como $((X^{(i)}, y^{(i)}))$, donde $X^{(i)}$ contiene las características de la i^{ésima} vivienda e $y^{(i)}$ es su precio real.

Nuestro conjunto de datos D puede representarse como $D = \{(X^{(1)}, y^{(1)}), (X^{(2)}, y^{(2)}),..., (X^{(50)}, y^{(50)})\}$.

Supongamos que utilizamos 40 casas para el entrenamiento y las 10 restantes para las pruebas. Nuestro conjunto de entrenamiento D_{train} serían los 40 primeros ejemplos: $\{(X^{(1)}, y^{(1)}), (X^{(2)}, y^{(2)}),..., (X^{(40)}, y^{(40)})\}$.

Después de entrenar nuestro modelo, el objetivo es predecir los precios de la vivienda $ý$ (i) que más se acerquen a los precios reales y (i) de todas las casas de nuestro conjunto de entrenamiento.

Nuestro conjunto de prueba D_{test} está formado por los 10 ejemplos restantes: $\{(X^{(41)}, y^{(41)}), (X^{(42)}, y^{(42)}),..., (X^{(50)}, y^{(50)})\}$.

Por último, tenemos el vector Y, que incluye todos nuestros precios reales de las viviendas: $Y = \{y^{(1)}, y^{(2)}, ..., y^{(50)}\}$.

Con este ejemplo concreto, podemos ver cómo se traducen en la práctica estos conceptos y ecuaciones a la hora de predecir el precio de la vivienda con aprendizaje automático supervisado.

Condiciones favorables

Un algoritmo de aprendizaje automático supervisado necesita que se cumplan ciertas condiciones para poder funcionar. Las condiciones favorables son requisitos previos que garantizan la eficacia de un algoritmo de aprendizaje automático supervisado:

- **Ejemplos suficientes:** los algoritmos de aprendizaje automático supervisado necesitan suficientes ejemplos para entrenar un modelo. Decimos que tenemos suficientes ejemplos cuando tenemos pruebas concluyentes de que el patrón de interés está totalmente representado en nuestro conjunto de datos.

- **Patrones en los datos históricos:** los ejemplos utilizados para entrenar un modelo deben contener patrones. La probabilidad de que se produzca nuestro evento de interés debería depender de una combinación de patrones, tendencias y eventos. La etiqueta representa matemáticamente el evento de interés en nuestro modelo. Sin ellas, nos encontramos con datos aleatorios que no pueden usarse para entrenar un modelo.

- **Suposiciones válidas:** cuando entrenamos un modelo de aprendizaje automático supervisado mediante ejemplos, esperamos que las suposiciones que se aplican a dichos ejemplos también sean válidas en el futuro. Veamos un ejemplo real. Si queremos entrenar un modelo de aprendizaje automático para el gobierno que pueda predecir la probabilidad de que se conceda un visado a un estudiante, se entiende que ni las leyes ni la política cambiarán cuando se utilice el modelo para las predicciones. Si se aplican nuevas políticas o leyes después de entrenar el modelo, podría ser necesario volver a entrenarlo para incorporar esta nueva información.

Veamos cómo podemos diferenciar un clasificador de un regresor.

Distinguir entre clasificadores y regresores

En un modelo de aprendizaje automático, la etiqueta puede ser una variable categórica o una variable continua. Las variables continuas son variables numéricas que pueden tener un número infinito de valores entre dos valores, mientras que las variables categóricas son variables cualitativas que se clasifican en categorías distintas. El tipo de etiqueta determina el tipo de modelo de aprendizaje automático supervisado. Fundamentalmente, tenemos dos tipos:

- **Clasificadores:** si la etiqueta es una variable categórica, el modelo de aprendizaje automático se denomina clasificador. Los clasificadores pueden utilizarse para responder a los siguientes tipos de preguntas empresariales:
  - ¿Este crecimiento anormal de tejido es un tumor maligno?
  - Según las condiciones meteorológicas actuales, ¿lloverá mañana?
  - En función del perfil de un solicitante concreto, ¿debe aprobarse su solicitud de hipoteca?

- **Regresores:** si la etiqueta es una variable continua, entrenamos un regresor. Los regresores pueden utilizarse para responder a los siguientes tipos de preguntas empresariales:
  - Según las condiciones meteorológicas actuales, ¿cuánto lloverá mañana?
  - ¿Cuál será el precio de una determinada vivienda con unas características concretas?

Veamos con más detalle tanto los clasificadores como los regresores.

Algoritmos de clasificación

En el aprendizaje automático supervisado, si la etiqueta es una variable categórica, el modelo se clasifica como clasificador. Recuerda que el modelo es esencialmente una representación matemática aprendida a partir de los datos de entrenamiento:

- Los datos históricos se denominan datos etiquetados.

- Los datos de producción para los que hay que predecir la etiqueta se denominan datos no etiquetados.

La capacidad de etiquetar con precisión datos no etiquetados utilizando un modelo entrenado es el verdadero poder de los algoritmos de clasificación. Los clasificadores predicen etiquetas para datos no etiquetados con el fin de responder a una pregunta empresarial concreta.

Antes de presentar los detalles de los algoritmos de clasificación, presentemos primero un problema empresarial que utilizaremos como reto para los clasificadores. Después, utilizaremos seis algoritmos diferentes para responder al mismo reto, lo que nos ayudará a comparar su metodología, enfoque y rendimiento.

El reto de los clasificadores

Vamos a empezar presentando un problema popular, que utilizaremos como reto para probar seis algoritmos de clasificación diferentes. En este capítulo haremos referencia a este problema común como el reto de los clasificadores. Utilizar los seis clasificadores para resolver el mismo problema nos ayudará de dos maneras:

- Todas las variables de entrada deben procesarse y ensamblarse como una estructura de datos compleja, denominada vector de características. Utilizar el mismo vector de características nos ayuda a evitar repetir la preparación de datos para los seis algoritmos.

- Podemos comparar con precisión el rendimiento de varios algoritmos, ya que utilizamos el mismo vector de características como entrada.

El reto de los clasificadores consiste en predecir la probabilidad de que una persona realice una compra. En el sector minorista, una de las cosas que puede ayudar a maximizar las ventas es entender mejor el comportamiento de los clientes. Y esto puede llevarse a cabo analizando los patrones encontrados en los datos históricos. Planteemos primero el problema.

Planteamiento del problema

Una vez proporcionados los datos históricos, ¿podemos entrenar un clasificador binario capaz de predecir si un usuario concreto acabará comprando un producto en función de su perfil?

En primer lugar, vamos a explorar el conjunto de datos etiquetados disponibles para resolver este problema:

$$x \in \Re b, \; y \in \{0,1\}$$

x es un miembro de un conjunto de números reales. $\Re b$ indica que se trata de un vector con b características en tiempo real. $y \in \{0,1\}$ implica que es una variable binaria, ya que estamos ante un problema de clasificación binaria. La salida puede ser 0 o 1, donde cada número representa una clase diferente.

Para este ejemplo concreto, cuando y = 1, se denomina clase positiva, y cuando y = 0, se denomina clase negativa. Para hacerlo más tangible, cuando y es igual a 1, estamos ante una clase positiva, lo que significa que es probable que el usuario realice una compra. Por el contrario, cuando y es igual a 0, representa la clase negativa, lo que sugiere que no es probable que el usuario compre. Este modelo nos permitirá predecir el comportamiento futuro de los usuarios a partir de sus acciones históricas.

Aunque el nivel de las clases positiva y negativa puede elegirse arbitrariamente, es una buena práctica definir la clase positiva como el suceso de interés. Si intentamos señalar una transacción fraudulenta para un banco, la clase positiva (es decir, y = 1) debería ser dicha transacción, y no al revés.

Ahora, veamos lo siguiente:

- La etiqueta real, representada por y.

- La etiqueta prevista, representada por $\acute{y}$.

Para nuestro reto de clasificadores, el valor real de la etiqueta encontrada en este ejemplo está representado por y. En nuestro ejemplo, si alguien ha comprado un artículo, decimos que $y =1$. Los valores previstos se representan con $\acute{y}$. El vector de características de entrada, x, tendrá una dimensión igual al número de variables de entrada. Lo que queremos determinar es cuál es la probabilidad de que un usuario realice una compra según una entrada determinada.

Por lo tanto, queremos determinar la probabilidad de que $y = 1$, dado un valor particular del vector de características x. Matemáticamente, podemos representarlo de la siguiente manera:

$$\acute{y} = P(y = 1/x) : donde \, x \, \epsilon \, \Re^{n_x}$$

Observa que la expresión $P(y = 1|x)$ representa la probabilidad condicional de que el suceso y sea igual a 1, dada la ocurrencia del suceso x. En otras palabras, representa la probabilidad de que el resultado y sea verdadero o positivo, según el conocimiento o la presencia de una condición específica x.

Veamos ahora cómo podemos procesar y ensamblar diferentes variables de entrada en el vector de características, x. La metodología para ensamblar las distintas partes de x mediante el proceso de tratamiento se explica con más detalle en la siguiente sección.

Ingeniería de características mediante un canal de procesamiento de datos

La preparación de los datos para el algoritmo de aprendizaje automático elegido se denomina **ingeniería de características** y es una parte crucial del ciclo de vida del aprendizaje automático. La ingeniería de características se realiza en diferentes etapas o fases. El código de procesamiento en varias etapas utilizado para procesar los datos se conoce como **canalización de datos**. Elaborar una canalización de datos utilizando pasos del procesamiento estándar, siempre que sea posible, la hace reutilizable y disminuye el esfuerzo necesario para entrenar los modelos. Al utilizar distintos módulos de software bien probados, también aumenta la calidad del código.

Además de la ingeniería de características, es importante señalar que la limpieza de datos también es una parte crucial de este proceso. Esto implica abordar cuestiones como la detección de valores atípicos y el tratamiento de los valores perdidos. Por ejemplo, la detección de valores atípicos permite identificar y gestionar puntos de datos anómalos que podrían afectar negativamente al rendimiento del modelo. Del mismo modo, el tratamiento de los valores perdidos es una técnica utilizada para rellenar o tratar los puntos de datos que faltan en el conjunto, garantizando que el modelo tenga una imagen completa de los datos. Se trata de pasos importantes que deben incluirse en la canalización de datos, ya que ayudan a mejorar la fiabilidad y precisión de los modelos de aprendizaje automático.

Vamos a diseñar un canal de procesamiento reutilizable para el reto de los clasificadores. Como ya hemos comentado, prepararemos los datos una vez y, posteriormente, los utilizaremos para todos los clasificadores.

Importar los datos

Empezaremos importando las bibliotecas necesarias:

```
import numpy as np
import sklearn,sklearn.tree
import matplotlib.pyplot as plt
import pandas as pd
import sklearn.metrics as metrics
from sklearn.model_selection import train_test_split
from sklearn.preprocessing import OneHotEncoder, StandardScaler
```

Vamos a utilizar la biblioteca pandas en Python, una potente herramienta de manipulación y análisis de datos de código abierto que proporciona estructuras de datos de alto rendimiento y herramientas de análisis de datos. También utilizaremos sklearn, un completo conjunto de herramientas y algoritmos para diversas tareas de aprendizaje automático.

Importación de datos

Los datos etiquetados para este problema que contienen los ejemplos se almacenan en un archivo llamado Social_Network_Ads.csv en formato CSV. Empezaremos leyendo este archivo:

```
# Importar el conjunto de datos
dataset = pd.read_csv('https://storage.googleapis.com/neurals/
data/Social_Network_Ads.csv')
```

Este archivo puede descargarse desde https://storage.googleapis.com/neurals/data/Social_Network_Ads.csv.

Selección de características

El proceso de selección de características relevantes para nuestro problema se denomina **selección de características** y es una parte esencial de la ingeniería de características.

Una vez importado el archivo, eliminamos la columna User ID, que se utiliza para identificar a una persona y debe excluirse al entrenar un modelo. Por lo general, User ID es un campo identificativo que representa de forma exclusiva a cada persona, pero que no aporta nada significativo a las pautas o tendencias que intentamos modelar.

Por esta razón es habitual eliminar esta columna antes de entrenar un modelo de aprendizaje automático:

```
dataset = dataset.drop(columns=['User ID'])
```

A continuación, debemos previsualizar el conjunto de datos mediante el comando head, que mostrará en pantalla las cinco primeras filas de este conjunto de datos:

```
dataset.head(5)
```

El conjunto de datos tiene este aspecto:

	Gender	Age	EstimatedSalary	Purchased
0	Male	19	19000	0
1	Male	35	20000	0
2	Female	26	43000	0
3	Female	27	57000	0
4	Male	19	76000	0

Figura 7.1: *Ejemplo de conjunto de datos.*

Veamos ahora cómo podemos seguir procesando el conjunto de datos de entrada.

Codificación en caliente

Hay modelos de aprendizaje automático que funcionan mejor cuando todas las características se expresan como variables continuas. Esto implica que necesitamos un método para transformar las características categóricas en continuas. Una técnica habitual para conseguirlo es la "codificación en caliente" o *one-hot encoding*.

En nuestro contexto, la característica Gender (Género) es categórica, y nuestro objetivo es convertirla en una variante continua mediante la codificación en caliente. Pero ¿qué es exactamente la codificación en caliente?

La codificación en caliente es un proceso que transforma una variable categórica en un formato que los algoritmos de aprendizaje automático puedan entender mejor. Para ello, crea nuevas características binarias para cada categoría de la característica original. Por ejemplo, si aplicamos la codificación en caliente a 'Gender', obtendremos dos nuevas características: Male (Masculino) y Female (Femenino). Si el género es Male, la característica 'Male' sería 1 (verdadero) y 'Female' sería 0 (falso), y viceversa.

Vamos a aplicar este proceso de codificación en caliente a nuestra característica 'Gender' y seguiremos adelante con el proceso de preparación de nuestro modelo:

```
enc = sklearn.preprocessing.OneHotEncoder()
```

El parámetro drop='first' indica que debe eliminarse la primera categoría de la función 'Gender'.

En primer lugar, realizamos la codificación en caliente en 'Gender':

```
enc.fit(dataset.iloc[:,[0]])
onehotlabels = enc.transform(dataset.iloc[:,[0]]).toarray()
```

En este caso, utilizamos el método fit_transform para aplicar la codificación en caliente a la columna 'Gender'. La función reshape(-1, 1) se utiliza para garantizar que los datos están en el formato 2D correcto esperado por el codificador. La función `toarray()` se utiliza para convertir la salida, una matriz dispersa, en una matriz `numpy` densa para facilitar su posterior manipulación.

A continuación, añadimos la función `Gender` codificada al marco de datos:

```
genders = pd.DataFrame({'Female': onehotlabels[:, 0], 'Male':
onehotlabels[:, 1]})
```

Esta línea de código vuelve a añadir los datos codificados `'Gender'` al marco de datos. Como hemos establecido `drop='first'`, y asumiendo que la categoría `'Male'` se considera la primera categoría, nuestra nueva columna, `'Female'`, tendrá un valor de 1 si el género es femenino y de 0 si es masculino.

Seguidamente, eliminamos la columna original `Gender` del marco de datos, pues ha sido sustituida por la nueva columna `Female`:

```
result = pd.concat([genders,dataset.iloc[:,1:]], axis=1, sort=False)
```

Una vez convertido, veamos de nuevo el conjunto de datos:

```
result.head(5)
```

	Female	Male	Age	Estimated Salary	Purchased
0	0.0	1.0	19	19,000	0
1	0.0	1.0	35	20,000	0
2	1.0	0.0	26	43,000	0
3	1.0	0.0	27	57,000	0
4	0.0	1.0	19	76,000	0

Figura 7.2: *Ejemplo de conjunto de datos.*

Observa que, para convertir una variable categórica en una variable continua, la codificación en caliente ha convertido `Gender` en dos columnas separadas: `Male` y `Female`.

Veamos cómo podemos especificar las características y las etiquetas.

Especificar características y etiquetas

En este libro utilizaremos `y` para representar la etiqueta y `X` para representar el conjunto de características:

```
y=result['Purchased']
X=result.drop(columns=['Purchased'])
```

`X` representa el vector de características y contiene todas las variables de entrada que necesitamos utilizar para entrenar el modelo.

Dividir el conjunto de datos en partes de entrenamiento y de prueba

A continuación, dividiremos nuestro conjunto de datos en dos partes: el 70 % para entrenamiento y el 30 % para pruebas. La razón de ser de esta división en particular es que, como regla general en la práctica del aprendizaje automático, queremos una parte considerable del conjunto de datos para entrenar nuestro modelo, de modo que pueda aprender eficazmente de varios ejemplos. Aquí es donde entra en juego el 70 % más grande. Sin embargo, también tenemos que asegurarnos de que nuestro modelo generaliza bien los datos desconocidos y no se limita a memorizar el conjunto de entrenamiento. Para evaluarlo, reservaremos un 30 % de los datos para las pruebas. Estos datos no se utilizan durante el proceso de entrenamiento y sirven de referencia para evaluar el rendimiento del modelo entrenado y su capacidad para hacer predicciones con datos nuevos desconocidos:

```
X_train, X_test, y_train, y_test = train_test_split(X, y,
test_size = 0.25, random_state = 0)
```

De este modo, se han creado las cuatro estructuras de datos siguientes:

- `X_train`: estructura que contiene las características de los datos de entrenamiento.
- `X_test`: estructura que contiene las características de las pruebas de entrenamiento.
- `y_train`: vector que contiene los valores de la etiqueta en el conjunto de entrenamiento.
- `y_test`: vector que contiene los valores de la etiqueta en el conjunto de prueba. Apliquemos ahora la normalización de características al conjunto de datos.

Escalar las características

A medida que avanzamos en la preparación para nuestro modelo de aprendizaje automático, un paso importante es la normalización de las características, también conocida como escalado. En muchos algoritmos de aprendizaje automático, escalar las variables a un rango uniforme, normalmente de 0 a 1, puede mejorar el rendimiento del modelo al garantizar que ninguna característica individual pueda dominar a las demás debido a su escala.

Este proceso también puede ayudar a que el algoritmo converja más rápidamente hacia la solución. Apliquemos ahora esta transformación a nuestro conjunto de datos para obtener resultados óptimos.

En primer lugar, inicializamos una instancia de la clase `StandardScaler`, que se utilizará para realizar la operación de escalado:

```
# Escalado de características
sc = StandardScaler()
```

A continuación, utilizamos el método `fit_transform`. Esta transformación escala las características de modo que tengan una media de 0 y una desviación estándar de 1, la esencia del escalado estándar. Los datos transformados se almacenan en la variable `X_train_scaled`:

```
X_train = sc.fit_transform(X_train)
```

Seguidamente, aplicaremos el método `transform`, que aplica la misma transformación (que en el código anterior) al conjunto de datos de prueba `X_test`:

```
X_test = sc.transform(X_test)
```

Una vez escalados los datos, ya están preparados para ser utilizados como entrada de los distintos clasificadores que presentaremos en las secciones siguientes.

Evaluar los clasificadores

Una vez entrenado el modelo, debemos evaluar su rendimiento. Para ello, utilizaremos el siguiente proceso:

1. Dividiremos el conjunto de datos de etiquetado en dos partes: una de entrenamiento y otra de prueba. Esta la utilizaremos para evaluar el modelo entrenado.

2. Utilizaremos las características de nuestra partición de prueba para generar etiquetas para cada fila. Este será nuestro conjunto de etiquetas predichas.

3. Compararemos el conjunto de etiquetas predichas con las etiquetas reales para evaluar el modelo.

 A menos que intentemos resolver algo bastante trivial, cuando evaluemos el modelo algunas de las clasificaciones serán erróneas. La forma de interpretar estos errores de clasificación para determinar la calidad del modelo depende de las métricas de rendimiento que decidamos utilizar.

Cuando tengamos tanto el conjunto de etiquetas reales como las etiquetas predichas, podemos utilizar una serie de métricas de rendimiento para evaluar los modelos.

La mejor métrica para cuantificar el modelo dependerá de los requisitos del problema empresarial que queramos resolver, así como de las características del conjunto de datos de entrenamiento.

Veamos ahora qué es una matriz de confusión.

Matrices de confusión

Para resumir los resultados de la evaluación de un clasificador se utiliza una matriz de confusión. La matriz de confusión para un clasificador binario tiene el siguiente aspecto:

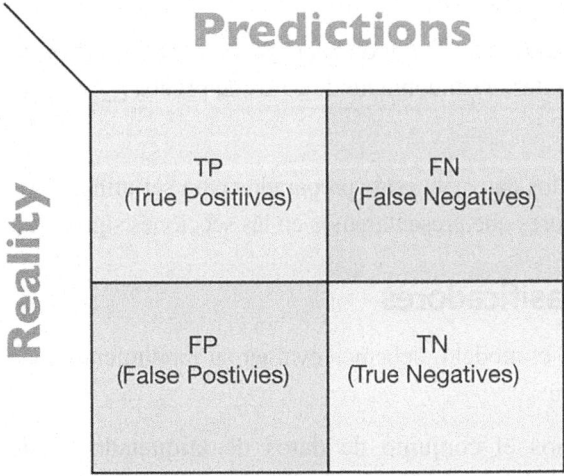

Figura 7.3: *Matriz de confusión.*

La clasificación puede dividirse en las cuatro categorías siguientes:

Si la etiqueta del clasificador que entrenamos tiene dos niveles, se denomina clasificador binario. El primer caso crítico de uso del aprendizaje automático supervisado —concretamente, un clasificador binario— fue durante la Primera Guerra Mundial para diferenciar entre un avión y pájaros volando.

- **Verdaderos positivos o True Positives (TP):** clasificaciones positivas clasificadas correctamente.

- **Verdaderos negativos o True Negatives (TN):** clasificaciones negativas clasificadas correctamente.

- **Falsos positivos o False Positives (FP):** clasificaciones positivas que en realidad eran negativas.

- **Falsos negativos o False Negatives (FN):** clasificaciones negativas que en realidad eran positivas.

Veamos cómo podemos utilizar estas cuatro categorías para crear diversas métricas de rendimiento.

Una matriz de confusión proporciona una instantánea completa del rendimiento de un modelo al detallar el número de predicciones correctas e incorrectas. Enumera los TP, TN, FP y FN. Entre ellas, las clasificaciones correctas se refieren a los casos en los que nuestro modelo ha identificado correctamente la clase, es decir, TP y TN. La precisión del modelo, es decir, la proporción de estas clasificaciones correctas (TP y TN) de todas las predicciones realizadas, puede calcularse directamente a partir de esta matriz de confusión. Una matriz de confusión proporciona el número de clasificaciones correctas y erróneas mediante un recuento de las TP, TN, FP y FN. La precisión del modelo se define como la proporción de clasificaciones correctas entre todas las predicciones y puede verse fácilmente a partir de la matriz de confusión de la siguiente manera.

Cuando tenemos un número aproximadamente igual de ejemplos positivos y negativos en nuestros datos —una situación conocida como clases equilibradas—, la métrica de precisión puede proporcionar una valiosa métrica del rendimiento de nuestro modelo. En otras palabras, la precisión es la relación entre las predicciones correctas realizadas por el modelo y el número total de predicciones. Por ejemplo, si nuestro modelo identifica correctamente 90 de cada 100 instancias de prueba, ya sean positivas o negativas, su precisión será del 90 %. Esta métrica puede darnos una idea general del rendimiento de nuestro modelo en ambas clases. Si nuestros datos tienen clases equilibradas (es decir, el número total de ejemplos positivos es aproximadamente igual al número de ejemplos negativos), la precisión nos dará una buena idea de la calidad de nuestro modelo entrenado. La precisión es la proporción de clasificaciones correctas entre todas las predicciones.

Matemáticamente:

$$Precisión = Clasificaciones\ correctas\ /\ Número\ total\ de\ clasificaciones =$$

$$(TP + FP) / (TP + FP + FN + TN)$$

Recuperación y precisión

Al calcular la precisión, no diferenciamos entre TP y TN. Evaluar un modelo a través de la precisión es sencillo, pero cuando los datos tienen clases desequilibradas, no podrá cuantificar con precisión la calidad del modelo entrenado. Cuando los datos tienen clases desequilibradas, serán dos las métricas adicionales que cuantificarán mejor la calidad del modelo entrenado: recuperación (*recall*) y precisión. Utilizaremos como ejemplo un conocido proceso de extracción de diamantes para explicar los conceptos de estas dos métricas adicionales.

Durante siglos, la minería aluvial de diamantes ha sido una de las formas más populares de extraer diamantes de la arena de los lechos de los ríos de todo el mundo. Se sabe que la erosión de miles de años ha arrastrado los diamantes desde sus yacimientos primarios hasta los lechos de los ríos. Para extraer diamantes, la gente recoge arena de las orillas de los ríos en grandes depósitos. Después de un lavado exhaustivo, en dicho depósito quedan muchas piedras.

La gran mayoría de estas piedras son piedras corrientes. Que una de las piedras sea un diamante es poco frecuente, pero es un acontecimiento muy importante. En nuestro escenario, los propietarios de la mina experimentan con la visión artificial para identificar cuáles de las piedras lavadas son piedras normales y cuáles son diamantes. Utilizan la forma, el color y el reflejo para clasificar las piedras lavadas mediante la visión artificial.

En el contexto de este ejemplo:

TP	Una piedra lavada identificada correctamente como diamante
TN	Una piedra lavada identificada correctamente como piedra
FP	Una piedra identificada erróneamente como diamante
FN	Un diamante identificado incorrectamente como una piedra

Vamos a explicar la recuperación y la precisión teniendo en cuenta este proceso de extracción del diamante de la mina:

- **Recuperación:** calcula la tasa de aciertos, que es la proporción de eventos identificados de interés en un gigantesco depósito de eventos. En otras palabras, esta métrica valora nuestra capacidad para encontrar o "acertar" la mayoría de los sucesos de interés y dejar el menor número posible sin identificar. En el contexto de la identificación de diamantes en un depósito de un gran número de piedras lavadas, la recuperación consiste en cuantificar el éxito de la búsqueda del tesoro. Para un determinado depósito lleno de piedras lavadas, la recuperación será la relación entre el número de diamantes identificados y el número total de diamantes del depósito:

Recuperación = (Núm. de diamantes identificados correctamente) / (Núm. total de diamantes en el depósito = TP / (TP + FN)

Supongamos que había 10 diamantes en el depósito, cada uno valorado en 1000 dólares. Nuestro algoritmo de aprendizaje automático ha sido capaz de identificar nueve de ellos. Por tanto, la recuperación será de *9/10 = 0.90*.

Así, hemos sido capaces de recuperar el 90 % de nuestro tesoro. En dólares, hemos podido identificar 9000 dólares de tesoro de un valor total de 10 000 dólares.

- **Precisión:** en la precisión, únicamente nos centramos en los puntos de datos marcados por el modelo entrenado como positivos y descartamos todo lo demás. Si filtramos solo los sucesos marcados como positivos para nuestro modelo entrenado (es decir, los TP y los FP) y luego calculamos la exactitud, estamos ante un proceso denominado precisión.

Analicemos ahora la precisión en el contexto de la extracción de diamantes. Imaginemos un escenario en el que queremos utilizar la visión artificial para identificar diamantes en un depósito de piedras lavadas y enviarlos a los clientes.

Se supone que el proceso está automatizado. Un caso desfavorable es el algoritmo que clasifica erróneamente una piedra como diamante, lo que da lugar a que el cliente final la reciba por correo y se le cobre por ella. Por tanto, debería ser obvio que, para que este proceso sea viable, la precisión debe ser alta.

Para el ejemplo de la extracción de diamantes:

Precisión = Núm. de diamantes identificados correctamente / Núm. total de piedras marcadas como diamantes = TP / $(TP + FP)$

Equilibrio entre recuperación y precisión

La toma de decisiones con un clasificador implica un proceso de dos pasos. En primer lugar, el clasificador genera una puntuación de decisión que va de 0 a 1. A continuación, aplica un umbral de decisión para determinar la clase de cada punto de datos. A los puntos de datos que superan el umbral se les asigna una clase positiva, mientras que a los que están por debajo se les asigna una clase negativa. Los dos pasos pueden explicarse del siguiente modo:

1. El clasificador genera una puntuación de decisión, que es un número de 0 a 1.

2. El clasificador utiliza el valor de un parámetro, denominado umbral de decisión, para asignar una de las dos clases al punto de datos actual. Cualquier umbral de decisión (puntuación > decisión) se predice como positivo, y cualquier punto de datos que tenga un umbral de decisión (puntuación < decisión) se predice como negativo.

Imagina que trabajas en una mina de diamantes. Tu tarea consiste en identificar estas piedras preciosas entre un montón de piedras normales. Para facilitar este proceso, has desarrollado un clasificador de aprendizaje automático que revisa cada piedra, le asigna una puntuación de decisión que va de 0 a 1 y, por último, la clasifica en función de esta puntuación y de un umbral de decisión predefinido.

La puntuación de decisión representa básicamente la confianza del clasificador en que una piedra determinada sea realmente un diamante, siendo las piedras más próximas a 1 las que tienen más probabilidad de serlo. El umbral de decisión, por su parte, es un punto de corte predefinido que decide la clasificación definitiva de una piedra. Las piedras que superan dicho umbral se clasifican como diamantes (clase positiva), mientras que las que quedan por debajo se descartan como piedras normales (clase negativa).

Ahora, imagina que todas las piedras están dispuestas en orden ascendente según sus puntuaciones de decisión, como se muestra en la figura 7.4. Las del extremo izquierdo tienen las puntuaciones más bajas y, por tanto, menos probabilidades de ser diamantes, mientras que las del extremo derecho tienen las puntuaciones más altas, por lo que tienen más probabilidades de serlo. En un escenario ideal, cada piedra a la derecha del umbral de decisión sería un diamante y cada una a la izquierda sería una piedra normal.

Imaginemos una situación, como la representada en la figura 7.4, donde el umbral de decisión está en el centro. A la derecha del límite de decisión encontramos tres diamantes reales (TP) y una piedra normal marcada erróneamente como diamante (FP). A la izquierda, tenemos dos piedras normales identificadas correctamente (TN) y dos diamantes clasificados erróneamente como piedras normales (FN).

Así, en el lado izquierdo del umbral de decisión habrá dos clasificaciones correctas y dos erróneas. Son 2TN y 2FN.

Vamos a calcular la recuperación y la precisión de la figura 7.4:

Recuperación = Núm. de diamantes identificados correctamente / Núm. total de diamantes en el depósito = TP / TP + FN = 3 / 6 = 0.5

Precisión = Núm. de diamantes identificados correctamente / Núm. total de piedras marcadas como diamantes = TP / TP + FP = 3 / 4 = 0.75

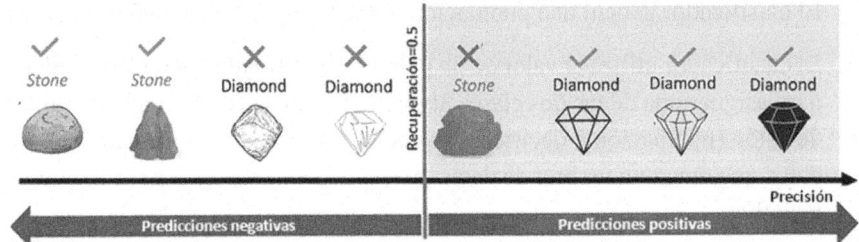

Figura 7.4: *Equilibrio entre precisión y recuperación: las piedras se clasifican según su puntuación en el clasificador.*

Las que superan el umbral de decisión se consideran diamantes.

Ten en cuenta que, cuanto mayor sea el umbral, mayor será la precisión, pero menor la recuperación.

El ajuste del umbral de decisión influye en el equilibrio entre precisión y recuperación. Si desplazamos el umbral hacia la derecha (como se muestra en la figura 7.5), aumentamos los criterios para que una piedra sea clasificada como diamante, lo que aumenta la precisión, pero disminuye la recuperación:

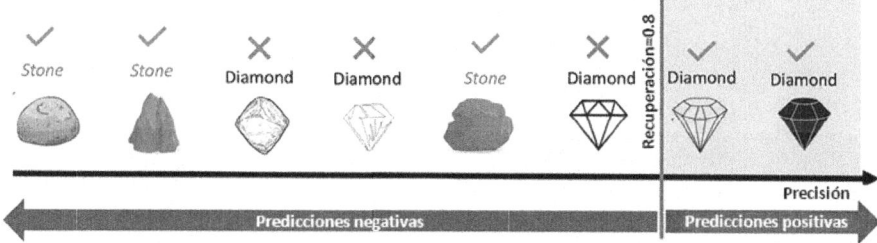

Figura 7.5: *Equilibrio entre precisión y recuperación: las piedras se clasifican según su puntuación en el clasificador.*

Las que superan el umbral de decisión se consideran diamantes. Ten en cuenta que, cuanto mayor sea el umbral, mayor será la precisión, pero menor la recuperación.

En la figura 7.6 hemos disminuido el umbral de decisión. En otras palabras, hemos disminuido nuestros criterios para clasificar una piedra como diamante. De este modo, los FN (tesoros incorrectos) disminuirán, pero los FP (falsas señales) también aumentarán. Por lo tanto, si disminuimos el umbral (como se muestra en la figura 7.6), relajamos los criterios de clasificación de los diamantes, aumentando la recuperación, pero disminuyendo la precisión:

Figura 7.6: *Equilibrio entre precisión y recuperación: las piedras se clasifican según su puntuación en el clasificador.*

Las que superan el umbral de decisión se consideran diamantes. Ten en cuenta que cuanto mayor sea el umbral, mayor será la precisión, pero menor la recuperación.

Así, pues, jugar con el valor del límite de decisión consiste en gestionar el equilibrio entre recuperación y precisión. Aumentamos el límite de decisión para obtener mejor precisión y más recuperación, y lo bajamos para obtener mejor recuperación y una precisión menor.

Vamos a dibujar un gráfico entre la precisión y la recuperación para entender mejor el equilibrio:

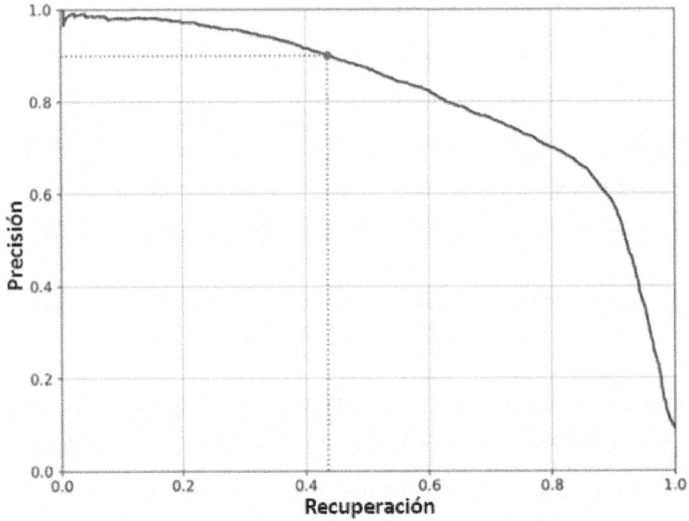

Figura 7.7: *Precisión vs. recuperación.*

¿Cómo elegir correctamente la recuperación y la precisión?

El aumento de la recuperación se consigue disminuyendo los criterios que utilizamos para identificar un punto de datos como positivo. Se espera que la precisión disminuya, pero, como muestra la figura anterior, cae bruscamente en torno a 0.8. Este es el punto en el que podemos elegir el valor correcto de recuperación y precisión. En el gráfico anterior, si elegimos 0.8 como recuperación, la precisión es de 0.75. Podemos interpretarlo como que es capaz de marcar el 80 % de todos los puntos de datos de interés. Marcamos estos puntos de datos con una precisión del 75 % en función de este nivel de precisión. Si no hay ningún requisito específico y se trata de un caso de uso genérico, puede ser un compromiso razonable.

Otra forma de mostrar el equilibrio inherente entre precisión y recuperación es mediante la **curva operativa del receptor** (ROC, del inglés *Receiving Operating Curve*). Para ello, debemos definir dos términos: tasa de verdaderos positivos (TPR) y tasa de falsos positivos (FPR).

Veamos qué es la curva ROC. Para calcular el TPR y el FPR, tenemos que fijarnos en los diamantes del depósito:

$TPR = Diamantes\ identificados\ como\ reales\ /\ Todos\ los\ diamantes\ del\ depósito = TP\ /\ TP + FN$

$TNR = Piedras\ identificadas\ como\ reales\ /\ Todas\ las\ piedras\ del\ depósito = TN\ /\ TN + FP$

$FPR = Falsos\ diamantes\ identificados\ /\ Todas\ las\ piedras\ del\ depósito = FP\ /\ TN + FP$

Ten en cuenta que:

- TPR es igual a la tasa de recuperación o de aciertos.

- TNR puede considerarse como el índice de recuperación o acierto del suceso negativo. Este valor determina nuestro éxito a la hora de identificar correctamente el suceso negativo, y también se conoce como especificidad.

- FPR = 1 - TNR = 1 - Especificidad.

Debería ser obvio que los valores TPR y FPR para estas cifras se pueden calcular de la siguiente manera:

Número de figura	TPR	FPR
7.4	3/5 = 0.6	1/3 = 0.33
7.5	2/5 = 0.4	0/3 = 0
7.6	5/5 = 1	1/3 = 0.33

El valor de TPR o recuperación aumentarán al reducir nuestro umbral de decisión. Como lo que queremos es obtener el mayor número posible de diamantes de la mina, rebajaremos nuestro criterio para que una piedra lavada sea clasificada como diamante. Como resultado, habrá más piedras clasificadas incorrectamente como diamantes, aumentando el valor de FPR.

Debes saber que un algoritmo de clasificación de buena calidad debería ser capaz de proporcionar la puntuación de decisión para cada una de las piedras del depósito, que se corresponde aproximadamente con la probabilidad de que una piedra sea un diamante. La salida de un algoritmo de este tipo se muestra en la figura 7.8. Se supone que los diamantes están a la derecha y las piedras a la izquierda. En la figura, como hemos disminuido el umbral de decisión de 0.8 a 0.2, esperamos tener un aumento mucho mayor de TRP y, por tanto, de FPR. De hecho, el pronunciado aumento de TRP con un ligero incremento de FPR es uno de los mejores indicios de la calidad de un clasificador binario, ya que el algoritmo de clasificación ha sido capaz de generar puntuaciones de decisión que se relacionan directamente con la probabilidad de que una piedra sea un diamante. Si los diamantes y las piedras están situados aleatoriamente en el eje de puntuación de la decisión, es igualmente probable que la reducción del umbral de decisión marque tanto piedras como diamantes. Este sería el peor clasificador binario posible, también llamado aleatorizador:

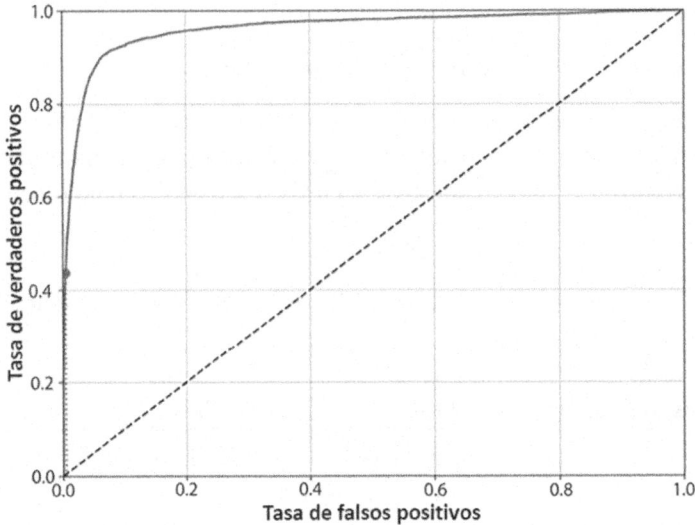

Figura 7.8: *Curva ROC.*

Qué es el sobreajuste

Si un modelo de aprendizaje automático funciona muy bien en un entorno de desarrollo, pero se degrada notablemente en un entorno de producción, decimos que el modelo está sobreajustado. Esto significa que el modelo entrenado se ajusta demasiado al conjunto de datos de entrenamiento e indica que hay demasiados detalles en las reglas creadas por el modelo. El equilibrio entre la varianza del modelo y el sesgo es lo que mejor capta la idea.

Cuando desarrollamos un modelo de aprendizaje automático, a menudo hacemos ciertas suposiciones simplificadoras sobre los fenómenos del mundo real que se supone que el modelo debe capturar. Estas suposiciones son esenciales para que el proceso de modelización sea manejable y menos complejo. Sin embargo, la simplicidad de estas suposiciones introduce un cierto nivel de "sesgo" en nuestro modelo.

Veamos este aspecto con más detalle. Sesgo es un término que cuantifica en qué medida, de media, nuestras predicciones se desvían de los valores reales. En otras palabras, si tenemos un sesgo alto, significa que las predicciones de nuestro modelo están muy alejadas de los valores reales, lo que conlleva una alta tasa de error en nuestros datos de entrenamiento.

Por ejemplo, pensemos en los modelos de regresión lineal. Estos suponen una relación lineal entre las características de entrada y las variables de salida. Sin embargo, esto no siempre es así en el mundo real, donde las relaciones pueden ser no lineales o más complejas. Esta suposición lineal, aunque simplifica nuestro modelo, puede dar lugar a un sesgo elevado, ya que puede no captar plenamente las relaciones reales entre las variables.

Hablemos también de "varianza". El término varianza, en el contexto del aprendizaje automático, se refiere a la cantidad en que cambiarían las predicciones de nuestro modelo si utilizáramos un conjunto de datos de entrenamiento diferente. Un modelo con alta varianza presta mucha atención a los datos de entrenamiento y tiende a aprender del ruido y de los detalles. Como resultado, funciona muy bien con los datos de entrenamiento, pero no tanto con los datos desconocidos o de prueba. Esta diferencia de rendimiento suele denominarse sobreajuste.

Podemos visualizar el sesgo y la varianza utilizando un diagrama de diana, como se muestra en la figura 7.9. Observa que el centro de la diana es un modelo que predice perfectamente los valores correctos. Los tiros que están lejos del centro indican un alto sesgo, mientras que los que están muy dispersos indican una alta varianza. En un escenario perfecto, nos gustaría un sesgo y una varianza bajos, en el que todos los tiros dieran justo en la diana. Sin embargo, en el mundo real hay que hacer equilibrios. Reducir el sesgo aumenta la varianza, y reducir la varianza aumenta el sesgo.

Esto se conoce como el equilibrio entre sesgo y varianza y es un aspecto fundamental del diseño de modelos de aprendizaje automático:

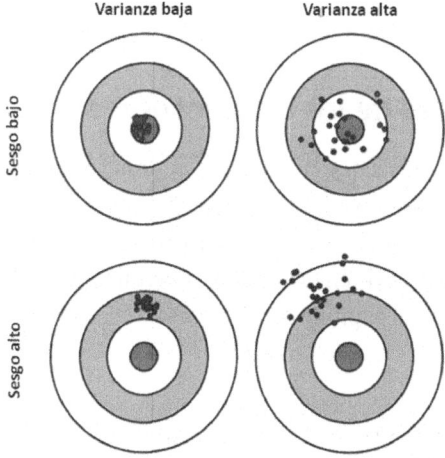

Figura 7.9: *Ilustración gráfica del sesgo y la varianza.*

Equilibrar la cantidad adecuada de generalización en un modelo de aprendizaje automático es un proceso delicado. Este equilibrio, o a veces desequilibrio, se describe mediante la compensación sesgo-varianza. La generalización en el aprendizaje automático se refiere a la capacidad del modelo para adaptarse adecuadamente a datos nuevos, desconocidos, extraídos de la misma distribución que la utilizada para el entrenamiento. En otras palabras, un modelo bien generalizado puede aplicar eficazmente las reglas aprendidas a partir de los datos de entrenamiento a nuevos datos desconocidos. Se consigue un modelo más generalizado utilizando suposiciones más sencillas, que dan lugar a reglas más amplias, que a su vez hacen que el modelo sea menos sensible a las fluctuaciones de los datos de entrenamiento. Esto significa que el modelo tendrá una varianza baja, ya que no cambia mucho con diferentes conjuntos de entrenamiento.

 Sin embargo, esto tiene su lado negativo. Las suposiciones más sencillas implican que el modelo podría no captar completamente todas las relaciones complejas de los datos, por lo que el resultado es un modelo que se desvía sistemáticamente del resultado real, provocando un mayor sesgo.

Así que, en este sentido, una mayor generalización equivale a una menor varianza pero a un mayor sesgo. Esta es la esencia del equilibrio entre sesgo y varianza: un modelo con demasiada generalización (sesgo alto) podría sobresimplificar el problema y pasar por alto patrones importantes, mientras que un modelo con muy poca generalización (varianza alta) podría ajustarse en exceso a los datos de entrenamiento, captando el ruido junto con la señal.

Lograr un equilibrio entre estos dos extremos es uno de los principales retos del aprendizaje automático, y la capacidad de gestionar este equilibrio suele marcar la diferencia entre un buen modelo y otro excelente. Este equilibrio entre sesgo y varianza viene determinado por la elección del algoritmo, las características de los datos y varios hiperparámetros. Es importante lograr el compromiso adecuado entre sesgo y varianza, en función de los requisitos del problema concreto que se intente resolver.

Veamos ahora cómo podemos especificar las distintas fases de un clasificador.

Especificar las fases de los clasificadores

Una vez hemos preparado los datos etiquetados, el desarrollo de los clasificadores implica el entrenamiento, la evaluación y el despliegue. Estas tres fases de implementación de un clasificador se muestran en el ciclo de vida del **proceso estándar intersectorial para la minería de datos (CRISP-DM)** en el siguiente diagrama (el ciclo de vida CRISP- DM se explicó con todo detalle en el capítulo 5, *Algoritmos de grafos*):

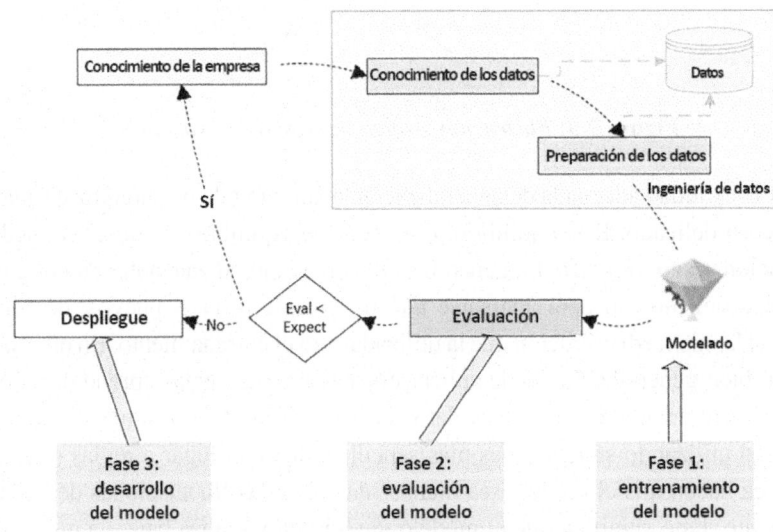

Figura 7.10: *Ciclo de vida CRISP DM.*

A la hora de implantar un modelo clasificador, hay que tener en cuenta varias fases cruciales, empezando por una comprensión profunda del problema empresarial en cuestión. Esto implica identificar los datos necesarios para resolver dicho problema y comprender el contexto real de los datos. Tras recopilar los datos etiquetados pertinentes, el siguiente paso consiste en dividir este conjunto de datos en dos secciones: un conjunto de entrenamiento y un conjunto de pruebas. El conjunto de entrenamiento, normalmente más grande, se utiliza para entrenar el modelo con el fin de comprender los patrones y las relaciones dentro de los datos. El conjunto de pruebas, por su parte, se utiliza para evaluar el rendimiento del modelo en datos desconocidos.

Para garantizar que ambos conjuntos sean representativos de la distribución global de los datos, utilizaremos una técnica de muestreo aleatorio. De esta forma, podemos esperar razonablemente que los patrones de todo el conjunto de datos se reflejen tanto en la partición de entrenamiento como en la de prueba.

Ten en cuenta que, como se muestra en la figura 7.10, primero hay una fase de entrenamiento, donde se utilizan datos de entrenamiento para entrenar un modelo. Una vez finalizada, el modelo entrenado se evalúa utilizando los datos de prueba. Se utilizan diferentes matrices de rendimiento para cuantificar el rendimiento del modelo entrenado. Una vez evaluado, entramos en la fase de despliegue, donde se despliega el modelo entrenado y se utiliza para la inferencia con el fin de resolver problemas del mundo real etiquetando datos no etiquetados.

Veamos ahora algunos algoritmos de clasificación.

En las secciones siguientes veremos:

- El algoritmo del árbol de decisión
- El algoritmo XGBoost
- El algoritmo Random Forest
- El algoritmo de regresión logística
- El algoritmo basado en SVM
- El algoritmo Naive Bayes

Empecemos por el algoritmo del árbol de decisión.

Algoritmo de clasificación del árbol de decisión

Un árbol de decisión se basa en un enfoque de partición recursiva (divide y vencerás), que genera un conjunto de reglas que pueden utilizarse para predecir una etiqueta. Empieza con un nodo raíz y lo divide en varias ramas. Los nodos internos representan una prueba sobre un determinado atributo, y el resultado de la prueba se representa mediante una rama al siguiente nivel. El árbol de decisión termina en los nodos hoja, que contienen las decisiones. El proceso se detiene cuando la partición ya no mejora el resultado.

Veamos ahora los detalles del algoritmo del árbol de decisión.

Qué es el algoritmo de clasificación del árbol de decisión

La característica distintiva de la clasificación mediante árboles de decisión es la generación de una jerarquía de reglas interpretable por el ser humano que se utiliza para predecir la etiqueta en tiempo de ejecución. La transparencia de este modelo es una gran ventaja, ya que nos permite comprender el razonamiento que hay detrás de cada predicción. Esta estructura jerárquica se forma mediante un algoritmo recursivo, siguiendo una serie de pasos.

Para empezar, lo ilustraremos con un ejemplo simplificado. Consideremos un modelo de árbol de decisión que predice si a una persona le gustará una película concreta. Si la respuesta es afirmativa, el árbol se ramifica hacia la siguiente regla, por ejemplo: "*¿La película está protagonizada por el actor favorito de la persona?*". Si la respuesta es negativa, pasa a otra regla. Cada punto de decisión crea nuevas subdivisiones, formando una estructura de reglas en forma de árbol, hasta llegar a una predicción final.

Con este proceso, un árbol de decisión nos guía a través de una serie de pasos comprensibles y lógicos para llegar a una predicción. Esta claridad es lo que diferencia a los clasificadores de árboles de decisión de otros modelos de aprendizaje automático.

El algoritmo es recursivo por naturaleza. La creación de esta jerarquía de reglas implica los siguientes pasos:

1. **Encontrar la característica más importante**: de todas las características, el algoritmo identifica la que mejor diferencia los puntos de datos del conjunto de datos de entrenamiento con respecto a la etiqueta. El cálculo se basa en métricas como la ganancia de información o la impureza de Gini.

2. **Bifurcar:** utilizando la característica importante más identificada, el algoritmo crea un criterio que se utiliza para dividir el conjunto de datos de entrenamiento en dos ramas:

   • Puntos de datos que cumplen el criterio.

   • Puntos de datos que no cumplen el criterio.

3. **Comprobar si hay nodos hoja:** si alguna rama resultante contiene mayoritariamente etiquetas de una clase, la rama se convierte en final, dando lugar a un nodo hoja.

4. **Comprobar los criterios de parada y repetir:** si no se cumplen los criterios de parada previstos, el algoritmo volverá al paso 1 para la siguiente iteración. En

caso contrario, el modelo se marca como entrenado, y cada nodo del árbol de decisión resultante en el nivel más bajo se etiqueta como nodo hoja. El criterio de parada puede ser tan simple como definir el número de iteraciones. También puede utilizarse un criterio de parada predeterminado, en el cual el algoritmo se detiene en cuanto alcanza un nivel específico de homogeneidad para cada uno de los nodos hoja.

El algoritmo del árbol de decisión puede explicarse mediante el siguiente diagrama:

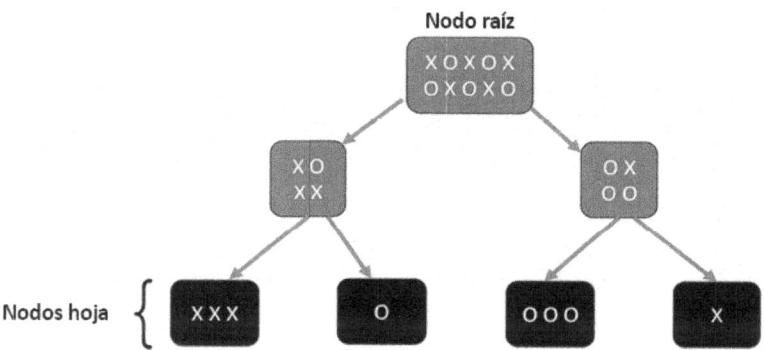

Figura 7.11: *Árbol de decisión.*

En el diagrama anterior, la raíz contiene un montón de círculos y cruces, los cuales simplemente representan dos categorías diferentes de una característica concreta. El algoritmo crea un criterio que intenta separar los círculos de las cruces. En cada nivel, el árbol de decisión crea particiones de los datos, que se espera que sean cada vez más homogéneas a partir del nivel 1. Un clasificador perfecto tiene nodos hoja que solo contienen círculos o cruces. Entrenar clasificadores perfectos suele ser difícil debido a la imprevisibilidad y el ruido inherentes a los conjuntos de datos del mundo real.

Ten en cuenta que los árboles de decisión tienen ventajas clave que los convierten en la opción preferida en muchos escenarios. La belleza de los clasificadores de árboles de decisión reside en su interpretabilidad. A diferencia de muchos otros modelos, proporcionan un conjunto claro y transparente de reglas "si-entonces", lo que hace que el proceso de toma de decisiones sea comprensible y auditable. Esto es especialmente beneficioso en campos como la sanidad o las finanzas, donde comprender la lógica que subyace a una predicción puede ser tan importante como la propia predicción.

Además, los árboles de decisión son menos sensibles al escalado de los datos y pueden manejar una mezcla de variables categóricas y numéricas. Esto los convierte en una herramienta versátil frente a diversos tipos de datos.

Así pues, aunque entrenar un clasificador de árboles de decisión "perfecto" puede resultar difícil, las ventajas que ofrecen, como su sencillez, transparencia y flexibilidad, suelen compensar este reto.

Vamos a utilizar el algoritmo de clasificación de árbol de decisión para el reto de los clasificadores.

Utilizaremos el algoritmo de clasificación de árbol de decisión para, como hemos comentado anteriormente, predecir si un cliente acaba comprando un producto concreto:

1. En primer lugar, vamos a instanciar el algoritmo de clasificación de árbol de decisión y a entrenar un modelo utilizando la parte de entrenamiento de los datos que hemos preparado para nuestros clasificadores:

```
classifier = sklearn.tree.DecisionTreeClassifier(criterion =
'entropy', random_state = 100, max_depth=2)
```

```
DecisionTreeClassifier(criterion = 'entropy',
random_state = 100,max_depth=2)
```

2. Ahora, utilizaremos nuestro modelo entrenado para predecir las etiquetas para la parte de prueba de nuestros datos etiquetados. Generemos una matriz de confusión que pueda resumir el rendimiento de nuestro modelo entrenado:

```
y_pred = classifier.predict(X_test)
cm = metrics.confusion_matrix(y_test, y_pred)
```

3. El resultado es el siguiente:

```
cm
```

```
array([[64, 4],
       [2, 30]])
```

4. Ahora vamos a calcular los valores de exactitud, recuperación y precisión del clasificador creado utilizando el algoritmo de clasificación de árbol de decisión:

```
accuracy= metrics.accuracy_score(y_test,y_pred)
recall = metrics.recall_score(y_test,y_pred)
precision = metrics.precision_score(y_test,y_pred)
print(accuracy,recall,precision)
```

5. La ejecución del código anterior producirá el siguiente resultado:

```
0.94 0.9375 0.8823529411764706
```

Las métricas de rendimiento nos ayudan a comparar diferentes técnicas de modelado de entrenamiento.

Veamos ahora los puntos fuertes y débiles de los clasificadores de árbol de decisión.

Puntos fuertes y débiles de los clasificadores de árbol de decisión

En esta sección vamos a ver los puntos fuertes y débiles de utilizar el algoritmo de clasificación de árbol de decisión.

Uno de los puntos fuertes más significativos de estos clasificadores reside en su transparencia inherente. Las reglas que rigen la formación de sus modelos son legibles e interpretables, lo que las hace ideales para situaciones que exigen una comprensión clara del proceso de toma de decisiones. Este tipo de modelo, a menudo denominado modelo de caja blanca, es un componente esencial en escenarios en los que hay que minimizar los sesgos y maximizar la transparencia. Esto es especialmente importante en sectores críticos como la administración pública y las agencias de seguros, donde la responsabilidad y la trazabilidad son primordiales.

Además, los clasificadores de árbol de decisión tienen lo necesario para trabajar con variables categóricas. Su diseño está intrínsecamente adaptado a la extracción de información de espacios de problemas discretos, lo que los convierte en una opción excelente para conjuntos de datos en los que la mayoría de las características pertenecen a categorías específicas.

Por el contrario, este tipo de clasificadores presentan ciertas limitaciones. Su mayor reto es la tendencia al sobreajuste. Cuando un árbol de decisión profundiza demasiado, corre el riesgo de crear reglas que capten una cantidad excesiva de detalles. Esto conduce a modelos que sobregeneralizan a partir de los datos de entrenamiento y funcionan mal en datos desconocidos. Por lo tanto, es fundamental aplicar estrategias como la poda para evitar el sobreajuste cuando se utiliza este tipo de clasificadores.

Otra limitación de los clasificadores de árbol de decisión es su dificultad con las relaciones no lineales. Sus reglas son predominantemente lineales y, como tales, pueden no captar los matices de las relaciones que no son de naturaleza lineal. Por lo tanto, aunque los árboles de decisión aportan algunos puntos fuertes impresionantes, sus puntos débiles justifican una cuidadosa consideración a la hora de elegir el modelo apropiado para sus datos.

Casos de uso

Los clasificadores de árbol de decisión pueden utilizarse en los siguientes casos de uso para clasificar datos:

- **Solicitud de hipotecas:** entrenar un clasificador binario para determinar si un solicitante tiene probabilidades de no pagar.

- **Segmentación de clientes:** categorizar a los clientes en clientes de alto valor, de valor medio y de valor bajo para poder personalizar las estrategias de *marketing* para cada categoría.

- **Diagnóstico médico:** entrenar un clasificador que pueda categorizar crecimientos benignos o malignos.

- **Análisis de la eficacia de tratamientos:** entrenar un clasificador que pueda indicar aquellos pacientes que han reaccionado positivamente a un tratamiento concreto.

- **Uso de un árbol de decisión para seleccionar características:** otro aspecto que merece la pena discutir al examinar los clasificadores de árbol de decisión es su capacidad de selección de características. En el proceso de creación de reglas, los árboles de decisión tienden a elegir un subconjunto de características de su conjunto de datos. Este rasgo inherente a los árboles de decisión puede ser beneficioso, especialmente cuando se trata de conjuntos de datos que tienen un gran número de características.

¿Por qué es importante esta selección de características? En el aprendizaje automático, tratar con un elevado número de características puede ser todo un reto. Un exceso de características puede dar lugar a modelos complejos, difíciles de interpretar e, incluso, con peores resultados, debido a la "maldición de la dimensionalidad".

Al seleccionar automáticamente un subconjunto de las características más importantes, los árboles de decisión pueden simplificar un modelo y centrarse en los predictores más relevantes.

En particular, el proceso de selección de características en los árboles de decisión no se limita al desarrollo de su propio modelo. Los resultados de este proceso también pueden servir como un modo de selección preliminar de características para otros modelos de aprendizaje automático. Esto puede proporcionar una comprensión inicial de qué características son las más importantes y ayudar a racionalizar el desarrollo de otros modelos de aprendizaje automático.

A continuación, analicemos los métodos ensemble.

Métodos ensemble

En el ámbito del aprendizaje automático, un ensemble se refiere a una técnica en la que se crean múltiples modelos, cada uno con ligeras variaciones, y se combinan para formar un modelo compuesto o combinado. Las variaciones pueden deberse al uso de distintos parámetros del modelo, subconjuntos de datos o, incluso, algoritmos de aprendizaje automático diferentes.

Sin embargo, ¿qué significa "ligeramente diferente" en este contexto? Aquí, cada modelo individual del conjunto se crea para que sea único, pero no radicalmente diferente. Esto puede lograrse ajustando los hiperparámetros, entrenando cada modelo con un subconjunto diferente de datos de entrenamiento o utilizando algoritmos diversos. El objetivo es que cada modelo capte diferentes aspectos o matices de los datos, lo que puede ayudar a mejorar el poder predictivo global cuando se combinan.

¿Y cómo se combinan estos modelos? La técnica del ensemble implica un proceso de toma de decisiones conocido como agregación, en el que se consolidan las predicciones de los modelos individuales. Puede tratarse de una simple media, una votación por mayoría o un enfoque más complejo, dependiendo de la técnica específica de ensemble utilizada.

En cuanto a cuándo y por qué son necesarios los métodos ensemble, pueden ser especialmente útiles cuando un solo modelo no basta para alcanzar un alto nivel de precisión. Al combinar varios modelos, el conjunto puede captar una mayor complejidad y, a menudo, lograr un mejor rendimiento. Esto se debe a que el conjunto puede promediar los sesgos, reducir la varianza y es menos probable que se ajuste en exceso a los datos de entrenamiento.

Por último, la evaluación de la eficacia de un conjunto es similar a la de un único modelo. En función de la naturaleza del problema, pueden utilizarse métricas como la exactitud, la precisión, la recuperación o la puntuación F1. La diferencia clave es que estas métricas se aplican a las predicciones agregadas del conjunto en lugar de a las predicciones de un único modelo.

Veamos ahora algunos algoritmos ensemble, empezando por XGBoost.

Implementación del refuerzo de gradiente con el algoritmo XGBoost

XGBoost, presentado en 2014, es un algoritmo de clasificación ensemble que ha ganado gran popularidad, principalmente por estar basado en los principios del refuerzo de gradiente. Pero ¿en qué consiste el refuerzo de gradiente? Básicamente, es una técnica de aprendizaje automático que consiste en construir muchos modelos de forma secuencial; cada nuevo modelo intenta corregir los errores cometidos por los anteriores. Esta progresión continúa hasta que se consigue una reducción significativa de la tasa de error o se agrega un número predefinido de modelos.

En concreto, XGBoost utiliza una colección de árboles de decisión interrelacionados y optimiza sus predicciones mediante el descenso de gradiente, un popular algoritmo de optimización cuyo objetivo es encontrar el mínimo de una función, en este caso, el error residual. En otras palabras, el descenso de gradiente ajusta iterativamente el modelo para minimizar la diferencia entre sus predicciones y los valores reales.

El diseño de XGBoost lo hace muy adecuado para entornos informáticos distribuidos. Esta compatibilidad se extiende a Apache Spark, una plataforma de procesamiento de datos a gran escala, y a plataformas de computación en la nube como Google Cloud y Amazon Web Services (AWS). Estas plataformas proporcionan los recursos informáticos necesarios para ejecutar XGBoost con eficacia, especialmente en grandes conjuntos de datos.

A continuación, veremos el proceso de implementación del refuerzo de gradiente mediante el algoritmo XGBoost. Nuestro recorrido incluye la preparación de los datos, el entrenamiento del modelo, la generación de predicciones y la evaluación del rendimiento del modelo. Para empezar, la preparación de los datos es clave para utilizar correctamente el algoritmo XGBoost. Los datos en bruto suelen contener incoherencias, valores perdidos o tipos de variables que pueden no ser adecuados para el algoritmo. Por lo tanto, es imprescindible preprocesar y limpiar los datos, normalizando los campos numéricos y codificando los categóricos según sea necesario. Una vez formateados, podemos proceder al entrenamiento del modelo. Hemos creado una instancia del clasificador XGBClassifier, que utilizaremos para ajustar nuestro modelo. Veamos los pasos necesarios:

1. Este proceso se entrena utilizando los subconjuntos de datos X_train e y_train, que representan nuestras características y etiquetas respectivamente:

```
from xgboost import XGBClassifier
classifier = XGBClassifier()
classifier.fit(X_train, y_train)
```

```
XGBClassifier(base_score=None, booster=None,
              callbacks=None, colsample_bylevel=None,
              colsample_bynode=None,
              colsample_bytree=None,
              early_stopping_rounds=None,
              enable_categorical=False, eval_metric=None,
              feature_types=None,
              gamma=None, gpu_id=None, grow_policy=None,
              importance_type=None,
              interaction_constraints=None,
              learning_rate=None, max_bin=None,
              max_cat_threshold=None,
              max_cat_to_onehot=None, max_delta_step=None,
              max_depth=None, max_leaves=None,
              min_child_weight=None, missing=nan,
              monotone_constraints=None,
              n_estimators=100, n_jobs=None,
              num_parallel_tree=None,predictor=None,
              random_state=None, ...)
```

2. Después, generaremos predicciones basadas en el modelo recién entrenado:

```
y_pred = classifier.predict(X_test)
cm = metrics.confusion_matrix(y_test, y_pred)
```

3. La salida es la siguiente:

cm

```
array([[64,  4],
       [ 4, 28]])
```

4. Por último, cuantificaremos el rendimiento del modelo:

```
accuracy = metrics.accuracy_score(y_test,y_pred)
recall = metrics.recall_score(y_test,y_pred)
precision = metrics.precision_score(y_test,y_pred)
print(accuracy,recall,precision)
```

5. El resultado es el siguiente:

```
0.92 0.875 0.875
```

Veamos ahora el algoritmo Random Forest.

El algoritmo Random Forest, o bosque aleatorio, es un método de aprendizaje ensemble que consigue su eficacia combinando los resultados de numerosos árboles de decisión, reduciendo así tanto el sesgo como la varianza. A continuación, veremos en detalle cómo se entrena y cómo genera predicciones. En el entrenamiento, el algoritmo Random Forest aprovecha una técnica conocida como *bagging*, o *bootstrap-aggregation*. Dicha técnica genera N subconjuntos a partir del conjunto de datos de entrenamiento, cada uno de ellos creado mediante la selección aleatoria de algunas filas y columnas de los datos de entrada. Este proceso de selección introduce aleatoriedad en el modelo, de ahí el nombre de "bosque aleatorio". Cada subconjunto de datos se utiliza para entrenar un árbol de decisión independiente, lo que da como resultado una colección de árboles denominados desde C_1 hasta C_m. Estos árboles pueden ser de cualquier tipo, pero normalmente son árboles binarios en los que cada nodo divide los datos en función de una única característica.

En cuanto a las predicciones, el modelo Random Forest emplea un sistema de votación democrático. Cuando se introduce un nuevo dato en el modelo de predicción, cada árbol de decisión del bosque genera su propia etiqueta. La predicción final se determina por mayoría, es decir, la etiqueta que ha recibido más votos de todos los árboles se convierte en la predicción global.

La figura 7.12 ilustra este modelo:

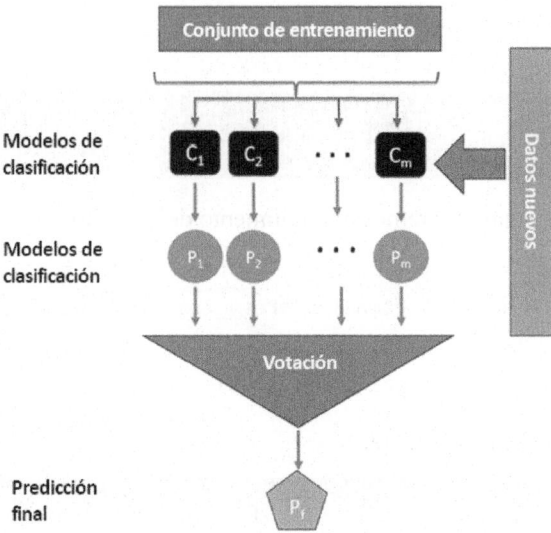

Figura 7.12: *Random Forest.*

Observa que, en la figura 7.12, se entrenan *m* árboles, los cuales se representan mediante C_1 a C_m, es decir, *Árboles = {C_1,..,C_m}*.

Cada uno de los árboles genera una predicción, que se representa mediante un conjunto:

$$Predicciones\ individuales = P = \{P_1,..., P_m\}$$

La predicción final está representada por Pf y está determinada por la mayoría de las predicciones individuales. La función mode puede utilizarse para encontrar la decisión mayoritaria (mode es el número que se repite con más frecuencia y está en la mayoría). La predicción individual y la predicción final están vinculadas, como se indica a continuación:

```
Pf = mode (P)
```

Esta técnica de ensemble ofrece varias ventajas. En primer lugar, la aleatoriedad introducida tanto en la selección de datos como en la construcción del árbol de decisión reduce el riesgo de sobreajuste, aumentando la solidez del modelo. En segundo lugar, cada árbol del bosque funciona de forma independiente, lo que hace que los modelos Random Forest sean altamente paralelizables y, por tanto, adecuados para grandes conjuntos de datos. Por último, los modelos Random Forest son versátiles, capaces de realizar tareas tanto de regresión como de clasificación, así como de tratar eficazmente los datos perdidos o atípicos.

Sin embargo, hay que tener en cuenta que la eficacia de un modelo Random Forest depende en gran medida del número de árboles que contenga. Si este número es demasiado reducido, podría dar lugar a un modelo débil, mientras que un número excesivo podría producir cálculos innecesarios. Es importante ajustar este parámetro en función de las necesidades específicas de cada aplicación.

Distinguir el algoritmo Random Forest del ensemble boosting

Random Forest y ensemble boosting representan dos enfoques distintos del aprendizaje por conjuntos, un potente método de aprendizaje automático que combina varios modelos para crear predicciones más sólidas y precisas.

En el algoritmo Random Forest cada árbol de decisión funciona de forma independiente, sin verse influido por el rendimiento o la estructura de los demás árboles del bosque. Cada árbol se construye a partir de un subconjunto diferente de datos y utiliza un subconjunto distinto de características para sus decisiones, lo que aumenta la diversidad global del conjunto. El resultado final se determina sumando las predicciones de todos los árboles, normalmente por mayoría.

Por su parte, el ensemble boosting emplea un proceso secuencial en el que cada modelo es consciente de los errores cometidos por sus predecesores. Las técnicas de boosting generan una secuencia de modelos en la que cada modelo pretende corregir los errores del anterior. Esto se consigue asignando pesos más altos a las instancias mal clasificadas en el conjunto de entrenamiento para el siguiente modelo de la secuencia. La predicción final es una suma ponderada de las predicciones realizadas por todos los modelos del conjunto, dando así más influencia a los modelos más precisos.

En lo esencial, mientras que Random Forest aprovecha el poder de la independencia y la diversidad, ensemble boosting se centra en corregir errores y mejorar a partir de errores pasados. Cada enfoque tiene sus puntos fuertes y puede ser más eficaz, dependiendo de la naturaleza y la estructura de los datos que se modelen.

Uso del algoritmo Random Forest para el reto de los clasificadores

Vamos a instanciar el algoritmo Random Forest y lo utilizaremos para entrenar nuestro modelo con los datos de entrenamiento. En este caso, existen dos hiperparámetros clave:

- `n_estimators`
- `max_depth`

El hiperparámetro `n_estimators` determina el número de árboles de decisión individuales que se construyen dentro del conjunto. Básicamente, determina el tamaño del "bosque". Un mayor número de árboles suele dar lugar a predicciones más sólidas, ya que aumenta la diversidad de vías de decisión y la capacidad de generalización de un modelo. Sin embargo, es importante tener en cuenta que añadir más árboles también aumenta la complejidad computacional y, a partir de cierto punto, las mejoras en la precisión pueden llegar a ser insignificantes.

Por otro lado, el hiperparámetro `max_depth` especifica la profundidad máxima que puede alcanzar cada árbol. En el contexto de los árboles de decisión, la "profundidad" se refiere al camino más largo desde el nodo raíz (el punto de partida en la parte superior del árbol) hasta un nodo hoja (las salidas de decisión finales en la parte inferior). Al limitar la profundidad máxima, controlamos esencialmente la complejidad de las estructuras aprendidas, equilibrando la compensación entre el subajuste (*underfitting*) y el sobreajuste (*overfitting*). Un árbol demasiado superficial puede pasar por alto reglas de decisión importantes, mientras que un árbol demasiado profundo puede ajustarse en exceso a los datos de entrenamiento, captando ruido y valores atípicos.

El ajuste preciso de estos dos hiperparámetros es fundamental en la optimización del rendimiento de los modelos basados en árboles de decisión, ya que logra el equilibrio adecuado entre la capacidad de predicción y la eficiencia computacional.

Para entrenar un clasificador utilizando el algoritmo Random Forest, haremos lo siguiente:

```
classifier = RandomForestClassifier(n_estimators = 10, max_depth = 4,
criterion = 'entropy', random_state = 0)
classifier.fit(X_train, y_train)
```

```
RandomForestClassifier(n_estimators = 10, max_depth = 4,
criterion ='entropy', random_state = 0)
```

Una vez entrenado el modelo Random Forest, vamos a utilizarlo para realizar predicciones:

```
y_pred = classifier.predict(X_test)
cm = metrics.confusion_matrix(y_test, y_pred)
cm
```

Lo que da como resultado:

```
array ([[64, 4],
        [3, 29]])
```

Veamos ahora lo bueno que es nuestro modelo:

```
accuracy= metrics.accuracy_score(y_test,y_pred)
recall = metrics.recall_score(y_test,y_pred)
precision = metrics.precision_score(y_test,y_pred)
print(accuracy,recall,precision)
```

Observaremos el siguiente resultado:

```
0.93 0.90625 0.8787878787878788
```

Random Forest es un método de aprendizaje automático popular y versátil que puede utilizarse tanto para tareas de clasificación como de regresión. Es muy conocido por su sencillez, solidez y flexibilidad, lo que lo hace aplicable en una amplia gama de contextos.

Veamos ahora qué es la regresión logística.

Regresión logística

La regresión logística es un algoritmo de clasificación utilizado para la clasificación binaria. Utiliza una función logística para formular la interacción entre las características de entrada y la etiqueta y es una de las técnicas de clasificación más sencillas para modelar variables dependientes binarias.

Suposiciones

La regresión logística realiza las siguientes suposiciones:

- El conjunto de datos de entrenamiento no tiene valores perdidos.
- La etiqueta es una variable categórica binaria.
- La etiqueta es ordinal, es decir, una variable categórica con valores ordenados.
- Todas las características o variables de entrada son independientes entre sí.

Establecer la relación

En regresiones logísticas, el valor predicho se calcula del siguiente modo:

$$\acute{y} = \sigma\,(\omega X + j)$$

Supongamos que:

$$z = \omega X + j$$

Por lo que:

$$\sigma\,(z) = 1\,/\,(1 + e^{-z})$$

La relación anterior puede representarse gráficamente del siguiente modo:

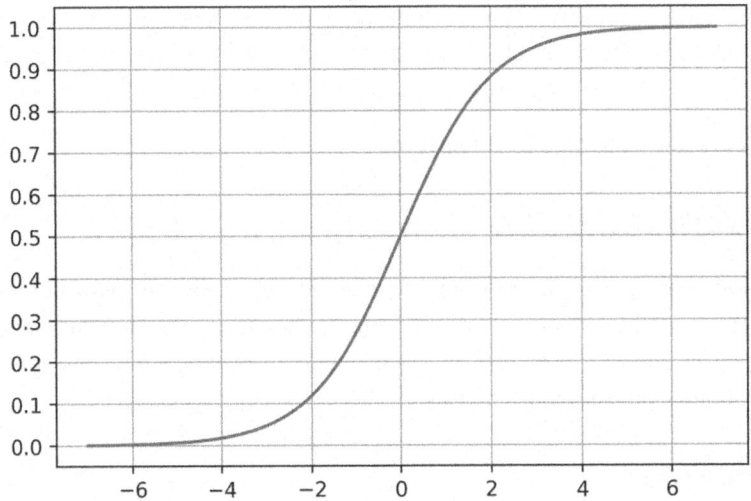

Figura 7.13: *Trazado de la función sigmoide.*

Observa que, si *z* es grande, σ (z) será igual a 1. Si *z* es muy pequeño o un número negativo grande, σ (z) será igual a 0. Además, cuando *z* es 0, entonces σ (z) = 0.5. Sigmoide es una función natural para representar probabilidades, ya que está estrictamente limitada entre 0 y 1. Por "natural" entendemos que es adecuada o especialmente eficaz debido a sus propiedades inherentes. En este caso, la función sigmoide siempre da un valor entre 0 y 1, que coincide con el intervalo de probabilidad. Esto la convierte en una gran herramienta para modelar probabilidades en regresión logística. El objetivo de entrenar un modelo de regresión logística es encontrar los valores correctos para *w* y *j*.

 La regresión logística recibe su nombre de la función que se utiliza para formularla, denominada **función logística** o **sigmoide**.

Las funciones loss y cost

La función loss define cómo queremos cuantificar un error para un ejemplo concreto en nuestros datos de entrenamiento. La función cost define cómo queremos minimizar un error en todo nuestro conjunto de datos de entrenamiento. Así, la función loss se utiliza para uno de los ejemplos del conjunto de datos de entrenamiento y la función cost, para el coste global que cuantifica la desviación global de los valores reales y predichos. Depende de la elección de *w* y *h*.

La función loss que se utiliza en la regresión logística para un determinado ejemplo *i* en el conjunto de entrenamiento es la siguiente:

$$Loss\ (\acute{y}^{(i)}, y^{(i)}) = -\ (y^{(i)}\ log\ \acute{y}^{(i)} + (1-y^{(i)})\ log\ (1-\acute{y}^{(i)}))$$

Observa que, cuando $y^{(i)} = 1$, $Loss(\acute{y}^{(i)}, y^{(i)}) = -\ log\acute{y}^{(i)}$. Minimizar la función `loss` dará como resultado un valor grande de $\acute{y}^{(i)}$. Al ser una función sigmoide, el valor máximo será 1.

Si $y^{(i)} = 0$, $Loss\ (\acute{y}^{(i)}, y^{(i)}) = -\ log\ (1-\acute{y}^{(i)})$.

Minimizar la función `loss` dará como resultado que $\acute{y}^{(i)}$ sea lo más pequeño posible, es decir, 0.

La función `cost` en la regresión logística es la siguiente:

$$Cost(\omega, b) = \frac{1}{b} \sum Loss(\acute{y}^{(i)}, y^{(i)})$$

Veamos ahora los detalles de la regresión logística.

Cuándo utilizar la regresión logística

La regresión logística funciona muy bien para los clasificadores binarios. Para que se entienda, la clasificación binaria se refiere al proceso de predecir uno de dos resultados posibles. Por ejemplo, si intentamos predecir si un correo electrónico es *spam* o no, se trata de un problema de clasificación binaria porque solo hay dos resultados posibles: "*spam*" o "no *spam*".

Sin embargo, la regresión logística tiene ciertas limitaciones. En particular, puede dar problemas cuando se trata de grandes conjuntos de datos de baja calidad. Por ejemplo, consideremos un conjunto de datos con numerosos valores perdidos, valores atípicos o características irrelevantes. El modelo de regresión logística podría tener dificultades para producir predicciones precisas en estas circunstancias.

Además, aunque la regresión logística puede tratar eficazmente las relaciones lineales entre las características y la variable objetivo, puede no ser suficiente cuando se trata de relaciones complejas y no lineales. Imagina un conjunto de datos en el que la relación entre las variables predictoras y el objetivo no sea una línea recta, sino una curva; un modelo de regresión logística podría tener problemas en esta situación.

A pesar de estas limitaciones, la regresión logística puede servir a menudo como un punto de partida sólido para tareas de clasificación. Proporciona un rendimiento de referencia que puede utilizarse para comparar la eficacia de modelos más complejos. Aunque no proporciona la máxima precisión, sí ofrece interpretabilidad y sencillez, lo que puede ser valioso en determinados contextos.

Uso del algoritmo de regresión logística para el reto de los clasificadores

En esta sección veremos cómo podemos utilizar el algoritmo de regresión logística para el reto de los clasificadores:

1. En primer lugar, instanciaremos un modelo de regresión logística y lo entrenaremos con los datos de entrenamiento:

```
from sklearn.linear_model import LogisticRegression
classifier = LogisticRegression(random_state = 0)
classifier.fit(X_train, y_train)
```

2. Vamos a predecir los valores de los datos de prueba y crearemos una matriz de confusión:

```
y_pred = classifier.predict(X_test)
cm = metrics.confusion_matrix(y_test, y_pred)
cm
```

3. Al ejecutar el código anterior, obtenemos la siguiente salida:

```
array ([[65, 3],
        [6, 26]])
```

4. Veamos ahora las métricas de rendimiento:

```
accuracy= metrics.accuracy_score(y_test,y_pred)
recall = metrics.recall_score(y_test,y_pred)
precision = metrics.precision_score(y_test,y_pred)
print(accuracy,recall,precision)
```

5. Al ejecutar el código anterior, obtenemos la siguiente salida:

```
0.91 0.8125 0.8996551724137931
```

Veamos, a continuación, las SVM o máquinas de vectores de soporte.

El algoritmo basado en SVM

El clasificador SVM es una sólida herramienta del arsenal del aprendizaje automático, que funciona identificando un límite de decisión óptimo, o hiperplano, que segrega claramente dos clases. Para verlo más claro, piensa en este "hiperplano" como una línea (en dos dimensiones), una superficie (en tres dimensiones) o un tubo (en dimensiones superiores) que separe de forma óptima las distintas clases en el espacio de características.

La característica clave que destaca a las SVM es su objetivo de optimización: trata de maximizar el margen, que es la distancia entre el límite de decisión y los puntos de datos más cercanos de cada clase, conocidos como "vectores de soporte". En términos más sencillos, el algoritmo SVM no se limita a encontrar una línea que separe las clases, sino que también intenta encontrar la línea más alejada posible de los puntos más cercanos de cada clase, maximizando así el espacio de separación.

Consideremos un ejemplo básico bidimensional en el que intentamos separar los círculos de las cruces. Nuestro objetivo con las SVM no es solo encontrar una línea que divida estos dos tipos de formas, sino también encontrar la línea que mantenga la mayor distancia de los círculos y cruces más cercanos a ella.

Las SVM pueden ser extremadamente útiles cuando se trabaja con datos de alta dimensión, dominios complejos o cuando las clases no son fácilmente separables por una simple línea recta. Pueden funcionar excepcionalmente bien donde la regresión logística puede fallar, por ejemplo, en situaciones con datos no linealmente separables.

El margen se define como la distancia entre el hiperplano de separación (el límite de decisión) y las muestras de entrenamiento más cercanas a este hiperplano, denominadas **vectores de soporte**. Empecemos con un ejemplo muy básico con solo dos dimensiones, X_1 y X_2. Queremos conseguir una línea que separe los círculos de las cruces. Esta afirmación se muestra en el diagrama siguiente:

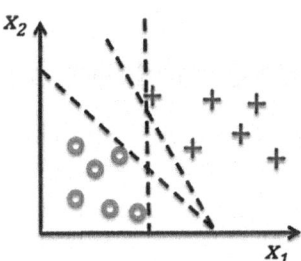

Figura 7.14: *Algoritmo SVM.*

Hemos trazado dos líneas y ambas separan perfectamente las cruces de los círculos. Sin embargo, tiene que haber una línea óptima, o límite de decisión, que nos dé la mejor oportunidad de clasificar correctamente la mayoría de los ejemplos adicionales. Una opción razonable puede ser una línea espaciada uniformemente entre estas dos clases para dar un poco de margen a cada clase, como se muestra a continuación:

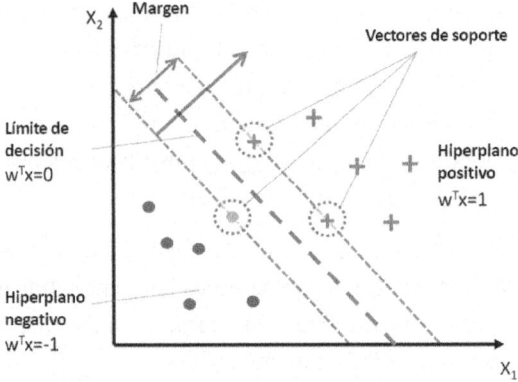

Figura 7.15: *Conceptos relacionados con las SVM.*

Además, a diferencia de la regresión logística, las SVM están mejor equipadas para manejar conjuntos de datos más pequeños y limpios, y destacan en la captura de relaciones complejas sin necesidad de una gran cantidad de datos. Sin embargo, la contrapartida aquí es la interpretabilidad: mientras que la regresión logística proporciona información fácilmente comprensible sobre el proceso de toma de decisiones del modelo, las SVM, al ser intrínsecamente más complejas, no son tan fáciles de interpretar.

Veamos a continuación cómo podemos utilizar las SVM para entrenar un clasificador para nuestro reto.

Uso del algoritmo SVM para el reto de los clasificadores

En primer lugar, debemos instanciar el clasificador SVM y utilizar la parte de entrenamiento de los datos etiquetados para entrenarlo. El hiperparámetro `kernel` determina el tipo de transformación que se aplica a los datos de entrada para hacerlos linealmente separables:

```
from sklearn.svm import SVC
classifier = SVC(kernel = 'linear', random_state = 0)
classifier.fit(X_train, y_train)
```

1. Una vez entrenados, generaremos algunas predicciones y observaremos la matriz de confusión:

```
y_pred = classifier.predict(X_test)
cm = metrics.confusion_matrix(y_test, y_pred)
cm
```

2. Observa la siguiente salida:

```
array ([[66, 2],
        [9, 23]])
```

3. Veamos ahora las métricas de rendimiento:

```
accuracy= metrics.accuracy_score(y_test,y_pred)
recall = metrics.recall_score(y_test,y_pred)
precision = metrics.precision_score(y_test,y_pred)
print(accuracy,recall,precision)
```

Después de ejecutar el código anterior, obtenemos como salida los siguientes valores:

```
0.89 0.71875 0.92
```

El algoritmo Naive Bayes

Basado en la teoría de la probabilidad, Naive Bayes es uno de los algoritmos de clasificación más sencillos. Si se utiliza correctamente, puede ofrecer predicciones precisas. El algoritmo Naive Bayes se denomina así por dos razones:

- Se basa en la suposición naíf (*naive*) de que las características y la variable de entrada son independientes entre sí.

- Se basa en el teorema de Bayes, el cual se utiliza para calcular la probabilidad de una determinada clase o resultado, dadas algunas características observadas.

Este algoritmo intenta clasificar las instancias basándose en las probabilidades de los atributos/instancias precedentes, asumiendo una independencia completa de los atributos.

Existen tres tipos de sucesos:

- Los sucesos **independientes** no afectan a la probabilidad de que ocurra otro suceso (por ejemplo, recibir un correo electrónico ofreciendo una entrada gratuita a un evento tecnológico *y* que se produzca una reorganización en su empresa).

- Los sucesos **dependientes** afectan a la probabilidad de que se produzca otro suceso, es decir, están relacionados de algún modo (por ejemplo, la probabilidad de que llegues a tiempo a una conferencia podría verse afectada por una huelga del personal de la compañía aérea o porque los vuelos no salgan a la hora prevista).

- Los sucesos **mutuamente excluyentes** no pueden ocurrir de forma simultánea (por ejemplo, la probabilidad de sacar un tres y un seis en una sola tirada de dados es 0: estos dos resultados son mutuamente excluyentes).

Teorema de Bayes

El teorema de Bayes se utiliza para calcular la probabilidad condicional entre dos sucesos independientes, A y B. La probabilidad de que ocurran dichos sucesos se representa mediante $P(A)$ y $P(B)$. La probabilidad condicional se representa mediante $P(B|A)$, que es la probabilidad condicional de que ocurra el suceso B si ha ocurrido el suceso A:

$$P(A|B) = P(B|A)P(A) / P(B)$$

El algoritmo Naive Bayes es especialmente eficaz en escenarios en los que la dimensionalidad de las entradas (número de características) es alta. Esto lo hace muy adecuado para tareas de clasificación de textos, como la detección de *spam* o el análisis de sentimiento.

Puede manejar datos tanto continuos como discretos y es eficiente desde el punto de vista computacional, lo que lo hace útil para predicciones en tiempo real. Naive Bayes también es una buena opción cuando se dispone de recursos computacionales limitados y se necesita una implementación rápida y sencilla, pero hay que tener en cuenta que su suposición "naíf" de independencia de características puede ser una limitación en algunos casos.

Cálculo de probabilidades

Naive Bayes se basa en los fundamentos de la probabilidad. La probabilidad de que se produzca un único suceso (probabilidad observacional) se calcula tomando el número de veces que se ha producido el suceso y dividiéndolo por el número total de procesos que podrían haber conducido a ese suceso. Por ejemplo, un centro de llamadas recibe más de 100 llamadas de asistencia al día, 50 veces más que el mes anterior. Queremos saber la probabilidad de que se responda a una llamada en menos de tres minutos, según el tiempo en que se respondió el mes anterior. Si el centro de llamadas consigue igualar este registro de tiempo en 27 ocasiones, la probabilidad observacional de que 100 llamadas sean atendidas en menos de tres minutos es la siguiente:

P(100 llamadas de soporte en menos de 3 min) = (27 / 50) = 0.54 (54 %)

Se puede responder a cien llamadas en menos de tres minutos en aproximadamente la mitad de tiempo, según los registros de las 50 veces que ocurrió en el pasado.

Veamos ahora las reglas de la multiplicación para sucesos AND.

Reglas de la multiplicación para sucesos AND

Para calcular la probabilidad de que dos o más sucesos ocurran simultáneamente, debes observar si los sucesos son independientes o dependientes. Si son independientes, se utiliza la regla de la multiplicación simple:

*P(resultado 1 AND resultado 2) = P(resultado 1) * P(resultado 2)*

Por ejemplo, para calcular la probabilidad de recibir por correo electrónico una entrada gratuita a un evento tecnológico *y* la reorganización que se está produciendo en tu lugar de trabajo, se utilizaría esta sencilla regla. Los dos sucesos son independientes, ya que la ocurrencia de uno no afecta a la probabilidad de que ocurra el otro.

Si recibir el correo electrónico del evento tecnológico tiene una probabilidad del 31 % y la probabilidad de reorganización de la plantilla es del 82 %, la probabilidad de que se produzcan ambos casos se calcula del siguiente modo:

$$P(correo\ electrónico\ AND\ reorganización) = P(correo\ electrónico) *$$
$$P(reorganización) = (0.31) * (0.82) = 0.2542\ (25\ \%)$$

Regla general de la multiplicación

Si dos o más sucesos son dependientes, se utiliza la regla general de la multiplicación. En realidad, esta fórmula es válida tanto para sucesos independientes como dependientes:

$$P(resultado\ AND\ resultado\ 2)=P(resultado\ 1)*P(resultado\ 2\ |\ resultado\ 1)$$

Observa que *P(resultado 2 | resultado 1)* se refiere a la probabilidad condicional de que el `resultado 2` se produzca porque ya se ha producido el `resultado 1`. La fórmula incorpora la dependencia entre los sucesos. Si los sucesos son independientes, la probabilidad condicional es irrelevante, ya que un resultado no influye en la posibilidad de que se produzca el otro, y *P(resultado 2 | resultado 1)* es simplemente *P(resultado 2)*. Observa que la fórmula en este caso se convierte simplemente en la regla de la multiplicación simple.

Vamos a ilustrar este hecho con un ejemplo sencillo. Supongamos que sacas dos cartas de una baraja y quieres saber la probabilidad de sacar primero un as y luego, un rey. El primer suceso (sacar un as) modifica las condiciones del segundo suceso (sacar un rey), ya que no estamos sustituyendo el as de la baraja. Según la regla general de la multiplicación, podemos calcularlo como *P(as)* P(rey | as)*, donde *P(rey | as)* es la probabilidad de sacar un rey puesto que ya hemos sacado un as.

Reglas de la adición para sucesos OR

Para calcular la probabilidad de que se produzca uno u otro suceso (mutuamente excluyentes), se utiliza la siguiente regla simple de la adición:

$$P(resultado\ 1\ OR\ resultado\ 2) = P(resultado\ 1) + P(resultado\ 2)$$

Por ejemplo, ¿cuál es la probabilidad de sacar un 6 o un 3? Para responder a esta pregunta, en primer lugar, hay que tener en cuenta que ambos resultados no pueden darse simultáneamente. La probabilidad de sacar un 6 es (1 / 6) y lo mismo ocurre con el 3:

$$P(6\ OR\ 3) = (1\ /\ 6) + (1\ /\ 6) = 0.33\ (33\ \%)$$

Si los sucesos no son mutuamente excluyentes y pueden ocurrir a la vez, utiliza la siguiente fórmula general de la suma, que es válida tanto en los casos de exclusividad mutua como en los de no exclusividad mutua:

$$P(resultado\ 1\ OR\ resultado\ 2) = P(resultado\ 1) + P(resultado\ 2)\ P(resultado\ 1\ AND$$
$$resultado\ 2)$$

Uso del algoritmo Naive Bayes para el reto de los clasificadores

A continuación, vamos a utilizar el algoritmo Naive Bayes para resolver el reto de los clasificadores:

1. En primer lugar, importaremos la función `GaussianNB()` y la utilizaremos para entrenar el modelo:

```
# Ajuste del árbol de decisión al conjunto de entrenamiento
from sklearn.naive_bayes import GaussianNB
classifier = GaussianNB()
classifier.fit(X_train, y_train)
```

```
GaussianNB()
```

2. Seguidamente, utilizaremos el modelo entrenado para predecir los resultados. Lo utilizaremos para predecir las etiquetas de nuestra partición de prueba, que es `X_test`:

```
# Predicción de los resultados de la prueba
y_pred = classifier.predict(X_test)
cm = metrics.confusion_matrix(y_test, y_pred)
```

3. Ahora, imprimimos la matriz de confusión:

```
cm
```

```
array([[66, 2],
       [6, 26]])
```

4. E imprimimos también las matrices de rendimiento para cuantificar la calidad de nuestro modelo entrenado:

```
accuracy= metrics.accuracy_score(y_test,y_pred)
recall = metrics.recall_score(y_test,y_pred)
precision = metrics.precision_score(y_test,y_pred)
print(accuracy,recall,precision)
```

Lo que da como resultado:

```
0.92 0.8125 0.9285714285714286
```

Para los algoritmos de clasificación, el ganador es...

Vamos a tomarnos un momento para comparar las métricas de rendimiento de los distintos algoritmos que hemos analizado. Sin embargo, ten en cuenta que estas métricas dependen en gran medida de los datos que hemos utilizado en estos ejemplos, y pueden variar significativamente en otros conjuntos de datos.

El rendimiento de un modelo puede verse influido por factores como la naturaleza de los datos, su calidad y la adecuación de las hipótesis del modelo a los datos.

Este es un resumen de nuestras observaciones:

Algoritmo	Precisión	Recuperación	Exactitud
Árbol de decisión	0.94	0.93	0.88
XGBoost	0.93	0.90	0.87
Random Forest	0.93	0.90	0.87
Regresión logística	0.91	0.81	0.89
SVM	0.89	0.71	0.92
Naive Bayes	0.92	0.81	0.92

De la tabla anterior se desprende que el clasificador de árbol de decisión presenta el mayor rendimiento en términos de precisión y recuperación en este contexto concreto. En cuanto a la precisión, observamos un empate entre los algoritmos SVM y Naive Bayes.

Sin embargo, recuerda que estos resultados dependen de los datos. Por ejemplo, las SVM pueden ser excelentes en situaciones en las que los datos son linealmente separables o pueden serlo mediante transformaciones del núcleo. En cambio, Naive Bayes funciona bien cuando las características son independientes. Los árboles de decisión y Random Forest pueden funcionar mejor cuando tenemos relaciones no lineales complejas. La regresión logística es una buena elección para tareas de clasificación binaria y puede servir como modelo de referencia. Por último, XGBoost, al ser una técnica ensemble, es potente cuando trata con una amplia gama de tipos de datos y suele ser la mejor en términos de rendimiento del modelo en varias tareas.

Por lo tanto, es fundamental comprender los datos y los requisitos de la tarea antes de elegir un modelo. Estos resultados no son más que un punto de partida, por lo que es preciso llevar a cabo una exploración y validación más profundas para cada caso de uso específico.

Algoritmos de regresión

Un modelo de aprendizaje automático supervisado utiliza uno de los algoritmos de regresión si la etiqueta es una variable continua. En este caso, el modelo de aprendizaje automático se denomina regresor.

Para entenderlo mejor, veamos un par de ejemplos. Supongamos que queremos predecir la temperatura de la próxima semana basándonos en datos históricos, o que nos interesa pronosticar las ventas de una tienda en los próximos meses.

Tanto las temperaturas como las cifras de ventas son variables continuas, lo que significa que pueden tomar cualquier valor dentro de un rango especificado, a diferencia de las variables categóricas, que tienen un número fijo de categorías distintas. En estos casos, utilizaríamos un regresor en lugar de un clasificador.

En esta sección presentaremos varios algoritmos que se pueden utilizar para entrenar un modelo de regresión de aprendizaje automático supervisado o, en otras palabras, un regresor. Antes de entrar en los detalles de los algoritmos, vamos a crear primero un reto para que estos algoritmos pongan a prueba su rendimiento, habilidad y eficacia.

El reto de los regresores

De forma similar al planteamiento que utilizamos con los algoritmos de clasificación, primero presentaremos un problema a resolver como reto para todos los algoritmos de regresión y llamaremos a este problema común el reto de los regresores. Utilizaremos tres algoritmos de regresión diferentes para abordar dicho reto. Este enfoque de utilizar un reto común para diferentes algoritmos de regresión tiene dos ventajas:

- Podemos preparar los datos una vez y utilizarlos en los tres algoritmos de regresión.

- Podemos comparar el rendimiento de tres algoritmos de regresión de forma significativa, ya que los utilizaremos para resolver el mismo problema.

Veamos en qué consiste nuestro reto.

Enunciado del problema del reto de los regresores

Hoy en día, la predicción del kilometraje de los vehículos es importante. Un vehículo eficiente es bueno para el medio ambiente, además de rentable. El kilometraje puede estimarse a partir de la potencia del motor y las características del vehículo. Creemos un reto para los regresores para entrenar un modelo que pueda predecir los **kilómetros por litro** (**MPG**, del inglés *Miles per Gallon*) que puede recorrer un vehículo basándose en sus características.

Veamos el conjunto de datos históricos que utilizaremos para entrenar los regresores.

Explorar el conjunto de datos históricos

A continuación, se describen las características del conjunto de datos históricos de que disponemos:

Nombre	Tipo	Descripción
NAME	Categórica	Identifica un vehículo concreto
CYLINDERS	Continua	Número de cilindros (entre cuatro y ocho)
DISPLACEMENT	Continua	Cilindrada del motor en pulgadas cúbicas

Nombre	Tipo	Descripción
HORSEPOWER	Continua	Potencia del motor
ACCELERATION	Continua	Tiempo que tarda en acelerar de 0 a 100 km/h (en segundos)

La etiqueta de este problema es una variable continua, MPG, que especifica los km/l de cada uno de los vehículos.

Diseñemos primero el canal de procesamiento de datos para este problema.

Ingeniería de características mediante un canal de procesamiento de datos

Veamos cómo podemos diseñar un canal de procesamiento reutilizable para abordar el reto de los regresores. Como ya hemos dicho, prepararemos los datos una vez y luego los utilizaremos en todos los algoritmos de regresión. Seguiremos estos pasos:

1. Empezamos importando el conjunto de datos, como se indica a continuación:

   ```
   dataset = pd.read_csv('https://storage.googleapis.com/
   neurals/data/data/auto.csv')
   ```

2. Seguidamente, previsualizamos el conjunto de datos:

   ```
   dataset.head(5)
   ```

3. Este es el aspecto que tendrá el conjunto de datos:

	NAME	CYLINDERS	DISPLACEMENT	HORSEPOWER	WEIGHT	ACCELERATION	MPG
0	chevrolet chevelle malibu	8	307.0	130	3504	12.0	18.0
1	buick skylark 320	8	350.0	165	3693	11.5	15.0
2	plymouth satellite	8	318.0	150	3436	11.0	18.0
3	amc rebel sst	8	304.0	150	3433	12.0	16.0
4	ford torino	8	302.0	140	3449	10.5	17.0

Figura 7.16: *Conjunto de datos.*

4. Pasemos ahora a la selección de características. Vamos a eliminar la columna NAME, pues se trata solo de un identificador para los coches. La columna que se utiliza para identificar las filas de nuestro conjunto de datos no es relevante para el entrenamiento del modelo. Por ello, la eliminamos.

5. Convertimos todas las variables de entrada e imputamos todos los valores null:

   ```
   dataset=dataset.drop(columns=['NAME'])
   dataset.head(5)
   ```

```
dataset= dataset.apply(pd.to_numeric, errors='coerce')
dataset.fillna(0, inplace=True)
```

La imputación mejora la calidad de los datos y los prepara para ser utilizados en el entrenamiento del modelo. Y llegamos al último paso.

6. Debemos dividir los datos en particiones de prueba y de entrenamiento:

```
y=dataset['MPG']
X=dataset.drop(columns=['MPG'])
# Dividir los datos en conjunto de entrenamiento y de prueba
from sklearn.model_selection import train_test_split
from sklearn.cross_validation import train_test_split
X_train, X_test, y_train, y_test = train_test_split(X, y,
test_size = 0.25, random_state = 0)
```

De este modo, se han creado las cuatro estructuras de datos siguientes:

- X_train: estructura de datos que contiene las características de los datos de entrenamiento.

- X_test: estructura de datos que contiene las características de las pruebas de entrenamiento.

- y_train: vector que contiene los valores de la etiqueta en el conjunto de datos de entrenamiento.

- y_test: vector que contiene los valores de la etiqueta en el conjunto de datos de prueba.

A continuación, utilizaremos los datos preparados en tres regresores diferentes para poder comparar su rendimiento.

Regresión lineal

Entre los algoritmos de aprendizaje automático supervisado, la regresión lineal suele considerarse el más sencillo de entender. Para empezar, estudiaremos la regresión lineal simple e iremos ampliando gradualmente nuestro debate para abarcar, después, la regresión lineal múltiple.

No obstante, es importante señalar que, aunque la regresión lineal es accesible y fácil de aplicar, no siempre es la "mejor" opción. Cada algoritmo de aprendizaje automático, incluidos los que hemos analizado hasta ahora, tiene sus puntos fuertes y sus limitaciones, y su eficacia varía en función del tipo y la estructura de los datos.

Por ejemplo, los árboles de decisión y los Random Forest son excelentes para manejar datos categóricos y captar relaciones no lineales complejas. Las SVM pueden trabajar bien con datos de alta dimensión y son sólidas con los valores atípicos, mientras que la regresión logística es particularmente eficaz para los problemas de clasificación binaria.

Por otra parte, los modelos de regresión lineal son muy adecuados para predecir resultados continuos y pueden proporcionar interpretabilidad, lo que puede ser valioso para comprender el impacto de las características individuales.

Regresión lineal simple

En su nivel más básico, la regresión lineal establece una relación entre dos variables, normalmente representadas como una única variable independiente y una única variable dependiente. La regresión lineal es una técnica que permite estudiar cómo influyen los cambios de la variable independiente (representada en el eje x) en los cambios de la variable dependiente (representada en el eje y). Esta técnica se puede representar de la siguiente manera:

$$\acute{y} = (X)\omega + \alpha$$

Esta fórmula se explica del siguiente modo:

- y es la variable dependiente.
- X es la variable independiente.
- ω es la pendiente que indica cuánto sube la línea por cada aumento de X.
- α es el intercepto que indica el valor de y cuando $X = 0$.

La regresión lineal funciona bajo estas suposiciones:

- **Linealidad**: la relación entre las variables independientes y dependientes es lineal.
- **Independencia**: las observaciones son independientes entre sí.
- **No hay multicolinealidad**: las variables independientes no están demasiado correlacionadas entre sí.

A continuación, se muestran algunos ejemplos de relaciones entre una única variable dependiente continua y una única variable independiente continua:

- El peso de una persona y su consumo de calorías
- El precio de una vivienda y su superficie en metros cuadrados en un barrio determinado
- La humedad del aire y la probabilidad de lluvia

Para la regresión lineal, tanto la variable de entrada (independiente) como la variable objetivo (dependiente) deben ser numéricas. La mejor relación se encuentra minimizando la suma de los cuadrados de las distancias verticales de cada punto, desde una línea trazada a través de todos los puntos. Se supone que la relación es lineal entre la variable predictiva y la etiqueta. Por ejemplo, cuanto más dinero se invierte en investigación y desarrollo, mayores son las ventas.

Veamos ahora un ejemplo concreto. En esta ocasión, intentaremos formular la relación entre los gastos de *marketing* y las ventas de un determinado producto. Se constata que están directamente relacionados entre sí. Los gastos de *marketing* y las ventas se dibujan en un gráfico bidimensional y se muestran como diamantes azules. La mejor manera de comprobar la relación es trazando una línea recta, como se muestra en el siguiente gráfico:

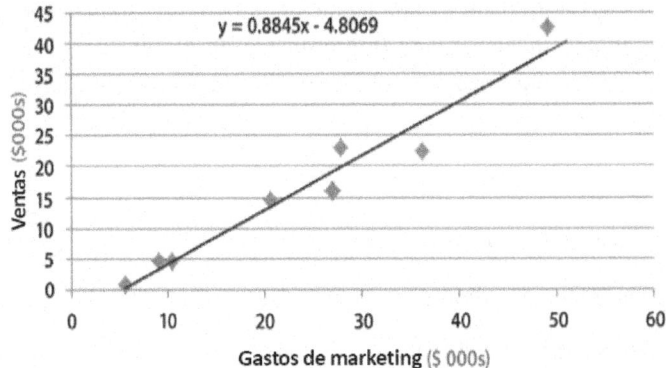

Figura 7.17: *Regresión lineal.*

Una vez trazada la línea, podemos ver la relación matemática entre los gastos de *marketing* y las ventas.

Evaluar los regresores

La línea recta que hemos trazado es una aproximación de la relación entre las variables dependiente e independiente. Incluso la mejor línea tendrá alguna desviación de los valores reales, como se muestra aquí:

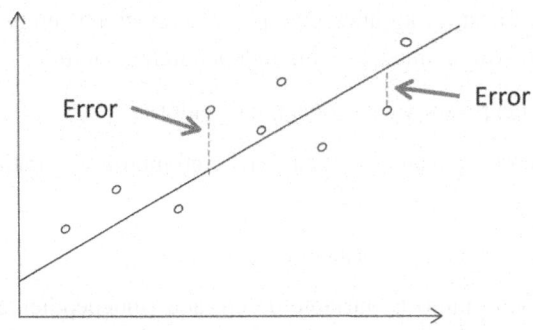

Figura 7.18: *Evaluación de los regresores.*

Una forma típica de cuantificar el rendimiento de los modelos de regresión lineal es utilizar el **error cuadrático medio** (**RMSE**, del inglés *Root Mean Square Error*), el cual calcula matemáticamente la desviación estándar de los errores cometidos por el modelo entrenado. Por ejemplo, en el conjunto de datos de entrenamiento, la función `loss` se calcula del siguiente modo:

$$Loss \ (\acute{y}^{(i)}, \ y^{(i)}) = 1/2(\acute{y}^{(i)} - y^{(i)})2$$

Esto conduce a la siguiente función `cost`, que minimiza la pérdida (`loss`) de todos los ejemplos del conjunto de entrenamiento:

$$\sqrt{\frac{1}{n}\sum_{i=1}^{n}(\acute{y}^{(i)} - y^{i})^{2}}$$

Vamos a tratar de interpretar el RMSE. Si el RMSE es de 50 dólares para nuestro modelo de ejemplo que predice el precio de un producto, esto significa que alrededor del 68.2 % de las predicciones se situarán dentro de los 50 dólares del valor real (es decir, α). También significa que el 95 % de las predicciones no superarán los 100 dólares (es decir, 2α) del valor real. Por último, el 99.7 % de las predicciones se situarán a menos de 150 dólares del valor real.

A continuación, analizaremos la regresión múltiple.

Regresión múltiple

La mayoría de los análisis del mundo real tienen más de una variable independiente. Y esto es un hecho. La regresión múltiple es una extensión de la regresión lineal simple. La diferencia clave es que hay coeficientes beta adicionales para las variables de predicción adicionales. Al entrenar un modelo, el objetivo es encontrar los coeficientes beta que minimicen los errores de la ecuación lineal. Vamos a tratar de formular matemáticamente la relación entre la variable dependiente y el conjunto de variables independientes (características).

Por ejemplo, en el mercado inmobiliario, el precio de una vivienda (la variable dependiente) depende de numerosos factores, como su tamaño, ubicación, antigüedad, entre otros (las variables independientes).

De forma similar a una ecuación lineal simple, la variable dependiente, *y*, se cuantifica como la suma de un término intercepto, más el producto de los coeficientes β multiplicado por el valor *x* para cada una de las *i* características:

$$y = \alpha + \beta_1 x_1 + \beta_2 x_2 + ... + \beta_i x_i + \varepsilon$$

El error está representado mediante ε e indica que las predicciones no son perfectas.

Los coeficientes β permiten que cada característica tenga un efecto estimado independiente sobre el valor de y porque y cambia en una cantidad de βi por cada unidad de aumento en x_i. Además, el intercepto (α) indica el valor esperado de y cuando las variables independientes son todas 0.

Observa que todas las variables de la ecuación anterior pueden representarse mediante un montón de vectores. Las variables objetivo y de predicción son ahora vectores con una fila, y los coeficientes de regresión, β, y los errores, ε, también son vectores.

A continuación, veremos cómo podemos utilizar la regresión lineal para el reto de los regresores.

Uso del algoritmo de regresión lineal para el reto de los regresores

Debemos entrenar el modelo utilizando la partición de entrenamiento del conjunto de datos. Ten en cuenta que utilizaremos los mismos datos y la misma lógica de ingeniería de datos con que hemos trabajado anteriormente:

1. Empezamos importando el paquete de regresión lineal:

   ```
   from sklearn.linear_model import LinearRegression
   ```

2. A continuación, instanciamos el modelo de regresión lineal y lo entrenamos mediante el conjunto de datos de entrenamiento:

   ```
   regressor = LinearRegression()
   regressor.fit(X_train, y_train)
   ```

   ```
   LinearRegression()
   ```

3. Ahora, predecimos los resultados utilizando la partición de prueba del conjunto de datos:

   ```
   y_pred = regressor.predict(X_test)
   from sklearn.metrics import mean_squared_error
   sqrt(mean_squared_error(y_test, y_pred))
   ```

4. La salida generada al ejecutar el código anterior producirá lo siguiente:

   ```
   19.02827669300187
   ```

Como se ha comentado en el apartado anterior, el RMSE es la desviación típica del error. Indica que el 68.2 % de las predicciones se situarán a menos de `4.36` del valor de la etiqueta.

Veamos en qué casos podemos utilizar la regresión lineal.

Cuándo se utiliza la regresión lineal

La regresión lineal se utiliza para resolver muchos problemas del mundo real, entre ellos los siguientes:

- Previsión de ventas.

- Previsión de precios óptimos para productos.

- Cuantificar la relación causal entre suceso y respuesta, como en ensayos clínicos de medicamentos, pruebas de seguridad de ingeniería o en investigación de *marketing*.

- Identificar patrones que puedan utilizarse para predecir comportamientos futuros, a partir de criterios conocidos. Por ejemplo, predecir reclamaciones de seguros, daños por catástrofes naturales, resultados electorales e índices de delincuencia.

A continuación, veremos los puntos débiles de la regresión lineal.

Puntos débiles de la regresión lineal

Los puntos débiles de la regresión lineal son los siguientes:

- Solo funciona con características numéricas.

- Los datos categóricos deben preprocesarse.

- No se adapta bien a los datos perdidos.

- Realiza suposiciones sobre los datos.

El algoritmo del árbol de regresión

Similares a los árboles de clasificación utilizados para resultados categóricos, los árboles de regresión son otro subconjunto de los árboles de decisión, que se emplean cuando el objetivo, o etiqueta, es una variable continua en lugar de categórica. Esta distinción afecta al modo en que el algoritmo del árbol procesa y aprende de los datos.

En el caso de los árboles de clasificación, el algoritmo intenta identificar las categorías a las que pertenecen los puntos de datos. Sin embargo, con los árboles de regresión, el objetivo es predecir un valor específico y continuo. Este puede ser el precio de una casa, la cotización futura de las acciones de una empresa o la temperatura probable para mañana.

Estas variaciones entre los árboles de clasificación y los de regresión también conllevan diferencias en los algoritmos utilizados. En un árbol de clasificación, solemos utilizar métricas como la impureza de Gini o la entropía para encontrar la mejor segmentación. En cambio, los árboles de regresión utilizan medidas como el error cuadrático medio (MSE) para minimizar la distancia entre los valores continuos reales y los previstos.

Uso de un algoritmo de árbol de regresión para el reto de los regresores

En esta sección veremos cómo se puede utilizar un algoritmo de árbol de regresión para el reto de los regresores:

1. Empezamos entrenando el modelo mediante un algoritmo de árbol de regresión:

```
from sklearn.tree import DecisionTreeRegressor
regressor = DecisionTreeRegressor(max_depth=3)
regressor.fit(X_train, y_train)
```

```
DecisionTreeRegressor(max_depth=3)
```

2. Una vez entrenado el modelo, lo utilizamos para predecir los valores:

```
y_pred = regressor.predict(X_test)
```

3. A continuación, calculamos el RMSE para cuantificar el rendimiento del modelo:

```
from sklearn.metrics import mean_squared_error
from math import sqrt
sqrt(mean_squared_error(y_test, y_pred))
```

El resultado que obtenemos es el siguiente:

```
4.464255966462035
```

El algoritmo de regresión de refuerzo de gradiente (gradient boost)

Vamos a centrarnos en el algoritmo de regresión de refuerzo de gradiente, que utiliza un conjunto de árboles de decisión para formular patrones subyacentes en un conjunto de datos.

En esencia, la regresión de refuerzo de gradiente funciona creando un "equipo" de árboles de decisión, en el que cada miembro aprende progresivamente de los errores de sus predecesores. Básicamente, cada árbol de decisión posterior de la secuencia intenta corregir los errores de predicción cometidos por el árbol anterior, lo que da lugar a un "conjunto" o "ensemble" que realiza una predicción final basada en la sabiduría colectiva de todos los árboles individuales. Lo que hace que este algoritmo sea realmente único es su capacidad para manejar un amplio espectro de datos y su resistencia al sobreajuste. Esta versatilidad le permite funcionar de manera extraordinaria en diversos conjuntos de datos y escenarios de problemas.

Uso del algoritmo de regresión de refuerzo de gradiente para el reto de los regresores

En esta sección veremos cómo podemos utilizar el algoritmo de regresión de refuerzo de gradiente para el reto de los regresores, prediciendo el índice de km/l de un coche, que es una variable continua y, por lo tanto, un problema de regresión clásico. Recuerda que nuestras variables independientes incluyen características como `"CILINDROS"`, `"CILINDRADA"`, `"POTENCIA"`, `"PESO"` y `"ACELERACIÓN"`.

Si lo pensamos bien, obtener estos km/l no es tan sencillo como parece, dadas las múltiples relaciones entre los factores que influyen en ellas. Por ejemplo, aunque los coches de mayor cilindrada suelen consumir más combustible, lo que se traduce en un menor índice de km/l, esta relación podría verse compensada por factores como el peso y la potencia. Son estas interacciones matizadas las que pueden eludir modelos más sencillos como la regresión lineal o un sencillo árbol de decisión.

Aquí es donde el algoritmo de regresión de refuerzo de gradiente puede ser útil. Al construir un conjunto de árboles de decisión, cada uno de los cuales aprende de los errores de su predecesor, el modelo intentará discernir estos patrones complejos en los datos. Cada árbol aporta su comprensión de los datos, refinando las predicciones para que sean más precisas y fiables.

Por ejemplo, un árbol de decisión podría aprender que los coches con mayores valores de `"CILINDRADA"` tienden a tener menos km/l. El siguiente árbol podría entonces captar la sutileza de que los coches más ligeros (`"PESO"`) con la misma `"CILINDRADA"` pueden a veces lograr valores mayores de km/l. Mediante este proceso de aprendizaje iterativo, el modelo desvela las intrincadas capas de relaciones entre las variables:

1. El primer paso en nuestro script de Python es importar la biblioteca necesaria:

   ```
   from sklearn import ensemble
   ```

2. Aquí importamos el módulo `ensemble` de la biblioteca `sklearn`:

   ```
   params = {'n_estimators': 500, 'max_depth': 4,
             'min_samples_split': 2, 'learning_rate': 0.01,
             'loss': 'squared_error'}
   regressor = ensemble.GradientBoostingRegressor(**params)
   regressor.fit(X_train, y_train)
   ```

   ```
   GradientBoostingRegressor(learning_rate=0.01,
     max_depth=4, n_estimators=500)
   ```

   ```
   y_pred = regressor.predict(X_test)
   ```

3. Por último, calculamos el RMSE para cuantificar el rendimiento del modelo:

```
from sklearn.metrics import mean_squared_error
from math import sqrt
sqrt(mean_squared_error(y_test, y_pred))
```

4. Al ejecutar este código obtendremos el valor de salida, que es el siguiente:

```
4.039759805419003
```

Entre los algoritmos de regresión, el ganador es...

Veamos el rendimiento de los tres algoritmos de regresión que hemos utilizado con los mismos datos y exactamente el mismo caso de uso:

Algoritmo	RMSE
Regresión lineal	4.36214129677179
Árbol de regresión	5.2771702288377
Regresión por refuerzo de gradiente	4.034836373089085

Si observamos el rendimiento de todos los algoritmos de regresión, es obvio que el de refuerzo de gradiente es el mejor, ya que tiene el RMSE más bajo, seguido del de regresión lineal. El algoritmo de árbol de regresión es el que ha obtenido peores resultados para este problema.

Ejemplo práctico: cómo predecir el tiempo

Seguidamente pasaremos de la teoría a la práctica, aplicando los conceptos que hemos tratado en este capítulo para predecir las precipitaciones de mañana, basándonos en los datos meteorológicos de un año de una ciudad concreta. Este escenario real pretende reforzar los principios del aprendizaje supervisado.

Existen numerosos algoritmos capaces de realizar esta tarea, pero la selección del más adecuado depende de las características específicas del problema y de los datos. Cada algoritmo tiene ventajas únicas y destaca en contextos específicos. Por ejemplo, mientras que la regresión lineal puede ser ideal cuando hay una correlación numérica discernible, los árboles de decisión pueden ser más eficaces cuando se trata de variables categóricas o relaciones no lineales.

Para este reto de predicción hemos elegido la regresión logística. Esta elección se debe a la naturaleza binaria de nuestro objetivo de predicción (es decir, ¿lloverá mañana o no?), una situación donde la regresión logística suele destacar. Este algoritmo proporciona una puntuación de probabilidad entre 0 y 1, lo que nos permite hacer predicciones claras de sí o no, ideales para nuestro escenario de previsión de precipitaciones.

Recuerda que este ejemplo práctico difiere de los anteriores. Ha sido diseñado para ayudarte a comprender cómo seleccionamos y aplicamos un algoritmo concreto a problemas específicos del mundo real, ofreciendo una comprensión más profunda del proceso de pensamiento que hay detrás de la selección de algoritmos.

Los datos disponibles para entrenar este modelo se encuentran en el archivo CSV llamado `weather.csv`:

1. Vamos a importar los datos como un DataFrame de pandas:

```
import numpy as np
import pandas as pd
df = pd.read_csv("weather.csv")
```

2. Veamos ahora las columnas del DataFrame:

```
df.columns
```

```
Index(['Date', 'MinTemp', 'MaxTemp', 'Rainfall',
       'Evaporation', 'Sunshine', 'WindGustDir',
       'WindGustSpeed', 'WindDir9am', 'WindDir3pm',
       'WindSpeed9am', 'WindSpeed3pm',
       'Humidity9am', 'Humidity3pm', 'Pressure9am',
       'Pressure3pm', 'Cloud9am', 'Cloud3pm',
       'Temp9am', 'Temp3pm', 'RainToday', 'RISK_MM',
       'RainTomorrow'], dtype='object')
```

3. Seguidamente, veamos la cabecera de las 13 primeras columnas de los datos contenidos en el archivo `weather.csv` que muestran el tiempo típico de una ciudad:

```
df.iloc[:,0:12].head()
```

	Date	MinTemp	MaxTemp	Rainfall	Evaporation	Sunshine	WindGustDir	WindGustSpeed	WindDir9am	WindDir3pm	WindSpeed9am	WindSpeed3pm
0	2007-11-01	8.0	24.3	0.0	3.4	6.3	7	30.0	12	7	6.0	20
1	2007-11-02	14.0	26.9	3.6	4.4	9.7	1	39.0	0	13	4.0	17
2	2007-11-03	13.7	23.4	3.6	5.8	3.3	7	85.0	3	5	6.0	6
3	2007-11-04	13.3	15.5	39.8	7.2	9.1	7	54.0	14	13	30.0	24
4	2007-11-05	7.6	16.1	2.8	5.6	10.6	10	50.0	10	2	20.0	28

Figura 7.19: *Datos sobre el tiempo típico de una ciudad.*

4. Ahora, veamos las últimas 10 columnas de los datos del archivo:

```
df.iloc[:,12:25].head()
```

	Humidity9am	Humidity3pm	Pressure9am	Pressure3pm	Cloud9am	Cloud3pm	Temp9am	Temp3pm	RainToday	RISK_MM	RainTomorrow
0	68	29	1019.7	1015.0	7	7	14.4	23.6	0	3.6	1
1	80	36	1012.4	1008.4	5	3	17.5	25.7	1	3.6	1
2	82	69	1009.5	1007.2	8	7	15.4	20.2	1	39.8	1
3	62	56	1005.5	1007.0	2	7	13.5	14.1	1	2.8	1
4	68	49	1018.3	1018.5	7	7	11.1	15.4	1	0.0	0

Figura 7.20: *Últimas 10 columnas de los datos de weather.csv.*

5. Para representar las características de entrada, utilizamos x. Eliminamos el campo Date (fecha) de la lista de características, ya que no es útil para las predicciones. También podemos eliminar la etiqueta RainTomorrow (lluvia para mañana):

```
x = df.drop(['Date','RainTomorrow'],axis=1)
```

6. Para representar esta etiqueta, utilizamos y:

```
y = df['RainTomorrow']
```

7. A continuación, dividimos los datos en train_test_split:

```
from sklearn.model_selection import train_test_split
train_x , train_y ,test_x , test_y = train_test_split(x,y,
test_size = 0.2,random_state = 2)
```

8. Como la etiqueta es una variable binaria, entrenaremos un clasificador. Por lo tanto, en este caso, la regresión logística será una buena opción. En primer lugar, instanciamos el modelo de regresión logística:

```
model = LogisticRegression()
```

9. Seguidamente, podemos utilizar train_x y test_x para entrenar el modelo:

```
model.fit(train_x , test_x)
```

10. Una vez entrenado el modelo, vamos a utilizarlo para realizar las predicciones:

```
predict = model.predict(train_y)
```

11. Ahora, vamos a averiguar la precisión de nuestro modelo entrenado:

```
predict = model.predict(train_y)
from sklearn.metrics import accuracy_score
accuracy_score(predict , test_y)
```

```
0.9696969696969697
```

Nuestro clasificador binario ya puede utilizarse para predecir si mañana lloverá.

Resumen

Resumiendo, este capítulo ha servido como un viaje exhaustivo al polifacético mundo del aprendizaje automático supervisado. Hemos destacado los principales componentes de los algoritmos de clasificación y regresión, diseccionando su mecánica y sus aplicaciones.

En este capítulo hemos mostrado un amplio espectro de algoritmos a través de ejemplos prácticos, brindando la oportunidad de comprender la funcionalidad de estas herramientas en contextos del mundo real. Este viaje ha subrayado la adaptabilidad de las técnicas de aprendizaje supervisado y su capacidad para abordar problemas variados.

Comparando el rendimiento de distintos algoritmos, hemos destacado el papel crucial del contexto a la hora de seleccionar una estrategia óptima de aprendizaje automático. Factores como el tamaño de los datos, la complejidad de las características y los requisitos de predicción desempeñan un papel importante en este proceso de selección.

A medida que avancemos en los próximos capítulos, los conocimientos adquiridos en esta exploración nos servirán de base sólida. Entender cómo aplicar técnicas de aprendizaje supervisado en escenarios prácticos es una habilidad fundamental en el amplio mundo del aprendizaje automático. No olvides todo cuanto has aprendido mientras nos adentramos en el apasionante mundo de la IA, preparándonos para una inmersión aún más profunda en el complejo universo de las redes neuronales.

8

Algoritmos de redes neuronales

No existen algoritmos para el humor.

—Robert Mankoff

Las redes neuronales han sido objeto de investigación durante más de siete décadas, pero su aplicación se vio restringida por las limitaciones de las capacidades computacionales y la escasez de datos digitalizados. El entorno actual ha cambiado de forma significativa debido a nuestra creciente necesidad de resolver retos complejos, al crecimiento explosivo de la producción de datos y a avances como la computación en la nube, que nos proporcionan unas capacidades computacionales impresionantes. Estas mejoras nos han abierto la posibilidad de desarrollar y aplicar estos sofisticados algoritmos para resolver problemas complejos que antes se consideraban impracticables. De hecho, este es el campo de investigación que está evolucionando más rápidamente y es responsable de la mayoría de los grandes avances reivindicados por campos tecnológicos punteros como la robótica, la computación de borde, el procesamiento del lenguaje natural y los vehículos autónomos.

Este capítulo presenta en primer lugar los principales conceptos y componentes de una red neuronal típica. A continuación, presenta los distintos tipos de redes neuronales y explica los diferentes tipos de funciones de activación que se utilizan en ellas. Después se analiza en detalle el algoritmo de retropropagación, que es el más utilizado para entrenar una red neuronal. Seguidamente, se explica la técnica del aprendizaje por transferencia, que puede utilizarse para simplificar en gran medida y automatizar parcialmente el entrenamiento de los modelos. Por último, aprenderemos a utilizar el aprendizaje profundo para identificar documentos fraudulentos mediante un ejemplo de aplicación real.

Estos son los principales conceptos que trataremos en este capítulo:

- Redes neuronales
- Evolución de las redes neuronales
- Entrenamiento de redes neuronales
- Herramientas y frameworks
- Aprendizaje por transferencia
- Caso práctico: uso del aprendizaje profundo para la detección del fraude

Empezaremos viendo los fundamentos de las redes neuronales.

Evolución de las redes neuronales

En su nivel más básico, una red neuronal se compone de unidades individuales conocidas como neuronas. Estas neuronas son la piedra angular de la red neuronal, y cada una de ellas realiza una tarea específica. La verdadera potencia de una red neuronal se despliega cuando estas neuronas individuales se organizan en capas estructuradas, facilitando procesos complejos. Cada red neuronal está compuesta por una intrincada red de dichas capas, conectadas para crear una red interconectada.

La información o señal se procesa paso a paso a medida que viaja a través de estas capas. Cada capa modifica la señal, contribuyendo así al resultado global. Para que lo entiendas: la capa inicial recibe la señal de entrada, la procesa y luego la pasa a la capa siguiente, la cual procesa la señal recibida y la transfiere hacia adelante. Este relevo continúa hasta que la señal llega a la capa final, que genera la salida deseada.

Son estas capas ocultas, o capas intermedias, las que confieren a las redes neuronales su capacidad para realizar un aprendizaje profundo. Crean una jerarquía de representaciones abstractas transformando progresivamente los datos de entrada en bruto en una forma que resulte más útil. Esto facilita la extracción de características de nivel superior a partir de dichos datos en bruto.

Esta capacidad de aprendizaje profundo tiene una amplia gama de aplicaciones prácticas, desde permitir que Alexa de Amazon entienda los comandos de voz hasta potenciar Google Imágenes y organizar Google Fotos.

Antecedentes históricos

Inspirado en el funcionamiento de las neuronas del cerebro humano, el concepto de red neuronal fue propuesto por Frank Rosenblatt en 1957. Para entender la arquitectura en su totalidad, es útil observar brevemente la estructura en capas de las neuronas en el cerebro humano. (Consulta la figura 8.1 para hacerte una idea de cómo están conectadas entre sí las neuronas de nuestro cerebro.)

En el cerebro humano, las **dendritas** actúan como sensores que detectan una señal. Las dendritas son componentes de la neurona y constituyen el aparato sensorial primario. Se encargan de detectar las señales entrantes, las cuales se transmiten a un **axón**, una proyección larga y delgada de una célula nerviosa. La función del axón es transmitir esta señal a los músculos, glándulas y otras neuronas. Como se muestra en el siguiente diagrama, la señal viaja a través de un tejido de interconexión denominado **sinapsis** antes de ser transmitida a otras neuronas. A través de este conducto orgánico, la señal sigue viajando hasta llegar al músculo o glándula final, donde provoca la acción requerida. La señal suele tardar entre siete y ocho milisegundos en atravesar la cadena de neuronas y llegar a su destino:

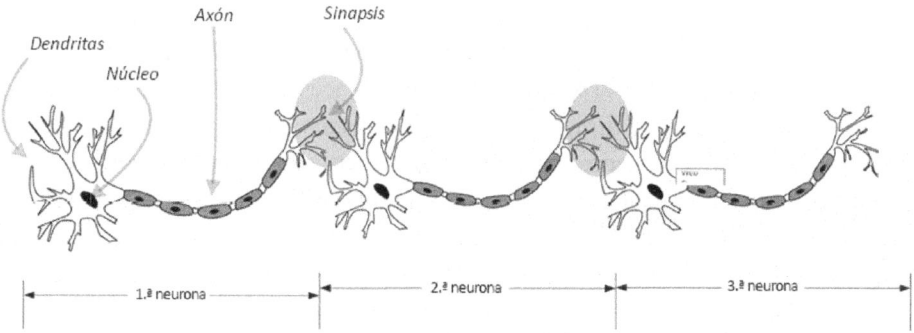

Figura 8.1: *Neurona encadenada en el cerebro humano.*

Inspirado por esta obra maestra de la arquitectura natural del procesamiento de señales, Frank Rosenblatt ideó una técnica que permitiría procesar la información digital por capas para resolver un complejo problema matemático. Su primer intento de diseñar una red neuronal era bastante sencillo y parecido a un modelo de regresión lineal. Esta sencilla red neuronal no tenía capas ocultas y se denominó *perceptrón*. Esta sencilla red neuronal sin capas, el perceptrón, se convirtió en la unidad básica de las redes neuronales. Básicamente, un perceptrón es el análogo matemático de una neurona biológica y, por tanto, sirve de bloque de construcción fundamental para redes neuronales más complejas.

A continuación, realizaremos un breve repaso histórico de la evolución de la **inteligencia artificial (IA)**.

El invierno y los albores de la primavera de la IA

El entusiasmo inicial ante el innovador concepto del perceptrón pronto se desvaneció al descubrirse sus importantes limitaciones. En 1969, Marvin Minsky y Seymour Papert llevaron a cabo un estudio en profundidad que permitió descubrir que el perceptrón tenía una capacidad de aprendizaje limitada. Descubrieron que un perceptrón era incapaz de aprender y procesar funciones lógicas complejas e, incluso, que tenía problemas con funciones lógicas sencillas como XOR.

Este descubrimiento desencadenó un importante declive del interés por el aprendizaje automático y las redes neuronales, dando comienzo a una época que suele conocerse como "el invierno de la IA". Fue un periodo en el que la comunidad investigadora mundial desestimó en gran medida el potencial de la IA, considerándola inadecuada para abordar problemas complejos.

Pensándolo bien, el "invierno de la IA" fue en parte consecuencia de las restrictivas capacidades del hardware de la época, el cual o bien carecía de la potencia de cálculo necesaria o era prohibitivamente caro, lo que obstaculizaba gravemente los avances en IA. Estas limitaciones bloquearon el progreso y la aplicación de la IA, provocando una desilusión generalizada sobre su potencial.

A finales de la década de 1990 se produjo un cambio radical en la imagen de la IA y su potencial. El catalizador de este cambio fueron los avances en la informática distribuida, que proporcionó una infraestructura fácilmente disponible y asequible. Ante este potencial, los recién coronados gigantes informáticos de la época (como Google) convirtieron la IA en el centro de sus esfuerzos de I+D. El renovado interés por la IA provocó el deshielo del llamado invierno de la IA, el cual revitalizó la investigación en inteligencia artificial. Esto acabó convirtiendo esa era en una época que puede llamarse la primavera de la IA, en la que había interés tanto por la IA como por las redes neuronales. Además, los datos digitalizados no estaban disponibles.

Las redes neuronales

Vamos a empezar por el corazón de las redes neuronales, el perceptrón. Puedes pensar en un único perceptrón como la red neuronal más simple posible, y constituye el elemento básico de las complejas arquitecturas multicapa modernas. Tratemos de entender el funcionamiento de un perceptrón.

Los perceptrones

Un perceptrón tiene varias entradas y una única salida que se controla o activa mediante una función de activación. Así se muestra en la figura 8.2:

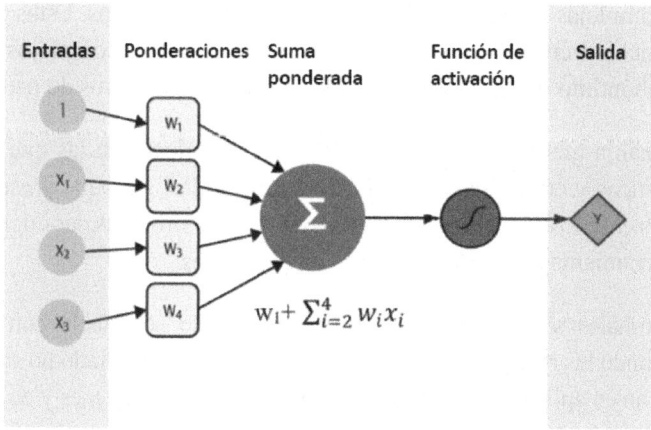

Figura 8.2: *Perceptrón simple.*

El perceptrón de la figura 8.2 tiene tres características de entrada: x_1, x_2 y x_3. También añadimos una señal constante llamada sesgo. El sesgo desempeña un papel fundamental en nuestro modelo de red neuronal, ya que permite flexibilidad a la hora de ajustar los datos. Funciona de forma similar a un intercepto añadido en una ecuación lineal, actuando como una especie de "cambio" de la función de activación, lo que nos permite ajustar mejor los datos cuando nuestras entradas son iguales a cero. Las características de entrada y el sesgo se multiplican mediante ponderaciones y se suman como una suma ponderada $(w_1 + \sum_{i=2}^{4} w_i x_i)$. Esta suma ponderada se transmite a la función de activación, la cual genera la salida y. La capacidad de utilizar una amplia variedad de funciones de activación para formular relaciones complejas entre características y etiquetas es uno de los puntos fuertes de las redes neuronales. Dichas funciones se pueden seleccionar a través de los hiperparámetros. Algunos ejemplos comunes son la función sigmoide, que comprime los valores entre 0 y 1, siendo esta una buena opción para los problemas de clasificación binaria; la función tanh, que escala los valores entre -1 y 1, proporcionando una salida centrada en cero, y la **función de unidad lineal rectificada (ReLU),** que ajusta a cero todos los valores negativos del vector, eliminando así cualquier influencia negativa, y que se utiliza habitualmente en redes neuronales convolucionales. Estas funciones de activación se tratan en detalle más adelante en este capítulo.

Veamos ahora la intuición que se esconde detrás de las redes neuronales.

La intuición de las redes neuronales

En el capítulo anterior, hemos analizado algunos algoritmos tradicionales de aprendizaje automático. Aunque dichos algoritmos funcionan muy bien para muchos casos de uso importantes, también tienen sus limitaciones. Cuando los patrones subyacentes en el conjunto de datos de entrenamiento tienden a ser no lineales y multidimensionales, las capacidades de los algoritmos tradicionales empiezan a verse superadas para captar con precisión las complejas relaciones entre características y etiquetas. Estas formulaciones matemáticas incomprensibles y algo simplistas de patrones complejos producen un rendimiento subóptimo de los modelos entrenados para estos casos de uso.

En el mundo real, a menudo nos encontramos con situaciones en las que las relaciones entre características y etiquetas no son lineales ni sencillas, sino que presentan patrones complejos. Y es en estos casos donde destacan las redes neuronales, las cuales nos ofrecen una potente herramienta para modelar tales complejidades.

Las redes neuronales son especialmente eficaces cuando se trabaja con datos de alta dimensión o cuando las relaciones entre las características y el resultado no son lineales. Por ejemplo, destacan en aplicaciones como el reconocimiento de imágenes y de voz, donde los datos de entrada (píxeles u ondas sonoras) tienen estructuras jerárquicas complejas. Los algoritmos tradicionales de aprendizaje automático pueden tener dificultades en estos casos, debido al alto grado de complejidad y las relaciones no lineales entre las características.

Aunque las redes neuronales son herramientas increíblemente potentes, es imprescindible reconocer que no están exentas de limitaciones. Estas restricciones, que exploraremos en detalle más adelante en este capítulo, son fundamentales para entender el uso práctico y eficaz de las redes neuronales a la hora de abordar problemas del mundo real.

A continuación, vamos a ilustrar algunos patrones comunes y sus retos asociados cuando se emplean algoritmos de aprendizaje automático más simples como la regresión lineal. Imagínate lo siguiente: nos interesa predecir el salario de un científico de datos basándonos en sus "años de formación". Hemos recopilado dos conjuntos de datos diferentes de dos organizaciones distintas.

En primer lugar, presentamos el Conjunto de datos 1, ilustrado en la figura 8.3(a). Esta muestra una relación relativamente directa entre la característica (años de formación) y la etiqueta (salario), que parece ser lineal. Sin embargo, incluso este sencillo patrón plantea un par de retos cuando intentamos modelarlo matemáticamente mediante un algoritmo lineal:

- Sabemos que un salario no puede ser negativo, lo que significa que, independientemente de los años dedicados a la formación, el salario (y) nunca debe ser inferior a cero.

- Vemos que hay, como mínimo, un científico de datos junior que puede que se acabe de graduar, y que, por tanto, ha tenido "x_1" años de formación, pero que actualmente gana un salario cero, quizá como becario. Por lo tanto, para los valores de "x" que van de cero a "x_1", el salario "y" sigue siendo cero, como se muestra en la figura 8.3(a).

Curiosamente, podemos captar estas complejas relaciones entre la característica y la etiqueta utilizando la función de activación lineal rectificada disponible en las redes neuronales, un concepto que exploraremos más adelante.

A continuación, tenemos el Conjunto de datos 2, que se muestra en la figura 8.3(b). Este conjunto de datos representa una relación no lineal entre la característica y la etiqueta. Así es como funciona:

1. El salario "y" se mantiene a cero mientras que "x" (años de formación) pasa de cero a "x_1".

2. El salario aumenta bruscamente a medida que "x" se acerca a "x_2".

3. Pero una vez que "y" supera "x_2", el salario se estanca y se aplana.

Como veremos más adelante en este libro, podemos modelar estas relaciones mediante la función de activación sigmoide en el marco de una red neuronal. Comprender estos patrones y saber qué herramientas aplicar es esencial para aprovechar eficazmente el poder de las redes neuronales:

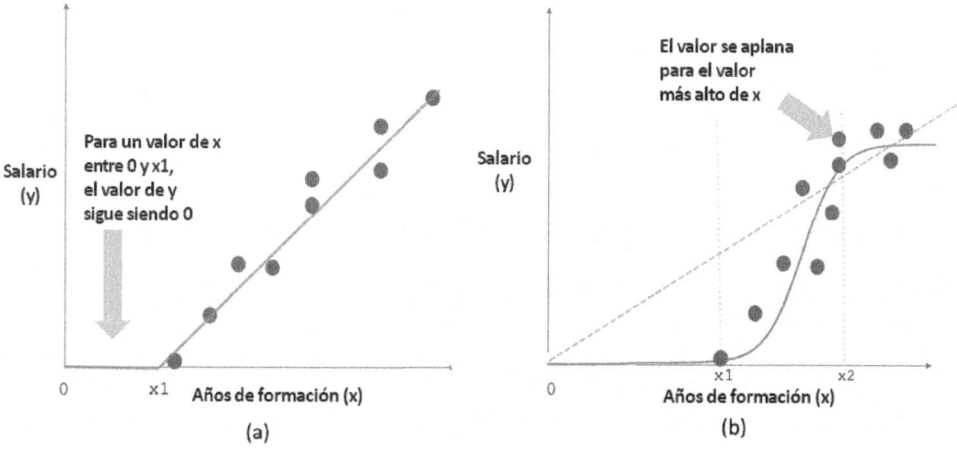

Figura 8.3: *Salario y años de formación.*
(a) Conjunto de datos 1: Patrones lineales (b) Conjunto de datos 2: Patrones no lineales

Arquitecturas de aprendizaje profundo por capas

Para problemas más complejos, los investigadores han desarrollado una red neuronal multicapa denominada **perceptrón multicapa**. Una red neuronal multicapa tiene varias capas distintas, como se muestra en el siguiente diagrama, que son las siguientes:

- **Capa de entrada**: la primera capa es la capa de entrada, en la cual los valores de las características se introducen en la red.

- **Capa(s) oculta(s):** a la capa de entrada le siguen una o varias capas ocultas, cada una de las cuales es una matriz de funciones de activación similares.

- **Capa de salida:** la última capa se denomina capa de salida.

Una red neuronal sencilla tendrá una capa oculta. Una red neuronal profunda es una red neuronal con dos o más capas ocultas. Consulta la figura 8.4.

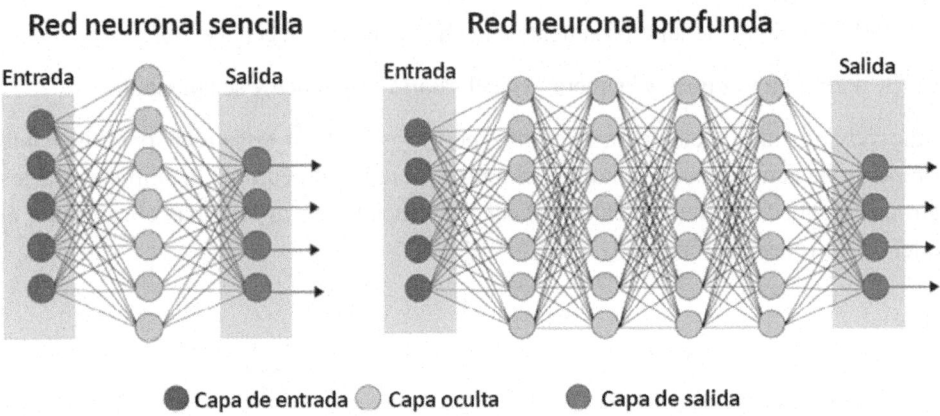

Figura 8.4: *Red neuronal simple y red neuronal profunda.*

A continuación, vamos a tratar de comprender la función de las capas ocultas.

Desarrollar una intuición para las capas ocultas

En una red neuronal, las capas ocultas desempeñan un papel fundamental en la interpretación de los datos de entrada. Estas se organizan metódicamente en una estructura jerárquica dentro de la red neuronal, donde cada capa realiza una transformación no lineal distinta en sus datos de entrada. Este diseño permite extraer características progresivamente más abstractas y matizadas de la entrada.

Consideremos el ejemplo de las redes neuronales convolucionales, un subtipo de redes neuronales diseñadas específicamente para tareas de procesamiento de imágenes. En este contexto, las capas ocultas inferiores se centran en discernir características locales sencillas, como bordes y esquinas dentro de una imagen. Estas características, aunque fundamentales, no tienen mucho significado por sí solas.

A medida que nos adentramos en las capas ocultas, estas empiezan a conectar los puntos, por así decirlo. Integran los patrones básicos detectados por las capas inferiores, ensamblándolos en estructuras más complejas y significativas. Como resultado, una dispersión originalmente incoherente de bordes y esquinas se transforma en formas y patrones reconocibles, otorgando a la red un nivel de "visión".

Este proceso de transformación progresiva convierte los valores de píxeles sin procesar en un elaborado mapa de características y patrones, lo que permite aplicaciones avanzadas como el reconocimiento de huellas dactilares. En este caso, la red puede captar la disposición única de crestas y valles de una huella dactilar, convirtiendo estos datos visuales brutos en un identificador único. Por lo tanto, las capas ocultas convierten los datos brutos y los refinan para convertirlos en información valiosa.

¿Cuántas capas ocultas deben utilizarse?

El número óptimo de capas ocultas variará de un problema a otro. En algunos casos, deberán utilizarse redes neuronales de una sola capa. Estos problemas suelen presentar patrones sencillos que pueden captarse y formularse fácilmente mediante un diseño de red minimalista. Para otros problemas, debemos añadir varias capas para obtener el mejor rendimiento. Por ejemplo, si se trata de un problema complejo, como el reconocimiento de imágenes o el procesamiento del lenguaje natural, puede ser necesaria una red neuronal con varias capas ocultas y un mayor número de nodos en cada capa.

La complejidad de los patrones subyacentes de los datos influirá en gran medida en el diseño de la red. Por ejemplo, utilizar una red neuronal excesivamente compleja para un problema sencillo puede conllevar un sobreajuste, donde el modelo se adapta demasiado a los datos de entrenamiento y funciona mal con datos nuevos desconocidos. Por otra parte, un modelo demasiado simple para un problema complejo puede dar lugar a un subajuste, en el que el modelo no capte los patrones esenciales de los datos.

Además, la elección de la función de activación desempeña un papel fundamental. Por ejemplo, si la salida debe ser binaria (como en un problema de sí/no), una función sigmoide podría ser adecuada. Para problemas de clasificación multiclase, una función softmax podría ser mejor.

En última instancia, el proceso de selección de la arquitectura de la red neuronal requiere un análisis cuidadoso del problema, junto con la experimentación y el ajuste. Aquí es donde el desarrollo de un modelo experimental de referencia puede ser beneficioso, pues permite ajustar y mejorar iterativamente el diseño de la red para un rendimiento óptimo.

Veamos a continuación la base matemática de una red neuronal.

Base matemática de las redes neuronales

Entender los fundamentos matemáticos de las redes neuronales es clave para aprovechar su potencia. Aunque puedan parecer complejos, los principios se basan en conceptos matemáticos familiares como el álgebra lineal, el cálculo y la probabilidad. La belleza de las redes neuronales reside en su capacidad para aprender de los datos y mejorar con el tiempo, atributos que tienen su origen en su estructura matemática:

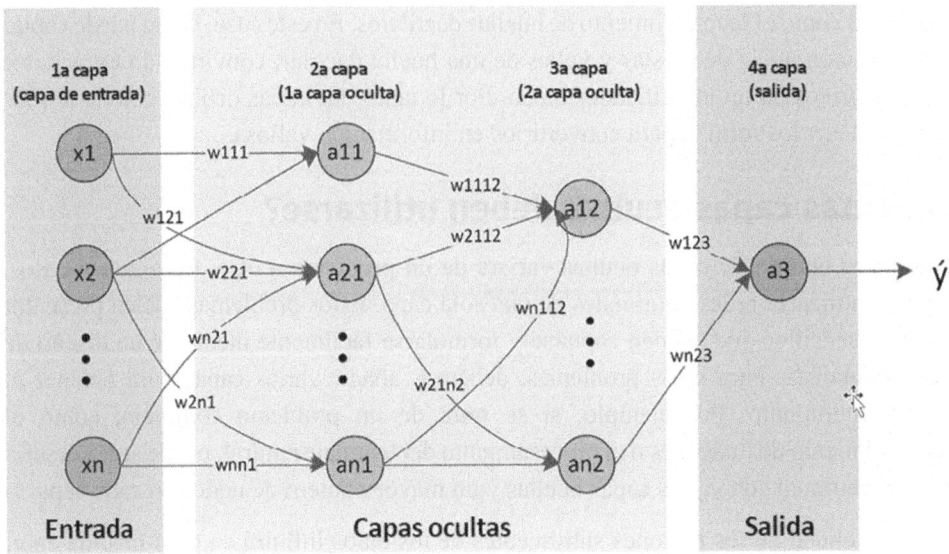

Figura 8.5: *Perceptrón multicapa.*

La figura 8.5 muestra una red neuronal de 4 capas. En esta red neuronal, algo importante a tener en cuenta es que la neurona es la unidad básica, y cada neurona de una capa está conectada a todas las neuronas de la capa siguiente. En el caso de las redes complejas, el número de estas interconexiones se dispara, por lo que exploraremos distintas formas de reducirlas sin sacrificar demasiado la calidad.

En primer lugar, vamos a formular el problema que intentamos resolver.

La entrada es un vector de características, x, de dimensiones n.

Queremos que la red neuronal prediga valores. Los valores previstos se representan con $\acute{y}$.

Matemáticamente, queremos determinar, según una entrada concreta, la probabilidad de que una transacción sea fraudulenta. En otras palabras, dado un valor concreto de x, ¿cuál es la probabilidad de que $y = 1$? Matemáticamente, podemos representarlo de la siguiente manera:

$$\acute{y} = P(y = 1|x) : ; \qquad x \in \Re^{n_x}$$

Ten en cuenta que x es un vector n_x-dimensional, donde n_x es el número de variables de entrada.

La red neuronal de la figura 8.6 tiene cuatro capas. Las capas entre la entrada y la salida son las capas ocultas. El número de neuronas en la primera capa oculta se representa mediante $n_h^{[l]}$. Los enlaces entre los distintos nodos se multiplican por parámetros denominados *ponderaciones*. El proceso de entrenamiento de una red neuronal se centra fundamentalmente en determinar los valores óptimos de las ponderaciones asociados a las distintas conexiones entre las neuronas de la red. Ajustando estas ponderaciones, la red puede precisar sus cálculos y, con el tiempo, mejorar el rendimiento.

Veamos cómo podemos entrenar una red neuronal.

Entrenar una red neuronal

El proceso de construcción de una red neuronal a partir de un conjunto de datos determinado se denomina entrenamiento de una red neuronal. Veamos la anatomía de una red neuronal típica. Cuando hablamos de entrenar una red neuronal, estamos hablando de calcular los mejores valores para las ponderaciones. El entrenamiento se realiza de forma iterativa utilizando un conjunto de ejemplos en forma de datos de entrenamiento. Dichos ejemplos tienen los valores esperados de la salida para diferentes combinaciones de valores de entrada. El proceso de entrenamiento de las redes neuronales es diferente del de los modelos tradicionales (como vimos en el capítulo 7, *Algoritmos tradicionales de aprendizaje supervisado*).

Anatomía de una red neuronal

Veamos en qué consiste una red neuronal:

- **Capas:** las capas son los componentes básicos de una red neuronal. Cada capa es un módulo de procesamiento de datos que actúa como filtro. Toma una o varias entradas, las procesa de una determinada manera y produce una o varias salidas. Cada vez que los datos atraviesan una capa, pasan por una fase de procesamiento y muestran patrones que son relevantes para la pregunta empresarial a la que intentamos dar respuesta.

- **Función de pérdida:** la función de pérdida proporciona la señal de retroalimentación que se utiliza en las distintas iteraciones del proceso de aprendizaje. Dicha función proporciona la desviación para un solo ejemplo.

- **Función de costo:** la función de costo es la función de pérdida sobre un conjunto completo de ejemplos.

- **Optimizador:** un optimizador determina cómo se interpretará la señal de retroalimentación proporcionada por la función de pérdida.

- **Datos de entrada:** los datos de entrada son los que se utilizan para entrenar la red neuronal y especifican la variable de destino.

- **Ponderaciones:** las ponderaciones se calculan entrenando la red. Dichas ponderaciones corresponden aproximadamente a la importancia de cada una de las entradas. Por ejemplo, si una determinada entrada es más importante que otras, tras el entrenamiento se le da un valor de ponderación mayor, actuando como multiplicador. Incluso una señal débil para esa entrada importante cobrará fuerza gracias al valor mayor de la ponderación (que actúa como multiplicador). Así, la ponderación acaba convirtiendo cada una de las entradas en función de su importancia.

- **Función de activación:** los valores se multiplican por diferentes ponderaciones y luego se agregan. El tipo de función de activación elegida determinará exactamente cómo se agregarán y cómo se interpretará su valor.

Veamos ahora un aspecto muy importante del entrenamiento de redes neuronales.

Al entrenar redes neuronales, tomamos cada uno de los ejemplos de uno en uno. Para cada uno, generamos la salida utilizando nuestro modelo de subentrenamiento. El término "subentrenamiento" se refiere al estado de aprendizaje del modelo, en el que todavía se está ajustando y aprendiendo de los datos y aún no ha alcanzado su rendimiento óptimo. Durante esta etapa, los parámetros del modelo, como las ponderaciones, se actualizan y ajustan constantemente para mejorar su rendimiento predictivo. Calculamos la diferencia entre el resultado esperado y el resultado previsto. Para cada ejemplo individual, esta diferencia se denomina **pérdida** (loss). En conjunto, la pérdida en todo el conjunto de datos de entrenamiento se denomina **costo** (cost). A medida que seguimos entrenando el modelo, nuestro objetivo es encontrar los valores correctos de las ponderaciones que den como resultado el menor valor de pérdida. A lo largo del entrenamiento, seguimos ajustando los valores de las ponderaciones hasta que encontramos el conjunto de valores para ellas que da como resultado el mínimo costo global posible. Una vez alcanzado el costo mínimo, marcamos el modelo como entrenado.

Definir el descenso de gradiente

El objetivo central del entrenamiento de una red neuronal es identificar los valores correctos de las ponderaciones, que actúan como "diales" o "mandos" que ajustamos para minimizar la diferencia entre las predicciones del modelo y los valores reales.

Cuando comienza el entrenamiento, iniciamos estas ponderaciones con valores aleatorios o predeterminados. A continuación, los ajustamos progresivamente mediante un algoritmo de optimización, siendo una opción popular el "descenso de gradiente", para mejorar gradualmente las predicciones de nuestro modelo.

Veamos con más detalle el algoritmo de descenso de gradiente. El recorrido del descenso de gradiente empieza a partir de los valores aleatorios iniciales de las ponderaciones establecidas.

A partir de ahí, iteramos y, en cada paso, ajustamos estas ponderaciones para acercarnos al costo mínimo.

Para tener una imagen más clara, imagina que nuestras características de datos son un vector de entrada **X**. El valor real de la variable objetivo es **Y**, mientras que el valor que predice nuestro modelo es **Y**. Medimos la diferencia, o desviación, entre los valores reales y los predichos. Esta diferencia nos proporcionará la pérdida.

A continuación, actualizamos nuestras ponderaciones teniendo en cuenta dos factores clave: la dirección en la que hay que moverse y el tamaño del paso, también conocido como tasa de aprendizaje.

La "dirección" nos informa de hacia dónde debemos movernos para encontrar el mínimo de la función de pérdida. Piensa en ello como si descendiéramos una colina: queremos ir "cuesta abajo" por donde la pendiente es más pronunciada para llegar abajo (hasta nuestra pérdida mínima) lo más rápido posible.

La "tasa de aprendizaje" determina el tamaño de nuestro paso en esa dirección elegida. Es como decidir si bajar la cuesta andando o corriendo: un ritmo de aprendizaje mayor significa dar pasos más grandes (correr) y uno menor significa dar pasos más pequeños (caminar).

El objetivo de este proceso iterativo es alcanzar un punto a partir del cual no podamos ir "cuesta abajo", lo que significa que hemos encontrado el costo mínimo. Ello indica que nuestras ponderaciones son ahora óptimas y que nuestro modelo está bien entrenado.

Este sencillo proceso iterativo se muestra en el siguiente diagrama:

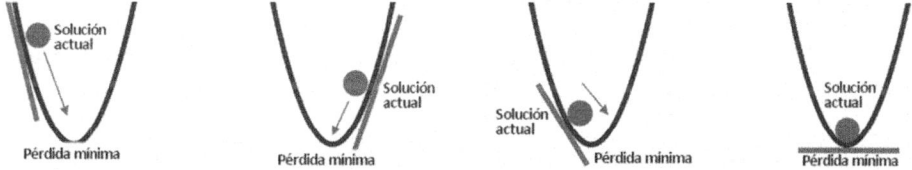

Figura 8.6: *Algoritmo de descenso de gradiente, búsqueda del mínimo.*

El diagrama muestra cómo, variando las ponderaciones, el descenso de gradiente intenta encontrar el costo mínimo. La tasa de aprendizaje y la dirección elegida determinarán el siguiente punto del gráfico a explorar.

Es importante seleccionar el valor adecuado para la tasa de aprendizaje. Si dicha tasa es demasiado pequeña, el problema puede tardar mucho en converger y, si es demasiado alta, el problema no convergerá. En el diagrama anterior, el punto que representa nuestra solución actual seguirá oscilando entre las dos líneas opuestas del gráfico.

Veamos ahora cómo minimizar un gradiente. Considera solo dos variables, x e y. El gradiente de x e y se calcula del siguiente modo:

$$gradiente = \frac{\Delta y}{\Delta x}$$

Para minimizar el gradiente, podemos utilizar el siguiente planteamiento:

```python
def adjust_position(gradient):
    while gradient != 0:
        if gradient < 0:
            print("Hacia la derecha")
            # aquí estaría tu lógica para moverte a la derecha
        elif gradient > 0:
            print("Hacia la izquierda")
            # aquí estaría tu lógica para moverte a la izquierda
```

También podemos utilizar este algoritmo para encontrar los valores óptimos o casi óptimos de las ponderaciones de una red neuronal.

Observa que el cálculo del descenso de gradiente se mueve hacia atrás en toda la red. Empezamos calculando el gradiente de la última capa y luego, el de la penúltima y luego, el de la anterior, hasta llegar a la primera capa. Es lo que se denomina retropropagación, presentada por Hinton, Williams y Rumelhart en 1985.

A continuación, veamos las funciones de activación.

Funciones de activación

Una función de activación formula cómo se procesarán las entradas de una neurona concreta para generar una salida.

Como se muestra en la figura 8.7, cada una de las neuronas de una red neuronal tiene una función de activación que determina cómo se procesarán las entradas:

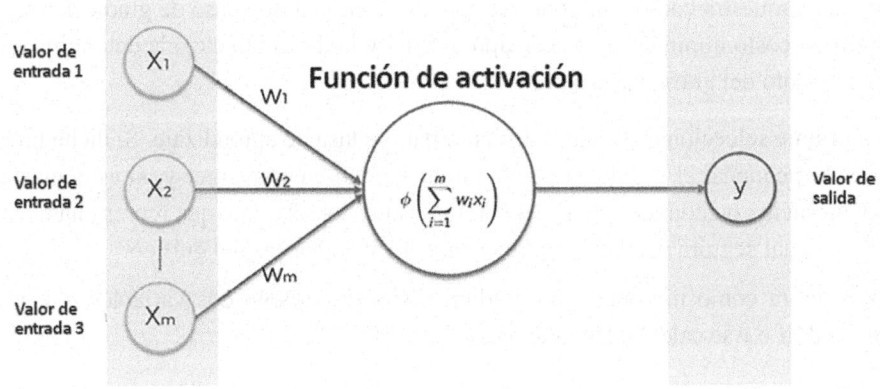

Figura 8.7: *Función de activación.*

En el diagrama anterior, podemos ver que los resultados generados por una función de activación se pasan a la salida. La función de activación establece los criterios que determinan cómo deben interpretarse los valores de las entradas para generar una salida.

Para exactamente los mismos valores de entrada, diferentes funciones de activación producirán distintas salidas. Saber cómo seleccionar la función de activación adecuada es importante cuando se utilizan redes neuronales para resolver problemas.

Veamos estas funciones de activación una por una.

Función escalonada

La función de activación más sencilla posible es la función umbral (threshold function). La salida de la función umbral es binaria: 0 o 1. Esta generará 1 como salida si alguna de las entradas es mayor que 1. Este comportamiento se explica en la figura 8.8:

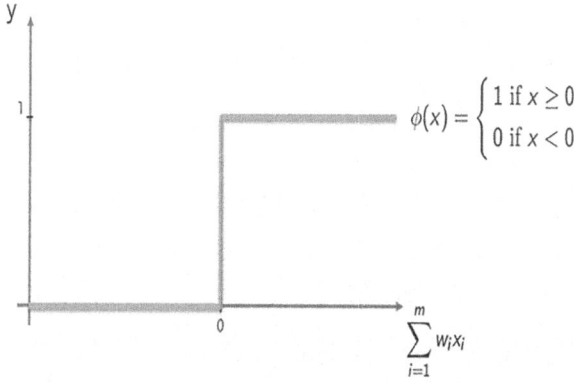

Figura 8.8: *Función escalonada.*

A pesar de su simplicidad, la función de activación umbral desempeña un papel importante, especialmente cuando necesitamos una demarcación clara entre las salidas. Con esta función, en cuanto hay algún valor distinto de cero en las sumas ponderadas de las entradas, la salida (y) se convierte en 1. Sin embargo, esta simplicidad tiene sus inconvenientes: la función es extremadamente sensible y puede activarse por error con la más mínima señal o ruido en la entrada.

Por ejemplo, imagina una situación en la que una red neuronal utiliza esta función para clasificar los correos electrónicos en "*spam*" o "no *spam*". En este caso, una salida de 1 podría representar "*spam*" y 0, "no *spam*". A la más mínima presencia de una característica (como ciertas palabras clave de *spam*), la función podría clasificar el correo electrónico como "*spam*". Por lo tanto, aunque es una herramienta valiosa para determinados casos de uso, debe tenerse en cuenta su hipersensibilidad, especialmente en aplicaciones en las que el ruido o las pequeñas variaciones en los datos de entrada son habituales. A continuación, analizaremos la función sigmoide.

Función sigmoide

La función sigmoide puede considerarse una mejora de la función umbral. Con ella, tenemos control sobre la sensibilidad de la función de activación:

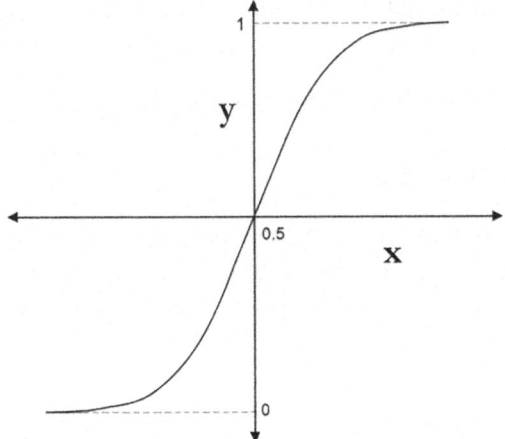

Figura 8.9: *Función de activación sigmoide.*

La función sigmoide, *y*, se muestra en la figura 8.9 y se define del siguiente modo:

$$y = f(x) = \frac{1}{1 + e^{-x}}$$

Se puede implementar en Python de la siguiente manera:

```
def sigmoidFunction(z):
        return 1/ (1+np.exp(-z))
```

El código anterior muestra la función sigmoide en Python. `np.exp(-z)` es la operación exponencial aplicada a `-z`, y este término se suma a 1 para formar el denominador de la ecuación, dando como resultado un valor entre 0 y 1.

La reducción de la sensibilidad de la función de activación mediante la función sigmoide hace que sea menos susceptible a los errores repentinos o "*glitches*" en la entrada. Sin embargo, hay que tener en cuenta que la salida sigue siendo binaria, lo que significa que solo puede ser 0 o 1.

Las funciones sigmoides se utilizan mucho en problemas de clasificación binaria en los que se espera que la salida sea 0 o 1. Por ejemplo, si estás desarrollando un modelo para predecir si un correo electrónico es *spam* (1) o no lo es (0), una función de activación sigmoide sería una elección adecuada. Veamos ahora con más detalle la función de activación **ReLU**.

ReLU

La salida de las dos primeras funciones de activación presentadas en este capítulo es binaria. Esto significa que tomarán un conjunto de variables de entrada y las convertirán en salidas binarias. ReLU es una función de activación que toma como entrada un conjunto de variables de entrada y las convierte en una única salida continua. En las redes neuronales, ReLU es la función de activación más popular y suele utilizarse en las capas ocultas, donde no nos interesa convertir variables continuas en variables categóricas.

El siguiente diagrama resume la función de activación ReLU:

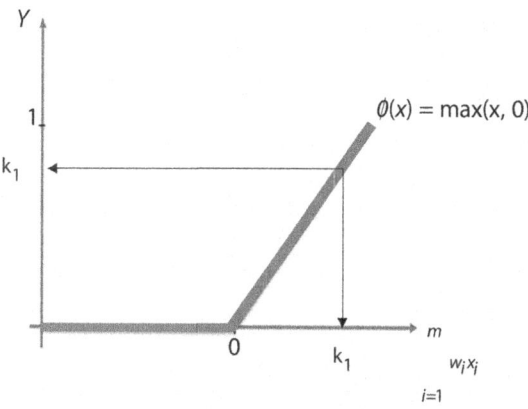

Figura 8.10: *ReLU.*

Observa que, cuando $x \leq 0$, entonces $y = 0$, lo que significa que cualquier señal de la entrada que sea cero o menor que cero se traduce en una salida cero:

$$y = f(x) = 0; \qquad \text{para } x < 0$$

$$y = f(x) = x; \qquad \text{para } x \geq 0$$

En cuanto x pasa a ser mayor que cero, es x.

La función ReLU es una de las funciones de activación más utilizadas en las redes neuronales. Se puede implementar en Python de la siguiente manera:

```
def relu(x):
    if x < 0:
        return 0
    else:
        return x
```

A continuación, veremos la función Leaky ReLU, basada en la función ReLU.

Leaky ReLU

En la función ReLU, un valor negativo de x da como resultado un valor cero de y. Esto significa que se pierde algo de información en el proceso, lo que alarga los ciclos de entrenamiento, especialmente al principio de este. La función de activación Leaky ReLU resuelve este problema. Las siguientes fórmulas pertenecen a la función Leaky ReLu:

$$y = f(x) = \beta x; \quad \text{para } x < 0$$

$$y = f(x) = x; \quad \text{para } x \geq 0$$

Esta afirmación se muestra en el diagrama siguiente:

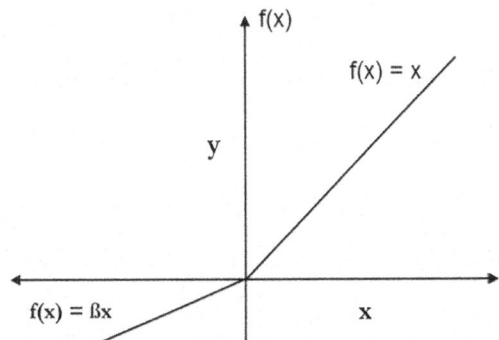

Figura 8.11: *Leaky ReLU.*

En este caso, β es un parámetro con un valor inferior a uno y se puede implementar en Python de la siguiente manera:

```python
def leaky_relu(x, beta=0.01):
    if x < 0:
        return beta * x
    else:
        return x
```

Existen varias estrategias para asignar un valor a β:

- **Valor predeterminado:** podemos asignar un valor predeterminado a β, normalmente 0.01. Este es el planteamiento más directo y puede ser útil en situaciones en las que queremos una implementación rápida sin ajustes intrincados.

- **ReLU paramétrico:** otro planteamiento es permitir que β sea un parámetro sintonizable en nuestro modelo de red neuronal. En este caso, el valor óptimo de β se aprende durante el propio proceso de entrenamiento. Esto es beneficioso en escenarios en los que pretendemos adaptar nuestra función de activación a los patrones específicos presentes en nuestros datos.

- **ReLU aleatorio**: también podríamos optar por asignar aleatoriamente un valor a β. Esta técnica, conocida como ReLU aleatorio, puede actuar como una forma de regularización y ayudar a evitar el sobreajuste introduciendo cierta aleatoriedad en el modelo. Esto podría ser útil en situaciones en las que tenemos un gran conjunto de datos con patrones complejos y queremos asegurarnos de que nuestro modelo no se ajusta en exceso a los datos de entrenamiento.

Tangente hiperbólica (tanh)

La función tangente hiperbólica, o tanh, está estrechamente relacionada con la función sigmoide, con una diferencia clave: puede dar valores negativos, ofreciendo así un rango de salida más amplio entre -1 y 1. Esto puede ser útil en situaciones en las que queremos modelar fenómenos que contienen influencias tanto positivas como negativas. La figura 8.12 ilustra esta situación:

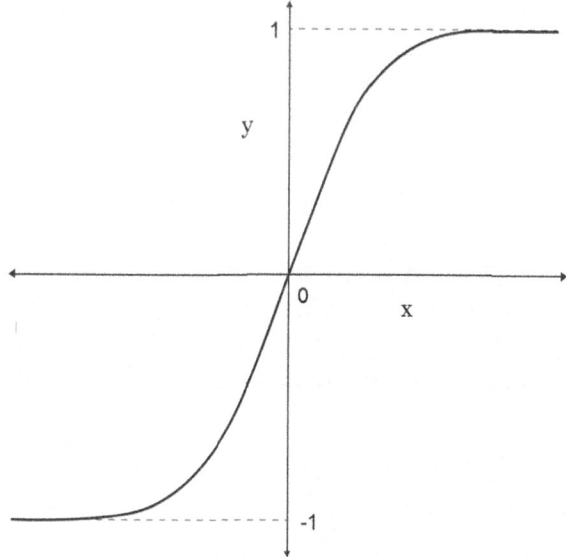

Figura 8.12: *Tangente hiperbólica.*

La función *y* es la siguiente:

$$y = f(x) = \frac{1 + e^{-2x}}{1 + e^{-2x}}$$

Y puede implementarse mediante el siguiente código Python:

```python
import numpy as np


def tanh(x):
    numerator = 1 - np.exp(-2 * x)
```

```
denominator = 1 + np.exp(-2 * x)
return numerator / denominator
```

En este código, estamos usando la librería numpy, indicada como np, para manejar las operaciones matemáticas. La función tanh, al igual que sigmoid, es una función de activación utilizada en las redes neuronales para añadir no linealidad al modelo. A menudo se prefiere a la función sigmoide en las capas ocultas de una red neuronal, ya que centra los datos haciendo que la media de salida sea 0, lo que puede facilitar el aprendizaje en la capa siguiente. Sin embargo, la elección entre tanh, sigmoid o cualquier otra función de activación depende en gran medida de las necesidades y complejidades específicas del modelo con el que se esté trabajando.

A continuación, veremos con detalle la función softmax.

Softmax

En ocasiones, necesitaremos más de dos niveles para la salida de la función de activación. Softmax es una función de activación que nos proporciona más de dos niveles para la salida, por lo que es el más adecuado para los problemas de clasificación multiclase. Supongamos que tenemos n clases y que disponemos de unos valores de entrada, los cuales asignan las clases del siguiente modo:

$$x = \{x^{(1)}, x^{(2)}, \ldots x^{(n)}\}$$

Softmax funciona según la teoría de la probabilidad. Para los clasificadores binarios, la función de activación en la capa final será sigmoide, y para los clasificadores multiclase, softmax. Supongamos que intentamos clasificar la imagen de una fruta, cuyas clases son manzana, plátano, cereza y dátil. La función softmax calcula las probabilidades de que la imagen pertenezca a cada una de estas clases. La clase con mayor probabilidad se considera como predicción.

Para desglosar esto en términos de código Python y ecuaciones, veamos lo siguiente:

```
import numpy as np


def softmax(x):
    return np.exp(x) / np.sum(np.exp(x), axis=0)
```

En este fragmento de código, estamos utilizando la biblioteca numpy (np) para realizar las operaciones matemáticas. La función softmax toma una matriz de x como entrada, aplica la función exponencial a cada elemento y normaliza los resultados para que sumen 1, que es la probabilidad total de todas las clases.

Veamos ahora herramientas y frameworks relacionados con las redes neuronales.

Herramientas y frameworks

En esta sección nos adentraremos en la amplia gama de herramientas y frameworks que se han desarrollado específicamente para facilitar la implementación de redes neuronales. Cada uno de estos frameworks tiene sus ventajas únicas y sus posibles limitaciones.

Entre las numerosas opciones disponibles, queremos destacar Keras, una API de redes neuronales de alto nivel, que se puede ejecutar sobre TensorFlow. Y te preguntarás: ¿por qué Keras y TensorFlow? Pues bien, estos dos, combinados, ofrecen varias ventajas notables que los convierten en una opción habitual entre los profesionales.

En primer lugar, Keras, con su naturaleza modular y fácil de usar, simplifica el proceso de creación y diseño de modelos de redes neuronales, por lo que es apto tanto para principiantes como para usuarios experimentados. En segundo lugar, su compatibilidad con TensorFlow, una potente plataforma integral de código abierto para el aprendizaje automático, garantiza solidez y versatilidad. La capacidad de TensorFlow para ofrecer un alto rendimiento computacional es otro activo valioso. Juntos forman una pareja dinámica que logra un equilibrio entre facilidad de uso y funcionalidad, una opción excelente para el desarrollo y la implantación de modelos de redes neuronales.

En las siguientes secciones, conoceremos más detalles sobre cómo usar Keras con el backend TensorFlow para construir redes neuronales.

Keras

Keras (`https://www.tensorflow.org/guide/keras`) es una de las bibliotecas de redes neuronales más populares y fáciles de usar y está escrita en Python. Se escribió pensando en la facilidad de uso y proporciona la forma más rápida de implementar el aprendizaje profundo. Keras solo proporciona bloques de alto nivel y se considera a nivel de modelo.

A continuación, veremos los distintos motores backend de Keras.

Motores backend de Keras

Keras necesita una biblioteca de aprendizaje profundo de nivel inferior para realizar manipulaciones a nivel de tensor. Esta capa fundacional se denomina "motor backend".

En otras palabras, las manipulaciones a nivel de tensor implican los cálculos y transformaciones que se realizan en matrices multidimensionales de datos, conocidas como tensores, que son la estructura de datos principal utilizada en las redes neuronales. Esta biblioteca de aprendizaje profundo de nivel inferior se denomina *motor backend*. Entre los posibles motores backend para Keras se incluyen los siguientes:

- **TensorFlow (www.tensorflow.org):** es el framework más popular de su clase y es de código abierto de Google.

- **Theano**: desarrollado en el laboratorio MILA de la Universidad de Montreal.

- **Microsoft Cognitive Toolkit (CNTK)** (https://learn.microsoft.com/en-us/cognitive- toolkit/): desarrollado por Microsoft.

El formato de esta pila tecnológica modular de aprendizaje profundo se muestra en el siguiente diagrama:

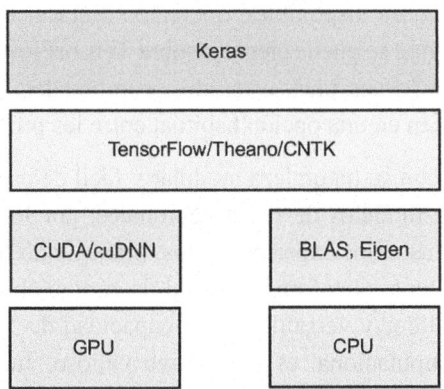

Figura 8.13: *Arquitectura de Keras.*

La ventaja de esta arquitectura modular de aprendizaje profundo es que el backend de Keras se puede cambiar sin reescribir ningún código. Por ejemplo, si pensamos que TensorFlow es mejor que Theona para una tarea en particular, podemos simplemente cambiar el backend a TensorFlow sin necesidad de volver a escribir el código.

A continuación, veremos las capas de bajo nivel de la pila de aprendizaje profundo.

Capas de bajo nivel de la pila de aprendizaje profundo

Los tres motores de backend que acabamos de mencionar pueden ejecutarse tanto en CPU como en GPU utilizando para ello las capas de bajo nivel de la pila. Para las CPU, se utiliza una biblioteca de bajo nivel de operaciones tensoriales llamada **Eigen**. Para las GPU, TensorFlow utiliza la biblioteca **CUDA Deep Neural Network (cuDNN)** de NVIDIA. Merece la pena explicar por qué, en aprendizaje automático, se suelen preferir las GPU.

Mientras que las CPU son versátiles y capaces, las GPU están específicamente diseñadas para manejar múltiples operaciones de forma simultánea, lo que resulta beneficioso a la hora de procesar grandes bloques de datos, algo habitual en las tareas de aprendizaje automático. Esta característica de las GPU, combinada con un mayor ancho de banda de memoria, puede acelerar considerablemente los cálculos de aprendizaje automático, lo que las convierte en una opción muy popular para este tipo de tareas.

A continuación, pasaremos a explicar los hiperparámetros.

Definición de los hiperparámetros

Como hemos explicado en el capítulo 6, *Algoritmos de aprendizaje automático no supervisado*, un hiperparámetro es un parámetro cuyo valor se elige antes de que empiece el proceso de aprendizaje. Empezamos con valores de sentido común y luego intentamos optimizarlos. Para las redes neuronales, los hiperparámetros importantes son los siguientes:

- La función de activación
- La tasa de aprendizaje
- El número de capas ocultas
- El número de neuronas en cada capa oculta

Veamos cómo podemos definir un modelo con Keras.

Definición de un modelo con Keras

La definición de un modelo con Keras completo consta de tres pasos:

1. Definir las capas
2. Definir el proceso de aprendizaje
3. Probar el modelo

Podemos construir un modelo con Keras de dos formas posibles:

- **La API funcional:** nos permite diseñar modelos para grafos acíclicos de capas. Con esta API se pueden crear modelos más complejos.

- **La API secuencial:** nos permite diseñar modelos para una pila lineal de capas. Se utiliza para modelos relativamente sencillos y es la opción habitual para construirlos.

En primer lugar, echaremos un vistazo a la forma secuencial de definir un modelo con Keras:

1. Empezamos importando la biblioteca `tensorflow`:

   ```
   import tensorflow as tf
   ```

2. A continuación, cargamos el conjunto de datos MNIST de los conjuntos de datos de Keras:

   ```
   mnist = tf.keras.datasets.mnist
   ```

3. Después, dividimos el conjunto de datos en entrenamiento y prueba:

   ```
   (train_images, train_labels), (test_images, test_labels) =
   mnist.load_data()
   ```

263

4. Normalizamos los valores de los píxeles de una escala de 255 a una escala de 1:

```
train_images, test_images = train_images / 255.0,
test_images / 255.0
```

5. Seguidamente, definimos la estructura del modelo:

```
model = tf.keras.models.Sequential([
    tf.keras.layers.Flatten(input_shape=(28, 28)),
    tf.keras.layers.Dense(128, activation='relu'),
    tf.keras.layers.Dropout(0.15),
    tf.keras.layers.Dense(128, activation='relu'),
    tf.keras.layers.Dropout(0.15),
    tf.keras.layers.Dense(10, activation='softmax'),

])
```

Este *script* está entrenando un modelo para clasificar imágenes del conjunto de datos MNIST, un conjunto de 70 000 pequeñas imágenes de dígitos escritos a mano por estudiantes de secundaria y empleados de la Oficina del Censo de Estados Unidos.

El modelo se define utilizando el método Sequential en Keras, lo que indica que se organiza como una pila lineal de capas:

1. La primera capa es Flatten, que transforma el formato de las imágenes de una matriz bidimensional a una matriz unidimensional.

2. La siguiente capa, denominada Dense, es una capa neuronal totalmente conectada con 128 nodos (o neuronas). Aquí se utiliza la función de activación relu (ReLU).

3. La capa Dropout pone aleatoriamente a 0 las unidades de entrada con una frecuencia de tasa en cada paso durante el tiempo de entrenamiento, lo que ayuda a evitar el sobreajuste.

4. Se incluye otra capa Dense. Es similar a la anterior y también utiliza la función de activación relu.

5. Volvemos a aplicar una capa Dropout con la misma tasa que antes.

6. La capa final es una capa softmax de 10 nodos, que devuelve una matriz de 10 puntuaciones de probabilidad que suman 1. Cada nodo contiene una puntuación que indica la probabilidad de que la imagen actual pertenezca a una de las 10 clases de dígitos.

Observa que hemos creado tres capas: las dos primeras tienen la función de activación relu y la tercera, la función softmax.

Echemos un vistazo a la API funcional para definir un modelo con Keras:

1. En primer lugar, importamos la biblioteca `tensorflow`

```
# Nos aseguramos de que se está utilizando TensorFlow 2.x
%tensorflow_version 2.x
import tensorflow as tf
from tensorflow.keras.datasets import mnist
```

2. Para trabajar con el conjunto de datos MNIST, debemos cargarlo en memoria. El conjunto de datos se divide convenientemente en conjuntos de entrenamiento y de prueba, con imágenes y sus correspondientes etiquetas:

```
# Cargamos el conjunto de datos MNIST
(train_images, train_labels), (test_images, test_labels) = mnist.
load_data()


# Normalizamos los valores de los píxeles para que estén entre 0 y 1
train_images, test_images = train_images / 255.0, test_images /
255.0
```

3. Las imágenes del conjunto de datos MNIST tienen un tamaño de 28 x 28 píxeles. Al configurar un modelo de red neuronal utilizando TensorFlow, es necesario especificar la forma de los datos de entrada, Aquí establecemos el tensor de entrada para el modelo:

```
inputs = tf.keras.Input(shape=(28,28))
```

4. A continuación, la capa `Flatten` es un sencillo paso de preprocesamiento de datos, que transforma la entrada bidimensional de 128 x 128 píxeles en una matriz unidimensional "aplanándola" (*flattening*). Este proceso prepara los datos para la siguiente capa `Dense`:

```
x = tf.keras.layers.Flatten()(inputs)
```

5. A continuación, viene la primera capa `Dense`, también conocida como capa totalmente conectada, en la que cada nodo de entrada (o neurona) está conectado a cada nodo de salida. La capa tiene 512 nodos de salida y utiliza la función de activación `relu`. ReLU es una opción popular de función de activación que emite la entrada directamente si es positiva; de lo contrario, emite cero:

```
x = tf.keras.layers.Dense(512, activation='relu', name='d1')(x)
```

6. La capa `Dropout` establece aleatoriamente una fracción (0.2, o 20 % en este caso) de los nodos de entrada a 0 en cada actualización durante el entrenamiento, lo que ayuda a prevenir el sobreajuste:

```
x = tf.keras.layers.Dropout(0.2)(x)
```

7. Por último, viene la capa de salida. Se trata de otra capa `Dense` con 10 nodos de salida (presumiblemente para 10 clases). Se aplica la función de activación `softmax`, que produce una distribución de probabilidad sobre las 10 clases, lo que significa que producirá 10 valores que suman 1. Cada valor representa la confianza del modelo en que la imagen de entrada corresponde a una clase determinada:

```
predictions = tf.keras.layers.Dense(10, activation=
tf.nn.softmax, name='d2')(x)


model = tf.keras.Model(inputs=inputs, outputs=predictions)
```

Observa que podemos definir la misma red neuronal utilizando tanto la API secuencial como la funcional. Desde el punto de vista del rendimiento, no hay ninguna diferencia en el planteamiento que se adopte para definir el modelo.

Vamos a convertir las etiquetas numéricas `train_labels` y `test_labels` en vectores codificados en caliente. En el código siguiente, cada etiqueta se convierte en una matriz binaria de tamaño 10 con un 1 en el índice de su dígito respectivo y un 0 en el resto:

```
# Codificación en caliente de las etiquetas
train_labels_one_hot = tf.keras.utils.to_categorical(train_labels, 10)
test_labels_one_hot = tf.keras.utils.to_categorical(test_labels, 10)
```

Ahora debemos definir el proceso de aprendizaje. En este paso, definimos tres cosas:

- El optimizador
- La función `loss`
- Las métricas que cuantificarán la calidad del modelo:

```
optimizer = tf.keras.optimizers.RMSprop()
loss = 'categorical_crossentropy'
metrics = ['accuracy']


model.compile(optimizer=optimizer, loss=loss, metrics=metrics)
```

Utilizamos la función `model.compile` para definir el optimizador, la función de pérdida y las métricas.

Una vez definida la arquitectura, es hora de entrenar el modelo:

```
history = model.fit(train_images, train_labels_one_hot, epochs=10,
validation_data=(test_images, test_labels_one_hot))
```

Ten en cuenta que parámetros como `batch_size` y `epochs` son parámetros configurables, lo que los convierte en hiperparámetros.

A continuación, veamos cómo podemos elegir el modelo secuencial o el funcional.

Elegir un modelo secuencial o funcional

A la hora de decidir entre utilizar un modelo secuencial o funcional para construir una red neuronal, la naturaleza de la arquitectura de la red será determinante. El modelo secuencial es adecuado para pilas lineales sencillas de capas. Es sencillo y fácil de aplicar, lo que lo convierte en una opción ideal para principiantes o para tareas más sencillas. Sin embargo, este modelo tiene una limitación clave: cada capa puede conectarse con exactitud a un tensor de entrada y a un tensor de salida.

Si la arquitectura de la red es más compleja, como con múltiples entradas o salidas en cualquier etapa (entrada, salida o capas ocultas), el modelo secuencial se quedará corto. Para arquitecturas complejas de este tipo, el modelo funcional es más apropiado. Este modelo proporciona un mayor grado de flexibilidad, permitiendo estructuras de red más complejas con múltiples entradas y salidas en cualquier capa. A continuación, vamos a mostrar con mayor detalle el motor TensorFlow.

TensorFlow

TensorFlow es una de las bibliotecas más populares para trabajar con redes neuronales. En la sección anterior, hemos comprobado cómo podemos utilizarlo como motor backend de Keras. Se trata de una biblioteca de código abierto y alto rendimiento que puede utilizarse para cualquier cálculo numérico.

Si nos fijamos en la pila, podemos ver que podemos escribir el código de TensorFlow en un lenguaje de alto nivel como Python o C++, que es interpretado por el motor de ejecución distribuida de TensorFlow. Esto lo hace muy útil y popular entre los desarrolladores.

TensorFlow funciona utilizando un grafo dirigido para plasmar los cálculos. En este grafo, los nodos son operaciones matemáticas, y las aristas que conectan estos nodos representan la entrada y la salida de estas operaciones. Además, dichas aristas simbolizan matrices de datos.

Además de servir como motor backend para Keras, TensorFlow se utiliza mucho en diversos escenarios: puede ayudar a desarrollar modelos de aprendizaje automático complejos, procesar grandes conjuntos de datos e, incluso, desplegar aplicaciones de IA en diferentes plataformas. Tanto si estás creando un sistema de recomendación como un modelo de clasificación de imágenes o una herramienta de procesamiento de lenguaje natural, TensorFlow puede satisfacer eficazmente estas tareas y muchas más.

Conceptos básicos de TensorFlow

Echemos un breve vistazo a conceptos de TensorFlow como escalares, vectores y matrices. Sabemos que, en las matemáticas tradicionales, un número simple, como el tres o el cinco, se denomina **escalar**. Además, en física, un **vector** es algo que tiene magnitud y dirección. En el entorno de TensorFlow, utilizamos un vector para referirnos a matrices unidimensionales. Ampliando este concepto, una matriz bidimensional es una **matriz**. Para una matriz tridimensional, utilizamos el término **tensor 3D**. Si queremos captar la dimensionalidad de una estructura de datos utilizamos el término **rango**. Así, un **escalar** es una estructura de datos de **rango 0**, un **vector** es una estructura de datos de **rango 1** y una **matriz** es una estructura de datos de **rango 2**. Estas estructuras multidimensionales se conocen como **tensores** y se muestran en el siguiente diagrama:

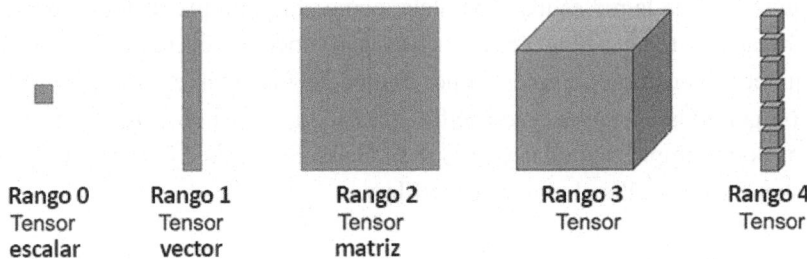

Rango 0	Rango 1	Rango 2	Rango 3	Rango 4
Tensor escalar	Tensor vector	Tensor matriz	Tensor	Tensor

Figura 8.14: *Estructuras multidimensionales o tensores.*

Como podemos ver en el diagrama anterior, el rango define la dimensionalidad de un tensor.

Veamos ahora otro parámetro, el denominado shape. shape es una tupla de enteros que especifica la longitud de una matriz en cada dimensión.

El siguiente diagrama explica el concepto de shape:

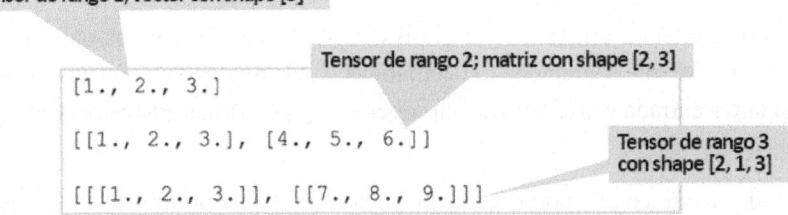

Figura 8.15: *Concepto de una forma (shape).*

Mediante el parámetro shape y los rangos podemos especificar los detalles de los tensores.

Matemáticas tensoriales

Veamos ahora diferentes cálculos matemáticos que utilizan tensores:

- Vamos a definir dos escalares e intentaremos sumarlos y multiplicarlos usando TensorFlow:

```
print("Definir tensores constantes")
a = tf.constant(2)
print("a = %i" % a)
b = tf.constant(3)
print("b = %i" % b)
```

```
Definir tensores constantes
a = 2
b = 3
```

- Podemos sumarlos y multiplicarlos y mostrar los resultados:

```
print("Operaciones en curso, sin tf.Session")
c = a + b
print("a + b = %i" % c)
d = a * b
print("a * b = %i" % d)
```

```
Operaciones en curso, sin tf.Session
a + b = 5
a * b = 6
```

- También podemos crear un nuevo tensor escalar sumando los dos tensores:

```
c = a + b
print("a + b = %s" % c)
```

```
a + b = tf.Tensor(5, shape=(), dtype=int32)
```

- Y también podemos realizar funciones tensoriales complejas:

```
d = a*b
print("a * b = %s" % d)
```

```
a * b = tf.Tensor(6, shape=(), dtype=int32)
```

Tipos de redes neuronales

Las redes neuronales pueden estar diseñadas de varias maneras, dependiendo de cómo estén interconectadas las neuronas. En una red neuronal densa, o totalmente conectada, cada neurona de una capa determinada está vinculada a cada una de las neuronas de la capa siguiente. Esto significa que cada entrada de la capa anterior se introduce en cada neurona de la capa posterior, maximizando el flujo de información.

Sin embargo, las redes neuronales no siempre están totalmente conectadas. Algunas de ellas pueden tener patrones específicos de conexiones basados en el problema que tratan de resolver. Por ejemplo, en las redes neuronales convolucionales utilizadas para el procesamiento de imágenes, cada neurona de una capa puede estar conectada solo a una pequeña región de neuronas de la capa anterior. Esto refleja el modo en que están organizadas las neuronas de la corteza visual humana y ayuda a la red a procesar eficazmente la información visual.

Recuerda que la arquitectura específica de una red neuronal, es decir, cómo están interconectadas las neuronas, afecta en gran medida a su funcionalidad y rendimiento.

Redes neuronales convolucionales

Las **redes neuronales convolucionales** (**CNN**, del inglés *Convolution neural networks*) suelen utilizarse para analizar datos multimedia. Para saber más sobre cómo se utiliza una CNN para analizar datos basados en imágenes, debemos conocer los siguientes procesos:

- Convolución

- Agrupación (*pooling*)

Veamos los dos procedimientos por separado.

Convolución

El proceso de convolución enfatiza un patrón de interés en una imagen concreta procesándola con otra imagen más pequeña denominada **filtro** (también llamado **núcleo** o *kernel*). Por ejemplo, si queremos encontrar los bordes de los objetos de una imagen, podemos convolucionar la imagen con un filtro determinado para obtenerlos. La detección de bordes puede ayudarnos a detectar objetos, clasificar objetos y otras aplicaciones. Así pues, el proceso de convolución consiste en encontrar características y rasgos en una imagen.

El enfoque de la búsqueda de patrones se basa en encontrar patrones que puedan reutilizarse en datos diferentes. Los patrones reutilizables se denominan filtros o núcleos.

Pooling

Una parte importante del procesamiento de datos multimedia con fines de aprendizaje automático es el submuestreo. Esta técnica consiste en reducir la resolución de los datos, es decir, disminuir su complejidad o dimensionalidad. El *pooling* ofrece dos ventajas fundamentales:

- Al reducir la complejidad de los datos, disminuimos significativamente el tiempo de entrenamiento del modelo, mejorando la eficiencia computacional.

- El *pooling* abstrae y agrega detalles innecesarios en los datos multimedia, haciéndolos más generalizados. Esto, a su vez, mejora la capacidad del modelo para representar problemas similares.

El submuestreo se realiza del siguiente modo:

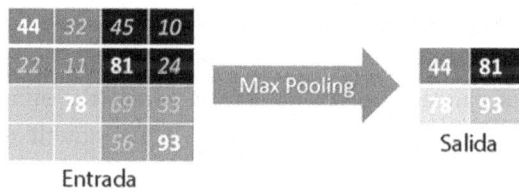

Figura 8.16: *Submuestreo.*

En el proceso de submuestreo condensamos un grupo de píxeles en un único píxel representativo. Por ejemplo, supongamos que condensamos un bloque de 2 x 2 píxeles en un solo píxel, lo que supone reducir la resolución de los datos originales en un factor de cuatro.

El valor representativo del nuevo píxel puede elegirse de varias maneras. Uno de estos métodos es el *max pooling*, en el que seleccionamos el valor máximo del bloque de píxeles original para representar el nuevo píxel único.

En cambio, si optáramos por tomar la media de los valores del bloque de píxeles, el proceso se denominaría *average pooling*.

La elección entre ambos métodos depende a menudo de la tarea específica. *Max pooling* es especialmente beneficioso cuando nos interesa conservar las características más destacadas de la imagen, ya que retiene el valor máximo de píxeles de un bloque, capturando así el aspecto más destacado o notable dentro de esa sección.

En cambio, *average pooling* suele ser útil cuando queremos preservar el contexto general y reducir el ruido, ya que considera todos los valores de un bloque y calcula su media, creando una representación más equilibrada que puede ser menos sensible a pequeñas variaciones o ruido en los valores de los píxeles.

Redes generativas adversativas

Las redes generativas adversativas, comúnmente denominadas GAN (del inglés *Generative Adversarial Networks*), representan una clase distinta de redes neuronales capaces de generar datos sintéticos. Presentadas por primera vez por Ian Goodfellow y su equipo en 2014, las GAN son muy aclamadas debido a su enfoque innovador para crear nuevos datos similares a las muestras de entrenamiento originales.

Una aplicación notable de estas redes es su capacidad para producir imágenes realistas de personas que no existen en la realidad, lo que demuestra su notable capacidad para generar detalles. Sin embargo, una aplicación aún más crucial reside en su potencial para generar datos sintéticos, aumentando así los conjuntos de datos de entrenamiento existentes. Esto puede ser extremadamente beneficioso en escenarios en los que la disponibilidad de datos es limitada.

A pesar de su potencial, las GAN presentan algunas limitaciones. El proceso de entrenamiento de estas redes puede ser bastante complicado, lo que a menudo provoca problemas como el colapso de modo, donde el generador empieza a producir variedades limitadas de muestras. Además, la calidad de los datos generados depende en gran medida de la calidad y diversidad de los datos de entrada. Los datos poco representativos o parciales pueden dar lugar a datos sintéticos menos eficaces y potencialmente sesgados.

En la próxima sección veremos qué es el aprendizaje por transferencia.

El aprendizaje por transferencia

A lo largo de los años, innumerables organizaciones, entidades de investigación y colaboradores de la comunidad *open-source* han construido meticulosamente modelos sofisticados para casos de uso general. Estos modelos, a menudo entrenados con ingentes cantidades de datos, se han optimizado a lo largo de años de duro trabajo y son adecuados para aplicaciones muy diversas, como:

- Detección de objetos en vídeos o imágenes

- Transcripción de audio

- Análisis de sentimiento en un texto

Al iniciar el entrenamiento de un nuevo modelo de aprendizaje automático, vale la pena preguntarse si podemos modificar un modelo ya establecido y preentrenado para adaptarlo a nuestras necesidades, en lugar de partir de una pizarra en blanco. En otras palabras, ¿podríamos aprovechar el aprendizaje de modelos existentes para confeccionar un modelo a medida que responda a nuestras necesidades específicas? Este enfoque, conocido como aprendizaje por transferencia, puede ofrecer varias ventajas:

- Nos da una ventaja para el entrenamiento de nuestro modelo.

- Mejora potencialmente la calidad de nuestro modelo al utilizar un modelo validado previamente y fiable.

- En los casos en que nuestro problema carece de datos suficientes, el aprendizaje por transferencia mediante un modelo preentrenado puede ser de inmensa ayuda.

Observa los siguientes ejemplos prácticos en los que el aprendizaje por transferencia sería beneficioso:

- Para entrenar un robot, primero podría entrenarse un modelo de red neuronal utilizando un juego de simulación. En este entorno controlado, podemos crear acontecimientos raros que son difíciles de reproducir en el mundo real. Una vez entrenado, puede aplicarse el aprendizaje por transferencia para adaptar el modelo a situaciones reales.

- Supongamos que queremos construir un modelo que distinga entre portátiles Apple y Windows en un vídeo. Los modelos de detección de objetos de código abierto existentes, conocidos por su precisión a la hora de clasificar diversos objetos en secuencias de vídeo, podrían servir como punto de partida ideal. Mediante el aprendizaje por transferencia podemos aprovechar primero estos modelos para identificar objetos como ordenadores portátiles. Posteriormente, podríamos refinar aún más nuestro modelo para diferenciar entre portátiles Apple y Windows.

En la siguiente sección pondremos en práctica los principios tratados en este capítulo para crear una red neuronal de clasificación de documentos fraudulentos.

Para que te hagas una idea, imagina un modelo preentrenado como un árbol robusto con muchas ramas (capas). En algunas ramas ya hay frutos maduros (entrenados para identificar características). Al aplicar el aprendizaje por transferencia, "congelamos" estas ramas fructíferas, preservando su aprendizaje establecido. A continuación, dejamos que crezcan nuevas ramas y den frutos, lo que equivale a entrenar a las capas adicionales para que comprendan nuestras características específicas. Este proceso de congelar unas capas y entrenar otras encierra la esencia del aprendizaje por transferencia.

Caso práctico: uso del aprendizaje profundo para la detección del fraude

El uso de técnicas de aprendizaje automático para identificar documentos fraudulentos es un campo de investigación activo y desafiante. Los investigadores están estudiando hasta qué punto puede aprovecharse para este fin el poder de reconocimiento de patrones de las redes neuronales. En lugar de extractores manuales de atributos, los píxeles en bruto pueden utilizarse para distintas estructuras arquitectónicas de aprendizaje profundo.

Metodología

La técnica que presentamos en esta sección utiliza un tipo de arquitectura de red neuronal denominada **redes siamesas**, que presenta dos ramas que comparten arquitecturas y parámetros idénticos.

El uso de redes siamesas para identificar documentos fraudulentos se muestra en el siguiente diagrama.

Cuando hay que verificar la autenticidad de un documento concreto, primero lo clasificamos en función de su diseño y tipo y, a continuación, lo comparamos con la plantilla y el patrón esperados. Si se desvía más allá de un determinado umbral, se marca como documento falso; en caso contrario, se considera un documento auténtico o verdadero. Para casos de uso críticos, podemos añadir un proceso manual para aquellos casos dudosos en los que el algoritmo clasifique de forma concluyente un documento como auténtico o falso.

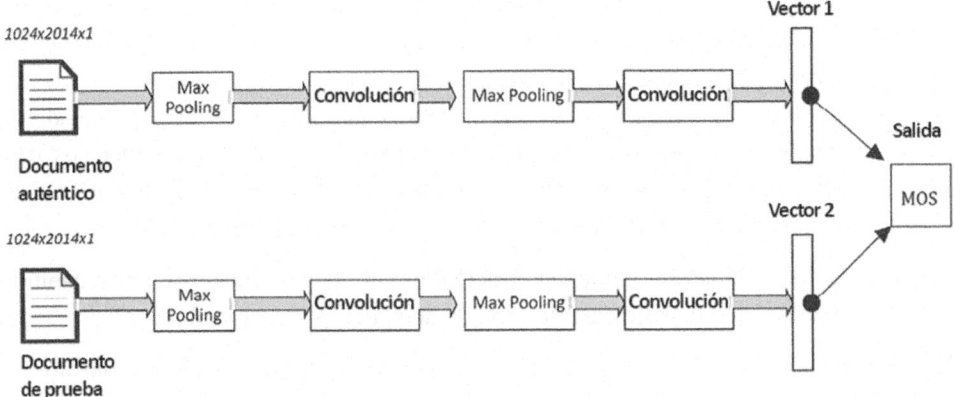

Figura 8.17: *Redes neuronales siamesas.*

Para comparar un documento con su plantilla prevista, utilizamos dos CNN idénticas en nuestra arquitectura siamesa. Las CNN tienen la ventaja de aprender óptimos detectores de características locales invariantes ante desplazamientos y pueden construir representaciones que muestran solidez ante las distorsiones geométricas de la imagen de entrada. Esto se adapta bien a nuestro problema, ya que el objetivo es pasar documentos auténticos y de prueba a través de una única red y, a continuación, comparar sus resultados por similitud. Para lograr este objetivo, aplicamos los siguientes pasos.

Supongamos que queremos comprobar un documento. Para cada clase de documento, realizamos los siguientes pasos:

1. Obtener la imagen almacenada del documento auténtico, que denominamos **documento real** (*Authentic document*). El documento de prueba debe parecerse al documento real.

2. El documento real pasa por las capas de la red neuronal para crear un vector de características, que es la representación matemática de los patrones del documento real. Lo llamamos **Vector de características 1** (*Feature Vector 1*), como se muestra en el diagrama anterior.

3. El documento que debe comprobarse se denomina **Documento de prueba** (*Test document*). Pasamos este documento por una red neuronal similar a la que se utilizó para crear el vector de características del documento real. El vector de características del documento de prueba se denomina **Vector de características 2** (*Feature Vector 2*).

4. Utilizamos la distancia euclidiana entre el Vector de características 1 y el Vector de características 2 para calcular la puntuación de similitud entre el documento real y el documento de prueba. Esta puntuación de similitud se denomina **medida de similitud** (MOS) y es un número entre 0 y 1. Un número más alto

representa una menor distancia entre los documentos y una mayor probabilidad de que los documentos sean similares.

5. Si la puntuación de similitud calculada por la red neuronal es inferior a un umbral predefinido, marcamos el documento como fraudulento.

Veamos cómo podemos implementar redes neuronales siamesas utilizando Python.

Para ilustrar este proceso, lo dividiremos en bloques más sencillos y manejables. Este planteamiento nos ayudará a seguir la guía de estilo PEP8 y a mantener nuestro código legible y sostenible:

1. En primer lugar, importamos los paquetes de Python necesarios:

```
import random
çimport numpy as np
import tensorflow as tf
```

2. A continuación, definimos el modelo de red que procesará cada rama de la red siamesa. Ten en cuenta que hemos incorporado una tasa de abandono de 0.15 para mitigar el sobreajuste:

```
def createTemplate():
    return tf.keras.models.Sequential([
        tf.keras.layers.Flatten(),
        tf.keras.layers.Dense(128, activation='relu'),
        tf.keras.layers.Dropout(0.15),
        tf.keras.layers.Dense(128, activation='relu'),
        tf.keras.layers.Dropout(0.15),
        tf.keras.layers.Dense(64, activation='relu'),
    ])
```

3. Para nuestras redes siamesas utilizaremos imágenes MNIST. Estas imágenes son excelentes para comprobar la eficacia de nuestra red siamesa. Preparamos los datos de forma que cada muestra contenga dos imágenes y un indicador binario de similitud que indique si pertenecen a la misma clase:

```
def prepareData(inputs: np.ndarray, labels: np.ndarray):
    classesNumbers = 10
    digitalIdx = [np.where(labels == i)[0] for i in
range(classesNumbers)]
```

4. En la función `prepareData`, garantizamos el mismo número de muestras en todos los dígitos. Primero, utilizando la función `np.where`, creamos un índice que indique en qué parte de nuestro conjunto de datos aparece cada dígito. A continuación, preparamos nuestros pares de imágenes y les asignamos etiquetas:

```
pairs = list()
labels = list()
n = min([len(digitalIdx[d]) for d in range(classesNumbers)]) - 1
for d in range(classesNumbers):
    for i in range(n):
        z1, z2 = digitalIdx[d][i], digitalIdx[d][i + 1]
        pairs += [[inputs[z1], inputs[z2]]]
        inc = random.randrange(1, classesNumbers)
        dn = (d + inc) % classesNumbers
        z1, z2 = digitalIdx[d][i], digitalIdx[dn][i]
        pairs += [[inputs[z1], inputs[z2]]]
        labels += [1, 0]
return np.array(pairs), np.array(labels, dtype=np.float32)
```

5. A continuación, preparamos nuestros conjuntos de datos de entrenamiento y de prueba:

```
input_a = tf.keras.layers.Input(shape=input_shape)
encoder1 = base_network(input_a)
input_b = tf.keras.layers.Input(shape=input_shape)
encoder2 = base_network(input_b)
```

6. Por último, implementamos la medida de similitud, que cuantifica la distancia entre los dos documentos que queremos comparar:

```
distance = tf.keras.layers.Lambda(
    lambda embeddings: tf.keras.backend.abs(
        embeddings[0] - embeddings[1]
    )
) ([encoder1, encoder2])
measureOfSimilarity = tf.keras.layers.Dense(1, activation='sigmoid')
(distance)
```

Ahora, vamos a entrenar el modelo. Para ello, utilizaremos 10 épocas:

```
# Construimos el modelo
model = tf.keras.models.Model([input_a, input_b], measureOfSimilarity)
 # Entrenamos
model.compile(loss='binary_crossentropy',optimizer=tf.keras.optimizers.
Adam(),metrics=['accuracy'])


model.fit([train_pairs[:, 0], train_pairs[:, 1]], tr_labels,
        batch_size=128,epochs=10,validation_data=([test_pairs[:, 0],
test_pairs[:, 1]], test_labels))
```

```
Época 1/10
847/847 [==============================] - 6s 7ms/step - loss: 0.3459 -
accuracy: 0.8500 - val_loss: 0.2652 - val_accuracy: 0.9105

Época 2/10
847/847 [==============================] - 6s 7ms/step - loss: 0.1773 -
accuracy: 0.9337 - val_loss: 0.1685 - val_accuracy: 0.9508

Época 3/10
847/847 [==============================] - 6s 7ms/step - loss: 0.1215 -
accuracy: 0.9563 - val_loss: 0.1301 - val_accuracy: 0.9610

Época 4/10
847/847 [==============================] - 6s 7ms/step - loss: 0.0956 -
accuracy: 0.9665 - val_loss: 0.1087 - val_accuracy: 0.9685

Época 5/10
847/847 [==============================] - 6s 7ms/step - loss: 0.0790 -
accuracy: 0.9724 - val_loss: 0.1104 - val_accuracy: 0.9669

Época 6/10
847/847 [==============================] - 6s 7ms/step - loss: 0.0649 -
accuracy: 0.9770 - val_loss: 0.0949 - val_accuracy: 0.9715

Época 7/10
847/847 [==============================] - 6s 7ms/step - loss: 0.0568 -
accuracy: 0.9803 - val_loss: 0.0895 - val_accuracy: 0.9722

Época 8/10
847/847 [==============================] - 6s 7ms/step - loss: 0.0513 -
accuracy: 0.9823 - val_loss: 0.0807 - val_accuracy: 0.9770

Época 9/10
847/847 [==============================] - 6s 7ms/step - loss: 0.0439 -
accuracy: 0.9847 - val_loss: 0.0916 - val_accuracy: 0.9737

Época 10/10
847/847 [==============================] - 6s 7ms/step - loss: 0.0417 -
accuracy: 0.9853 - val_loss: 0.0835 - val_accuracy: 0.9749


<tensorflow.python.keras.callbacks.History at 0x7ff1218297b8>
```

Observa que hemos conseguido una precisión (*accuracy*) del 97.49 % utilizando 10 épocas. Si aumentáramos el número de épocas mejoraría aún más el nivel de precisión.

Resumen

En este capítulo hemos llevado a cabo un recorrido por la evolución de las redes neuronales, examinando diferentes tipos y componentes clave, como las funciones de activación y el importante algoritmo de descenso de gradiente. También hemos abordado el concepto de aprendizaje por transferencia y su aplicación práctica en la identificación de documentos fraudulentos.

En el capítulo siguiente nos adentraremos en el procesamiento del lenguaje natural, explorando áreas como la incrustación de palabras y las redes recurrentes. También aprenderemos a aplicar el análisis de sentimientos. El fascinante mundo de las redes neuronales sigue desarrollándose.

9

Algoritmos para el procesamiento del lenguaje natural

La lengua es el instrumento más importante del pensamiento.

—Marvin Minsky

Este capítulo trata los algoritmos para el **procesamiento del lenguaje natural (PLN)**. Se presentan los fundamentos del PLN y la preparación de datos para tareas de PLN, se explican los conceptos de vectorización de datos textuales y la incrustación de palabras y, por último, se presenta un caso de uso detallado.

Este capítulo consta de las siguientes secciones:

- Introducción al PLN
- **PLN basado en bolsas de palabras**
- Introducción a la incrustación de palabras
- Caso práctico: análisis de sentimiento de reseñas sobre restaurantes

Al finalizar este capítulo conocerás las técnicas básicas que se utilizan en el PLN. También entenderás cómo se puede utilizar el PLN para resolver algunos problemas interesantes del mundo real.

Empecemos por los conceptos básicos.

Introducción al PLN

El PLN es una rama de los algoritmos de aprendizaje automático que se ocupa de la interacción entre los ordenadores y el lenguaje humano. Consiste en analizar, procesar y comprender el lenguaje humano para que las máquinas puedan entender y responder a la comunicación humana. El PLN es un tema muy amplio; consiste en utilizar algoritmos lingüísticos informáticos y tecnologías y metodologías de interacción persona-ordenador para procesar datos complejos no estructurados.

El PLN funciona procesando el lenguaje humano y descomponiéndolo en sus partes constituyentes, como palabras, frases y oraciones. El objetivo es que el ordenador entienda el significado del texto y responda adecuadamente. Los algoritmos de PLN utilizan diversas técnicas, como modelos estadísticos, aprendizaje automático y aprendizaje profundo, para analizar y procesar grandes volúmenes de datos de lenguaje natural. En el caso de problemas complejos, es posible que tengamos que utilizar una combinación de técnicas para llegar a una solución eficaz.

Uno de los retos más importantes del PLN es hacer frente a la complejidad y ambigüedad del lenguaje humano. Las lenguas son muy diversas, con estructuras gramaticales complejas y expresiones idiomáticas. Además, el significado de las palabras y frases puede variar según el contexto en que se utilicen. Los algoritmos de PLN deben ser capaces de gestionar estas complejidades para lograr un tratamiento eficaz del lenguaje.

Empecemos por examinar parte de la terminología que se utiliza cuando se habla de PLN.

Terminología del PLN

El PLN es un campo de estudio muy amplio. En esta sección estudiaremos parte de la terminología básica relacionada con dicho campo:

- **Corpus:** un corpus es una colección grande y estructurada de datos de texto o voz que sirve como recurso para los algoritmos de PLN. Puede consistir en varios tipos de datos textuales, como texto escrito, lenguaje hablado, conversaciones transcritas y publicaciones en redes sociales. Un corpus se crea recopilando y organizando intencionadamente datos de diversas fuentes en línea y fuera de línea, incluido Internet. Aunque Internet puede ser una rica fuente de adquisición de datos, decidir qué datos incluir en un corpus requiere una selección intencionada y una alineación con los objetivos del estudio o análisis concreto que se esté realizando.

  Los corpus pueden estar anotados, lo que significa que pueden contener detalles adicionales sobre los textos, como etiquetas parciales de voz y entidades con nombre. Estos corpus anotados ofrecen información específica que mejora el entrenamiento y la evaluación de algoritmos de PLN, lo que los convierte en recursos especialmente valiosos en este campo.

- **Normalización:** este proceso consiste en convertir el texto a una forma estándar, como poner todos los caracteres en minúsculas o eliminar los signos de puntuación, para que su análisis sea más sencillo.

- **Tokenización:** la tokenización descompone el texto en partes más pequeñas llamadas tokens, normalmente palabras o subpalabras, lo que permite un análisis más estructurado.

- **Reconocimiento de entidades con nombre (NER, del inglés *Named Entity Recognition*):** NER identifica y clasifica entidades con nombre dentro del texto, como nombres de personas, lugares, organizaciones, etc.

- **Stop words:** se trata de palabras de uso común como *y*, *el*, y *es*, que a menudo se eliminan durante el procesamiento del texto, ya que no aportan un significado relevante.

- **Separación de palabras y lematización:** la separación de palabras o *stemming* consiste en reducir las palabras a su forma raíz, mientras que la lematización consiste en convertir las palabras a su lema o forma de diccionario. Ambas técnicas ayudan a analizar el significado esencial de las palabras.

A continuación, analizaremos distintas técnicas de preprocesamiento de textos en PLN:

- **Incrustación de palabras:** es un método utilizado para traducir palabras a forma numérica, donde cada palabra se representa como un vector en un espacio que puede tener muchas dimensiones. En este contexto, un "vector de alta dimensión" se refiere a una matriz de números en la que el número de dimensiones, o componentes individuales, es bastante grande, a menudo cientos o incluso miles. La idea de utilizar vectores de alta dimensión es captar las complejas relaciones entre las palabras, lo que permite situar palabras con significados similares más cerca unas de otras en este espacio multidimensional. Cuantas más dimensiones tenga el vector, más matizadas serán las relaciones que pueda captar. Por tanto, en la incrustación de palabras, las palabras relacionadas semánticamente acaban estando más cerca unas de otras en este espacio de alta dimensión, lo que facilita que los algoritmos entiendan y procesen el lenguaje de un modo que refleje la comprensión humana.

- **Modelado del lenguaje:** el modelado del lenguaje es el proceso de desarrollo de modelos estadísticos que pueden predecir o generar secuencias de palabras o caracteres basándose en patrones y estructuras encontrados en un corpus de texto proporcionado.

- **Traducción automática:** proceso de traducción automática de textos de un idioma a otro mediante técnicas y modelos de PLN.

- **Análisis de sentimiento:** proceso de determinar la actitud o el sentimiento expresado en un texto, a menudo mediante el análisis de las palabras y frases utilizadas y su contexto.

Preprocesamiento de textos en PLN

El preprocesamiento de textos es una fase vital para el PLN, donde los datos de texto sin procesar se someten a una transformación para adecuarlos a los algoritmos de aprendizaje automático. Esta transformación implica convertir el texto desorganizado y, a menudo, desordenado en lo que se conoce como "formato estructurado". En un formato estructurado, los datos se organizan siguiendo un patrón más sistemático y predecible, lo que a menudo implica técnicas como la tokenización, la separación de palabras y la eliminación de caracteres no deseados. Estos pasos ayudan a limpiar el texto, reducir la información irrelevante o "ruido" y organizar los datos de forma que los modelos de aprendizaje automático puedan entenderlos con más facilidad. Siguiendo este planteamiento, el texto en bruto, que puede contener incoherencias e irregularidades, se moldea de manera que mejora la precisión, el rendimiento y la eficacia de las tareas posteriores de PLN. En esta sección exploraremos varias técnicas utilizadas en el preprocesamiento de textos para conseguir este formato estructurado.

Tokenización

Como ya hemos comentado, la tokenización es un proceso crucial que consiste en dividir el texto en unidades más pequeñas, conocidas como tokens. Estos tokens pueden ser tan pequeños como palabras individuales o subpalabras. En PLN, la tokenización suele considerarse el primer paso de la preparación de datos de texto para su posterior análisis. La razón de este papel fundamental radica en la propia naturaleza del lenguaje, donde la comprensión y el procesamiento del texto requieren descomponerlo en partes manejables. Al transformar un flujo continuo de texto en tokens individuales, creamos un formato estructurado que refleja la forma en que los humanos leen y comprenden el lenguaje de forma natural. Esta estructuración proporciona a los modelos de aprendizaje automático una forma clara y sistemática de analizar el texto, lo que les permite reconocer patrones y relaciones dentro de los datos. A medida que profundizamos en las técnicas de PLN, este formato tokenizado se convierte en la base sobre la que se construyen muchas otras fases de preprocesamiento y análisis.

El siguiente fragmento de código está tokenizando el texto proporcionado utilizando la biblioteca **Natural Language Toolkit** (nltk) en Python. nltk es una biblioteca muy utilizada en Python, diseñada específicamente para trabajar con datos del lenguaje humano. Ofrece interfaces y herramientas fáciles de usar para tareas como clasificación, tokenización, *stemming*, etiquetado, análisis sintáctico, etc., lo que la convierte en un valioso activo para el PLN. Si deseas aprovechar estas capacidades en tus proyectos de Python, la biblioteca nltk puede descargarse e instalarse directamente desde el **Python Package Index** (PyPI) mediante el comando pip install nltk. Al incorporar la biblioteca nltk al código, podrás acceder a un rico conjunto de funciones y recursos que agilizan el desarrollo y la ejecución de diversas tareas de PLN, lo que la convierte en una opción popular entre investigadores, educadores y desarrolladores en el campo de la lingüística computacional. Vamos a empezar importando las funciones más importantes:

```
from nltk.tokenize import word_tokenize
corpus = 'Este es un libro sobre algoritmos'.


tokens = word_tokenize(corpus)
print(tokens)
```

El resultado será una lista como esta:

```
['Este', 'es', 'un', 'libro', 'sobre', 'algoritmos', '.']
```

En este ejemplo, cada token es una palabra. La granularidad de los tokens resultantes variará en función del objetivo; por ejemplo, cada token puede consistir en una palabra, una oración o un párrafo.

Para tokenizar texto a partir de oraciones, puedes utilizar la función sent_tokenize del módulo nltk.tokenize:

```
from nltk.tokenize import sent_tokenize
corpus = 'Este es un libro sobre algoritmos. Trata varios temas
en profundidad'.
```

En este ejemplo, la variable corpus contiene dos oraciones. La función sent_tokenize toma el corpus como entrada y devuelve una lista de oraciones. Al ejecutar el código modificado, obtendrás la siguiente salida:

```
oraciones = sent_tokenize(corpus)
print(oraciones)
```

```
['Este es un libro sobre algoritmos.',
 'Trata varios temas en profundidad.']
```

A veces es necesario dividir los textos extensos en párrafos, y nltk puede ser muy útil para ello. Se trata de una técnica que podría ser especialmente útil en aplicaciones como el resumen de documentos, donde comprender la estructura a nivel de párrafo puede ser crucial. Tokenizar un texto en párrafos puede parecer sencillo, aunque puede resultar complejo en función de la estructura y el formato de dicho texto. Un método sencillo consiste en dividir el texto en dos caracteres de nueva línea, que suelen separar párrafos en los documentos de texto sin formato.

He aquí un ejemplo básico:

```
def tokenize_paragraphs(text):
    # Dividir mediante dos caracteres de nueva línea
    paragraphs = text.split('\n\n')
    return [p.strip() for p in paragraphs if p]
```

A continuación, veamos cómo podemos limpiar los datos.

Limpiar los datos

La limpieza de datos es un paso esencial en el PLN, ya que los datos de texto en bruto suelen contener ruido e información irrelevante que puede entorpecer el rendimiento de los modelos de PLN. El objetivo de la limpieza de datos para PLN es preprocesar los datos de texto para eliminar el ruido y la información irrelevante y transformarlos en un formato adecuado para su análisis mediante técnicas de PLN. Ten en cuenta que la limpieza de datos se realiza después de la tokenización. La razón es que esta limpieza puede implicar operaciones que dependen de la estructura que aparece tras la tokenización. Por ejemplo, la eliminación de palabras concretas o la alteración de la forma puede realizarse con mayor precisión una vez que el texto se ha tokenizado en unidades individuales.

Veamos ahora algunas técnicas utilizadas para limpiar los datos y prepararlos para tareas de aprendizaje automático.

Conversión de mayúsculas y minúsculas

La conversión de mayúsculas y minúsculas es una técnica de PLN que consiste en transformar un texto de un formato a otro, por ejemplo, de mayúsculas a minúsculas o de tipo título a mayúsculas.

Por ejemplo, el texto "Procesamiento del Lenguaje Natural" en mayúsculas podría convertirse a minúsculas para ser "procesamiento del lenguaje natural".

Este paso, sencillo pero eficaz, ayuda a normalizar el texto, lo que a su vez simplifica su procesamiento para diversos algoritmos de PLN. El hecho de garantizar que el texto utiliza un método uniforme ayuda a eliminar las incoherencias que, de otro modo, podrían surgir por las diferencias en el uso de las mayúsculas.

Eliminación de la puntuación

La eliminación de la puntuación en PLN se refiere al proceso de eliminar los signos de puntuación de los datos de texto sin procesar antes de analizarlos. Los signos de puntuación son símbolos como el punto (.), la coma (,) o los signos de interrogación (?) y exclamación (!) que se utilizan en el lenguaje escrito para indicar pausas, énfasis o entonación. Aunque son esenciales en el lenguaje escrito, pueden añadir ruido y complejidad a los datos de texto en bruto, lo que puede entorpecer el rendimiento de los modelos de PLN.

Es razonable preguntarse cómo puede afectar la supresión de los signos de puntuación al significado de las frases. Observa los siguientes ejemplos:

```
"Es una gata."
```

```
"¿Es una gata?"
```

Sin puntuación, ambas frases se convertirían en "Es una gata" y el significado que transmiten los signos de interrogación se perdería.

Sin embargo, cabe señalar que, en muchas tareas de PLN, como la clasificación de temas o el análisis de sentimiento, la puntuación puede no tener un impacto significativo en la comprensión global. Además, los modelos pueden basarse en otros indicios de la estructura, el contenido o el contexto para deducir su significado. En los casos en que los matices de puntuación son importantes, pueden emplearse modelos especializados y técnicas de preprocesamiento para mantener la información necesaria.

Tratamiento de números en PLN

Los números en datos textuales pueden ser un problema en PLN. A continuación, examinamos las dos estrategias principales que se utilizan para tratar números en el análisis de textos, considerando tanto el enfoque tradicional de eliminación como la opción alternativa de normalización.

En algunas tareas de PLN, los números pueden considerarse ruido, sobre todo cuando la atención se centra en aspectos como la frecuencia de palabras o el análisis de sentimiento. Estas son algunas de las razones por las cuales algunos analistas optan por eliminar los números:

- **Falta de relevancia**: los caracteres numéricos pueden no tener un significado relevante en casos específicos de análisis de texto.

- **Recuentos de frecuencias distorsionados:** los números pueden distorsionar los recuentos de frecuencia de palabras, especialmente en modelos como el modelado de temas.

- **Reducción de la complejidad:** la eliminación de los números puede simplificar los datos textuales y mejorar el rendimiento de los modelos de PLN.

Sin embargo, existe un enfoque alternativo que consiste en convertir todos los números a una representación estándar en lugar de descartarlos. Este método reconoce que los números pueden contener información esencial y garantiza que su valor se conserve en un formato coherente, y puede resultar especialmente útil en contextos en los que los datos numéricos desempeñan un papel vital en el significado del texto.

Decidir si eliminar o conservar los números requiere comprender el problema que se quiere resolver. Puede que sea necesario personalizar un algoritmo para distinguir si un número es significativo en función del contexto textual y de la tarea específica de PLN. Analizar el papel de los números en cada contexto y los objetivos del análisis puede orientar este proceso de toma de decisiones.

El tratamiento de los números en PLN no es un enfoque único. Eliminarlos, normalizarlos o analizarlos cuidadosamente depende de los requisitos específicos de cada tarea. Comprender estas opciones y sus implicaciones ayuda a tomar decisiones fundamentadas que se ajusten a los objetivos del análisis de texto.

Eliminación de espacios en blanco

La eliminación de espacios en blanco en PLN se refiere al proceso de eliminar los espacios en blanco innecesarios, como los espacios múltiples y los caracteres de tabulación. En el contexto de los datos textuales, un espacio en blanco no es solo el espacio entre palabras, sino que incluye otros caracteres "invisibles" que crean espaciado dentro del texto. En PLN, la eliminación de espacios en blanco se refiere al proceso de eliminar estos caracteres innecesarios, proceso que puede reducir el tamaño de los datos textuales y facilitar su procesamiento y análisis.

He aquí un ejemplo sencillo para ilustrar la eliminación de espacios en blanco:

- Texto de entrada: `"El rápido zorro marrón \tsalta sobre el perro perezoso"`.

- Texto procesado: `"El rápido zorro marrón salta sobre el perro perezoso"`.

En el ejemplo anterior se eliminan los espacios sobrantes y el carácter de tabulación (indicado con \t) para crear una cadena de texto más limpia y estandarizada.

Eliminación de *stop words*

La eliminación de *stop words* es el proceso de eliminar palabras comunes, conocidas como *stop words* o palabras vacías, de un corpus de texto. Las palabras vacías son palabras que aparecen con frecuencia en una lengua, pero que no tienen un significado relevante ni contribuyen a la comprensión global del texto. Ejemplos de *stop words* son *la, y, es, en* y *para*. La eliminación de este tipo de palabras ayuda a reducir la dimensionalidad de los datos y a mejorar la eficacia de los algoritmos. Al eliminar las palabras que no contribuyen significativamente al análisis, los recursos informáticos pueden centrarse en las palabras que sí importan, lo que mejora la eficacia de diversos algoritmos de PLN.

Ten en cuenta que la eliminación de *stop words* es más que una mera reducción del tamaño del texto; se trata de centrarse en las palabras que realmente importan para el análisis en curso. Aunque las *stop words* desempeñan un papel fundamental en la estructura del lenguaje, su eliminación en el PLN puede mejorar la eficacia y el enfoque del análisis, sobre todo en tareas como el análisis de sentimientos, en el que el problema principal es llegar a entender las emociones u opiniones subyacentes.

Stemming y lematización

En los datos textuales, es probable que la mayoría de las palabras presenten formas ligeramente distintas. Reducir cada palabra a su origen o raíz en una familia de palabras se denomina **stemming**. Este proceso se utiliza para agrupar palabras en función de sus significados similares con el fin de reducir el número total de palabras que hay que analizar. Esencialmente, el *stemming* reduce la condicionalidad global del problema. El algoritmo Porter es el más utilizado para separar las palabras del inglés.

Veamos un par de ejemplos:

- Ejemplo 1: {use, used, using, uses} => use
- Ejemplo 2: {easily, easier, easiest} => easi

Es importante tener en cuenta que, a veces, el *stemming* puede dar lugar a palabras mal escritas, como se ve en el ejemplo 2, donde el resultado es easi.

El *stemming* es un proceso sencillo y rápido, pero no siempre produce resultados correctos. Para los casos en que se requiere una ortografía correcta, la lematización es un método más apropiado. La lematización tiene en cuenta el contexto y reduce las palabras a su forma básica. La forma básica de una palabra, también conocida como lema, es su versión más simple y significativa. Representa la forma en que aparecería una palabra en el diccionario, desprovista de cualquier terminación flexiva. Esto genera una palabra correcta, dando lugar a raíces de palabras más precisas y significativas.

El proceso de guiar a los algoritmos para que reconozcan las similitudes es una tarea precisa y meditada. A diferencia de los humanos, los algoritmos necesitan reglas y criterios explícitos para establecer conexiones que a nosotros nos pueden parecer obvias. Entender esta diferencia y saber proporcionar la orientación necesaria es una habilidad vital en el desarrollo y ajuste de algoritmos para diversas aplicaciones.

Limpieza de datos con Python

A continuación, veremos cómo podemos limpiar texto utilizando Python. En primer lugar, vamos a importar las bibliotecas necesarias:

```python
import string
import re
import nltk
from nltk.corpus import stopwords
from nltk.stem import PorterStemmer

# Asegúrate de descargar los recursos NLTK
nltk.download('punkt')
nltk.download('stopwords')
```

Esta es la función principal para realizar la limpieza del texto:

```python
def clean_text(text):
    """
    Limpia el texto convirtiendo mayúsculas y minúsculas, eliminando signos
    de puntuación, números, espacios en blanco, stop words y stemming
    """

    # Convertir a minúsculas
    text = text.lower()

    # Eliminar puntuación
    text = text.translate(str.maketrans('', '', string.punctuation))

    # Eliminar números
    text = re.sub(r'\d+', '', text)

    # Eliminar espacios en blanco
    text = text.strip()
```

```
# Eliminar stop words
stop_words = set(stopwords.words('english'))
tokens = nltk.word_tokenize(text)
filtered_text = [word for word in tokens if word not in stop_words]
text = ' '.join(filtered_text)

# Stemming
ps = PorterStemmer()
tokens = nltk.word_tokenize(text)
stemmed_text = [ps.stem(word) for word in tokens]
text = ' '.join(stemmed_text)

return text
```

Veamos cómo trabaja la función `clean_text()`:

```
corpus="7- Today, Ottawa is becoming cold again "
clean_text(corpus)
```

El resultado será:

```
today ottawa becom cold
```

Observa la palabra `becom`. Como hemos utilizado el *stemming*, no se espera que todas las palabras resultantes sean palabras correctas en inglés.

Todos los pasos anteriores suelen ser necesarios; el proceso real depende del problema que queramos resolver. Por ejemplo, si los números del texto representan algo que puede tener algún valor en el contexto del problema, puede que no sea necesario eliminarlos durante la fase de normalización.

Una vez hemos limpiado los datos, tenemos que almacenar los resultados en una estructura de datos adaptada a este fin. Esta estructura de datos se denomina **matriz de términos y documentos** (**TDM**, del inglés *Term Document Matrix*) y se explica a continuación.

La matriz de términos y documentos

Una TDM es una estructura matemática utilizada en PLN. Se trata de una tabla que cuenta la frecuencia de los términos (palabras) en una colección de documentos. Cada fila representa un término único y cada columna, un documento específico. Es una herramienta esencial para el análisis de textos, donde puedes ver la frecuencia con la que aparece cada palabra en diferentes textos.

Para documentos que contengan las palabras `cat` y `dog`:

- Documento 1: `cat cat dog`
- Documento 2: `dog dog cat`

	Documento 1	Documento 2
cat	2	1
dog	1	2

Esta estructura permite almacenar, organizar y analizar eficazmente grandes conjuntos de datos de texto. En Python, el módulo `CountVectorizer` de la biblioteca `sklearn` se puede utilizar para crear una TDM de la siguiente manera:

```python
from sklearn.feature_extraction.text import CountVectorizer

# Definir una lista de documentos
documents = ["Machine Learning is useful", "Machine Learning is fun","Machine Learning is AI"]

# Crear una instancia de CountVectorizer
vectorizer = CountVectorizer()

# Ajustar y transformar los documentos en una TDM
tdm = vectorizer.fit_transform(documents)

# Mostrar el TDM
print(tdm.toarray())
```

El resultado es el siguiente:

```
[[0 0 1 1 1 1]
 [0 1 1 1 1 0]
 [1 0 1 1 1 0]]
```

Observa que a cada documento le corresponde una fila, y a cada palabra distinta, una columna. Hay tres documentos y seis palabras distintas, lo que da como resultado una matriz de 3 x 6.

En esta matriz, los números representan la frecuencia con la que aparece cada palabra (columna) en el documento correspondiente (fila). Así, por ejemplo, si el número de la primera fila y la primera columna es 1, significa que la primera palabra aparece una vez en el primer documento.

La TDM utiliza por defecto la frecuencia de cada término, que es una forma sencilla de cuantificar la importancia de cada palabra en el contexto de cada documento. Una forma más sofisticada de cuantificar la importancia de cada palabra es el TF-IDF, que explicamos en la siguiente sección.

TF-IDF

La frecuencia de término–frecuencia inversa de documento (TF-IDF, del inglés *Term Frequency-Inverse Document Frequency*) es un método utilizado para calcular la importancia de las palabras de un documento. Dicho método valora dos componentes principales para determinar la importancia de cada término: la **frecuencia de términos (TF)** y la **frecuencia inversa de documentos (IDF)**. La TF examina la frecuencia con la que una palabra aparece en un documento concreto, mientras que la IDF examina las pocas veces que aparece una palabra en una colección de documentos, conocida como corpus. En el contexto del TF-IDF, el corpus se refiere a todo el conjunto de documentos que se están analizando. Si trabajamos con una colección de reseñas de libros, por ejemplo, el corpus incluiría todas estas reseñas:

- **TF:** comprueba el número de veces que un término aparece en un documento. Se calcula como la relación entre el número de apariciones de un término en un documento y el número total de términos de dicho documento. Cuanto más frecuente sea el término, mayor será su valor de TF.

- **IDF:** mide la importancia de un término en todo el corpus de documentos. Se calcula como el logaritmo de la relación entre el número total de documentos del corpus y el número de documentos que contienen dicho término. Cuanto más raro sea el término en el corpus, mayor será su valor de IDF.

Para calcular el TF-IDF con Python, sigue los pasos siguientes:

```
from sklearn.feature_extraction.text import TfidfVectorizer

# Definir una lista de documentos
documents = ["Machine Learning enables learning", "Machine Learning is
fun", "Machine Learning is useful"]

# Crear una instancia de TfidfVectorizer
vectorizer = TfidfVectorizer()

# Ajustar y transformar los documentos en una matriz TF-IDF
tfidf_matrix = vectorizer.fit_transform(documents)
```

```
# Obtener los nombres de las características
feature_names = vectorizer.get_feature_names_out()


# Recorrer los nombres de las características y muestra la puntuación
# de TF-IDF de cada término
for i, term in enumerate(feature_names):
    tfidf = tfidf_matrix[:, i].toarray().flatten()
    print(f"{term}: {tfidf}")
```

Esto es lo que se mostrará:

```
enables:    [0.60366655 0.          0.         ]
fun:        [0.         0.66283998 0.         ]
is:         [0.         0.50410689 0.50410689]
learning:   [0.71307037 0.39148397 0.39148397]
machine:    [0.35653519 0.39148397 0.39148397]
útil:       [0.         0.          0.66283998]
```

Cada columna del resultado corresponde a un documento, y las filas representan los valores de TF-IDF de los términos en todos los documentos. Por ejemplo, el término kids solo tiene un valor de TF-IDF distinto de cero en el segundo documento, tal y como esperábamos.

Resumen y discusión de los resultados

El método TF-IDF ofrece una forma extremadamente útil de ponderar la importancia de los términos dentro de cada documento por separado y en todo un corpus. Los valores de TF-IDF resultantes revelan la relevancia de términos específicos dentro de cada documento, teniendo en cuenta tanto su frecuencia en un documento determinado como sus apariciones ocasionales en toda la colección. En el ejemplo proporcionado, las variadas puntuaciones de TF-IDF de los distintos términos demuestran la capacidad del modelo para distinguir las palabras que son exclusivas de documentos específicos de las que se utilizan más comúnmente. Esta capacidad puede aprovecharse en diversas aplicaciones, como la clasificación de textos, la recuperación de información y la selección de características, para mejorar la comprensión y el tratamiento de los datos textuales.

Introducción a la incrustación de palabras

Uno de los mayores avances del PLN es nuestra capacidad para crear una representación numérica significativa de las palabras en forma de vectores densos. Esta técnica se denomina incrustación de palabras (*word embedding*). ¿Pero qué es exactamente un vector denso? Imagina que tienes una palabra como `apple`. En la incrustación de palabras, `apple` puede representarse como una serie de números, del tipo `[0.5, 0.8, 0.2]`, donde cada número es una coordenada en un espacio continuo multidimensional. El término "denso" significa que la mayoría o la totalidad de estos números son distintos de cero, a diferencia de los vectores dispersos, en los que muchos elementos pueden ser cero. En otras palabras, la incrustación de palabras toma cada palabra de un texto y la convierte en un punto único y multidimensional en el espacio. De este modo, las palabras con significados similares acabarán más cerca unas de otras en este espacio, lo que permite a los algoritmos entender las relaciones entre las palabras. Yoshua Bengio presentó por primera vez el término en su artículo *A Neural Probabilistic Language Model*. Cada palabra de un problema de PLN puede considerarse un objeto categórico.

En la incrustación de palabras se intenta establecer el vecindario de cada palabra y utilizarlo para cuantificar su significado e importancia. La vecindad de una palabra es el conjunto de palabras que la rodean.

Para comprender realmente el concepto de incrustación de palabras, veamos un ejemplo tangible con un vocabulario de cuatro frutas conocidas: `apple`, `banana`, `orange` y `pear`. El objetivo es representar estas palabras como vectores densos, matrices numéricas en las que cada número capta una característica o rasgo específico de la palabra.

¿Por qué representar las palabras así? En PLN, la conversión de palabras en vectores densos permite a los algoritmos cuantificar las relaciones entre distintas palabras. Esencialmente, estamos convirtiendo el lenguaje abstracto en algo que se puede medir de forma matemática.

Considera las características de dulzor, acidez y jugosidad para nuestras palabras de frutas. Podríamos puntuar estas características en una escala de 0 a 1 para cada fruta, donde 0 significa que la característica está totalmente ausente y 1 que está muy presente. Esta clasificación podría ser así:

```
"apple": [0.5, 0.8, 0.2] - moderadamente dulce, bastante ácida,
poco jugosa
"banana": [0.2, 0.3, 0.1] - poco dulce, moderadamente ácida, poco
jugosa
"orange": [0.9, 0.6, 0.9] - muy dulce, algo ácida, muy jugosa
"pear": [0.4, 0.1, 0.7] - moderadamente dulce, apenas ácida,
bastante jugosa
```

Los números son subjetivos y pueden derivarse de pruebas de sabor, opiniones de expertos u otros métodos, pero sirven para transformar las palabras en un formato que un algoritmo pueda entender y con el que pueda trabajar.

Para visualizarlo, se puede imaginar un espacio tridimensional en el que cada eje representa una de las características (dulzor, acidez o jugosidad), y el vector de cada fruta la sitúa en un punto específico de este espacio. Las palabras (o frutas) con sabores similares estarían más cerca unas de otras en este espacio.

Entonces, ¿por qué elegimos vectores densos con una longitud de 3? Esto se basa en las características específicas que deseamos representar. En otras aplicaciones, la longitud del vector puede ser diferente, en función del número de características que se desee capturar.

Este ejemplo ilustra cómo la incrustación de palabras toma una palabra y la convierte en un vector numérico que contiene un significado real. Este es un paso crucial para que las máquinas puedan "entender" y procesar el lenguaje humano.

Implementar la incrustación de palabras con Word2Vec

Word2Vec es un destacado método utilizado para obtener representaciones vectoriales de palabras, comúnmente denominadas incrustaciones de palabras. En lugar de "generar palabras", este algoritmo crea vectores numéricos que representan el significado semántico de cada palabra de la lengua.

La idea básica de Word2Vec es utilizar una red neuronal para predecir el contexto de cada palabra en un corpus de texto concreto. La red neuronal se entrena introduciendo la palabra y las palabras contextuales que la rodean, y aprende a emitir la distribución de probabilidad de las palabras contextuales según la palabra introducida. Después, las ponderaciones de la red neuronal se utilizan como incrustaciones de palabras, que pueden emplearse para diversas tareas de PLN:

```
import gensim

# Definir un corpus de texto
corpus = [['apple', 'banana', 'orange', 'pear'],
          ['car', 'bus', 'train', 'plane'],
          ['dog', 'cat', 'fox', 'fish']]

# Entrenar un modelo word2vec en el corpus
model = gensim.models.Word2Vec(corpus, window=5, min_count=1, workers=4)
```

Veamos en detalle los parámetros importantes de la función Word2Vec():

- **sentences:** datos de entrada para el modelo. Debe ser una colección de frases, donde cada frase es una lista de palabras. Básicamente, es una lista de listas de palabras que representa todo el corpus de texto.

- **size:** define la dimensionalidad de las incrustaciones de palabras. Dicho de otro modo, establece el número de características o valores numéricos en los vectores que representan las palabras. Un valor típico puede ser `100` o `300`, según la complejidad del vocabulario.

- **window:** este parámetro establece la distancia máxima entre la palabra objetivo y las palabras contextuales utilizadas para la predicción dentro de una frase. Por ejemplo, si fija el tamaño (*size*) de la ventana (*window*) en 5, en el proceso de entrenamiento el algoritmo tendrá en cuenta las cinco palabras inmediatamente anteriores y posteriores a la palabra objetivo.

- **min_count:** las palabras que aparecen con poca frecuencia en el corpus pueden excluirse del modelo ajustando este parámetro. Por ejemplo, si das el valor `2` a `min_count`, cualquier palabra que aparezca menos de dos veces en todas las frases se ignorará durante el entrenamiento.

- **workers:** se refiere al número de hilos de procesamiento utilizado durante el entrenamiento. Aumentar este valor puede acelerar el entrenamiento en máquinas multinúcleo, pues permite el procesamiento paralelo.

Una vez entrenado el modelo Word2Vec, una de las formas más potentes de utilizarlo es para medir la similitud o "distancia" entre palabras en el espacio de incrustación. Esta puntuación de similitud puede darnos una idea de cómo percibe el modelo las relaciones entre distintas palabras. Ahora comprobemos el modelo observando la distancia entre `car` y `train`:

```
print(model.wv.similarity('car', 'train'))
```

```
-0.057745814
```

Veamos ahora la similitud entre `car` y `apple`:

```
print(model.wv.similarity('car', 'apple'))
```

```
0.11117952
```

Como puedes ver, el resultado nos da la puntuación de similitud entre términos individuales basada en las incrustaciones de palabras que el modelo ha aprendido.

Interpretar las puntuaciones de similitud

Los siguientes detalles ayudan a interpretar las puntuaciones de similitud:

- **Muy similares:** las puntuaciones cercanas a 1 indican una gran similitud. Las palabras con esta puntuación suelen compartir significados contextuales o semánticos.

- **Moderadamente similares:** las puntuaciones en torno a 0.5 indican cierto nivel de similitud, posiblemente debido a atributos o temas compartidos.

- **Similitud escasa o nula:** las puntuaciones cercanas a 0 o negativas implican poca o ninguna similitud o, incluso, significados opuestos.

Así pues, estas puntuaciones proporcionan información cuantitativa sobre las relaciones entre palabras. Su comprensión te permitirá analizar mejor la estructura semántica de un corpus de texto y aprovecharlo para diversas tareas de PLN.

Word2Vec ofrece una forma potente y eficaz de representar datos textuales captando las relaciones semánticas entre las palabras, reduciendo la dimensionalidad y mejorando la precisión en las tareas de PLN de flujo descendente. Veamos ahora las ventajas e inconvenientes que presenta Word2Vec.

Ventajas e inconvenientes de Word2Vec

Estas son las ventajas de utilizar Word2Vec:

- **Captura de las relaciones semánticas**: las incrustaciones de Word2Vec se colocan en el espacio vectorial, de tal forma que las palabras relacionadas semánticamente se sitúan cerca unas de otras. Esta disposición espacial capta relaciones sintácticas y semánticas como sinónimos, analogías, etc., lo que permite un mejor rendimiento en tareas como la recuperación de información y el análisis semántico.

- **Reducción de la dimensionalidad:** la codificación tradicional de palabras en caliente puede crear un espacio disperso y de alta dimensionalidad, especialmente con grandes vocabularios. Word2Vec lo comprime en un espacio vectorial continuo más denso y de menor dimensión (que suele oscilar entre 100 y 300 dimensiones). Esta representación condensada conserva los patrones lingüísticos esenciales, al tiempo que resulta más eficiente desde el punto de vista computacional.

- **Manejo de palabras fuera del vocabulario:** Word2Vec puede inferir incrustaciones para palabras que no aparecen en el corpus de entrenamiento aprovechando las palabras contextuales que las rodean. Esta propiedad ayuda a generalizar mejor los datos textuales desconocidos o nuevos, mejorando la solidez.

Veamos ahora cuáles son algunos de los inconvenientes de utilizar Word2Vec:

- **Complejidad del entrenamiento:** el entrenamiento de los modelos Word2Vec puede resultar complicado, sobre todo con vocabularios extensos y vectores de grandes dimensiones. Dichos modelos necesitan importantes recursos informáticos y pueden requerir técnicas de optimización para escalar eficientemente, como el muestreo negativo o el softmax jerárquico.

- **Falta de interpretabilidad:** la naturaleza continua y densa de las incrustaciones de Word2Vec hace que sean difíciles de interpretar por los humanos. A diferencia de las características lingüísticas cuidadosamente elaboradas, las dimensiones en Word2Vec no se corresponden con características intuitivas, lo que dificulta entender qué aspectos concretos de las palabras se están captando.

- **Sensibilidad al preprocesamiento del texto:** la calidad y la eficacia de las incrustaciones de Word2Vec pueden variar significativamente en función de los pasos de preprocesamiento aplicados a los datos textuales. Hay que tener muy en cuenta factores como la tokenización, el *stemming* y la lematización, es decir, la eliminación de palabras vacías. La elección del preprocesamiento puede influir en las relaciones espaciales dentro del espacio vectorial, afectando potencialmente al rendimiento del modelo en tareas posteriores.

A continuación, veamos un caso práctico sobre reseñas de restaurantes que combina todos los conceptos que hemos presentado en este capítulo.

Caso práctico: análisis de sentimiento de reseñas sobre restaurantes

Utilizaremos el conjunto de datos Yelp Reviews, que contiene reseñas etiquetadas como positivas (5 estrellas) o negativas (1 estrella), y entrenaremos nuestro modelo para que pueda clasificar las reseñas de un restaurante como negativas o positivas.

Implementaremos esta cadena de procesamiento siguiendo los siguientes pasos.

Importación de las bibliotecas necesarias y carga del conjunto de datos

En primer lugar, importamos los paquetes que necesitamos:

```
import numpy as np
import pandas as pd
import re
from nltk.stem import PorterStemmer
from nltk.corpus import stopwords
```

Después, importamos el conjunto de datos desde un archivo `.csv`:

```
url = 'https://storage.googleapis.com/neurals/data/2023/Restaurant_
Reviews.tsv'
dataset = pd.read_csv(url, delimiter='\t', quoting=3)
dataset.head()
```

```
                                        Review       Liked
0                       Wow... Loved this place.       1
1                            Crust is not good.       0
2             Not tasty and the texture was just nasty.    0
3        Stopped by during the late May bank holiday of...   1
4        The selection on the menu was great and so wer. .....1
```

Creación de un corpus limpio: preprocesamiento de datos textuales

Seguidamente, limpiamos los datos realizando un preprocesamiento del texto en cada una de las reseñas del conjunto de datos mediante técnicas de *stemming* y eliminación de *stop words*:

```
def clean_text(text):
    text = re.sub('[^a-zA-Z]', ' ', text)
    text = text.lower()
    text = text.split()
    ps = PorterStemmer()
    text = [
        ps.stem(word) for word in text
        if not word in set(stopwords.words('english'))]
    text = ' '.join(text)
    return text


corpus = [clean_text(review) for review in dataset['Review']]
```

El código recorre cada reseña del conjunto de datos (en este caso, la columna `"Review"`) y aplica la función `clean_text` para preprocesar y limpiar cada reseña. El código crea una nueva lista llamada `corpus`, una lista de reseñas depuradas y preprocesadas que se almacena en la variable `corpus`.

Conversión de datos textuales en características numéricas

Definamos ahora las características (representadas por y) y la etiqueta (representada por x). Recuerda que las **características** son las variables independientes o atributos que describen las características de los datos, utilizadas como entrada para las predicciones.

Y las **etiquetas** son las variables dependientes o valores objetivo que el modelo está entrenado para predecir, representando los resultados que corresponden a las características:

```
vectorizer = CountVectorizer(max_features=1500)
X = vectorizer.fit_transform(corpus).toarray()
y = dataset.iloc[:, 1].values
```

Debemos dividir los datos en datos de prueba y de entrenamiento:

```
X_train, X_test, y_train, y_test = train_test_split(X, y,
test_size=0.20,random_state=0)
```

Para entrenar el modelo, utilizamos el algoritmo Naive Bayes que estudiamos en el capítulo 7:

```
classifier = GaussianNB()
classifier.fit(X_train, y_train)
```

Predecimos los resultados del conjunto de prueba:

```
y_pred = classifier.predict(X_test)
```

A continuación, mostramos la matriz de confusión. Recuerda que la matriz de confusión es una tabla que ayuda a visualizar el rendimiento del modelo de clasificación:

```
cm = confusion_matrix(y_test, y_pred)
print(cm)
```

```
[[55 42]
 [12 91]]
```

Observando la matriz de confusión, podemos estimar una clasificación errónea.

Análisis de los resultados

La matriz de confusión nos da una idea de los errores de clasificación cometidos por nuestro modelo. En este contexto, tenemos:

- 55 verdaderos positivos (previsiones correctas de reseñas positivas)
- 42 falsos positivos (previsiones incorrectas de reseñas positivas)

- 12 falsos negativos (previsiones incorrectas de reseñas negativas)

- 91 verdaderos negativos (previsiones correctas de reseñas negativas)

Los 55 verdaderos positivos y los 91 verdaderos negativos muestran que nuestro modelo tiene una capacidad razonable para distinguir entre reseñas positivas y negativas. Sin embargo, los 42 falsos positivos y los 12 falsos negativos ponen de relieve aspectos susceptibles de mejora.

En el contexto de las reseñas sobre restaurantes, conocer estas cifras ayuda tanto a los empresarios como a los clientes a calibrar las opiniones generales. Una tasa elevada de verdaderos positivos y verdaderos negativos indica que se puede confiar en que el modelo ofrezca una visión general precisa de las opiniones. Esta información puede ser muy valiosa para los restaurantes que quieran mejorar su servicio o para los clientes potenciales que busquen opiniones sinceras. Por otra parte, la presencia de falsos positivos y negativos sugiere áreas en las que el modelo podría necesitar más precisión para evitar clasificaciones erróneas y proporcionar una visión más exacta.

Aplicaciones del PLN

El continuo avance de la tecnología del PLN ha revolucionado la forma en que interactuamos con los ordenadores y otros dispositivos digitales. En los últimos años se han realizado importantes progresos, con logros impresionantes en muchas tareas, entre ellas:

- **Identificación de temas:** identificar temas en un repositorio de texto y, a continuación, clasificar los documentos de dicho repositorio en función de los temas identificados.

- **Análisis de sentimiento:** clasificar un texto según las opiniones positivas o negativas que contenga.

- **Traducción automática:** traducir entre diferentes idiomas.

- **Texto a voz:** convertir texto oral en texto escrito.

- **Preguntas y respuestas:** se trata de un proceso de comprensión y respuesta de una consulta utilizando la información disponible. Consiste en interpretar de forma inteligente una pregunta y dar una respuesta pertinente basada en los conocimientos o los datos existentes.

- **Reconocimiento de entidades:** identificar entidades (como personas, lugares o cosas) a partir de un texto.

- **Detección de noticias falsas:** señalar noticias falsas en función del contenido.

Resumen

En este capítulo hemos abordado la terminología básica del PLN, como corpus, incrustación de palabras, modelado del lenguaje, traducción automática y análisis de sentimiento. Además, este capítulo abarca varias técnicas de preprocesamiento de textos que son esenciales en el PLN, como la tokenización, que consiste en dividir el texto en unidades más pequeñas llamadas tokens, y otras técnicas como la separación de palabras y la eliminación de *stop words*.

En este capítulo también hemos analizado las incrustaciones de palabras y presentado un caso de uso sobre el análisis de sentimiento de reseñas de restaurantes. El lector debería comprender mejor las técnicas fundamentales utilizadas en el PLN y sus posibles aplicaciones sobre problemas del mundo real.

En el siguiente capítulo veremos cómo entrenar redes neuronales para datos secuenciales. También investigaremos cómo el uso del aprendizaje profundo puede mejorar aún más las técnicas de PLN y las metodologías analizadas en este capítulo.

10

Modelos secuenciales

Una secuencia funciona de un modo que una colección nunca podría hacerlo.

—George Murray

Este capítulo trata una clase importante de modelos de aprendizaje automático: los modelos secuenciales. Una característica fundamental de estos modelos es que las capas de procesamiento están dispuestas de tal manera que la salida de una capa es la entrada de la otra. Esta arquitectura las hace perfectas para procesar datos secuenciales. Los datos secuenciales son aquellos que constan de series ordenadas de elementos, como una frase de un documento o una serie temporal de cotizaciones bursátiles.

En este capítulo empezaremos exponiendo las características de los datos secuenciales. A continuación, presentaremos el funcionamiento de las RNN (redes neuronales recurrentes) y cómo pueden utilizarse para procesar datos secuenciales. Después, veremos cómo podemos abordar las limitaciones de las RNN mediante las GRU (unidades recurrentes cerradas) sin comprometer la precisión. Más adelante, también analizaremos la arquitectura LSTM y, por último, compararemos diferentes arquitecturas de modelado secuencial con una recomendación sobre cuándo utilizar cada una de ellas.

En este capítulo repasaremos los siguientes conceptos:

- Qué son los datos secuenciales.
- Cómo las RNN pueden procesar datos secuenciales.

- Solucionar las limitaciones de las RNN con las GRU.
- Qué es la LSTM.

Vamos a empezar examinando las características de los datos secuenciales.

Qué son los datos secuenciales

Los datos secuenciales son un tipo específico de estructura de datos en la que el orden de los elementos importa, y donde cada elemento tiene una dependencia relacional con sus predecesores. Este "comportamiento secuencial" es distinto porque transmite información no solo en los elementos individuales, sino también en el patrón o la secuencia en que se producen. En los datos secuenciales, la observación actual no solo está influida por factores externos, sino también por observaciones anteriores de la secuencia. Esta dependencia constituye la característica esencial de los datos secuenciales.

Conocer los distintos tipos de datos secuenciales es esencial para comprender sus amplias aplicaciones. Estas son las principales categorías:

- **Datos de series temporales:** se trata de una serie de puntos de datos indexados o enumerados en orden temporal. El valor en un momento concreto depende de los valores anteriores. Los datos de series temporales se utilizan ampliamente en diversos campos, como la economía, las finanzas y la sanidad.

- **Datos textuales:** los datos textuales también son de naturaleza secuencial, donde el orden de las palabras, frases o párrafos puede transmitir significado. El **procesamiento del lenguaje natural (PLN)** aprovecha esta propiedad secuencial para analizar e interpretar las lenguas humanas.

- **Datos espaciotemporales:** se trata de datos que recogen relaciones espaciales y temporales, como los patrones meteorológicos o el flujo de tráfico durante un tiempo en una zona geográfica concreta.

Así es como se manifiestan estos tipos de datos secuenciales en casos del mundo real:

- **Datos de series temporales:** este tipo de datos se muestran claramente en las tendencias de los mercados financieros, donde los precios de las acciones varían constantemente según la dinámica del mercado en curso. Del mismo modo, los estudios sociológicos podrían analizar las tasas de natalidad, reflejando los cambios interanuales influidos por factores como las condiciones económicas y las políticas sociales.

- **Datos textuales:** el carácter secuencial del texto es primordial en las obras literarias y periodísticas. En novelas, artículos periodísticos o ensayos, el orden específico de las palabras, frases y párrafos construye narraciones y argumentos, dando al texto un significado que va más allá de las palabras individuales.

- **Datos espaciotemporales:** los ámbitos en los que este tipo de datos son vitales son el desarrollo urbano y los estudios medioambientales. Por ejemplo, los precios de la vivienda en distintas regiones podrían seguirse a lo largo del tiempo para identificar tendencias económicas, mientras que los estudios meteorológicos podrían monitorizar los cambios climáticos en lugares geográficos concretos para prever patrones y fenómenos naturales.

Estos ejemplos reales demuestran cómo el comportamiento secuencial inherente a distintos tipos de datos puede aprovecharse para proporcionar información y tomar decisiones en diversos ámbitos.

En el aprendizaje profundo, el manejo de datos secuenciales requiere arquitecturas de redes neuronales especializadas, como los modelos secuenciales. Estos modelos están diseñados para capturar y explotar las dependencias temporales que existen intrínsecamente entre los elementos de los datos secuenciales. Al reconocer estas dependencias, los modelos secuenciales proporcionan un marco sólido para crear modelos de aprendizaje automático más matizados y eficaces.

En resumen, los datos secuenciales son un tipo de datos ricos y complejos que se aplican en distintos ámbitos. Reconocer su naturaleza secuencial, conocer sus tipos y aprovechar los modelos especializados permite a los científicos de datos extraer ideas más profundas y crear herramientas predictivas más potentes. Antes de estudiar los detalles técnicos, empecemos por repasar la historia de las técnicas de modelado secuencial.

Veamos distintos tipos de modelos secuenciales.

Tipos de modelos secuenciales

Los modelos secuenciales se clasifican en distintas categorías según el tipo de datos que manejan, tanto de entrada como de salida. Esta clasificación tiene en cuenta la naturaleza específica de los datos que se utilizan (como información textual, datos numéricos o patrones temporales), y también cómo evolucionan o se transforman estos datos desde el principio del proceso hasta el final. Teniendo en cuenta estas características, podemos identificar tres tipos principales de modelos secuenciales.

One-to-many

En los modelos secuenciales one-to-many, un único evento o entrada puede iniciar la generación de toda una secuencia. Este atributo único abre las puertas a una amplia gama de aplicaciones, pero también conlleva complejidades en el entrenamiento y la implementación. Los modelos secuenciales one-to-many ofrecen interesantes oportunidades, pero conllevan complejidades inherentes al entrenamiento y la ejecución. A medida que la IA generativa siga avanzando, es probable que estos modelos desempeñen un papel fundamental en la creación de soluciones creativas y personalizadas en diversos ámbitos.

La clave para aprovechar su potencial reside en comprender sus capacidades y reconocer los entresijos del entrenamiento y la implementación. La figura 10.1 muestra un modelo secuencial one-to-many:

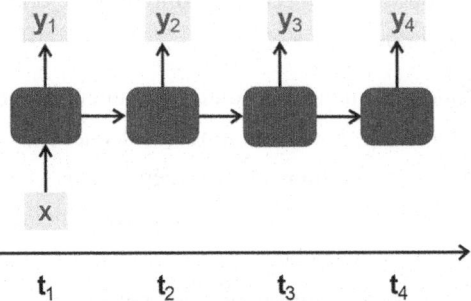

Figura 10.1: *Modelo secuencial one-to-many.*

Veamos con más detalle las características, las capacidades y los retos de los modelos one-to-many:

- **Amplia gama de aplicaciones:** la capacidad de traducir una sola entrada en una secuencia significativa hace que los modelos one-to-many sean versátiles y potentes. Pueden utilizarse para escribir poesía, crear obras de arte como dibujos y pinturas e, incluso, redactar cartas de presentación personalizadas para solicitudes de empleo.

- **Parte de la IA generativa**: estos modelos se enmarcan dentro de la IA generativa, un campo en auge cuyo objetivo es crear nuevos contenidos coherentes y contextualmente relevantes. Esto es lo que les permite realizar tareas tan variadas como las mencionadas anteriormente.

- **Proceso de entrenamiento intensivo:** el entrenamiento de modelos one-to-many suele requerir más tiempo y es más costoso computacionalmente en comparación con otros modelos secuenciales. Esto se debe a la complejidad de traducir una sola entrada en una amplia gama de posibles salidas. El modelo debe aprender no solo la relación entre la entrada y la salida, sino también los intrincados patrones y estructuras inherentes a la secuencia generada.

Ten en cuenta que, a diferencia de los modelos one-to-one, en los que una única entrada corresponde a una única salida, o de los modelos many-to-many, en los que una secuencia de entradas se asigna a una secuencia de salidas, el paradigma one-to-many debe aprender a extrapolar una secuencia rica y estructurada a partir de un único punto de partida. Esto requiere una comprensión más profunda de los patrones subyacentes y, a menudo, puede requerir algoritmos de formación más sofisticados.

El enfoque one-to-many no está exento de dificultades. Garantizar que la secuencia generada mantenga la coherencia, la relevancia y la creatividad requiere un diseño cuidadoso y un ajuste preciso. A menudo exige un conjunto de datos más amplio y conocimientos expertos en el dominio específico para llevar a cabo el entrenamiento del modelo.

Many-to-one

Los modelos secuenciales many-to-one son herramientas especializadas en el análisis de datos que toman una secuencia de entradas y la convierten en una única salida. Este proceso de síntesis de múltiples entradas en una salida concreta constituye el núcleo del modelo many-to-one, permitiéndole destilar las características esenciales de los datos.

Estos modelos tienen diversas aplicaciones, como en el análisis de sentimiento, donde se analiza una secuencia de palabras, como una reseña o un *post*, para determinar si una opinión general es positiva, negativa o neutra. La figura 10.2 muestra el modelo secuencial many-to-one:

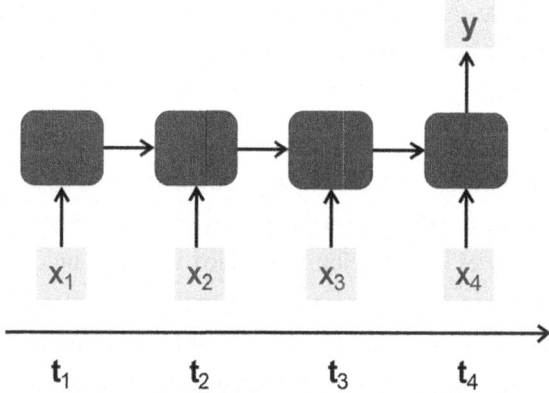

Figura 10.2: *Modelo secuencial many-to-one.*

El proceso de entrenamiento de los modelos many-to-one es una parte compleja pero integral de su funcionalidad. Los distingue de los modelos one-to-many, los cuales se centran en crear una secuencia a partir de una única entrada. En cambio, los modelos many-to-one deben comprimir eficazmente la información, lo que exige una cuidadosa selección de algoritmos y un ajuste preciso de los parámetros.

Entrenar un modelo many-to-one consiste en enseñarle a identificar las características vitales de la secuencia de entrada y a representarlas con precisión en la salida. Esto implica descartar la información irrelevante, una tarea que requiere un complejo equilibrio. El proceso de formación también suele requerir un preprocesamiento y una ingeniería de funciones especializados, adaptados a la naturaleza específica de los datos de entrada.

Como se ha comentado en la subsección anterior, el entrenamiento de los modelos many-to-one puede ser más difícil que el de otros tipos, ya que requiere una comprensión más profunda de las relaciones subyacentes en los datos. La supervisión continua del rendimiento del modelo durante el entrenamiento, junto con una selección metódica de los datos y los hiperparámetros, es esencial para el éxito del modelo.

Los modelos many-to-one destacan por su capacidad para simplificar datos complejos y convertirlos en información comprensible, por lo que encuentran aplicaciones en diversos sectores para tareas como resúmenes, clasificaciones y predicciones. Aunque su diseño y formación pueden ser complicados, su capacidad única para interpretar datos secuenciales ofrece soluciones inventivas a complejos retos de análisis de datos.

Así pues, los modelos secuenciales many-to-one son herramientas vitales en el análisis contemporáneo de datos, y comprender su particular proceso de formación es crucial para aprovechar plenamente sus capacidades. El proceso de entrenamiento, caracterizado por una meticulosa selección de los algoritmos, el ajuste de parámetros y la experiencia en el campo, distingue a estos modelos. A medida que avance este campo, los modelos many-to-one seguirán ofreciendo valiosas contribuciones a la interpretación y aplicación de datos.

Many-to-many

Se trata de un tipo de modelo secuencial que toma datos secuenciales como entrada, los procesa de un determinado modo y genera otros datos secuenciales como salida. Un ejemplo de modelo many-to-many es la traducción automática, en la que una secuencia de palabras en un idioma se traduce a la secuencia correspondiente en otro idioma. Un ejemplo ilustrativo sería la traducción de un texto del inglés al francés. Aunque existen numerosos modelos de traducción automática que entran en esta categoría, un enfoque destacado es el uso de modelos de **secuencia a secuencia (Seq2Seq)**, en particular con redes STM. Los modelos Seq2Seq con LSTM se han convertido en un método estándar para tareas como la traducción del inglés al francés y se han implementado en varios marcos y herramientas de PLN. La figura 10.3 muestra el modelo secuencial many-to-many:

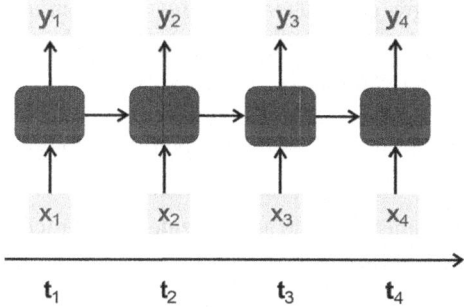

Figura 10.3: *Modelo secuencial many-to-many.*

A lo largo de los años, se han desarrollado muchos algoritmos para procesar y entrenar modelos de aprendizaje automático utilizando datos secuenciales. Empezaremos estudiando cómo representar datos secuenciales con estructuras de datos tridimensionales.

Representación de datos para modelos secuenciales

Los pasos temporales añaden profundidad a los datos, convirtiéndolos en una estructura tridimensional. En el contexto de los datos secuenciales, cada "unidad" o instancia de esta dimensión se denomina "instante de tiempo". Es importante recordar que, mientras que la dimensión son "instantes de tiempo", cada punto de datos individual en esta dimensión es un "instante de tiempo". La figura 10.4 ilustra las tres dimensiones de los datos utilizados para entrenar las RNN, haciendo hincapié en la adición de instantes de tiempo:

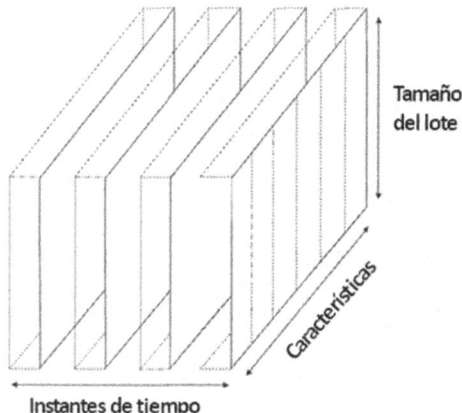

Figura 10.4: *Estructuras de datos 3D utilizadas en el entrenamiento de RNN.*

Dado que el concepto de instantes de tiempo es nuevo para nosotros, presentamos una forma de escritura especial para representarlo de forma eficaz. El instante de tiempo se escribe en superíndice entre corchetes angulares y se empareja con la variable en cuestión. Por ejemplo, stock_price$^{<t1>}$ y stock_price$^{<t2>}$ representan el valor de la variable `stock_price` en el instante de tiempo *t1* y en el instante de tiempo *t2*, respectivamente.

El modo de dividir los datos en lotes, es decir, decidir la "longitud", puede ser tanto una decisión de diseño deliberada como una influencia de herramientas y bibliotecas externas. A menudo, los frameworks de aprendizaje automático proporcionan utilidades para procesar automáticamente los datos por lotes, pero elegir un tamaño de lote óptimo puede ser una combinación de experimentación y conocimiento del dominio.

Vamos a empezar tratando las técnicas de modelado secuencial con las RNN.

RNN

Las RNN son un tipo especial de redes neuronales diseñadas específicamente para datos secuenciales. Estos son sus principales atributos.

El término "recurrente" proviene del bucle de retroalimentación o *feedback* único que poseen las RNN. A diferencia de las redes neuronales tradicionales, que son esencialmente sin estado y producen salidas basadas solo en las entradas actuales, las RNN transmiten un "estado" de un paso de la secuencia al siguiente.

Cuando hablamos de una "ejecución" en el contexto de las RNN, nos referimos a una única pasada o procesamiento de un elemento de la secuencia. Así, a medida que la RNN procesa cada elemento, o cada "ejecución", retiene cierta información de los pasos anteriores.

La magia de las RNN reside en su capacidad para recordar las ejecuciones o los pasos anteriores, y lo consiguen incorporando una entrada adicional, que es esencialmente el estado o la memoria de la ejecución anterior. Este mecanismo permite a las RNN reconocer y aprender las dependencias entre elementos de una secuencia, como las relaciones entre palabras consecutivas de una frase.

Veamos en detalle la arquitectura de las RNN.

La arquitectura de las RNN

En primer lugar, definamos algunas variables:

- $x^{<t>}$: la entrada en el instante de tiempo *t*

- $y^{<t>}$: la salida real (*ground truth*) en el instante de tiempo *t*

- $\hat{y}^{<t>}$: la salida prevista en el instante de tiempo *t*

La celda de memoria y el estado oculto

Las **RNN** destacan por su capacidad inherente para recordar y mantener el contexto a medida que avanzan a través de diferentes instantes de tiempo. Este estado en un determinado instante de tiempo t se representa mediante $h^{<t>}$, donde h significa oculto (del inglés, *hidden*). Es el resumen de la información aprendida hasta un determinado instante de tiempo. Como se muestra en la figura 10.5, la RNN sigue aprendiendo, actualizando su estado oculto en cada instante de tiempo. La RNN utiliza este estado oculto en cada instante de tiempo para mantener un contexto. Básicamente, el "contexto" se refiere a la información colectiva o al conocimiento que una RNN retiene de instantes de tiempo anteriores. Permite a las RNN memorizar el estado en cada instante de tiempo y pasar esta información al siguiente instante a medida que avanza en la secuencia. Este estado oculto hace que la RNN tenga un estado:

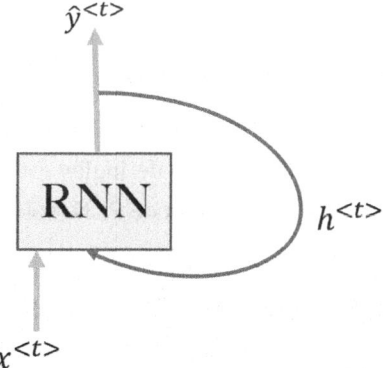

Figura 10.5: *Estado oculto en la RNN.*

Por ejemplo, si utilizamos una RNN para traducir una frase del inglés al francés, cada entrada es una frase que hay que definir como datos secuenciales. Para hacerlo bien, la RNN no puede traducir cada palabra de forma individual. Debe captar el contexto de las palabras que se han traducido hasta el momento, permitiendo así a la RNN traducir correctamente toda la frase. Esto se consigue mediante el estado oculto que se calcula y almacena en cada instante de tiempo y se transmite a los posteriores.

 La estrategia de la RNN de memorizar el estado con la intención de utilizarlo en futuros instantes de tiempo plantea nuevas cuestiones de investigación que deben abordarse. Por ejemplo, qué recordar y qué olvidar. Y, quizás lo más difícil, cuándo olvidar. Las variantes de las RNN, como las GRU y las LSTM, intentan responder a estas preguntas de diferentes maneras.

Las características de la variable de entrada

Tratemos de conocer con más detalle la variable de entrada, $x^{<t>}$, y la metodología que hay detrás de su codificación cuando se trabaja con RNN. Una de las principales aplicaciones de las RNN es el PLN. En este caso, los datos secuenciales que tratamos son frases. Piensa en cada frase como una secuencia de palabras, de tal manera que una frase puede ser representada como:

$$\{x^{<1>}, x^{<2>} \dots \dots, x^{<t>}\}$$

En esta representación, $x^{<t>}$ indica una palabra individual dentro de la frase. Para evitar confusiones, diremos que cada $x^{<n>}$ no es una frase entera, sino una palabra individual dentro de ella.

Cada palabra, $x^{<t>}$, se codifica utilizando un vector de codificación en caliente. La longitud de este vector viene definida por |V|, donde:

- V significa nuestro vocabulario, una colección de palabras distintas.
- |V| cuantifica el número total de entradas en V.

En el contexto de las aplicaciones de uso generalizado, se podría considerar que V incluye todas las palabras de un diccionario de inglés estándar, que podrían ser unas 150 000. Sin embargo, para tareas específicas de PLN, solo se necesita un subconjunto de este amplio vocabulario.

Nota: es muy importante distinguir entre V y |V|. Mientras que V representa el vocabulario en sí, |V| representa el tamaño de este vocabulario.

Cuando nos referimos al "diccionario", partimos de la idea general de los diccionarios de inglés estándar. Sin embargo, existen corpus más exhaustivos, como el Common Crawl, que puede contener decenas de millones de palabras.

Para muchas aplicaciones, un subconjunto de este vocabulario debería ser suficiente. Formalmente,

$$x^{<t>} \in R^{|V|}$$

Para entender el funcionamiento de las RNN, nos fijaremos en el primer instante de tiempo, $t1$.

Entrenamiento de la RNN en el primer instante de tiempo

Las RNN funcionan analizando secuencias un instante de tiempo tras otro. Veamos con detalle la fase inicial de este proceso. Para el instante de tiempo $t1$, la red recibe una entrada representada como $x^{<1>}$. Basándose en esta entrada, la RNN hace una predicción inicial, que anotamos como $\hat{y}^{<t1>}$. En cada instante de tiempo, tt, la RNN aprovecha el estado oculto del instante de tiempo anterior, $h^{<t-1>}$, para proporcionar información contextual.

Sin embargo, como acabamos de empezar, en $t1$ no hay ningún estado oculto previo al que hacer referencia. Por lo tanto, el estado oculto $h^{<t0>}$ empieza de cero.

La función de activación en acción

Si observas la figura 10.6, verás un elemento denominado **A**. Este representa la función de activación, un componente crucial en las redes neuronales. Básicamente, la función de activación determina la cantidad de señal que debe pasar a la siguiente capa. Para este instante de tiempo, la función de activación recibe tanto la entrada $x^{<t1>}$ como el estado oculto anterior $h^{<t0>}$.

Como explicamos en el capítulo 8, una función de activación en redes neuronales es una ecuación matemática que determina la salida de una neurona en función de su entrada. Su función principal es introducir la no linealidad en la red, lo que le permite aprender de los errores y realizar ajustes, algo esencial para aprender patrones complejos.

Una elección recurrente para la función de activación en muchas redes neuronales es "tanh". Pero ¿a qué responde esta preferencia?

El mundo de las redes neuronales no está exento de desafíos, y uno de ellos es el problema del desvanecimiento de gradiente. En pocas palabras, a medida que entrenamos nuestro modelo, los valores del gradiente, que guían nuestros ajustes de las ponderaciones, se reducen a números minúsculos. Esta disminución significa que los cambios que hacemos en las ponderaciones de nuestra red se vuelven casi insignificantes. Estos pequeños ajustes dan lugar a un proceso de aprendizaje insoportablemente lento, que a veces llega incluso a estancarse. Aquí es donde entra en acción la función "tanh". Se elige porque actúa como amortiguador ante el problema de desvanecimiento de gradiente, dirigiendo el proceso de formación hacia la coherencia y la eficiencia:

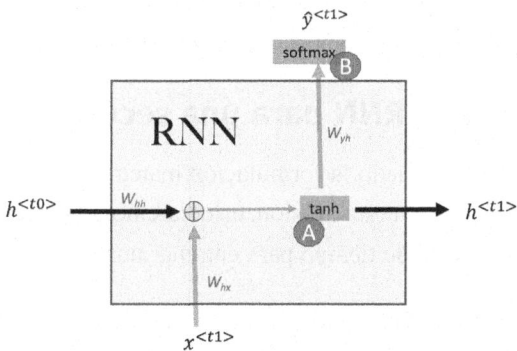

Figura 10.6: *Entrenamiento de la RNN en el instante de tiempo t1.*

A medida que nos centramos en el resultado de la función de activación, llegamos al valor del estado oculto, $h^{<t1>}$. En términos matemáticos, esta relación puede expresarse como:

$$h^{<t1>} = \tanh(W_{hh}h^{<t0>} + W_{hx}x^{<t1>} + b_h) \qquad \dots [Eq.\,10.1]$$

Este estado oculto no es solo una fase pasajera, pues mantiene su valor cuando pasamos al siguiente instante de tiempo, *t2*. Piensa en ello como un corredor de relevos que pasa el testigo, o, en este caso, el contexto, de un instante de tiempo a su sucesor, asegurando así la continuidad en la secuencia.

La segunda función de activación (representada por **B** en la figura 10.7) se utiliza para generar la salida prevista $\hat{y}^{<t1>}$ en el instante de tiempo *t1*. La elección de esta función de activación dependerá del tipo de variable de salida. Por ejemplo, si se emplea una RNN para predecir las cotizaciones bursátiles, se puede adoptar la función ReLU, ya que la variable de salida es continua. Por otro lado, si estamos haciendo un análisis de sentimiento en un montón de *posts*, puede ser una función de activación sigmoide. En la figura 10.7, suponiendo que se trata de una variable de salida multiclase, estamos utilizando la función de activación softmax. Recuerda que una variable de salida multiclase hace referencia a una situación donde la salida o la predicción puede caer en una de varias clases distintas. En el aprendizaje automático, esto es habitual en los problemas de clasificación donde el objetivo es clasificar una entrada en una de las distintas categorías predefinidas. Por ejemplo, si estamos categorizando objetos como coche, bicicleta o autobús, la variable de salida tiene múltiples clases, por lo que se denomina "multiclase". Matemáticamente, podemos representarlo del siguiente modo:

$$\hat{y}^{<t1>} = \text{softmax}(W_{yh}h^{<t1>} + b_y) \qquad \dots [Eq.\,10.2]$$

Según la *Eq. 10.1* y *10.2*, debería ser obvio que el objetivo del entrenamiento de la RNN es encontrar los valores óptimos de tres conjuntos de matrices de ponderaciones (W_{hx}, W_{hh} y W_{yh}) y dos conjuntos de sesgos (b_h y b_y). A medida que avanzamos, se hace evidente que estas ponderaciones y sesgos mantienen la coherencia en todos los instantes de tiempo.

Entrenamiento de la RNN para una secuencia completa

Anteriormente, hemos desarrollado la formulación matemática del estado oculto para el primer instante de tiempo, *t1*. En esta ocasión, estudiaremos el funcionamiento de la RNN a través de más de un instante de tiempo para entrenar una secuencia completa, como se muestra en la figura 10.7:

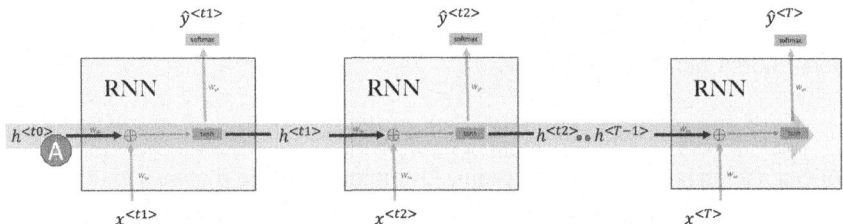

Figura 10.7: *Procesamiento secuencial en una RNN.*

 izquierda a derecha llevando el contexto hacia adelante, como muestra la flecha A. La capacidad de las RNN y sus variantes para crear esta "autopista de la información" propagándose a través del tiempo es la característica que define a las RNN.

Calculamos la *Eq. 10.1* para el instante de tiempo *t1*. Para cualquier instante de tiempo *t*, podemos generalizar la *Eq. 10.1* como:

$$h^{<t>} = \tanh(W_{hh}h^{<t-1>} + W_{hx}x^{<t>} + b_h) \qquad ... [Eq.\,10.3]$$

Para aplicaciones PLN, $x^{<t>}$ se codifica como un vector de codificación en caliente. En este caso, la dimensión de $x^{<t>}$ será igual a |V|, donde V es el vector que representa el vocabulario. La variable oculta $h^{<t>}$ será una representación de la entrada original de dimensiones menores, $x^{<t>}$. Al reducir la dimensión de la variable de entrada $h^{<t1>}$ en muchos pliegues, pretendemos que la capa oculta capte solo la información importante de la variable de entrada $x^{<t>}$. La dimensión de $h^{<t>}$ está representada mediante |V|.

No es raro que $h^{<t>}$ tenga unas dimensiones 500 veces menores que |V|.

Por esa razón, podemos decir que:

$$D_h < |V| / 500$$

Debido a las reducidas dimensiones de $h^{<t>}$, la matriz de ponderaciones W_{hh} es una estructura de datos comparativamente pequeña, ya que $W_{hh} \in R^{D_h \times D_x}$. Por su parte, W_{hx} será tan ancho como $W_{hx} \in R^{D_h \times D_x}$.

Combinar matrices de ponderaciones

En la *Eq. 10.3*, tanto W_{hh} como W_{hx} se utilizan para calcular $h^{<t>}$. Para simplificar el análisis, ambas se pueden combinar en una matriz de parámetros de ponderaciones, W_h. Esta representación simplificada nos será muy útil cuando más adelante en este capítulo tratemos variantes más complejas de RNN.

Para crear una matriz de ponderaciones combinada, W_h, simplemente debemos concatenar horizontalmente W_{hh} y W_{hx}:

$$W_h = [W_{hh} \mid W_{hx}]$$

Esta concatenación horizontal provoca que las dimensiones de W_h tenga el mismo número de filas y número total de columnas, es decir,

$$W_h \in R^{D_h \times (D_h + D_x)}$$

Si utilizamos W_h en *Eq. 10.3*:

$$h^{<t>} = \tanh(W_h[h^{<t-1>}, x^{<t>}] + b_h) \qquad \text{... [Eq. 10.4]}$$

Donde $[h^{<t-1>}, x^{<t>}]$ representa el apilamiento vertical de dos vectores juntos.

$$[h^{<t-1>}, x^{<t>}] = \begin{bmatrix} h_T^{<t-1>} \\ x_T^{<t>} \end{bmatrix}$$

donde $h_T^{<t-1>}$ y $x_T^{<t>}$ son los respectivos vectores transpuestos.

Veamos ahora un ejemplo concreto.

Supongamos que utilizamos las RNN para una aplicación de PLN. El tamaño del vocabulario es de 50 000 palabras. Esto significa que cada entrada $x^{<t>}$ se codificará como un vector caliente con unas dimensiones de 50 000. Supongamos que $h^{<t>}$ tiene unas dimensiones de 50. Esta será la representación de dimensiones menores de $x^{<t>}$.

De este modo, debería ser evidente que W_{hh} tendrá unas dimensiones de 50×50. W_{hx} tendrá unas dimensiones de $50 \times 50\,000$.

Volviendo al ejemplo anterior, W_h tendrá unas dimensiones de $(50 \times 50\,000 + 50) = 50 \times 50\,050$, es decir:

$$W_h \in R^{(50 \times 50,050)}$$

Calcular la salida para cada instante de tiempo

En nuestro modelo, la salida generada para un instante de tiempo en concreto, como *t1*, se representa mediante $y^{<t1>}$. Dado que estamos empleando la función softmax para la normalización en nuestro modelo, la salida para cualquier instante de tiempo, *tt*, se puede generalizar mediante la siguiente ecuación:

$$\hat{y}^{<t>} = \text{softmax}(W_{yh} h^{<t>} + b_y) \qquad \text{... [Eq. 10.5]}$$

Llegar a entender cómo se calcula la salida en cada instante de tiempo es básico para poder pasar a la siguiente fase de entrenamiento, en la que debemos evaluar el rendimiento del modelo.

Ahora que ya sabemos cómo se generan los resultados en cada instante de tiempo, resulta fundamental determinar la discrepancia entre los resultados previstos y los valores objetivo reales. Esta discrepancia, denominada "pérdida", nos permite medir el error del modelo. En la siguiente sección veremos con mayor detalle los métodos de cálculo de las pérdidas de las RNN, lo que nos permitirá calibrar la precisión del modelo y realizar los ajustes necesarios en las ponderaciones y los sesgos. Este proceso es primordial para entrenar al modelo para que lleve a cabo predicciones más precisas, mejorando así su rendimiento global.

Calcular la pérdida en las RNN

Como ya hemos comentado, el objetivo del entrenamiento de las RNN es encontrar los valores correctos de tres conjuntos de ponderaciones (W_{hx}, W_{hh} y W_{yh}) y dos conjuntos de sesgos (b_h y b_y). En un principio, en el instante de tiempo $t1$, estos valores se inicializan aleatoriamente.

A medida que avanza el proceso de entrenamiento, estos valores se modifican cuando entra en acción el algoritmo de descenso de gradiente. Necesitamos calcular la pérdida en cada instante de tiempo de la propagación hacia delante en las RNN. Veamos con mayor detalle el proceso de cálculo de esta pérdida:

1. **Calcular la pérdida para cada instante de tiempo:**

   En el instante de tiempo $t1$, la salida prevista es $\hat{y}^{<t1>}$. El resultado esperado es $y^{<t1>}$. La función de pérdida utilizada dependerá del tipo de modelo que estemos entrenando. Por ejemplo, si estamos entrenando un clasificador, esta pérdida en el instante de tiempo $t1$ será:

   $$\text{Loss}^{<t1>} = -\sum_{i} y_i \log (\hat{y}_i)^{<t1>}$$

2. **Agregar la pérdida para una secuencia completa:**

   Para una secuencia completa formada por múltiples instantes de tiempo, calcularemos las pérdidas individuales para cada uno de los instantes, $\{t_1, t_2, \ldots t_T\}$. La pérdida para una secuencia con T instantes de tiempo será la suma de la pérdida de cada instante, calculada mediante la siguiente ecuación:

   $$\text{Pérdida} = \text{adición} (\text{pérdida}^{<t1>}, \text{pérdida}^{<t2>}, \ldots \ldots \ldots, \text{pérdida}^{<T>})$$

3. **Calcular la pérdida para múltiples secuencias en un lote:**

Si hay más de una secuencia en el lote, primero se calcula la pérdida para cada secuencia por separado. A continuación, calculamos el coste de todas las secuencias de un lote concreto y lo utilizamos para la retropropagación.

Al calcular la pérdida de esta forma estructurada, guiamos al modelo para que ajuste sus ponderaciones y sesgos y se alinee mejor con el resultado deseado. Este proceso iterativo, repetido a lo largo de muchos lotes y épocas, permite al modelo aprender de los datos y hacer predicciones más precisas.

Retropropagación en el tiempo

Como ya explicamos en el capítulo 8, la retropropagación se utiliza en las redes neuronales para aprender progresivamente de los ejemplos de los conjuntos de datos de entrenamiento. Las RNN añaden otra dimensión a los datos de entrenamiento: los instantes de tiempo. La **retropropagación a través del tiempo (BPTT**, del inglés *Backpropagation through time*) está diseñada para manejar los datos secuenciales a medida que el proceso de entrenamiento pasa por los distintos instantes de tiempo.

La retropropagación se activa cuando el proceso de alimentación hacia delante calcula la pérdida del último instante de tiempo de un lote. Después, aplicamos esta derivada para ajustar las ponderaciones y los sesgos del modelo de RNN. Las RNN tienen tres conjuntos de ponderaciones, W_{hh}, W_{hx} y W_{hy}, y dos conjuntos de sesgos (b_h y b_y). Una vez ajustados ambos conjuntos, continuaremos entrenando el modelo con el descenso de gradiente.

El nombre de esta sección, *Retropropagación en el tiempo*, no alude a ninguna máquina del tiempo que nos traslade a una época medieval. La razón es que, una vez calculado el coste mediante la alimentación hacia delante, es necesario recorrer hacia atrás cada uno de los instantes de tiempo y actualizar las ponderaciones y los sesgos.

El proceso de retropropagación es crucial para ajustar los parámetros del modelo. Ahora bien, una vez entrenado, ¿qué ocurre después? Después de haber utilizado la retropropagación para minimizar la pérdida, tenemos un modelo listo para hacer predicciones. En la siguiente sección veremos cómo utilizar el modelo RNN entrenado para realizar predicciones sobre nuevos datos. Veremos que la predicción con RNN es similar al proceso utilizado con redes neuronales totalmente conectadas, donde los datos de entrada son procesados por la RNN entrenada para producir las predicciones.

Este paso del entrenamiento para la predicción constituye una progresión natural para entender cómo pueden aplicarse las RNN a problemas del mundo real.

Predecir con RNN

Una vez entrenado el modelo, la predicción con una RNN es similar a la de las redes neuronales totalmente conectadas. Los datos de entrada se proporcionan como entrada para el modelo RNN entrenado y se obtienen predicciones. Así es como funciona:

1. **Preparación de la entrada:** al igual que en una red neuronal estándar, empezamos preparando los datos de entrada. En el caso de una RNN, estos datos de entrada suelen ser secuenciales y representan instantes de tiempo en un proceso o serie.

2. **Utilización del modelo:** a continuación, introducimos los datos de entrada en el modelo RNN entrenado. Las ponderaciones y los sesgos aprendidos del modelo, optimizados durante la fase de entrenamiento, se utilizan para procesar la entrada a través de cada capa de la red. En una RNN, esto incluye que los datos pasen a través de las conexiones recurrentes que manejan los aspectos secuenciales de los datos.

3. **Funciones de activación:** como en otras redes neuronales, las funciones de activación dentro de la RNN transforman los datos a medida que avanzan por las capas. Dependiendo del diseño específico de la RNN, se pueden utilizar diferentes funciones de activación en distintas etapas.

4. **Generación de predicciones:** el penúltimo paso es generar las predicciones. La salida de la RNN se procesa a través de una capa final, a menudo mediante una función de activación softmax para tareas de clasificación, para producir la predicción final para cada secuencia de entrada.

5. **Interpretación:** las predicciones se interpretan en función de la tarea específica. Puede tratarse de clasificar una secuencia de texto, predecir el siguiente valor de una serie temporal o cualquier otra tarea basada en datos secuenciales.

Así, la predicción con una RNN sigue un proceso similar al de las redes neuronales totalmente conectadas, con la principal diferencia del uso de datos secuenciales. La capacidad de la RNN para captar las relaciones temporales de los datos le permite ofrecer perspectivas y predicciones únicas que a otras arquitecturas de redes neuronales les resultarían difíciles.

Limitaciones de las RNN básicas

En este capítulo hemos presentado las RNN básicas. A veces nos referimos a las RNN básicas como RNN "vainilla". Este término se refiere a su estructura básica, sin complementos. Aunque sirven como una potente introducción a las redes neuronales recurrentes, estas RNN básicas tienen notables limitaciones:

1. **Problema de desvanecimiento de gradiente:** este problema dificulta que la RNN aprenda y retenga dependencias a largo plazo en los datos.

2. **Incapacidad para mirar hacia delante en la secuencia:** las RNN tradicionales procesan las secuencias de principio a fin, lo que limita su capacidad para comprender contextos futuros en una secuencia.

Veamos estos dos problemas por separado:

Problema de desvanecimiento de gradiente

Las RNN procesan los datos de entrada de forma iterativa, paso a paso. Esto significa que, a medida que las secuencias de entrada se hacen más largas, las RNN tienen dificultades para captar las dependencias a largo plazo. Estas dependencias se refieren a las relaciones entre elementos de una secuencia que están muy alejados entre sí. Imagina que quieres analizar un texto extenso, como una novela. Si las acciones de un personaje en el primer capítulo influyen en los acontecimientos del último, es una dependencia a largo plazo. Hay que "recordar" la información desde el principio del texto hasta el final para comprenderlo bien.

Las RNN suelen tener problemas con estas conexiones de largo alcance. El mecanismo de estado oculto de las RNN, diseñado para retener información de instantes de tiempo anteriores, puede ser demasiado simple para captar estas relaciones complejas. A medida que aumenta la distancia entre los elementos relacionados, la RNN puede perder la pista de la conexión. No son tan inteligentes como para saber cuándo y qué conservar en la memoria y cuándo y qué olvidar.

En muchos casos de uso de datos secuenciales, solo es importante la información más reciente. Por ejemplo, pensemos en una aplicación de texto predictivo que intenta ayudar a una persona que escribe un correo electrónico sugiriéndole la siguiente palabra que debe escribir.

Como sabemos, se trata de una funcionalidad estándar en los procesadores de texto modernos. Si el usuario escribe:

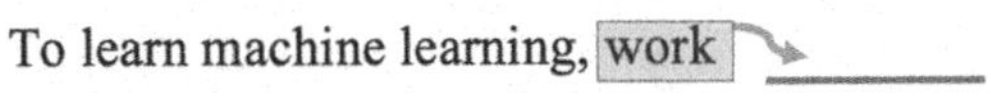

To learn machine learning, work

Figura 10.8: *Ejemplo de texto predictivo.*

la aplicación de texto predictivo puede sugerir fácilmente la siguiente palabra "*hard*". No es necesario conocer el contexto de las frases anteriores para predecir la palabra siguiente. Para este tipo de aplicaciones, en las que no se requiere memoria a largo plazo, las RNN son la mejor opción. Estas redes no complicarán en exceso la arquitectura sin poner en peligro la precisión.

Pero, para otras aplicaciones, mantener las dependencias a largo plazo sí es importante. Las RNN tienen dificultades para gestionar este tipo de dependencias. Veamos un ejemplo.

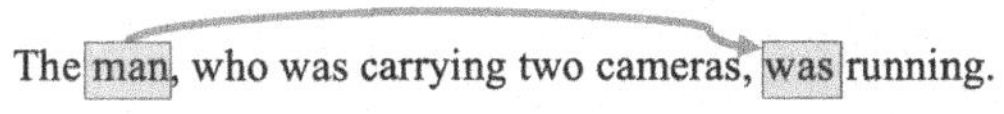

The man, who was carrying two cameras, was running.

Figura 10.9: *Ejemplo de texto predictivo con una dependencia a largo plazo.*

Al leer esta frase de izquierda a derecha, podemos observar que "*was*" (utilizado más adelante en la frase) se refiere a "*man*". Las RNN en su forma original harán lo posible por mantener el estado oculto durante múltiples instantes de tiempo. La razón es que, en las RNN, el estado oculto se calcula para cada instante de tiempo y se arrastra hacia adelante.

Debido a la naturaleza recursiva de esta operación, siempre nos preocupará el desvanecimiento prematuro de la señal mientras pasamos de elemento en elemento en diferentes instantes de tiempo. Este comportamiento de las RNN es lo que se conoce como problema de desvanecimiento de gradiente. Para combatir este problema, es mejor elegir tanh como función de activación. Como la segunda derivada de tanh decae muy lentamente hasta cero, la elección de esta función ayuda a gestionar hasta cierto punto el problema de desvanecimiento de gradiente. Ahora bien, para gestionar mejor este problema, necesitamos una arquitectura más sofisticada, como GRU y LSTM, que trataremos en la siguiente sección.

Incapacidad para mirar hacia delante en la secuencia

Las RNN pueden clasificarse en función de la dirección del flujo de información a través de la secuencia. Los dos tipos principales son las RNN unidireccionales y las RNN bidireccionales.

- **RNN unidireccionales:** estas redes procesan los datos de entrada en una dirección, normalmente desde el principio de la secuencia hasta el final. Llevan el contexto hacia delante, construyendo la comprensión paso a paso a medida que iteran a través de los elementos de una secuencia, como las palabras de una frase. Y aquí reside su limitación: las RNN unidireccionales no pueden "mirar hacia delante" en la secuencia.

Solo tienen acceso a la información que han visto hasta el momento, lo que significa que no pueden incorporar elementos posteriores para construir un contexto más preciso o matizado. Imagínate leer una oración subordinada palabra por palabra, sin poder mirar hacia delante y ver lo que viene. Podrías perder sutilezas o malinterpretar el significado general.

- **RNN bidireccionales:** por el contrario, las RNN bidireccionales procesan la secuencia en ambas direcciones simultáneamente. Combinan elementos del pasado y del futuro, lo que permite una comprensión más rica del contexto.

Veamos las dos frases siguientes:

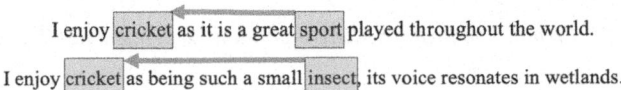

Figura 10.10: *Ejemplos donde una RNN debe mirar hacia delante en la frase.*

Ambas frases utilizan la palabra "*cricket*" (que en inglés puede significar el deporte en cuestión o grillo). Si el contexto se construye solo de izquierda a derecha, como se hace en las RNN unidireccionales, no podemos contextualizar "*cricket*" correctamente, ya que su información relevante estará en un instante de tiempo futuro. Para resolver este problema, nos centraremos en las RNN bidireccionales, que se tratan en el capítulo 11.11.

Veamos ahora las GRU y su funcionamiento y arquitectura con todo detalle.

GRU

Las GRU representan una evolución de la estructura básica de las RNN. Han sido diseñadas específicamente para abordar algunos de los retos que deben afrontar las RNN tradicionales, como el problema de desvanecimiento de gradiente. La arquitectura de una GRU se ilustra en la figura 10.8:

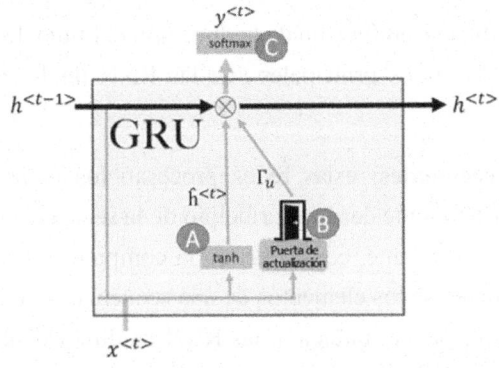

Figura 10.11: *GRU.*

Empezaremos hablando de las GRU con la primera función de activación, representada como **A**. En cada instante de tiempo t, GRU calcula primero el estado oculto mediante la función de activación tanh y $x^{<t>}$ y $h^{<t-l>}$ como entradas. El cálculo no difiere del modo en que se determina el estado oculto en las RNN originales presentadas en la sección anterior. Pero hay una diferencia importante: la salida es un estado oculto *candidato*, que se calcula utilizando la *Eq. 10.6*.

$$\hat{h}^{<t>} = \tanh(W_h[h^{<t-1>}, x^{<t>}] + b_h \quad \dots \text{[Eq. 10.6]}$$

donde $\hat{h}^{<t>}$ es el valor candidato de la capa oculta.

Ahora, en lugar de utilizar inmediatamente el estado oculto candidato, la GRU se toma un momento para decidir si lo utiliza. Imagina este paso como alguien que se detiene a pensar antes de tomar una decisión. Este momento de detenerse y pensar es lo que llamamos **mecanismo de compuerta** (*gating*) y consiste en comprobar la información y seleccionar qué detalles recordar y cuáles olvidar para el siguiente paso. Es como filtrar el ruido y centrarse en lo importante. Como mezclan la información antigua (del estado oculto anterior) con el nuevo borrador (el candidato), las GRU son mejores para seguir historias o secuencias largas sin perderse. Al introducir un estado oculto candidato, las GRU aportan una capa añadida de flexibilidad y pueden decidir de forma prudente qué parte del estado candidato incorporar. Esta distinción permite a las GRU enfrentarse hábilmente a retos como el descenso de gradiente, con una sutileza de la que a menudo carecen las RNN tradicionales. En otras palabras, mientras que las RNN clásicas pueden tener dificultades para recordar historias largas, las GRU, con sus características especiales, son mejores escuchando y reteniendo.

Las LSTM se presentaron en 1997 y las GRU, en 2014. La mayoría de los libros sobre este tema prefieren el orden cronológico y presentan primero las LSTM. Sin embargo, yo prefiero presentar estos algoritmos según su complejidad. Como la motivación de las GRU era simplificar las LSTM, puede ser útil estudiar primero el algoritmo más sencillo.

Presentación de la puerta de actualización

En una RNN estándar, el valor oculto en cada instante de tiempo se calcula y se convierte automáticamente en un nuevo estado de la celda de memoria. En cambio, las GRU presentan un enfoque más matizado. El modelo GRU aporta más flexibilidad al proceso al permitir controlar cuándo actualizar el estado de la celda de memoria. Esta flexibilidad añadida se implementa a través de un mecanismo llamado "puerta de actualización", también conocido como "puerta de reinicio"

La función de la puerta de actualización es evaluar si la información del estado oculto candidato, $\hat{h}^{<t>}$, es lo bastante importante como para actualizar el estado oculto de la celda de memoria o si dicha celda de memoria podría retener el valor oculto de instantes de tiempo anteriores.

En términos matemáticos, este proceso de toma de decisiones ayuda al modelo a gestionar la información de forma más selectiva, determinando si debe integrar nuevos conocimientos o seguir confiando en los adquiridos previamente. Si el modelo considera que la información del estado oculto candidato no es lo suficientemente significativa como para alterar el estado existente de la celda de memoria, mantendrá el valor oculto anterior. Por el contrario, si la nueva información se considera relevante, podrá sobrescribir el estado de la celda de memoria y ajustar la representación interna del modelo a medida que procesa la secuencia.

Este mecanismo de compuerta único diferencia a las GRU de las RNN tradicionales y permite un aprendizaje más eficaz a partir de datos secuenciales con relaciones temporales complejas.

Implementación de la puerta de actualización

Esta inteligencia que añadimos a cómo se actualiza el estado en la celda de memoria es la característica que define a una GRU. Esta deberá decidir con rapidez si hay que actualizar el estado oculto actual con el estado oculto candidato. Para tomar esta decisión, utilizamos la segunda función de activación mostrada en la figura 10.11, representada mediante la letra **B**. Esta función es la que implementará la puerta de actualización.

La implementación se lleva a cabo como una capa sigmoide que toma como entrada la entrada actual y el estado oculto anterior. La salida de la capa sigmoide es un valor entre 0 y 1 representado por la variable Γ_u. La salida de la puerta de actualización es la variable Γ_u, que se rige por la siguiente función sigmoide:

$$\Gamma_u = \text{sigmoid}\,(\,W_u\,[h^{<t-1>},x^{<t>}\,] + b_u \qquad ...[\text{Eq. 10.7}]$$

Como Γ_u es la salida de una función sigmoide, se aproxima a 1 o 0, determinando si la puerta de actualización está abierta o cerrada. Si la puerta de actualización está abierta, se elegirá $\hat{h}^{<t>}$ como nuevo estado oculto. En el proceso de entrenamiento, la GRU aprenderá cuándo debe abrir la puerta y cuándo debe cerrarla.

Actualización de la celda oculta

Para un determinado instante de tiempo, el siguiente estado oculto se determina calculando la siguiente ecuación:

$$h^{<t>} = \Gamma_u * \hat{h}^{<t>} + (1 - \Gamma_u) * h^{<t-1>} \qquad ...[Eq.\,10.8]$$

Eq. 10.8 consta de dos términos, representados como **1** y **2**. Al ser una salida de una función sigmoide, Γ_u puede ser 0 o 1. Esto significa que:

$$\text{If } (\Gamma_u \approx 1): \quad h^{<t>} = \hat{h}^{<t>}$$

$$\text{If } (\Gamma_u \approx 0): \quad h^{<t>} = h^{<t-1>}$$

Es decir, si la puerta está abierta, actualiza el valor de $h^{<t>}$. Si no, conserva el estado anterior.

Veamos ahora cómo podemos ejecutar una GRU para múltiples instantes de tiempo.

Ejecutar una GRU para múltiples instantes de tiempo

Podemos visualizar el proceso de despliegue de una GRU a lo largo de varios instantes de tiempo en la figura 10.12. Al igual que las RNN fundacionales que hemos analizado anteriormente, las GRU crean lo que podría considerarse una "autopista de la información". Esta vía transfiere eficazmente el contexto desde el principio hasta el final de una secuencia, visualizada como $\hat{h}^{<t>}$ en la figura 10.12 y representada como **A**.

Lo que diferencia a las GRU de las RNN tradicionales es el proceso de toma de decisiones sobre cómo fluye la información en esta autopista. En lugar de transferir información a ciegas en cada instante de tiempo, una GRU hace una pausa para evaluar su relevancia.

Veámoslo con un ejemplo básico. Imagina que estás leyendo un libro en el que cada frase es un fragmento de información. Sin embargo, en lugar de recordar cada detalle de cada frase, tu mente (actuando como una GRU) recuerda selectivamente las frases más impactantes o emotivas. Esta memoria selectiva es similar al funcionamiento de la puerta de actualización de una GRU.

La puerta de actualización desempeña aquí un papel crucial, pues es un mecanismo que determina qué partes de la información previa, o del "estado oculto" anterior, deben conservarse o descartarse. Esencialmente, la puerta ayuda a la red a determinar y retener los detalles más pertinentes, garantizando que el contexto transportado siga siendo lo más relevante posible.

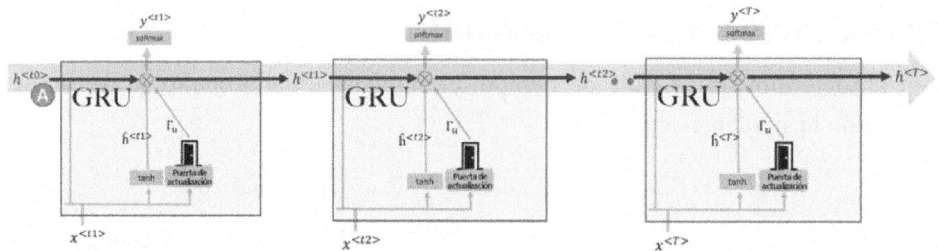

Figura 10.12: *Procesamiento secuencial en una RNN.*

Las LSTM

Las RNN se utilizan mucho para tareas de modelado de secuencias, pero muestran limitaciones a la hora de capturar dependencias en los datos a largo plazo. Para abordar estas limitaciones, se desarrolló una versión avanzada de las RNN, conocida como LSTM. A diferencia de las RNN simples, las LSTM disponen de un mecanismo más complejo para gestionar el contexto, lo que les permite captar mejor los patrones en las secuencias.

En la sección anterior hemos hablado sobre las GRU, donde el estado oculto $h^{<t>}$ se utiliza para pasar el contexto de un instante de tiempo a otro. Las LSTM tienen un mecanismo mucho más complejo para gestionar el contexto. Dispone de dos variables que llevan el contexto de un instante de tiempo a otro: el estado de la celda y el estado oculto. Ambas variables se explican a continuación:

1. **Estado de la celda** (representado como $c^{<t>}$): se encarga de mantener las dependencias a largo plazo de los datos de entrada. Pasa de un instante de tiempo al siguiente y se utiliza para mantener la información durante un periodo más largo. Como veremos más adelante en esta sección, la puerta de olvido y la puerta de actualización determinan minuciosamente qué debe incluirse en el estado de la celda. Puede considerarse como la "capa de persistencia" o "memoria" de la LSTM, ya que mantiene la información durante un largo periodo de tiempo.

2. **Estado oculto** (representado como $a^{<t>}$): este contexto se centra en el instante de tiempo actual, que puede o no ser importante para las dependencias a largo plazo. Es la salida de la unidad LSTM para un instante de tiempo concreto y se pasa como entrada al instante siguiente. Como se indica en la figura 10.23, el estado oculto, $a^{<t>}$, se utiliza para generar la salida $y^{<t>}$ en el instante de tiempo t.

Veamos ahora con más detalle estos mecanismos, empezando por cómo se actualiza el estado actual de la celda.

La puerta de olvido

La puerta de olvido de una red LSTM se encarga de determinar qué información descartar del estado anterior y qué información conservar. En la figura 10.3 aparece representada como **A**. La implementación se lleva a cabo como una capa sigmoide que toma como entrada la entrada actual y el estado oculto anterior. La salida de la capa sigmoide es un vector de valores entre 0 y 1, donde cada valor corresponde a una única celda de la memoria de la LSTM.

$$\Gamma_f = \text{sigmoid} (\ W_f\ [a^{<t-1>}, x^{<t>}] + b_f \qquad \text{... [Eq. 10.9]}$$

Como es una función sigmoide, significa que Γ_f puede estar cerca de 0 o de 1.

Si Γ_f es 1, significa que debe utilizarse el valor del estado anterior $c^{<t-1>}$ para calcular $c^{<t>}$. Si Γ_f es 0, significa que el valor del estado anterior $c^{<t-1>}$ debe olvidarse.

Información: normalmente, las variables binarias se consideran activas cuando su lógica es 1. Puede parecer contraintuitivo que la "puerta de olvido" olvide el estado anterior cuando $\Gamma_f = 0$, pero así es como se presentó la lógica en los estudios originales y es lo que siguen los investigadores por coherencia.

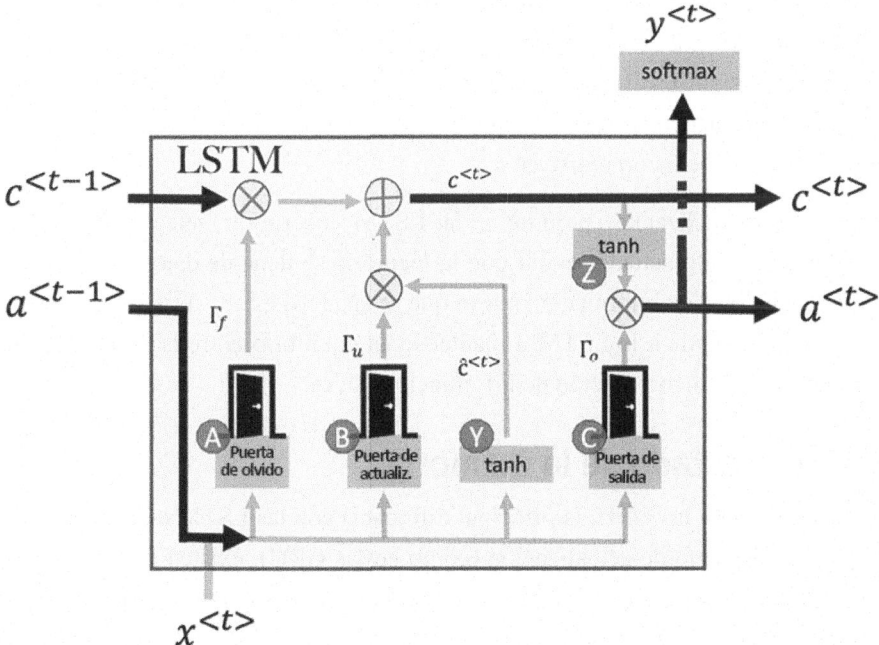

Figura 10.13: *Arquitectura LSTM.*

El estado de la celda candidato

En LSTM, para cada instante de tiempo, se calcula un estado de la celda candidato, $\hat{c}^{<t>}$, representado como **Y** en la figura 10.13, que es el nuevo estado propuesto para la celda de memoria. Se calcula utilizando la entrada actual $x^{<t>}$ y el estado oculto anterior $a^{<t-1>}$ de la siguiente manera:

$$\hat{c}^{<t>} = \tanh(\, W_c\, [a^{<t-1>}, x^{<t>}\,] + b_c) \qquad \dots \text{[Eq. 10.10]}$$

La puerta de actualización

La puerta de actualización también se denomina puerta de entrada. En las redes LSTM, dicha puerta es un mecanismo que permite a la red incorporar selectivamente nueva información al estado actual para que la memoria pueda centrarse en la información más relevante. En la figura 10.13 aparece representada como **B**.

Tiene la responsabilidad de determinar si el estado de la celda candidato $\hat{c}^{<t>}$ debe añadirse a $c^{<t>}$. Se implementa como una capa sigmoide que toma como entrada la entrada actual $x^{<t>}$ y el estado oculto anterior:

$$\Gamma_u = \text{sigmoid}\,(\, W_u\, [a^{<t-1>}, x^{<t>}\,] + b_u \qquad \dots \text{[Eq. 10.11]}$$

La salida de la capa sigmoide, Γ_u, es un vector de valores entre 0 y 1, donde cada valor corresponde a una única celda de memoria de la LSTM. Un valor de 0 indica que el $\hat{c}^{<t>}$ calculado debe ser ignorado, mientras que un valor de 1 indica que $\hat{c}^{<t>}$ es lo suficientemente significativo como para ser incorporado en $c^{<t-1>}$. Al ser una función sigmoide, puede tener cualquier valor entre 0 y 1, lo que indica que parte de la información de $\hat{c}^{<t>}$, no toda, debe incorporarse en $c^{<t>}$.

La puerta de actualización permite a la LSTM incorporar selectivamente nueva información al estado actual y evitar que la memoria se llene de datos irrelevantes. Al controlar la cantidad de información nueva que se añade al estado de memoria, la puerta de actualización ayuda a la LSTM a mantener un equilibrio entre la conservación del estado anterior y la incorporación de información nueva.

Calcular el estado de la memoria

En comparación con las GRU, la principal diferencia con las LSTM es que, en lugar de tener una única puerta de actualización (como en las GRU), existen puertas separadas para los mecanismos de actualización y de olvido para la gestión del estado oculto. Cada puerta determina cuál es la mezcla correcta de varios estados para calcular de forma óptima tanto el estado actual de la celda de la memoria a largo plazo $c^{<t>}$ como el estado oculto actual, $a^{<t>}$. El estado de la memoria se calcula del siguiente modo:

$$c^{<t>} = \Gamma_u * \hat{c}^{<t>} + \Gamma_f * c^{<t-1>} \quad \dots [Eq.\,10.12]$$

Eq. 10.12 consta de dos términos representados como **1** y **2**. Como son una salida de una función sigmoide, Γ_u y Γ_f puede ser 0 o 1. Esto significa que:

$$\text{If } (\Gamma_u \approx 1): \quad h^{<t>} = \hat{h}^{<t>}$$

$$\text{If } (\Gamma_u \approx 0): \quad h^{<t>} = h^{<t-1>}$$

Es decir, si la puerta está abierta, actualiza el valor de $h^{<t>}$. Si no, conserva el estado anterior.

Así, la puerta de actualización en una GRU es un mecanismo que permite a la red descartar selectivamente la información del estado oculto anterior para que el estado oculto pueda centrarse en la información más relevante. Esto se muestra en la figura 10.13, cómo el estado viaja de izquierda a derecha.

La puerta de salida

La puerta de salida en una red LSTM está representada como **C** en la figura 10.13. Esta se encarga de determinar qué información del estado de memoria actual debe pasar a la salida de la LSTM. Se implementa como una capa sigmoide que toma como entrada la entrada actual y el estado oculto anterior. La salida de la capa sigmoide es un vector de valores entre 0 y 1, donde cada valor corresponde a una única celda de la memoria de la LSTM.

Al tratarse de una función sigmoide, Γ_u puede ser tanto 0 como 1.

Si Γ_u es 1, significa que debe utilizarse el valor del estado anterior $c^{<t-1>}$ para calcular $c^{<t>}$. Si Γ_f es 0, significa que debe olvidarse el valor del estado anterior $c^{<t-1>}$.

$$a^{<t>} = \Gamma_o * \tanh(c^{<t>})$$

Un valor de 0 indica que la celda correspondiente no debe incluirse en la salida, mientras que un valor de 1 indica que sí debe hacerlo. Los valores entre 0 y 1 indican que la celda debe aportar parte de su valor a la salida, pero no todo.

En las LSTM, después de procesar la puerta de salida, el estado actual se pasa a través de una función `tanh`, la cual ajusta los valores para que se encuentren dentro de un intervalo comprendido entre -1 y 1. ¿Por qué es necesario este escalado? La función `tanh` garantiza que la salida de la LSTM permanezca normalizada y evita que los valores sean demasiado grandes, lo que podría ser un inconveniente durante el entrenamiento debido a problemas potenciales como la explosión de gradientes.

Tras el escalado, el resultado de la puerta de salida se multiplica por este estado normalizado. Este valor combinado representa la salida final del LSTM en ese instante de tiempo específico.

Por poner una analogía sencilla, imagina que ajustas el volumen de la música para que no esté ni demasiado alto ni demasiado bajo, sino en su justa medida. La función tanh actúa de forma similar, garantizando que la salida esté optimizada y sea adecuada para su posterior procesamiento.

La puerta de salida es importante porque permite a la LSTM pasar de forma selectiva información relevante del estado actual de la memoria como salida. También ayuda a evitar que se transmita como salida información que sea irrelevante.

Esta puerta de salida genera la variable Γ_o, que determina que la contribución del estado de la celda salga al estado oculto:

$$\Gamma_o = \text{sigmoid} \left(W_o \left[a^{<t-1>}, x^{<t>} \right] + b_o \right.$$

En LSTM, ς se utiliza como entrada para las puertas, mientras que $c^{<t>}$ es el estado oculto.

En resumen, la puerta de salida en las redes LSTM es un mecanismo que permite a la red pasar información relevante de forma selectiva del estado actual de la memoria como salida, de modo que la LSTM pueda generar una salida apropiada basada en la información relevante que ha almacenado en su memoria.

El proceso completo

Veamos con todo detalle el funcionamiento de las LSTM a lo largo de múltiples instantes de tiempo, representadas como **A** en la figura 10.14.

Al igual que las GRU, las LSTM crean una vía, conocida como "autopista de la información", que ayuda a transportar el contexto a través de sucesivos instantes de tiempo. Puedes ver gráficamente este proceso en la figura 10.14. Lo fascinante de las LSTM es su capacidad para utilizar la memoria a largo plazo para transportar este contexto.

A medida que pasamos de un instante de tiempo al siguiente, la LSTM aprende lo que debe ser retenido en su memoria a largo plazo, representado como $c^{<t>}$. Al comienzo de cada instante de tiempo, $c^{<t>}$ interactúa con la "puerta de olvido", permitiendo descartar algunos fragmentos de información. A continuación, llega a la "puerta de actualización", donde se introducen nuevos datos. Esto permite que $c^{<t>}$ transite entre los diferentes instantes de tiempo, obteniendo y desestimando continuamente información según le dicten las dos puertas.

Y es en este momento cuando todo se complica. Al final de cada instante de tiempo, una copia de la memoria a largo plazo, $c^{<t>}$, sufre una transformación mediante la función tanh. Estos datos procesados pasan por un cribaje en la puerta de salida, culminando en lo que denominamos memoria a corto plazo, $a^{<t>}$. Esta memoria a corto plazo tiene un doble propósito: determinar la salida en ese instante de tiempo concreto y sentar las bases para el siguiente, como se muestra en la figura 10.14:

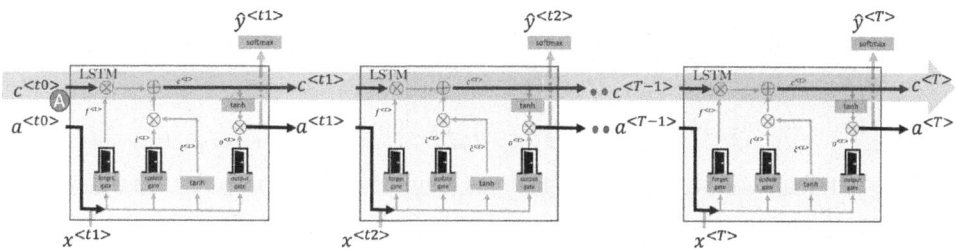

Figura 10.14: *LSTM con múltiples instantes de tiempo.*

A continuación veremos cómo podemos codificar las RNN.

Codificar modelos secuenciales

Para estudiar las LSTM, nos sumergiremos en el análisis de sentimientos utilizando la popular base de datos de películas IMDb. En ella, cada reseña se etiqueta con una opinión, positiva o negativa, codificada como valores binarios (`True` para positivo y `False` para negativo). Nuestro objetivo es crear un clasificador binario capaz de predecir estas opiniones basándose únicamente en el contenido textual de la reseña.

En total, este conjunto de datos cuenta con 50 000 reseñas de películas. A nuestros efectos, dividiremos esta cantidad a partes iguales: 25 000 reseñas para entrenar nuestro modelo y las 25 000 restantes para evaluar su rendimiento.

Si alguien desea saber más sobre este conjunto de datos, puede encontrar más información en Stanford's IMDB Dataset.

Cargar el conjunto de datos

En primer lugar, debemos cargar el conjunto de datos. Lo importaremos mediante `keras.datasets`. La ventaja de iutilizar `keras.datasets` es que ha sido procesado para ser utilizado para el aprendizaje automático. Por ejemplo, las reseñas han sido codificadas por separado como un índice de palabras. Se ha elegido como índice la frecuencia global de una palabra determinada. Así, si el índice de la palabra es "7", significa que es la 7.ª palabra más frecuente. El uso de datos previamente preparados nos permite centrarnos en el algoritmo RNN en lugar de en la preparación de los datos:

```
import tensorflow as tf
from tensorflow.keras.datasets import imdb
vocab_size = 50000
(X_train,Y_train),(X_test,Y_test) = tf.keras.datasets.imdb.load_
data(num_words= vocab_size)
```

Observa que el argumento `num_words=50000` se utiliza para seleccionar solo las 50 000 palabras más importantes. Como se utiliza la frecuencia de una palabra como índice, se filtran todas las palabras con índices inferiores a 50 000:

```
"I watched the movie in a cinema and I really like
it"[13, 296, 4, 20, 11, 6, 4435, 5, 13, 66, 447,12]
```

Cuando se trabaja con secuencias de distintas longitudes, es recomendable asegurarse de que todas tienen una longitud uniforme. Esto es especialmente importante cuando se introducen en redes neuronales, que a menudo esperan entradas de tamaños consistentes. Para conseguirlo, las rellenamos: añadimos ceros al principio o al final de las secuencias hasta que alcanzan una longitud determinada.

A continuación, te mostramos cómo puedes implementar esto con TensorFlow:

```
# Rellenamos las secuencias
max_review_length = 500
x_train = tf.keras.preprocessing.sequence.pad_sequences(x_train,
maxlen=max_review_length)
x_test = tf.keras.preprocessing.sequence.pad_sequences(x_test,
maxlen=max_review_length)
```

Los índices son excelentes para el consumo de algoritmos. Para facilitar la lectura, podemos volver a convertir estos índices en palabras:

```
word_index = tf.keras.datasets.imdb.get_word_index()
reverse_word_index = dict([(value, key) for (key, value) in word_index.
items()])
def decode_review(padded_sequence):
    return " ".join([reverse_word_index.get(i - 3, "?") for i in padded_
sequence])
```

Observa que los índices de las palabras empiezan por 3 en lugar de 0 o 1. La razón es que los tres primeros índices están reservados.

A continuación, veamos cómo podemos preparar los datos.

Preparar los datos

En nuestro ejemplo, estamos trabajando con un vocabulario de 50 000 palabras. Esto significa que cada palabra de la secuencia de entrada $x^{<t>}$ se codificará utilizando una representación vectorial en caliente, donde la dimensión de cada vector es 50 000. Un vector en caliente es un vector binario que tiene 0 en todas las posiciones excepto en el índice correspondiente a la palabra, donde tiene un 1. Aquí podemos cargar el conjunto de datos IMDb en TensorFlow, especificando el tamaño del vocabulario:

```
vocab_size = 50000
(x_train, y_train), (x_test, y_test) = tf.keras.datasets.imdb.load_
data(num_words=vocab_size)
```

Ten en cuenta que, como `vocab_size` está fijado en `50 000`, los datos se cargarán con las 50 000 palabras más frecuentes. Las palabras restantes se descartarán o se sustituirán por un token especial (a menudo denominado `<UNK>` de "*unknown*", es decir, desconocido). Esto garantiza que nuestros datos de entrada sean manejables y solo incluyan la información más relevante para nuestro modelo. Las variables `x_train` y `x_test` contendrán los datos de entrada de entrenamiento y prueba, respectivamente, mientras que `y_train` e `y_test` contendrán sus correspondientes etiquetas.

Crear el modelo

Vamos a empezar definiendo una pila vacía, que utilizaremos para construir nuestra red, capa por capa:

```
model = tf.keras.models.Sequential()
```

A continuación, añadiremos una capa del tipo `Embedding` a nuestro modelo. Si recuerdas lo que dijimos sobre las incrustaciones de palabras en el capítulo 9, estas las utilizamos para representar palabras en un espacio vectorial continuo. La capa de incrustación cumple una función similar, pero dentro de la red neuronal. Proporciona una forma de mapear cada palabra de nuestro vocabulario a un vector continuo. Es probable que las palabras que están cerca unas de otras en este espacio vectorial compartan contexto o significado.

Definamos ahora la capa `Embedding`, considerando el tamaño del vocabulario que elegimos anteriormente y mapeando cada palabra en un vector de 50 dimensiones, correspondiente a la dimensión de $h^{<t>}$:

```
model.add(
    tf.keras.layers.Embedding(
        input_dim = vocab_size,
        output_dim = 50,
```

```
        input_length = review_length
    )
)
```

Las capas `Dropout` evitan el sobreajuste y obligan al modelo a aprender múltiples representaciones de los mismos datos desactivando neuronas aleatoriamente en la fase de aprendizaje. Vamos a desactivar de forma aleatoria el 25 % de las neuronas para hacer frente al sobreajuste:

```
model.add(
    tf.keras.layers.Dropout(
        rate=0.25
    )
)
```

A continuación, añadiremos una capa LSTM, que es una forma especial de RNN. Mientras que las RNN básicas tienen problemas para aprender dependencias a largo plazo, las LSTM están diseñadas para recordar dichas dependencias, lo que las hace adecuadas para nuestra tarea. Esta capa LSTM analizará la secuencia de palabras de la reseña junto con sus incrustaciones, y utilizará esta información para determinar el sentimiento de una reseña determinada. En esta capa, utilizaremos 32 unidades:

```
model.add(
    tf.keras.layers.LSTM(
        units=32
    )
)
```

Añadiremos una segunda capa `Dropout` para eliminar el 25 % de las neuronas y reducir el sobreajuste:

```
model.add(
    tf.keras.layers.Dropout(
        rate=0.25
    )
)
```

Todas las unidades LSTM están conectadas a un único nodo de la capa `Dense`. Una función de activación sigmoide determina la salida de este nodo: un valor entre 0 y 1. Si está más cerca de 0 indica una reseña negativa y si está más cerca de 1 indica una reseña positiva:

```
model.add(
    tf.keras.layers.Dense(
        units=1,
```

```
        activation='sigmoid'
    )
)
```

Ahora compilaremos el modelo. Utilizaremos `binary_crossentropy` como función de pérdida y `Adam` como optimizador:

```
model.compile(
    loss=tf.keras.losses.binary_crossentropy,
    optimizer=tf.keras.optimizers.Adam(),
    metrics=['accuracy'])
```

Para mostrar un resumen de la estructura del modelo, utilizamos:

```
model.summary()
```

```
---------------------------------------------------------------
Layer (type)              Output shape             Param #
===============================================================
Embeddind (Embedding)     (None, 500, 32)          32000
dropout (Dropout)         (None, 500, 32)          0
lstm (LSTM)               (None, 32)               8320
dropout_1 (Dropout)       (None, 32)               0
dense (Dense)             (None, 1)                33
===============================================================
Total params: 328,353
Trainable params: 328,353
Non-trainable params: 0
```

Entrenar el modelo

Ha llegado el momento de entrenar el modelo LSTM con nuestros datos de entrenamiento. Este proceso implica varios componentes clave, que describimos a continuación:

- **Datos de entrenamiento:** son las características (reseñas) y las etiquetas (opiniones positivas o negativas) de las que aprenderá nuestro modelo.

- **Tamaño de lote** (*Batch Size*): determina el número de muestras que se utilizarán en cada actualización de los parámetros del modelo. Cuanto mayor sea el tamaño del lote, más memoria se requiere.

- **Épocas** (*Epochs*): una época es una iteración completa sobre la totalidad de los datos de entrenamiento. Cuantas más épocas existan, más veces trabajará el algoritmo de aprendizaje a través de todo el conjunto de datos de entrenamiento.

- **Segmento de validación** (*Validation Split*): este segmento de los datos de entrenamiento se reservará para la validación y no se utilizará para el entrenamiento, lo que nos ayuda a evaluar el rendimiento del modelo.

- **Generar mensaje** (*Verbose*): este parámetro controla si el modelo mostrará o no el resultado durante el entrenamiento. Un valor de 1 significa que se mostrarán barras de progreso:

```
history = model.fit(
    x_train,
    y_train,          # Datos de entrenamiento
    batch_size=256,
    epochs=3,
    validation_split=0.2,
    verbose=1
)
```

```
Epoch 1/3
79/79 [==============================] - 75s 924ms/step - loss:
0.5757 - accuracy: 0.7060 - val_loss: 0.4365 - val_accuracy:
0.8222
Epoch 2/3
79/79 [==============================] - 79s 1s/step - loss:
0.2958
- accuracy: 0.8900 - val_loss: 0.3040 - val_accuracy:
0.8812
Epoch 3/3
79/79 [==============================] - 73s 928ms/step - loss:
0.1739 - accuracy: 0.9437 - val_loss: 0.2768 - val_accuracy:
0.8884
```

Mostrar las predicciones incorrectas

Echemos un vistazo a algunas de las reseñas clasificadas de forma incorrecta:

```
predicted_probs = model.predict(x_test)
predicted_classes_reshaped = (predicted_probs > 0.5).astype("int32").
reshape(-1)
incorrect = np.nonzero(predicted_classes_reshaped != y_test)[0]
```

Seleccionamos las 20 primeras reseñas clasificadas incorrectamente:

```
class_names = ["Negative", "Positive"]
for j, incorrect_index in enumerate(incorrect[0:20]):
    predicted = class_names[predicted_classes_reshaped[incorrect_index]]
    actual = class_names[y_test[incorrect_index]]
    human_readable_review = decode_review(x_test[incorrect_index])
    print(f"Incorrectly classified Test Review [{j+1}]")
    print(f"Test Review #{incorrect_index}: Predicted [{predicted}]
Actual[{actual}]")
    print(f"Test Review Text: {human_readable_review.replace('<PAD> ',
'')}\n")
```

Resumen

En este capítulo hemos abordado los conceptos fundamentales de los modelos secuenciales, con el objetivo de ayudarte a entender de forma básica las técnicas y metodologías de dichas técnicas. También hemos presentado las RNN, que son excelentes para manejar datos secuenciales. Una GRU es un tipo de RNN presentada por Cho *et al.* en 2014 como una alternativa más sencilla a las redes LSTM.

Al igual que las LSTM, las GRU están diseñadas para aprender dependencias a largo plazo en datos secuenciales, pero lo hacen utilizando un enfoque diferente. Las GRU utilizan un único mecanismo de compuerta para controlar el flujo de información que entra y sale del estado oculto, en lugar de las tres compuertas que utilizan las LSTM. Esto facilita su entrenamiento y requiere menos parámetros, lo que las hace más eficientes.

En el capítulo siguiente veremos algunas técnicas avanzadas relacionadas con los modelos secuenciales.

11

Algoritmos avanzados de modelos secuenciales

En el capítulo anterior hemos analizado los principios básicos de los modelos secuenciales. En él hemos proporcionado una introducción a sus técnicas y metodologías. Los algoritmos de modelado secuencial analizados tenían dos restricciones básicas. En primer lugar, se exigía que la secuencia de salida tuviera el mismo número de elementos que la secuencia de entrada. En segundo lugar, esos algoritmos solo podían procesar un elemento de una secuencia de entrada cada vez. Si la secuencia de entrada era una frase, significaba que los algoritmos secuenciales analizados hasta ahora solo podían "*atender*" o procesar una palabra cada vez. Para poder imitar mejor la capacidad de procesamiento del cerebro humano, necesitamos mucho más que eso. Necesitamos modelos secuenciales complejos que procesen una salida con longitudes diferentes a la entrada, y que puedan atender a más de una palabra de una frase al mismo tiempo, eliminando este cuello de botella de información.

En este capítulo profundizaremos en los aspectos avanzados de los modelos secuenciales para conocer la generación de configuraciones complejas. Vamos a empezar desglosando los elementos clave, como los autocodificadores y los modelos **secuencia a secuencia (Seq2Seq)**. A continuación, examinaremos el mecanismo de atención y los transformadores, que son fundamentales en el desarrollo de los **grandes modelos de lenguaje** (**LLM** o *Large Language Model*), que estudiaremos más adelante.

Al final de este capítulo conocerás de forma exhaustiva estas estructuras avanzadas y su importancia en el ámbito del aprendizaje automático. También proporcionaremos información sobre las aplicaciones prácticas de estos modelos.

En este capítulo se tratan los siguientes temas:

- Autocodificadores
- Modelos Seq2Seq
- Mecanismos de atención
- Transformadores
- LLM
- Arquitecturas profundas y amplias

Empezaremos por una visión general de los modelos secuenciales avanzados.

Evolución de las técnicas avanzadas de modelado secuencial

En el capítulo 10, *Modelos secuenciales*, abordamos los aspectos fundamentales de los modelos secuenciales. Aunque tienen múltiples aplicaciones, estos modelos muestran dificultades para captar y producir los complejos entresijos del lenguaje humano.

Empezaremos hablando de los **autocodificadores**. Presentados a principios de la década de 2010, los autocodificadores aportaron un enfoque nuevo a la representación de datos. Supusieron una evolución significativa en el **procesamiento del lenguaje natural (PLN)** y transformaron nuestra forma de concebir la codificación y descodificación de datos. Pero el impulso del PLN fue mucho más allá. A mediados de la década de 2010 entraron en escena los modelos **Seq2Seq**, que aportaron metodologías innovadoras para tareas como la traducción de idiomas. Estos modelos podían transformar hábilmente una forma de secuencia en otra, anunciando una era de procesamiento avanzado de secuencias.

Sin embargo, con el aumento de la complejidad de los datos, la comunidad del PLN necesitaba herramientas más sofisticadas. Esto llevó a la presentación en 2015 del **mecanismo de atención**. Esta elegante solución ofrecía a los modelos la posibilidad de concentrarse selectivamente en partes concretas de los datos de entrada, lo que les permitía gestionar secuencias más largas con mayor eficacia. Básicamente, permitía a los modelos sopesar la importancia de los distintos segmentos de datos, amplificando los relevantes y disminuyendo los menos pertinentes.

Partiendo de esta base, en 2017 surgió la arquitectura de los **transformadores**. Aprovechando al máximo las capacidades de los mecanismos de atención, los transformadores establecieron nuevas referencias en el PLN.

Estos avances culminaron con el desarrollo de los **grandes modelos de lenguaje (LLM)**. Entrenados con datos textuales amplios y diversos, los LLM podían comprender y generar expresiones lingüísticas humanas llenas de matices. Su destreza sin parangón quedó patente en sus aplicaciones generalizadas, desde el diagnóstico sanitario hasta la negociación algorítmica en finanzas.

En las secciones siguientes vamos a deshacer los entresijos de los autocodificadores, desde sus inicios hasta su papel primordial en los modelos secuenciales avanzados actuales. Prepárate para profundizar en los mecanismos, las aplicaciones y las evoluciones de estas herramientas transformadoras.

Autocodificadores

Los autocodificadores ocupan un nicho único en el panorama de las arquitecturas de redes neuronales, desempeñando un papel fundamental en la narrativa de modelos secuenciales avanzados. Un autocodificador está diseñado, básicamente, para crear una red en la que la salida refleja su entrada, lo que implica una compresión de los datos de entrada en una representación latente más sucinta y de menor dimensión.

La estructura de un autocodificador puede conceptualizarse como un proceso de doble fase: la fase de codificación y la fase de descodificación.

Observa el siguiente diagrama:

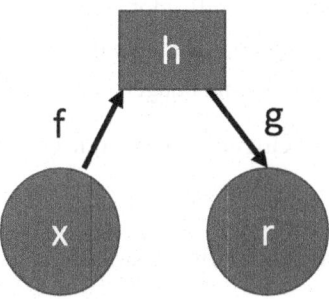

Figura 11.1: *Arquitectura del autocodificador.*

En este diagrama hacemos las siguientes suposiciones:

- x corresponde a los datos de entrada.

- h es la forma comprimida de nuestros datos.

- r denota la salida, una recreación o aproximación de x.

Podemos ver que las dos fases están representadas por f y g y se describen a continuación:

- **Codificación (f):** se describe matemáticamente como $h = f(x)$. En esta etapa, la entrada, representada como x, se transforma en una representación condensada y oculta etiquetada como h.

- **Descodificación (g):** durante esta fase, representada como $r = g(h)$, se desvela la h compactada, con el objetivo de reproducir la entrada inicial.

Al entrenar un autocodificador, el objetivo es perfeccionar la h, garantizando que contiene la esencia de los datos de entrada. Para lograr una h de alta calidad, nos aseguramos de que la salida recreada r refleje la x original con una pérdida mínima. El objetivo no es solo reproducir, sino también entrenar una h ágil y eficaz en esta tarea de reproducción.

Codificar un autocodificador

El conjunto de datos **MNIST (Modified National Institute of Standards and Technology)** es una reputada base de datos de dígitos manuscritos, compuesta por imágenes en escala de grises de 28 x 28 píxeles que representan números del 0 al 9. Ha sido muy utilizada como referencia para algoritmos de aprendizaje automático. Puedes encontrar más información y acceso a este conjunto de datos en el sitio web oficial del MNIST. Si deseas acceder al conjunto de datos, accede al repositorio oficial MNIST alojado por Yann LeCun: `yann.lecun.com/exdb/mnist/`. Ten en cuenta que necesitarás una cuenta para descargarlo.

En esta sección utilizaremos un autocodificador para reproducir estos dígitos manuscritos. La característica única de los autocodificadores es su mecanismo de entrenamiento: la entrada y la salida objetivo son la misma imagen. Veámoslo con detalle.

En primer lugar, está la **fase de entrenamiento**, que consta de los siguientes pasos:

1. Se proporcionan las imágenes MNIST al autocodificador.

2. El segmento codificador comprime estas imágenes en una representación latente condensada.

3. A continuación, el segmento descodificador intenta restaurar la imagen original a partir de esta representación. Al iterar sobre este proceso, el autocodificador

adquiere los matices de la compresión y la reconstrucción, capturando los patrones centrales de los dígitos manuscritos.

En segundo lugar, está la **fase de reconstrucción**:

1. Con el modelo entrenado, cuando lo alimentemos con nuevas imágenes de dígitos manuscritos, el autocodificador las codificará primero en su representación interna.

2. Después, la descodificación de esta representación dará lugar a una imagen reconstruida que, si el entrenamiento ha sido satisfactorio, debería ser muy parecida a la original.

El autocodificador, entrenado eficazmente en el conjunto de datos MNIST, se convierte en una potente herramienta para procesar y reconstruir imágenes de dígitos manuscritos.

Configurar el entorno

Antes de sumergirnos en el código, debemos importar las bibliotecas esenciales. TensorFlow será nuestra herramienta principal, pero para el manejo de datos, librerías como NumPy pueden ser fundamentales:

```
import tensorflow as tf
```

Preparar los datos

A continuación, dividiremos el conjunto de datos en segmentos de entrenamiento y de prueba y los normalizaremos:

```
# Cargar el conjunto de datos
(x_train, _), (x_test, _) = tf.keras.datasets.mnist.load_data()

# Normalizar los datos en el rango [0, 1]
x_train, x_test = x_train / 255.0, x_test / 255.0
```

La división entre 255.0 normaliza nuestros datos de imagen en escala de grises, un paso que optimiza el proceso de aprendizaje.

Arquitectura del modelo

Diseñar el autocodificador implica tomar decisiones sobre las capas, sus tamaños y las funciones de activación. Aquí el modelo viene definido con las clases Sequential y Dense de TensorFlow:

```
model = tf.keras.Sequential([
    tf.keras.layers.Flatten(input_shape=(28, 28)),
    tf.keras.layers.Dense(32, activation='relu'),
```

```
        tf.keras.layers.Dense(784, activation='sigmoid'),
        tf.keras.layers.Reshape((28, 28))
    ])
```

Al aplanar (*Flatten*) las imágenes de 28 x 28, obtenemos una matriz 1D de 784 elementos, de ahí la forma de entrada.

Compilación

Una vez definido el modelo, se compila con una función de pérdida y un optimizador específicos. Elegimos la entropía cruzada binaria por la naturaleza binaria de nuestras imágenes en escala de grises:

```
model.compile(loss='binary_crossentropy', optimizer='adam')
```

Entrenamiento

La fase de entrenamiento se inicia con el método fit. Con él, el modelo aprende los matices de los dígitos manuscritos del MNIST:

```
model.fit(x_train, x_train, epochs=10, batch_size=128,
          validation_data=(x_test, x_test))
```

Predicción

Con el modelo entrenado, las predicciones (tanto la codificación como la descodificación) pueden ejecutarse del siguiente modo:

```
encoded_data = model.predict(x_test)
decoded_data = model.predict(encoded_data)
```

Visualización

Seguidamente, comparamos visualmente las imágenes originales con sus homólogas reconstruidas. El siguiente script muestra un procedimiento de visualización para mostrar dos filas de imágenes:

```
n = 10 # número de imágenes para mostrar
plt.figure(figsize=(20, 4))
for i in range(n):
    # Imágenes originales
    ax = plt.subplot(2, n, i + 1)
    plt.imshow(x_test[i].reshape(28, 28) , cmap='gray')
```

```
ax.get_xaxis().set_visible(False)
ax.get_yaxis().set_visible(False)

# Imágenes reconstruidas
ax = plt.subplot(2, n, i + 1 + n)
plt.imshow(decoded_data[i].reshape(28, 28) , cmap='gray')
ax.get_xaxis().set_visible(False)
ax.get_yaxis().set_visible(False)


plt.show()
```

La siguiente imagen muestra las imágenes reconstruidas:

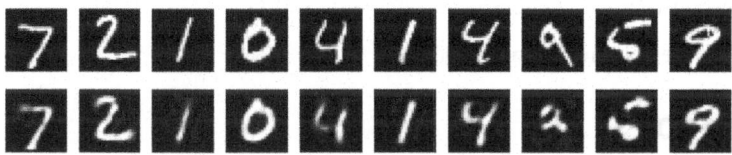

Figura 11.2: *Las imágenes de prueba originales (fila superior) y la posreconstrucción mediante el autocodificador (fila inferior).*

La fila superior presenta las imágenes de prueba originales, mientras que la inferior muestra las imágenes reconstruidas posteriormente por el autocodificador. Gracias a esta comparación, podemos discernir la eficacia de nuestro modelo a la hora de preservar las características intrínsecas de la entrada.

Veamos ahora los modelos Seq2Seq.

El modelo Seq2Seq

Una vez estudiados los autocodificadores, trataremos otra arquitectura innovadora en el ámbito de los modelos secuenciales avanzados: el modelo **Seq2Seq**. El modelo Seq2Seq, fundamental para muchas tareas de procesamiento del lenguaje natural de última generación, presenta una capacidad única: transformar una secuencia de entrada en una secuencia de salida de diferente longitud. Esta flexibilidad le permite destacar en retos como la traducción automática, donde las frases de origen y destino pueden diferir naturalmente de tamaño.

Observa la figura 11.3, donde se muestran los componentes básicos de un modelo Seq2Seq:

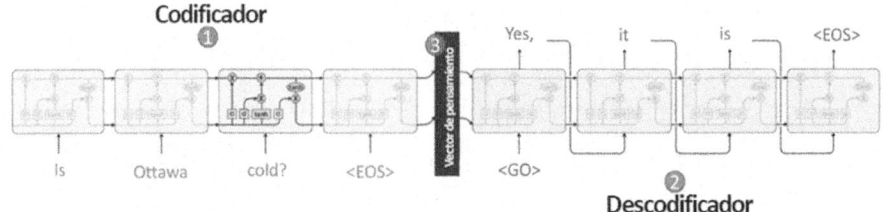

Figura 11.3: *Ilustración de la arquitectura del modelo Seq2Seq.*

A grandes rasgos, consta de tres elementos principales:

- **Codificador:** procesa la secuencia de entrada.
- **Vector de pensamiento:** puente entre el codificador y el descodificador.
- **Descodificador:** genera la secuencia de salida.

Veamos estos tres elementos por separado.

Codificador

El codificador se muestra como **1** en la figura 11.3. Como podemos observar, se trata de una **Red Neuronal Recurrente (RNN)** de entrada que procesa la secuencia de entrada. La frase de entrada en este caso es una frase de tres palabras: *"Is Ottawa cold?"*, que puede ser representada como:

$$X = \{x^{<1>}, x^{<2>}, \ldots \ldots, x^{<L1>}\}$$

El codificador recorre esta secuencia hasta que encuentra un token de fin de frase o **End-Of-Sentence (<EOS>)**, que indica el final de la entrada. Este token se situará en el instante de tiempo *L1*.

Vector de pensamiento

A lo largo de la fase de codificación, la RNN actualiza su estado oculto, representado por $h^{<t>}$. El estado oculto final, capturado al final de la secuencia $h^{<L1>}$, se transmite al descodificador. Este estado final se denomina **vector de pensamiento**, denominación acuñada por Geoffrey Hinton en 2015. Esta representación compacta captura la esencia de la secuencia de entrada. El vector de pensamiento se muestra como **3** en la figura 11.3.

Descodificador o escritor

Una vez finalizado el proceso de codificación, una señal <GO> indica al descodificador que puede empezar. Utilizando el estado oculto final $h^{<L1>}$ del codificador como entrada inicial, el descodificador, una RNN de salida, comienza a construir la secuencia de salida, $Y = \{y^{<1>}, y^{<2>}, \ldots \ldots, y^{<L2>}\}$. Si observamos la figura 11.3, esta secuencia de salida se traduce en la frase *"Yes, it is"*.

Tokens especiales en Seq2Seq

Aunque <EOS> y <GO> son tokens esenciales dentro del paradigma Seq2Seq, existen otros que merece la pena destacar:

- <UNK>: este token significa "desconocido" o "*unknown*" y sustituye las palabras poco frecuentes para que el vocabulario siga siendo manejable.

- <PAD>: se utiliza para rellenar secuencias más cortas. Estandariza la longitud de las secuencias durante el entrenamiento, mejorando la eficacia del modelo.

Una característica destacada del modelo Seq2Seq es su capacidad para manejar secuencias de longitud variable, lo que significa que las secuencias de entrada y salida pueden diferir intrínsecamente en tamaño. Esta flexibilidad, combinada con su naturaleza secuencial, convierte los Seq2Seq en una arquitectura fundamental en el panorama del modelado avanzado, sirviendo de puente desde los autocodificadores hasta los sistemas de procesamiento secuencial más complejos y matizados.

Tras recorrer los pilares básicos de los autocodificadores y profundizar en los modelos Seq2Seq, llega el momento de conocer las limitaciones del framework codificador-descodificador.

El dilema del cuello de botella de información

Como ya sabemos, el núcleo de los modelos Seq2Seq tradicionales es el vector de pensamiento, $h^{<L1>}$. Se trata del último estado oculto del codificador, que sirve de puente hacia el descodificador. Este vector se encarga de encapsular la totalidad de la secuencia de entrada, X. La simplicidad de este mecanismo es, a la vez, su punto fuerte y su punto débil. Esta debilidad se acentúa cuando las secuencias se hacen más largas, pues comprimir grandes cantidades de información en una representación de tamaño fijo se hace cada vez más difícil. Es lo que se denomina el **cuello de botella de información**. Independientemente de la riqueza o complejidad de la entrada, la restricción de memoria de longitud fija significa que sólo se puede transmitir una cantidad limitada del codificador al descodificador.

Para saber cómo se ha abordado este problema, tenemos que dejar los modelos Seq2Seq y fijaros en el mecanismo de atención.

El mecanismo de atención

Tras los retos planteados por la memoria de longitud fija en los modelos Seq2Seq tradicionales, 2014 marcó un revolucionario paso adelante. Dzmitry Bahdanau, KyungHyun Cho y Yoshua Bengio propusieron una solución transformadora: el

mecanismo de atención. A diferencia de modelos anteriores que intentaban (a menudo en vano) condensar secuencias enteras en espacios de memoria limitados, los mecanismos de atención permitieron a los modelos centrarse en partes específicas y relevantes de la secuencia de entrada. Imagínatelo como una lupa aplicada solo sobre los datos más importantes en cada etapa de la descodificación.

¿Qué es la atención en las redes neuronales?

La atención se encuentra allí donde ponemos el foco. En el ámbito del PLN y, en particular, en el entrenamiento de los LLM, la atención ha adquirido una importancia significativa. Tradicionalmente, las redes neuronales procesaban los datos de entrada en una secuencia fija, perdiendo potencialmente la relevancia del contexto. La atención es un mecanismo que pondera la importancia de los distintos datos de entrada centrándose en lo que es relevante.

La idea básica

Al igual que los humanos prestan más atención a las partes más destacadas de una imagen o un texto, los mecanismos de atención permiten a los modelos neuronales centrarse en las partes más relevantes de los datos de entrada. Indica al modelo dónde debe "mirar" a continuación.

Ejemplo

Inspirado por mi reciente viaje a Egipto, que viví como un viaje en el tiempo, piensa en el lenguaje expresivo y simbólico del antiguo Egipto: los jeroglíficos.

Los jeroglíficos eran mucho más que meros símbolos: eran una complicada fusión de arte y lenguaje, que representaban significados polifacéticos. Este sistema, con su amplia gama de símbolos, ejemplifica los principios fundamentales de los mecanismos de atención en las redes neuronales.

Figura 11.4: *Las pirámides más importantes de Giza, Khufu y Khafre, acompañadas de inscripciones en la antigua escritura egipcia, los "jeroglíficos" (fotografías tomadas por el autor).*

Por ejemplo, un escriba egipcio desea transmitir la noticia sobre una gran fiesta que se celebrará junto al Nilo. Algunos de los miles de jeroglíficos disponibles son estos:

- ☥ El jeroglífico *Ankh*, que simboliza la vida, refleja la vitalidad y el espíritu festivo de la celebración.

- ⌇ El símbolo *Was*, parecido a un bastón, alude a la autoridad o al papel central del faraón en las celebraciones.

- ≋ Una ilustración del *Nilo*, elemento central de la cultura egipcia, señala el lugar de celebración del festival.

Sin embargo, para comunicar la grandeza y la importancia del festival, no todos los símbolos tendrían el mismo peso. El escriba debía enfatizar o repetir determinados jeroglíficos para llamar la atención sobre los aspectos más importantes del mensaje.

Este énfasis selectivo es paralelo a los mecanismos de atención de las redes neuronales.

Los tres aspectos clave de los mecanismos de atención

En las redes neuronales, especialmente en las tareas de PLN, los mecanismos de atención desempeñan un papel crucial a la hora de filtrar la información relevante y centrarse en ella. Vamos a separar las características esenciales de la atención en tres componentes principales: relevancia contextual, eficacia del símbolo y enfoque prioritario:

- **Relevancia contextual:**

    - **Visión general:** el principal objetivo de la atención es dar más importancia a aquellas partes de los datos de entrada que se consideran más relevantes para la tarea que se está realizando.

    - **En profundidad:** tomemos una entrada sencilla como "*El gran festival del Nilo*". En este contexto, los mecanismos de atención pueden asignar mayor peso a las palabras "*Nilo*" y "*gran*", no por su significado general, sino por su importancia específica. En lugar de tratar cada palabra o entrada con una importancia uniforme, la atención diferencia y ajusta el enfoque del modelo en función del contexto.

    - **A la práctica:** piensa en ello como si fuera un foco. Del mismo modo que un foco en un escenario ilumina a determinados actores en momentos importantes y los oscurece en otros, la atención ilumina datos de entrada específicos que tienen más valor contextual.

- **Eficacia del símbolo:**

  - **Visión general:** la capacidad de atención para condensar grandes cantidades de información en segmentos digeribles y críticos.

  - **En profundidad:** los jeroglíficos pueden encapsular narraciones o ideas complejas en símbolos individuales. De forma análoga, los mecanismos de atención, mediante la asignación de ponderaciones variadas, pueden determinar qué segmentos de los datos contienen la máxima información y deben procesarse preferentemente.

  - **A la práctica:** piensa en la compresión de un documento extenso en un resumen conciso. El resumen retiene solo la información más importante, reflejando la función de los mecanismos de atención que extraen y priorizan los datos más pertinentes de una entrada más amplia.

- **Enfoque prioritario:**

  - **Visión general:** los mecanismos de atención no distribuyen su foco de manera uniforme. Están diseñados para priorizar segmentos de datos de entrada en función de su relevancia percibida para cada tarea.

  - **En profundidad:** inspirándonos en nuestro ejemplo del jeroglífico, al igual que un escriba egipcio podría hacer hincapié en el símbolo "*Ankh*" cuando quisiera transmitir la idea de vida o celebración, los mecanismos de atención ajustarán su enfoque (o ponderaciones) a partes específicas de la entrada que sean más relevantes.

  - **A la práctica:** es como leer un trabajo de investigación. Aunque todo el documento tiene valor, uno podría centrarse más en el resumen, la conclusión o los datos específicos que se ajustan a sus necesidades de investigación actuales.

Así pues, el mecanismo de atención de las redes neuronales emula el enfoque selectivo que los humanos emplean de forma natural al procesar la información. Al comprender los matices de cómo la atención prioriza y procesa los datos, podemos diseñar e interpretar mejor los modelos neuronales.

Sumergirse en los mecanismos de atención

Los mecanismos de atención pueden considerarse una forma evolucionada de comunicación, como lo eran los jeroglíficos en la antigüedad. Tradicionalmente, un codificador intentaba destilar toda una secuencia de entrada en un estado oculto encapsulador, como cuando un escriba egipcio intentaba transmitir todo un acontecimiento mediante un solo jeroglífico. Aunque es posible, es difícil y puede que no capte toda la esencia del acontecimiento.

Actualmente, con el enfoque codificador-descodificador mejorado, tenemos el lujo de generar un estado oculto para cada paso, ofreciendo un tapiz más rico de datos para el descodificador. Pero hacer referencia a todos los jeroglíficos (o estados) a la vez sería caótico, como si un escriba tratara de utilizar todos los símbolos disponibles para describir un acontecimiento junto al Nilo. Pues ahí es donde entra en juego la atención.

La atención permite al descodificador establecer prioridades. Al igual que un escriba puede centrarse en el jeroglífico "*Ankh*" para referirse a la vida y la vitalidad, o en el bastón "*Was*" para representar el poder o, incluso, utilizar el propio Nilo para indicar una ubicación, el descodificador asigna un peso variable a cada estado del codificador. Este decide qué partes de la secuencia de entrada (o qué jeroglíficos) merecen más énfasis. Usando nuestro ejemplo de traducción, al convertir "*Transformers are great!*" en "*Transfiormatoren sind grossartig!*", el mecanismo enfatiza la alineación de "*great*" con "*grossartig*", garantizando que el sentimiento central permanezca intacto.

Este enfoque selectivo, ya sea en los mecanismos de atención de las redes neuronales o en la narración jeroglífica, garantiza la precisión y claridad del mensaje transmitido.

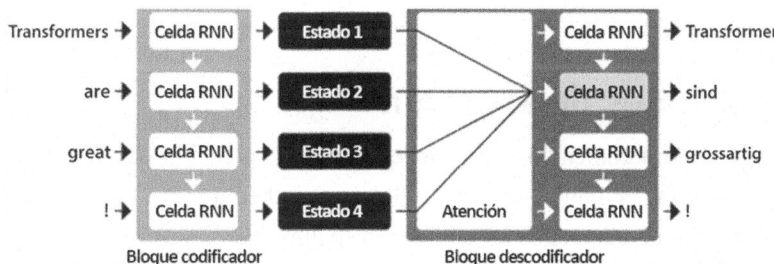

Figura 11.5: *RNN que emplean una estructura codificador-descodificador mejorada con un mecanismo de atención.*

Los retos de los mecanismos de atención

Aunque la incorporación de la atención en las RNN ofrece mejoras notables, no es una fórmula milagrosa. Un obstáculo importante es el coste computacional. El acto de transferir múltiples estados ocultos del codificador al descodificador exige una potencia de procesamiento considerable.

Sin embargo, como ocurre con todos los avances tecnológicos, continuamente surgen soluciones. Uno de estos avances es la introducción de la **autoatención**, piedra angular de las arquitecturas de los transformadores. Esta variante innovadora perfecciona el proceso de atención, haciéndolo más eficaz y escalable.

Profundizar en la autoatención

Consideremos de nuevo el antiguo arte de los jeroglíficos, donde los símbolos se elegían intencionadamente para transmitir mensajes complejos. La autoatención funciona de manera similar, determinando qué partes de una secuencia son vitales y deben enfatizarse.

La figura 11.6 ilustra la belleza de integrar la autoatención en los modelos secuenciales. Piensa en la capa inferior, agitada con RNN bidireccionales, como los pilares de una pirámide. Estos generan lo que llamamos un **vector de contexto (c2)**, un resumen, como lo haría un jeroglífico para un acontecimiento.

Cada paso o palabra de una secuencia tiene su **ponderación**, simbolizada como α. Estas ponderaciones interactúan con el vector de contexto, destacando la importancia de unos elementos sobre otros.

Piensa en un escenario en el que la entrada X_k representa una frase única, representada como k, que abarca una longitud de $L1$. Dicho escenario puede expresarse matemáticamente del siguiente modo:

$$X_k = \{X_k^{<1>}, X_k^{<2>}, ..., X_k^{<L1>}\}$$

Aquí, cada elemento $X_k^{<t>}$ representa una palabra o token de la frase k: el superíndice $<t>$ indica su posición específica o instante de tiempo dentro de esa frase.

Ponderaciones de atención

En el ámbito de la autoatención, las ponderaciones de atención desempeñan un papel fundamental, ya que actúan como una brújula que indica qué palabras son esenciales. Dichas ponderaciones asignan una "puntuación de importancia" a cada palabra al generar el vector de contexto.

Para ponerlo en perspectiva, consideremos nuestro ejemplo de traducción anterior: *"Transformers are great!"* traducido como *"Transformatoren sind grossartig!"*. Si nos centramos en la palabra *"Transformers"*, las ponderaciones de atención podrían desglosarse del siguiente modo:

- $\alpha_{2,1}$: mide la relación entre *"Transformers"* y el principio de la frase. Un valor alto indica que esta palabra depende en gran medida del principio de la frase para su contexto.

- $\alpha_{2,2}$: refleja cuánto enfatiza *"Transformers"* su significado inherente.

- $\alpha_{2,3}$ y $\alpha_{2,4}$: ponderan cuánto *"Transformers"* toma en contexto las palabras *"are"* y *"great!"*, respectivamente. En este caso, las puntuaciones altas significan que

"Transformers" está profundamente influenciado por estas palabras que le rodean.

Durante el entrenamiento, estas ponderaciones de atención se ajustan y afinan constantemente. Este perfeccionamiento continuo garantiza que nuestro modelo comprenda la complicada danza entre las palabras de una frase, captando tanto las conexiones explícitas como las sutiles.

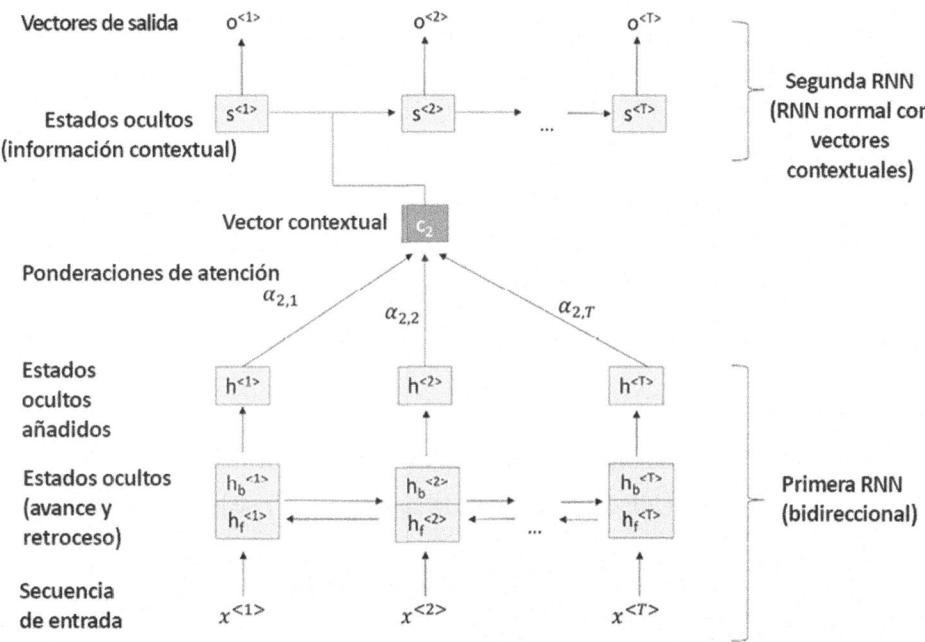

Figura 11.6: *Integración de la autoatención en modelos secuenciales.*

Antes de profundizar en los mecanismos de autoatención, es muy importante comprender las piezas clave que aparecen en la figura 11.6.

Codificador: RNN bidireccionales

En el capítulo anterior conocimos los principales componentes arquitectónicos de las RNN unidireccionales y sus variantes. Las **RNN bidireccionales** se inventaron para dar respuesta a esa necesidad (Schuster y Paliwal, 1997). También identificamos una deficiencia en las RNN unidireccionales, ya que solo son capaces de llevar el contexto en una dirección.

En una secuencia de entrada, llamémosla X, la RNN bidireccional la lee primero desde el principio hasta el final y luego, desde el final hasta el principio. Este doble enfoque ayuda a captar información basada en elementos anteriores y posteriores. Para cada instante de tiempo, obtenemos dos estados ocultos: $h_f^{<t>}$ para el avance y $h_b^{<t>}$ para el retroceso. Estos estados se fusionan en uno solo para ese instante de tiempo, que está representado por:

$$h^{<t>} = h_f^{<t>} \mid h_b^{<t>}$$

Por ejemplo, si $h_f^{<t2>}$ y $h_b^{<t2>}$ son vectores de 64 dimensiones, la $h^{<t2>}$ resultante tiene 128 dimensiones.

Este estado combinado es una representación detallada del contexto de la secuencia desde ambas direcciones.

Vector de pensamiento

El vector de pensamiento, simbolizado aquí como C_k, es una representación de la entrada X_k. Como ya sabemos, su creación es un intento de capturar los patrones de secuenciación, el contexto y el estado de cada elemento en X_k.

En el diagrama anterior, este vector se define del siguiente modo:

$$C_k = (\alpha_k^{<1>}h^{<1>} + \alpha_k^{<2>}h^{<2>} + \cdots \alpha_k^{<L1>}h^{<L1>})$$

donde $\alpha_k^{<t>}$ son las ponderaciones de atención para el instante de tiempo t que se ajustan durante el entrenamiento. Utilizando la notación sumatoria, se puede expresar como:

$$C_k = \sum_{t=1}^{L1} \alpha_k^{<t>}h^{<t>}$$

Descodificador: RNN normales

La figura 11.5 muestra el descodificador conectado al codificador a través del vector de pensamiento. La salida del descodificador para una determinada frase k está representada por:

$$O_k = \{o_k^{<1>}, o_k^{<1>}, \ldots, o_k^{<L2>}\}$$

Observa que la salida tiene una longitud de $L2$, que es distinta a la longitud de la secuencia de entrada, que era $L1$.

Entrenamiento *versus* inferencia

En los datos de entrenamiento para una determinada secuencia de entrada k, tenemos el vector de salida previsto que representa la verdad fundamental, la cual está representada por un vector Y_k:

$$Y_k = \{y_k^{<1>}, y_k^{<1>}, \ldots, y_k^{<L2>}\}$$

En cada instante de tiempo, la RNN del descodificador recibe tres entradas:

- $s_k^{<t-1>}$: el estado oculto anterior

- C_k: el vector de pensamiento para la secuencia k

- $y_k^{<t-1>}$: La palabra anterior en el vector de verdad fundamental Y_k

Sin embargo, durante la inferencia, como no se dispone de una verdad fundamental previa, la RNN del descodificador utiliza en su lugar la palabra de salida anterior, $o_k^{<t-1>}$.

Ahora que ya sabemos cómo aborda la autoatención los retos a los que se enfrentan los mecanismos de atención y las operaciones básicas que implica, podemos centrarnos en el siguiente gran avance en el modelado secuencial: los transformadores.

Transformadores: la evolución en las redes neuronales tras la autoatención

Hemos visto que la autoatención muestra su poderosa capacidad para reinterpretar datos de secuencias, dotando a cada palabra de una comprensión contextual basada en sus relaciones con otras palabras. Este principio sentó las bases para un salto evolutivo en los diseños de redes neuronales: la arquitectura de **transformadores**.

Presentada por el equipo de Google Brain en su artículo de 2017, *Attention is All You Need* (https://arxiv.org/abs/1706.03762), la arquitectura de transformadores se basa en la propia esencia de la autoatención. Antes de su aparición, las RNN eran las más utilizadas. Piensa en las RNN como si fueran diligentes bibliotecarias que leen una frase en inglés para traducirla al alemán, palabra por palabra, asegurándose de que el contexto se transmite de una palabra a la siguiente. Son fiables para textos cortos, pero pueden equivocarse cuando las frases son demasiado largas, perdiendo la esencia de las palabras anteriores.

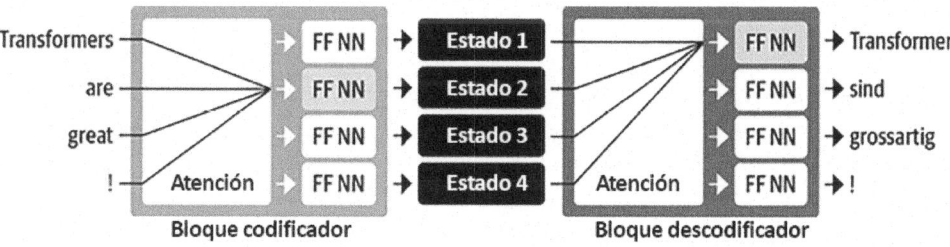

Figura 11.7: *Arquitectura codificador-descodificador del transformador original.*

Los transformadores son un nuevo enfoque para los datos secuenciales. En lugar de una progresión lineal, palabra por palabra, los transformadores, armados con avanzados mecanismos de atención, comprenden una secuencia entera de un solo vistazo. Es como captar al instante el sentimiento de todo un párrafo en lugar de ir descifrándolo palabra por palabra. Esta visión holística garantiza una comprensión más rica y completa, celebrando la interacción llena de matices entre las palabras.

La autoatención es fundamental para la eficacia del transformador. Aunque ya hemos hablado de ello en la sección anterior, merece la pena destacar su importancia. Cada capa de la red, a través de la autoatención, puede repercutir con todas las demás partes de los datos de entrada. Como se muestra en la figura 11.7, la arquitectura de transformadores emplea la autoatención tanto para sus segmentos de codificación como de descodificación, que luego se alimentan de redes neuronales (también conocidas como **redes neuronales prealimentadas** o *feedforward* (**FFNN**)). Además de ser más entrenable, esta configuración ha catalizado muchos de los avances recientes en PLN.

Para ilustrarlo, haremos referencia al libro *Historia de Egipto: Un apasionante repaso a la historia de Egipto*, de Billy Wellman. En él, las relaciones entre los primeros faraones, como Ramsés y Cleopatra, y la construcción de pirámides son vastas y complejas. Los modelos tradicionales podrían equivocarse con un contenido tan amplio.

Por qué destacan los transformadores

La arquitectura de transformadores, con su mecanismo de autoatención, se perfila como una solución prometedora. Cuando se encuentra con un término como "*pirámides*", el modelo, mediante la autoatención, puede evaluar su relevancia con términos como "*Ramsés*" o "*Cleopatra*", independientemente de su posición. Esta capacidad de atender a varias partes de la entrada demuestra por qué los transformadores son fundamentales en la PLN moderna.

Código Python desglosado

Esta es una versión simplificada de cómo puede aplicarse el mecanismo de autoatención:

```python
import numpy as np


def self_attention(Q, K, V):
    """
    Q: Query matrix
    K: Key matrix
    V: Value matrix
    """
```

```
# Calcula las ponderaciones de atención
attention_weights = np.matmul(Q, K.T)


# Aplica la función softmax para obtener probabilidades
attention_probs = np.exp(attention_weights) / np.sum(np.exp(attention_
weights), axis=1, keepdims=True)

# Multiplica las probabilidades con la matriz de valores para obtener la salida
output = np.matmul(attention_probs, V)
return output
# Ejemplo
Q = np.array([[1, 0, 1], [0, 2, 0], [1, 1, 0]]) # Ejemplo Query
K = np.array([[1, 0, 1], [0, 2, 0], [1, 1, 0]]) # Matriz de claves
V = np.array([[0, 2, 0], [1, 0, 1], [0, 1, 2]]) # Matriz de valores
output = self_attention(Q, K, V)
print(output)
```

Salida:

```
[[0.09003057 1.57521038 0.57948752]
 [0.86681333 0.14906291 1.10143419]
 [0.4223188  0.73304361 1.26695639]]
```

Este código es una representación básica, y el modelo de transformador real utiliza un enfoque más optimizado y detallado, especialmente cuando se escala para secuencias más grandes. Pero la esencia es la ponderación dinámica de las distintas palabras de la secuencia, que permite al modelo incorporar la comprensión contextual.

Descripción del resultado

- La primera fila, [0.09003057 1.57521038 0.57948752], corresponde a la combinación ponderada de la matriz V para la primera palabra de la consulta (en este caso, representada por la primera fila de la matriz Q). Esto significa que, cuando nuestro modelo encuentre la palabra representada por esta consulta, se centrará un 9 % en la primera palabra de la matriz V, un 57.5 % en la segunda y un 57.9 % en la tercera para derivar la comprensión contextual.

- La segunda fila, [0.86681333 0.14906291 1.10143419], es el resultado de la atención para la segunda palabra de la consulta. Se centra un 86.6 % en la primera palabra de la matriz V, un 14.9 % en la segunda y un 110.1 % en la tercera.

- La tercera fila, [0.4223188 0.73304361 1.26695639], corresponde a la tercera palabra de la consulta. Tiene ponderaciones de atención del 42.2 %, 73.3 % y 126.7 %, respectivamente, para las palabras de la matriz V.

Una vez revisados los transformadores, su lugar en el modelado secuencial, su código y su resultado, podemos pasar al siguiente gran avance en el PLN. Hablemos de los LLM.

Los LLM

Los **LLM** son el siguiente paso evolutivo después de los transformadores en el mundo del PLN. No son solo modelos antiguos mejorados, sino que representan un salto cualitativo. Estos modelos pueden manejar grandes cantidades de datos de texto y realizar tareas que antes se consideraban reservadas a las mentes humanas.

En pocas palabras, los LLM pueden producir textos, responder preguntas e, incluso, programar. Imagínate chatear con un programa informático y que este responda como un ser humano, captando sutiles insinuaciones y recordando partes anteriores de la conversación. Eso es lo que ofrecen los LLM.

Los **modelos lingüísticos (LM)** siempre han sido la columna vertebral del PLN, ya que ayudan en tareas que van desde la traducción automática hasta otras más modernas como la clasificación de textos. Mientras que los primeros LM se basaban en RNN y **estructuras de memoria a largo plazo (LSTM)**, los logros actuales en PLN se deben principalmente a técnicas de aprendizaje profundo, especialmente en los transformadores.

¿Que cuál es el sello distintivo de los LLM? Su capacidad para leer y aprender de grandes cantidades de texto. El entrenamiento desde cero es una tarea ardua, que requiere ordenadores potentes y mucho tiempo. Dependiendo de factores como el tamaño del modelo y la cantidad de datos de entrenamiento —por ejemplo, de fuentes enormes como Wikipedia o el conjunto de datos Common Crawl—, el entrenamiento de un LLM puede llevar semanas o, incluso, meses.

El tratamiento de secuencias largas es un reto para los LLM. Los modelos anteriores, basados en RNN y LSTM, ya se enfrentaban a problemas con secuencias largas, pero solían perder detalles fundamentales, lo que dificultaba su rendimiento. Y aquí es donde empieza a entrar en juego la atención. Los mecanismos de atención actúan como una antorcha, iluminando secciones esenciales en entradas largas. Por ejemplo, en un texto sobre avances automovilísticos, la atención hace que el modelo reconozca y se centre en los principales avances, independientemente de dónde aparezcan en el texto.

La atención en los LLM

Los mecanismos de atención se han convertido en fundamentales en el ámbito de las redes neuronales, sobre todo en los LLM. Entrenar estos modelos gigantescos, cargados con millones o, incluso, miles de millones de parámetros, no es coser y cantar. En el fondo, los mecanismos de atención son como rotuladores que subrayan los detalles clave. Por ejemplo, al procesar un texto extenso sobre la evolución del PLN, los LLM pueden entender el tema general, pero la atención garantiza que no se pierdan los objetivos importantes. Los transformadores utilizan esta característica de atención para ayudar a los LLM a manejar grandes extensiones de texto y garantizar la coherencia contextual.

Para los LLM, el contexto lo es todo. Por ejemplo, si un LLM crea una historia que empieza con un gato, la atención garantiza que, a medida que se desarrolla el cuento, este contexto se mantenga. Así, en lugar de hablar de sonidos sin sentido como "ladridos", la historia se inclinaría naturalmente hacia "ronroneos" o "maullidos".

El entrenamiento de un LLM se asemeja al funcionamiento continuo de un superordenador durante meses, exclusivamente para procesar ingentes cantidades de texto. Y cuando se termina el entrenamiento inicial, esto solo acaba de empezar. Piensa que es como tener un vehículo de gama alta: necesita un mantenimiento periódico. Del mismo modo, los LLM necesitan actualizaciones y mejoras frecuentes basadas en nuevos datos.

Incluso después de entrenar un LLM, el trabajo no ha terminado. Para que estos modelos sean eficientes, deben seguir aprendiendo. Imagina que estás enseñando a alguien las reglas gramaticales del inglés y, más adelante, añades jerga o modismos: esa persona deberá adaptarse a esas irregularidades para comprenderlas.

Entre 2017 y 2018 se produjo un cambio notable en el panorama de los LLM. Algunas empresas, como OpenAI, empezaron a aprovechar el preentrenamiento no supervisado, preparando el terreno para modelos más simplificados para tareas, como el análisis de sentimientos.

Conocer los motores del PLN: GPT y BERT

El **ajuste del modelo de idioma universal** (**ULMFiT**, del inglés *Universal Language Model Fine-Tuning*) sentó las bases de una nueva era en el PLN. Este método fue pionero en la reutilización de modelos LSTM preentrenados, adaptándolos a una gran variedad de tareas de PLN, lo que permitía ahorrar tanto recursos computacionales como tiempo. Veamos paso a paso este proceso:

1. **Preentrenamiento:** es como enseñar a un niño las nociones básicas de un idioma. Utilizando extensos conjuntos de datos como Wikipedia, el modelo

aprende las estructuras fundamentales y la gramática de la lengua. Imagínatelo como proporcionar a un estudiante libros de texto de cultura general.

2. **Adaptación al dominio:** a continuación, el modelo entra en ámbitos o géneros especializados. Si el primer paso consiste en aprender gramática, en este es como presentar al modelo diferentes géneros literarios, desde *thrillers* hasta revistas científicas. Sigue prediciendo palabras, pero ahora dentro de contextos específicos.

3. **Ajuste:** por último, el modelo se perfecciona para tareas específicas, como la detección de emociones o sentimientos en un texto determinado. Esto es comparable a formar a un estudiante para que escriba ensayos o analice textos en profundidad.

Los pioneros del LLM de 2018: GPT y BERT

En 2018 surgieron dos modelos destacados: GPT y BERT. Veámoslos con más detalle.

Transformador generativo preentrenado (GPT)

Inspirado en ULMFiT, GPT (del inglés *Generative Pre-trained Transformer*) es un modelo que se ubica en el lado del descodificador en la arquitectura de transformadores. Piensa en la inmensidad de la literatura humana. Si los modelos tradicionales se entrenan con un conjunto fijo de libros, el GPT es como dar a un académico acceso a toda una biblioteca, incluido el BookCorpus, un rico conjunto de datos con diversos libros inéditos. Esto permite al GPT extraer ideas de géneros que van desde la ficción a la historia.

He aquí una analogía: los modelos tradicionales pueden conocer los argumentos de las obras de Shakespeare. El GPT, con su amplio aprendizaje, comprendería no solo las tramas, sino también el contexto cultural, los matices de los personajes y la evolución del estilo de escritura de Shakespeare a lo largo del tiempo.

Su enfoque en el descodificador convierte al GPT en un maestro de la generación de textos tanto adecuados como coherentes, como un autor experimentado que escribe una novela.

BERT (Representación codificadora bidireccional a partir de transformadores)

BERT (del inglés *Bidirectional Encoder Representations from Transformers*) renovó el modelado lingüístico tradicional con su técnica de "modelado lingüístico enmascarado". A diferencia de los modelos que se limitan a predecir la siguiente palabra de una frase, BERT rellena intencionadamente las palabras en blanco o "enmascaradas", lo que mejora su comprensión contextual.

Pongámoslo en perspectiva. En una frase como *"She went to Paris to visit the _"*, los modelos convencionales podrían predecir palabras que encajarían después de *"the"*, por ejemplo, *"museum"*. BERT, ante la frase *"She went to Paris to visit the masked"*, trataría de deducir que *"masked"* podría sustituirse por *"Torre Eiffel"*, sin entender el contexto más amplio de un viaje a París.

El enfoque de BERT ofrece una visión más completa del lenguaje, captando la esencia de las palabras en función de lo que las precede y las sigue, lo que eleva su destreza en la comprensión del lenguaje.

La clave del éxito a la hora de formar un LLM reside en combinar arquitecturas de aprendizaje "profundo" y "amplio". Piensa en la parte "profunda" como si fuera un especialista en un tema, mientras que el enfoque "amplio" es como un "chico para todo", que sabe un poco de todo.

Uso de modelos profundos y amplios para crear LLM potentes

Los LLM están diseñados para destacar en una tarea específica: predecir la siguiente palabra de una secuencia. Esto puede parecer sencillo a primera vista, pero, para conseguirlo con gran precisión, los modelos suelen inspirarse en ciertos aspectos del aprendizaje humano.

El cerebro humano, una maravilla de la naturaleza, procesa la información reconociendo y abstrayendo patrones comunes del entorno que le rodea. Además de esta comprensión básica, los humanos mejoran sus conocimientos memorizando casos específicos o excepciones que no encajan en los patrones habituales. Piensa en ello como si conociera una regla y, posteriormente, aprendiera los valores atípicos de dicha regla.

Para dotar a las máquinas de este enfoque de aprendizaje dual, necesitamos arquitecturas de aprendizaje automático bien diseñadas. Un método rudimentario podría consistir en entrenar modelos únicamente a partir de patrones generalizados, dejando de lado las excepciones. Sin embargo, para destacar de verdad, sobre todo en tareas como la predicción de la siguiente palabra, los modelos deben ser expertos en captar tanto los patrones comunes como las excepciones únicas que puntúan una lengua.

Aunque los LLM no están diseñados para emular por completo la inteligencia humana (que es polifacética y no solo se dedica a predecir secuencias), sí toman prestadas estrategias de aprendizaje humanas para llegar a ser competentes en tareas específicas.

Los LLM están diseñados para comprender y generar lenguaje mediante la detección de patrones en grandes cantidades de datos de texto. Piensa en las siguientes normas lingüísticas básicas:

1. Los jeroglíficos del antiguo Egipto son un ejemplo fascinante. En este primitivo sistema de escritura, un símbolo podía representar una palabra, un sonido o, incluso, un concepto. Por ejemplo, mientras que un único jeroglífico podría representar la palabra "*río*", una combinación de jeroglíficos podría transmitir un significado más profundo como "*el río Nilo que da la vida*".

2. Ahora, piensa en cómo se forman las preguntas. En inglés, suelen comenzar con verbos auxiliares. Sin embargo, las preguntas indirectas, como "*I wonder if the Nile will flood this year*", se apartan de este patrón convencional.

Para predecir con eficacia la siguiente palabra o frase de una secuencia, los LLM deben dominar tanto las normas lingüísticas predominantes como sus valores atípicos ocasionales.

Otros datos

La combinación de modelos profundos y amplios (figura 11.8) mejora el rendimiento de los modelos en una amplia gama de tareas. Los modelos profundos se caracterizan por tener muchas capas ocultas y son expertos en aprender relaciones complejas entre la entrada y la salida.

En cambio, los modelos amplios están diseñados para aprender patrones sencillos en los datos. Gracias a la combinación de ambos modelos, es posible captar tanto las relaciones complejas como los patrones simples, lo que da lugar a modelos más sólidos y flexibles.

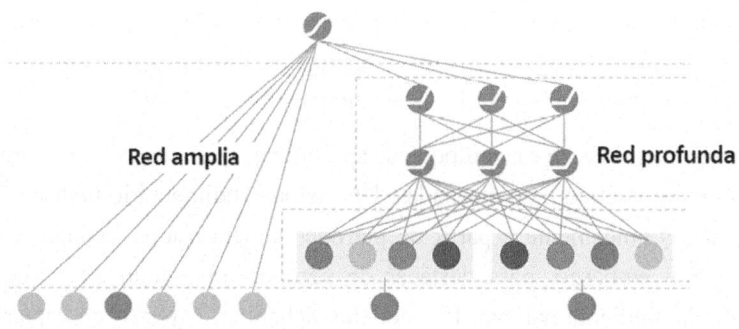

Figura 11.8: *Arquitectura de los modelos profundos y amplios.*

Incorporar excepciones al proceso de entrenamiento es crucial para una mejor generalización de los modelos hacia datos nuevos y desconocidos. Por ejemplo, un modelo lingüístico entrenado solo con datos que incluyen un significado de una palabra puede tener dificultades para reconocer otros significados cuando los encuentra en datos nuevos. Al incorporar excepciones, el modelo puede aprender a reconocer múltiples significados de una palabra, lo que puede mejorar su rendimiento en diversas tareas de PLN.

Las arquitecturas profundas suelen utilizarse para tareas que requieren el aprendizaje de representaciones abstractas jerárquicas y complejas de los datos. Las características que presentan patrones generalizables se denominan características densas. Cuando utilizamos arquitecturas profundas para formular las reglas, lo llamamos aprendizaje por generalización. Para construir una red amplia y profunda, conectamos las características dispersas directamente al nodo de salida.

En el campo del aprendizaje automático, la combinación de modelos profundos y amplios ha sido identificada como un enfoque importante para construir modelos más flexibles y robustos que puedan capturar tanto relaciones complejas como patrones simples en los datos. Los modelos profundos destacan en el aprendizaje de representaciones abstractas jerárquicas y complejas de datos, al tener muchas capas ocultas, donde cada capa procesa los datos y aprende diferentes características en distintos niveles de abstracción. En cambio, los modelos amplios tienen un número mínimo de capas ocultas y suelen utilizarse para tareas que requieren aprender relaciones simples y no lineales en los datos sin crear ninguna capa de abstracción.

Estos patrones se representan mediante características dispersas. Cuando la parte amplia del modelo tiene una o cero capas ocultas, puede utilizarse para memorizar ejemplos y formular excepciones. Así, cuando se utilizan arquitecturas amplias para formular reglas, lo llamamos **aprendizaje por memorización**.

Los modelos profundos y amplios pueden utilizar la red neuronal profunda para generalizar patrones. Normalmente, el entrenamiento de esta parte del modelo requiere mucho tiempo. La parte amplia y los esfuerzos por captar en tiempo real todas las excepciones a estas generalizaciones forman parte del constante proceso de aprendizaje algorítmico.

Resumen

En este capítulo hemos tratado los modelos secuenciales avanzados, técnicas avanzadas de procesamiento de secuencias de entrada, especialmente cuando la longitud de las secuencias de salida puede diferir de la de entrada. Los autocodificadores, un tipo de arquitectura de red neuronal, son especialmente aptos para comprimir datos. Funcionan codificando los datos de entrada en una representación más pequeña y descodificándolos de nuevo para que se parezcan a la entrada original. Este proceso puede ser útil en tareas como la eliminación de ruido de una imagen para obtener una versión más nítida.

Otro modelo influyente es el modelo Seq2Seq, diseñado para realizar tareas en las que las secuencias de entrada y salida tienen distintas longitudes, por lo que es ideal para aplicaciones como la traducción automática. Sin embargo, los modelos Seq2Seq tradicionales se enfrentan al reto del cuello de botella de información, donde todo el contexto de una secuencia de entrada debe capturarse en una única representación de tamaño fijo. Para solucionarlo, se presentó el mecanismo de atención, que permite a los modelos centrarse en distintas partes de la secuencia de entrada de forma dinámica. La arquitectura de transformadores, presentada en el artículo *Attention is All You Need*, utiliza este mecanismo, revolucionando el tratamiento de datos secuenciales. Los transformadores, a diferencia de sus predecesores, pueden atender todas las posiciones de una secuencia simultáneamente, capturando complicadas relaciones dentro de los datos. Esta innovación preparó el terreno para los LLM, que han ganado protagonismo por sus capacidades de generación de texto similares a las humanas.

En el siguiente capítulo veremos cómo utilizar motores de recomendación.

Sección 3

Temas avanzados

Como su nombre indica, en esta sección trataremos algunos temas avanzados relacionados con los algoritmos. En ella, la criptografía y los algoritmos a gran escala son los puntos clave. También veremos los problemas relacionados con la infraestructura a gran escala necesaria para entrenar algoritmos complejos. El último capítulo de esta sección explora las consideraciones prácticas que hay que tener en cuenta a la hora de implementar algoritmos. Los capítulos incluidos en esta sección son:

- Capítulo 12, *Motores de recomendación*
- Capítulo 13, *Estrategias algorítmicas para el tratamiento de datos*
- Capítulo 14, *Criptografía*
- Capítulo 15, *Algoritmos a gran escala*
- Capítulo 16, *Consideraciones prácticas*

Sección 3

Temas avanzados

12

Motores de recomendación

La mejor recomendación que puedo obtener es mi talento y el fruto de mi propio trabajo, y aquello que otros no hagan por mí, intentaré hacerlo yo mismo.

—John James Audubon, científico de los siglos XVIII y XIX

Los motores de recomendación aprovechan la potencia de los datos disponibles sobre las preferencias de los usuarios y los detalles de los artículos para ofrecer sugerencias a medida. En esencia, estos motores pretenden identificar puntos en común entre varios artículos y conocer la dinámica de las interacciones usuario-artículo. En lugar de centrarse solo en los productos, los sistemas de recomendación amplían la red, considerando cualquier tipo de elemento —ya sea una canción, un artículo o un producto— y adaptando sus sugerencias consecuentemente.

Este capítulo empieza presentando las bases de los motores de recomendación. A continuación, analiza varios tipos de motores de recomendación y, en las siguientes secciones, estudiaremos el funcionamiento interno de los sistemas de recomendación. Estos sistemas son expertos en sugerir a los usuarios artículos o productos a medida, pero no están exentos de dificultades. Discutiremos tanto sus puntos fuertes como las limitaciones que presentan. Por último, aprenderemos a utilizar motores de recomendación para resolver un problema real.

En este capítulo trataremos:

- Una visión general de los motores de recomendación
- Diferentes categorías de sistemas de recomendación
- La identificación de las limitaciones de los enfoques de recomendación
- Los diferentes ámbitos para una aplicación práctica
- Un ejemplo práctico

Al final de este capítulo deberías ser capaz de utilizar los motores de recomendación para sugerir distintos elementos en función de algunos criterios de preferencia.

Empezaremos examinando los conceptos básicos de los motores de recomendación.

Introducción a los sistemas de recomendación

Los sistemas de recomendación son potentes herramientas, inicialmente creadas por investigadores, pero ahora ampliamente adoptadas en entornos comerciales, que predicen artículos que podrían atraer a un usuario. Su capacidad para ofrecer sugerencias personalizadas los convierte en un activo inestimable, especialmente en el ámbito de las compras digitales.

Cuando se utilizan en aplicaciones de comercio electrónico, los motores de recomendación emplean sofisticados algoritmos para mejorar la experiencia de compra de los compradores, permitiendo a los proveedores de servicios personalizar los productos según las preferencias de los usuarios.

Un ejemplo clásico de la importancia de estos sistemas es el reto del Premio Netflix de 2009. Con el objetivo de perfeccionar su algoritmo de recomendación, Netflix ofreció la friolera de un millón de dólares a aquel equipo que pudiera mejorar su actual sistema de recomendación, Cinematch, en un 10 %. Este reto contó con la participación de investigadores de todo el mundo, y fue el equipo Pragmatic Chaos de BellKor quien se llevó el premio. Su logro destaca tanto el papel esencial como el potencial de los sistemas de recomendación en el ámbito comercial. En este capítulo profundizaremos en este fascinante reto.

Tipos de motores de recomendación

A grandes rasgos, podemos clasificar los motores de recomendación en tres categorías principales:

- **Motores de recomendación basados en contenido:** se centran en los atributos de los artículos, emparejando las características de un producto con otro.

- **Motores de filtrado colaborativo:** predicen las preferencias en función de los comportamientos del usuario.

- **Motores de recomendación híbridos:** siendo una mezcla de los dos tipos anteriores, estos motores integran los puntos fuertes de los métodos basados en contenido y de filtrado colaborativo para perfeccionar sus sugerencias.

Una vez establecidas las categorías, veamos con más detalle estos tres tipos de motores de recomendación uno por uno.

Motores de recomendación basados en contenido

Los **motores de recomendación basados en contenido** funcionan según un principio simple: recomiendan artículos similares a aquellos con los que el usuario ha interactuado anteriormente. El *quid* de estos sistemas reside en medir con precisión la semejanza entre los artículos.

Para ilustrar este aspecto, supongamos un escenario como el de la figura 12.1:

Figura 12.1: *Sistema de recomendación basado en contenido.*

Digamos que *User1* ha leído el *Doc1*. Debido a las similitudes entre los documentos, podríamos recomendar el *Doc2* al *User1*.

Este método solo sería eficaz si pudiéramos identificar y cuantificar estas similitudes. Así pues, identificar las similitudes entre los artículos es fundamental para las recomendaciones. Veamos cómo podemos cuantificar estas similitudes.

Determinar las similitudes en documentos no estructurados

Una forma de determinar las similitudes entre distintos documentos es utilizar la matriz de coocurrencias, que parte de la premisa de que los artículos que se compran juntos con frecuencia probablemente comparten similitudes o pertenecen a categorías complementarias.

Por ejemplo, alguien que compra una maquinilla de afeitar puede necesitar también espuma de afeitar. Vamos a descodificar este aspecto con los datos de los hábitos de compra de cuatro usuarios:

	Maquinilla	Manzana	Espuma de afeitar	Bicicleta	Hummus
Mike	1	1	1	0	1
Taylor	1	0	1	1	1
Elena	0	0	0	1	0
Amine	1	0	1	0	0

Para construir la matriz de coocurrencia, seguimos los siguientes pasos:

1. Inicializamos una matriz $N \times N$, donde N es el número de elementos. Esta matriz almacenará los recuentos de coocurrencia.

2. Para cada usuario de la matriz usuario-elemento, actualizamos la matriz de coocurrencias incrementando los valores de las celdas de los pares de elementos con los que ha interactuado el usuario.

3. La matriz final muestra las asociaciones entre elementos basadas en las interacciones de los usuarios.

La matriz de ocurrencia de la tabla anterior será la siguiente:

	Maquinilla	Manzana	Espuma de afeitar	Bicicleta	Hummus
Maquinilla	-	1	3	1	2
Manzana	1	-	1	0	1
Espuma de afeitar	3	1	-	1	2
Bicicleta	1	0	1	-	1
Hummus	2	1	2	1	-

Básicamente, esta matriz muestra la probabilidad de que dos artículos se compren juntos. Se trata de una valiosa herramienta de recomendación.

Motores de recomendación de filtrado colaborativo

Las recomendaciones de **filtrado colaborativo** se basan en el análisis de los patrones históricos de compra de los usuarios. El supuesto básico es que, si dos usuarios muestran interés por casi los mismos artículos, podemos clasificar a ambos usuarios como similares. En otras palabras, podemos suponer lo siguiente:

- Si el solapamiento en el historial de compras de dos usuarios supera un umbral determinado, podemos clasificarlos como usuarios similares.

- Observando el historial de usuarios similares, los artículos que no se solapan en el historial de compras se convierten en la base de futuras recomendaciones a través del filtrado colaborativo.

Veamos un ejemplo concreto. Tenemos dos usuarios, *User1* y *User2*, como se muestra en el siguiente diagrama:

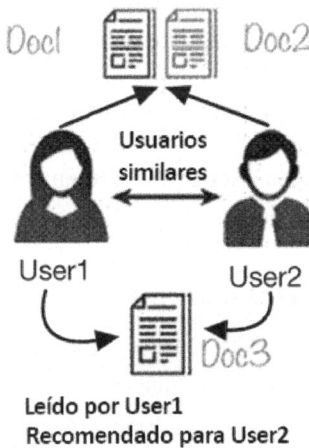

Figura 12.2: *Motor de recomendación de filtrado colaborativo.*

Fíjate en lo siguiente:

- Tanto *User1* como *User2* han mostrado interés por los mismos documentos, *Doc1* y *Doc2*.

- Basándonos en sus patrones históricos similares, podemos clasificar a ambos como usuarios similares.

- Si *User1* ahora lee el *Doc3*, podremos sugerir también dicho documento *User2*.

Esta estrategia de sugerir artículos a los usuarios en función de su historial no siempre va a funcionar. Veamos con más detalle los inconvenientes relacionados con el filtrado colaborativo.

Inconvenientes relacionados con el filtrado colaborativo

Existen tres inconvenientes principales relacionados con el filtrado colaborativo:

1. Inexactitudes debidas al tamaño limitado de la muestra
2. Vulnerabilidad al **análisis aislado**
3. Excesiva dependencia del historial

Veamos estas limitaciones con más detalle.

Inexactitudes debidas al tamaño limitado de la muestra

La precisión y la eficacia de un sistema de filtrado colaborativo también dependen del tamaño de la muestra. Por ejemplo, si solo se analizan tres documentos, el potencial de recomendaciones precisas es limitado.

Sin embargo, si un sistema dispone de datos sobre cientos o miles de documentos e interacciones, su capacidad de predicción es mucho más fiable. Es como distinguir entre hacer predicciones basadas en un puñado de datos y disponer de un conjunto de datos completo del que extraer información.

Incluso cuando se dispone de grandes cantidades de datos, el filtrado colaborativo no es infalible. La razón es que se basa exclusivamente en las interacciones históricas entre usuarios y artículos, sin tener en cuenta ningún factor externo.

Vulnerabilidad al análisis aislado

El filtrado colaborativo se centra en los patrones formados por los comportamientos de los usuarios y sus interacciones con los artículos. Esto significa que a menudo no tiene en cuenta las influencias externas que podrían dictar la elección de un usuario. Por ejemplo, un usuario puede optar por un libro concreto no por interés personal, sino por necesidades académicas o por recomendación de un amigo. El modelo de filtrado colaborativo no reconocerá estos matices.

Excesiva dependencia del historial

Como el sistema se basa en datos históricos, este a veces acaba reforzando estereotipos o no se adapta a la evolución de los gustos de los usuarios. Supongamos que a un usuario antes le encantaban las películas de ciencia ficción, pero ahora le gustan las románticas. Si dicho usuario ha visto un gran número de películas de ciencia ficción en el pasado, el sistema podría seguir recomendándoselas de forma prioritaria, pasando por alto sus preferencias actuales.

En esencia, aunque el filtrado colaborativo es potente, especialmente con muchos datos, es imprescindible comprender sus limitaciones inherentes derivadas del método aislado que utiliza.

Veamos ahora los motores de recomendación híbridos.

Motores de recomendación híbridos

Hasta ahora hemos hablado de los sistemas de recomendación basados en contenido y de filtrado colaborativo. Ambos tipos pueden combinarse para crear un **motor de recomendación híbrido**. Para ello, debemos seguir estos pasos:

1. Generar una matriz de similitudes de los elementos.
2. Generar matrices de preferencias de los usuarios.
3. Generar recomendaciones.

Veamos estos pasos por separado.

Generar una matriz de similitudes de los elementos

En las recomendaciones híbridas, empezamos por crear una matriz de similitud de los elementos mediante recomendaciones basadas en el contenido. Para ello, podemos utilizar la matriz de coocurrencia o cualquier métrica de distancia para cuantificar las similitudes entre elementos.

Supongamos que actualmente tenemos cinco artículos. Utilizando recomendaciones basadas en el contenido, generamos una matriz que captura las similitudes entre los elementos, como se muestra en la figura 12.3:

	Item1	Item2	Item3	Item4	Item5
Item1	10	5	3	2	1
Item2	5	10	6	5	3
Item3	3	6	10	1	5
Item4	2	5	1	10	3
Item5	1	3	5	3	10

Figura 12.3: *Matriz de similitudes.*

Veamos cómo combinar esta matriz de similitudes con una matriz de preferencias para generar recomendaciones.

Generar vectores de referencia de los usuarios

A partir del historial de cada uno de los usuarios del sistema, elaboraremos un vector de preferencias que recoja los intereses de dichos usuarios.

Supongamos que queremos generar recomendaciones para una tienda online llamada *KentStreetOnline*, que vende 100 artículos únicos. *KentStreetOnline* es popular y cuenta con 1 millón de usuarios activos. Es importante señalar que solo necesitamos generar una matriz de similitudes con unas dimensiones de 100 por 100. También debemos generar un vector de preferencias para cada uno de los usuarios; esto significa que tenemos que generar 1 millón de vectores de preferencias para cada millón de usuarios.

Cada entrada del vector de rendimiento representa una preferencia por un artículo. El valor de la primera fila significa que la ponderación de la preferencia por el *Item 1* es *4*. La puntuación de preferencia no refleja directamente el recuento de compras; se trata de una métrica ponderada, que puede tener en cuenta factores como el historial de navegación, las compras anteriores, las valoraciones de los artículos, etc.

Una puntuación de *4* podría representar una combinación de interés e interacciones anteriores con el *Item 1*, lo que sugiere una gran probabilidad de que el usuario aprecie ese artículo.

Esta circunstancia se muestra gráficamente en la figura 12.4:

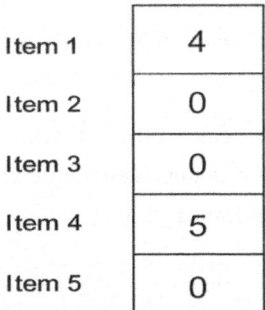

Figura 12.4: *Matriz de preferencias del usuario.*

Veamos ahora cómo podemos generar recomendaciones basadas en la matriz de similitudes, *S*, y la matriz de preferencias del usuario, *U*.

Generar recomendaciones

Para hacer recomendaciones, podemos multiplicar las matrices. Es más probable que los usuarios se interesen por un artículo que coincida frecuentemente con otro al que hayan dado una puntuación alta:

$$Matriz[S] \times Matriz[U] = Matriz[R]$$

Este cálculo se muestra gráficamente en la figura 12.5:

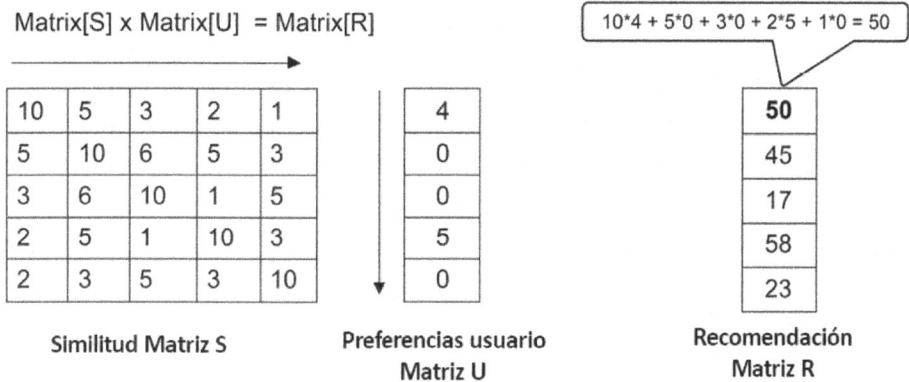

Figura 12.5: *Generación de una matriz de recomendaciones.*

Para cada uno de los usuarios se genera una matriz resultante distinta. Los valores de la matriz de recomendaciones, *Matrix[R]*, cuantifican el interés previsto de un usuario por cada uno de los artículos. Por ejemplo, en la matriz resultante, el cuarto artículo tiene el número más alto, 58, por lo que este artículo es muy recomendable para este usuario en particular.

Evolución de los sistemas de recomendación

Los sistemas de recomendación no son estáticos, sino que se perfeccionan constantemente. ¿Cómo se produce esta evolución? Yuxtaponiendo los artículos recomendados (predicciones) a las elecciones reales del usuario. Al analizar las discrepancias, el sistema identifica las áreas que deben mejorarse. Con el tiempo, el sistema recalibra sus recomendaciones en función de los comentarios de los usuarios y de los comportamientos observados, lo que garantiza que los usuarios reciban siempre las sugerencias más pertinentes.

Veamos ahora las limitaciones de los distintos sistemas de recomendación.

Limitaciones de los sistemas de recomendación

Los motores de recomendación utilizan algoritmos predictivos para sugerir recomendaciones a un grupo de usuarios. Se trata de una tecnología potente, aunque debemos ser conscientes de sus limitaciones. Veamos las distintas limitaciones de los sistemas de recomendación.

El problema del arranque en frío

En el núcleo del filtrado colaborativo se encuentra una dependencia crucial: los datos históricos de los usuarios. Sin un registro de las preferencias de los usuarios, la generación de sugerencias precisas se convierte en todo un desafío. Para nuevas incorporaciones al sistema, la ausencia de datos significa que nuestros algoritmos operan en gran medida basándose en suposiciones, lo que puede dar lugar a recomendaciones imprecisas. Del mismo modo, en los sistemas de recomendación basados en contenido, los artículos nuevos pueden carecer de detalles exhaustivos, lo que hace que el proceso de sugerencia sea menos fiable. Esta dependencia de los datos, es decir, la necesidad de disponer de datos sobre los usuarios y los artículos para elaborar recomendaciones sólidas, es lo que se denomina el **problema del arranque en frío**.

Existen distintas estrategias para contrarrestar este reto:

1. **Sistemas híbridos**: la fusión del filtrado colaborativo y el modelo basado en contenidos puede compensar las limitaciones de un sistema utilizando los puntos fuertes del otro.

2. **Recomendaciones basadas en el conocimiento**: si los datos históricos son escasos, apoyarse en el conocimiento explícito sobre usuarios y artículos puede ayudar a llenar este vacío.

3. **Cuestionarios de incorporación:** para los nuevos usuarios, un breve cuestionario sobre preferencias puede aportar al sistema datos iniciales que orienten las primeras recomendaciones.

Comprender y contrarrestar estos retos garantiza que los sistemas de recomendación sigan siendo una herramienta eficaz y fiable en las estrategias de captación de usuarios.

Necesidad de metadatos

Aunque los sistemas de recomendación basados en contenido pueden funcionar sin metadatos, la incorporación de estos detalles puede mejorar su precisión. Es importante tener en cuenta que los metadatos no se limitan a descripciones de tipo textual. En nuestro polifacético ecosistema digital, los artículos abarcan varios tipos de soportes, como imágenes, audio o películas. Para estos medios, el "contenido" puede derivarse de sus propiedades inherentes. Por ejemplo, los metadatos basados en imágenes pueden extraerse de patrones visuales; los metadatos de audio, de elementos como formas de onda o características espectrales, y, en el caso de las películas, pueden considerarse aspectos como el género, el reparto o la estructura de las escenas.

La integración de estas distintas dimensiones del contenido permite que los sistemas de recomendación sean más adaptables y ofrezcan sugerencias refinadas sobre una amplia gama de artículos.

El problema de la escasez de datos

En un enorme número de artículos, un usuario solo habrá valorado unos pocos, lo que da como resultado una matriz de valoración usuario/artículo muy escasa.

 Amazon tiene alrededor de mil millones de usuarios y mil millones de artículos. Se dice que el motor de recomendación de Amazon tiene los datos más escasos de cualquier motor de recomendación del mundo.

Para hacer frente a esta escasez, se utilizan diversas técnicas. Los **métodos de factorización de matrices**, por ejemplo, pueden predecir valoraciones potenciales en estas áreas escasas, proporcionando un panorama más completo de la interacción usuario-artículo. Además, los sistemas de recomendación híbridos, que combinan elementos del filtrado basado en contenido y del colaborativo, pueden generar recomendaciones significativas incluso cuando las interacciones usuario-artículo son limitadas. Integrando estos y otros enfoques, los sistemas de recomendación pueden sortear y mitigar eficazmente los retos que plantean los conjuntos de datos escasos.

El arma de doble filo de la influencia social en los sistemas de recomendación

Los sistemas de recomendación pueden verse muy influidos por la dinámica social. De hecho, nuestros círculos sociales suelen influir notablemente en nuestras preferencias y elecciones. Por ejemplo, los amigos tienden a hacer compras similares y a valorar los productos o servicios de forma parecida.

Si miramos el lado positivo, aprovechar las conexiones sociales puede aumentar la relevancia de las recomendaciones. Si un sistema observa que a algunos de los miembros de un determinado grupo social les ha gustado una película o un producto, podría tener sentido recomendar ese mismo producto a otros miembros del grupo. Esto podría conllevar un aumento de la satisfacción del usuario y, potencialmente, de los índices de conversión.

Sin embargo, también existe un lado negativo: confiar demasiado en la influencia social puede introducir sesgos en las recomendaciones. Se podrían crear de forma inadvertida cámaras de eco en las que los usuarios solo estuvieran expuestos a artículos apreciados por su círculo social inmediato, limitando la diversidad y perdiéndose potencialmente productos o servicios que podrían ser más adecuados para cada persona. Además, esto podría dar lugar a un bucle de retroalimentación que se refuerce a sí mismo, en el que se sigan recomendando los mismos artículos, eclipsando otros de mayor valor.

Así, pues, aunque la influencia social es una herramienta potente para configurar las preferencias de los usuarios, es esencial que los sistemas de recomendación la equilibren con el comportamiento individual de los usuarios y las tendencias más generales para garantizar una experiencia de usuario diversa y personalizada.

Ámbitos de aplicación

Los sistemas de recomendación juegan un papel primordial en nuestras interacciones digitales diarias. Para comprender realmente su importancia, vamos a profundizar en sus aplicaciones en distintos sectores.

Basándonos en los exhaustivos detalles proporcionados sobre el uso que Netflix hace de la ciencia de datos y su sistema de recomendación, veamos la declaración reestructurada que aborda los puntos mencionados.

El dominio de Netflix en las recomendaciones basadas en datos

Netflix, empresa líder en *streaming*, ha aprovechado el análisis de datos para perfeccionar las recomendaciones de contenidos, con 800 ingenieros en Silicon Valley. Su énfasis en las estrategias basadas en datos queda patente en el reto del Premio Netflix. El equipo ganador, Pragmatic Chaos de BellKor, utilizó 107 algoritmos distintos, desde la factorización de matrices hasta las máquinas de Boltzman restringidas, e invirtió 2000 horas en su desarrollo.

Los resultados fueron una mejora significativa del 10.06 % en su sistema "Cinematch". Esto se tradujo en más horas de *streaming*, menos cancelaciones de suscripciones y un ahorro sustancial para Netflix. Curiosamente, las recomendaciones influyen ahora en cerca del 75 % de lo que ven los usuarios. Töscher *et al.* (2009) destacaron el curioso "efecto de un día", que sugería cuentas compartidas o variaciones en el estado de ánimo de los usuarios.

Aunque el reto puso de manifiesto el compromiso de Netflix con los datos, también dejó entrever el potencial de las técnicas de ensemble para lograr un equilibrio entre la diversidad y la precisión de las recomendaciones.

En la actualidad, algunos elementos del modelo ganador siguen siendo fundamentales en el motor de recomendación de Netflix, pero, con la tecnología en constante, evolución existe la posibilidad de perfeccionarlo, mediante la integración de algoritmos de refuerzo o la mejora de las pruebas A/B.

Esta es la fuente de la estadística de Netflix: `https://towardsdatascience.com/netflix-recommender-system-a-big-data-case-study-19cfa6d56ff5`.

La evolución del sistema de recomendaciones de Amazon

A principios de la década de los 2000, Amazon transformó su motor de recomendación pasando del filtrado colaborativo basado en el usuario al filtrado colaborativo artículo-por-artículo, como se detalla en uno de los primeros artículos, de 2003, de Linden, Smith y York. La estrategia pasó de recomendar productos basándose en usuarios similares a sugerir productos vinculados a compras de productos individuales.

La esencia de este "parentesco" se descifró a partir de los patrones de compra observados en los clientes. Si los compradores de libros de Harry Potter compraban a menudo un marcapáginas de los libros de Harry Potter, los artículos se consideraban relacionados. Sin embargo, el sistema inicial tenía fallos. En el caso de los usuarios que adquirían una gran cantidad de productos, las recomendaciones no eran tan precisas, lo que llevó a Smith y a su equipo a realizar los ajustes algorítmicos necesarios.

Pocos años después, durante una conferencia re:MARS de 2019, Amazon destacó sus avances significativos en las recomendaciones de películas para los clientes de Prime Video, logrando una mejora doble.

La técnica utilizada para ello se inspira en un problema de completación de matrices. Este método consiste en representar a los clientes de Prime Video y las películas en una cuadrícula y predecir la probabilidad de que un cliente vea una película determinada. Amazon aplicó redes neuronales profundas a este problema de matrices, lo que dio lugar a recomendaciones de películas más precisas y personalizadas.

El futuro tiene aún más potencial. Con la investigación y los avances continuos, el equipo de Amazon pretende seguir perfeccionando y revolucionando sus algoritmos de recomendación, esforzándose siempre por mejorar la experiencia del cliente.

Puedes consultar la estadística de Amazon en esta dirección:

`https://www.amazon.science/the-history-of-amazons-recommendation-algorithm`.

A continuación, intentaremos utilizar un motor de recomendación para solucionar un problema real.

Ejemplo práctico: creación de un motor de recomendación

Vamos a construir un motor de recomendación para sugerir películas a un grupo de usuarios. Para ello, utilizaremos datos recopilados por el grupo de investigación GroupLens de la Universidad de Minnesota.

1. Configurar el framework

Lo primero que debemos hacer es asegurarnos de que disponemos de las herramientas adecuadas para nuestro trabajo. En el mundo Python, esto significa importar las bibliotecas necesarias:

```
import pandas as pd
import numpy as np
```

2. Cargar los datos: proporcionar reseñas y títulos

Seguidamente, vamos a importar los conjuntos de datos df_reviews y df_movie_titles:

```
df_reviews = pd.read_csv('https://storage.googleapis.com/neurals/data/
data/reviews.csv')
df_reviews.head()
```

El conjunto de datos reviews.csv engloba una rica colección de reseñas de usuarios. Cada entrada contiene el ID del usuario, el ID de la película que ha reseñado, su puntuación y la fecha y hora de la reseña.

	userId	movieId	rating	timestamp
0	1	1	4.0	964982703
1	1	3	4.0	964981247
2	1	6	4.0	964982224
3	1	47	5.0	964983815
4	1	50	5.0	964982931

Figura 12.6: *Contenido del conjunto de datos reviews.csv.*

El conjunto de datos movies.csv es una recopilación de títulos de películas y sus detalles. Cada registro suele contener un ID de película único, el título de la película y su género o géneros asociados.

	movieId	title	genres
0	1	Toy Story (1995)	Adventure|Animation|Children|Comedy|Fantasy
1	2	Jumanji (1995)	Adventure|Children|Fantasy
2	3	Grumpier Old Men (1995)	Comedy|Romance
3	4	Waiting to Exhale (1995)	Comedy|Drama|Romance
4	5	Father of the Bride Part II (1995)	Comedy

Figura 12.7: *Contenido del conjunto de datos movies.csv.*

3. Fusionar los datos: generar una visión global

Para obtener una perspectiva holística, necesitamos fusionar ambos conjuntos de datos. El parámetro 'movieId' nos sirve de puente entre ellos:

```
df = pd.merge(df_reviews, df_movie_titles, on='movieId')
df.head()
```

Los conjuntos de datos fusionados deben contener la siguiente información:

	userId	movieId	rating	timestamp	title	genres
0	1	1	4.0	964982703	Toy Story (1995)	Adventure|Animation|Children|Comedy|Fantasy
1	5	1	4.0	847434962	Toy Story (1995)	Adventure|Animation|Children|Comedy|Fantasy
2	7	1	4.5	1106635946	Toy Story (1995)	Adventure|Animation|Children|Comedy|Fantasy
3	15	1	2.5	1510577970	Toy Story (1995)	Adventure|Animation|Children|Comedy|Fantasy
4	17	1	4.5	1305696483	Toy Story (1995)	Adventure|Animation|Children|Comedy|Fantasy

Figura 12.8: *Datos de película fusionados.*

Este es el resumen de cada columna:

- userId: identificador único para cada usuario.
- movieId: identificador único para cada película.
- rating: representa la calificación asignada por un usuario a una película, que va de 1 a 5.
- timestamp: indica cuándo se clasificó una película determinada.
- title: título de la película.
- genres: género o géneros asociados a la película.

4. Análisis descriptivo: extraer conclusiones de las calificaciones

Entremos en el núcleo de nuestros datos: las valoraciones. Un buen punto de partida es calcular la calificación media de cada película. Además, conocer el número de usuarios que han valorado una película puede proporcionar información sobre su popularidad:

```
df_ratings = pd.DataFrame(df.groupby('title')['rating'].mean())
df_ratings['number_of_ratings'] = df.groupby('title')['rating'].count()
df_ratings.head()
```

La calificación media de cada película debe ser la siguiente:

title	rating	number of ratings
71 (2014)	4.0	1
Hellboy : The Seeds of Creation (2004)	4.0	1
Round Midnight (1986)	3.5	2
Salem's Lot (2004)	5.0	1
Til There Was You (1997)	4.0	2

Figura 12.9: *Cálculo de la valoración media.*

Con estas métricas agregadas, podemos discernir películas populares con valoraciones medias altas, éxitos de taquilla potenciales con numerosas valoraciones o joyas ocultas que pueden tener menos críticas pero medias altas.

Esta base allanará el camino para los pasos siguientes, en los que nos centraremos en la construcción del motor de recomendación propiamente dicho. A medida que avancemos, iremos conociendo mejor las preferencias de los usuarios, lo que nos permitirá sugerirles películas que se ajusten a sus gustos personales.

5. Estructurar las recomendaciones: elaboración de una matriz

El siguiente paso lógico es convertir nuestro conjunto de datos en una estructura optimizada para las recomendaciones. Puedes visualizar dicha estructura como una matriz:

- Las filas representan a nuestros usuarios (indexados por userId).
- Las columnas indican los títulos de las películas.
- Las celdas de la matriz se rellenan con puntuaciones que revelan la opinión del usuario sobre una película concreta.

La función pivot_table en Pandas es una herramienta versátil que ayuda a remodelar o pivotar los datos en un marco de datos para proporcionar una vista resumida. Esta función crea esencialmente una nueva tabla a partir de la original:

```
movie_matrix = df.pivot_table(index='userId', columns='title',
values='rating')
```

Ten en cuenta que el código anterior generará una matriz muy escasa.

6. Poner a prueba el motor: recomendar películas

Veamos nuestro motor en acción. Supongamos que un usuario acaba de ver *Avatar* (2009). ¿Cómo podemos encontrar otras películas que le gusten?

Nuestra primera tarea consiste en aislar a todos los usuarios que han valorado *Avatar* (2009):

```
avatar_ratings = movie_matrix['Avatar (2009)']
avatar_ratings = avatar_ratings.dropna()
print("\nRatings for 'Avatar (2009)':")
print(avatar_ratings.head())
```

```
userId
10    2.5
15    3.0
18    4.0
21    4.0
22    3.5
Name: Avatar, dtype: float64
```

Del código anterior, observamos lo siguiente:

- **userId:** representa el identificador único de cada usuario en nuestro conjunto de datos. La lista `userId` contiene 10, 15, 18, 21 y 22, los cinco primeros usuarios de nuestra instantánea de datos que han valorado *Avatar* (2009).

- **Valoraciones:** los números adyacentes a cada `userId` (2.5, 3.0, 4.0, 4.0 y 3.5) representan las valoraciones que estos usuarios asignaron a *Avatar* (2009). Las valoraciones van del 1 al 5, donde un valor más alto indica una opinión más favorable sobre la película. Por ejemplo, el *usuario 10* calificó *Avatar* (2009) con un 2.5, lo que sugiere que la película le pareció regular o quizá ligeramente por debajo de sus expectativas, y *el usuario 22* la calificó con un 3.5, expresando una apreciación de la película ligeramente por encima de la media.

Vamos a construir un motor de recomendación para sugerir películas a un grupo de usuarios.

Encontrar películas relacionadas con Avatar (2009)

Si determinamos cómo otras películas se relacionan en cuanto a los patrones de calificación con *Avatar* (2009), podemos sugerir películas que podrían atraer a los fans de *Avatar*.

Podemos presentar nuestros resultados de forma ordenada del siguiente modo:

```
similar_to_Avatar=movie_matrix.corrwith(Avatar_user_rating)
corr_Avatar = pd.DataFrame(similar_to_Avatar, columns=['correlation'])
corr_Avatar.dropna(inplace=True)
corr_Avatar = corr_Avatar.join(df_ratings['number_of_ratings'])
corr_Avatar.head()
```

title	correlation	number_of_ratings
'burbs, The (1989)	0.353553	17
(500) Days of Summer (2009)	0.131120	42
*batteries not included (1987)	0.785714	7
10 Things I Hate About You (1999)	0.265637	54

Acerca de la correlación

Una correlación más alta (cercana a 1) significa que el patrón de valoración de una película es similar al de *Avatar* (2009). Un valor negativo indica lo contrario.

Sin embargo, resulta importante abordar las recomendaciones con cautela. Por ejemplo, *batteries not included* (1987), en España, *Nuestros maravillos aliados*, apareció como una de las principales recomendaciones para los fans de *Avatar* (2009), lo que podría no parecer demasiado acertado. Esto podría deberse a las limitaciones de basarse únicamente en las valoraciones de los usuarios sin tener en cuenta otros factores, como los géneros o los temas de las películas. Se necesitarían ajustes y perfeccionamientos para conseguir un sistema de recomendación más preciso.

La tabla resultante muestra las películas que se correlacionan según la valoración de los usuarios de *Avatar*. La tabla elaborada al final de nuestro análisis muestra las películas en función de su correlación con *Avatar* según las valoraciones de los usuarios. Pero ¿qué significa esto en términos más sencillos?

En este contexto, la correlación se refiere a una medida estadística que explica cómo se mueve un conjunto de datos en relación con otro. En concreto, utilizamos el coeficiente de correlación de Pearson, que oscila entre -1 y 1:

- **1:** correlación positiva perfecta. Esto significa que, si *Avatar* ha recibido una calificación alta de un usuario, la otra película ha recibido la misma calificación del mismo usuario.

- **-1:** correlación negativa perfecta. Si *Avatar* ha obtenido una calificación alta de un usuario, la otra película ha obtenido una calificación baja del mismo usuario.
- **0:** sin correlación. Las valoraciones de *Avatar* y de la otra película son independientes entre sí.

En nuestro contexto de recomendación de películas, se considera que las películas con un mayor valor de correlación positiva (más cercano a 1) con *Avatar* son recomendaciones más adecuadas para los usuarios a los que les gustó esta película. Esto se debe a que estas películas han mostrado un patrón de recepción de valoraciones similares a *Avatar* por parte de los usuarios.

Si observamos la tabla, podemos identificar qué películas tienen un comportamiento de valoración similar a *Avatar* y, por tanto, pueden ser potenciales recomendaciones para sus fans.

Esto significa que podemos utilizar estas películas como recomendaciones para el usuario.

Evaluar el modelo

Las pruebas y la evaluación son fundamentales. Una forma de evaluar nuestro modelo es mediante métodos como la división entrenamiento-prueba, en la que una parte de los datos queda reservada para las pruebas. Las recomendaciones del modelo para el conjunto de pruebas se comparan con las valoraciones reales de los usuarios. Métricas como el **error absoluto medio (MAE)** o el **error cuadrático medio (RMSE)** pueden cuantificar las diferencias.

Reentrenar a lo largo del tiempo: incorporar las opiniones de los usuarios

Las preferencias de los usuarios evolucionan. El reentrenamiento periódico del modelo de recomendación con nuevos datos garantiza que sus recomendaciones sigan siendo pertinentes. Incorporar un circuito de *feedback* en el que los usuarios puedan valorar o revisar las recomendaciones afina aún más la precisión del modelo.

Resumen

En este capítulo hemos conocido los motores de recomendación. Hemos estudiado la selección del motor de recomendación adecuado en función del problema que se pretende resolver. También hemos visto cómo podemos preparar los datos para que los motores de recomendación creen una matriz de similitudes. Además, ahora sabemos cómo pueden utilizarse los motores de recomendación para resolver problemas prácticos, como sugerir películas a los usuarios basándose en patrones anteriores.

En el siguiente capítulo nos centraremos en los algoritmos que se utilizan para comprender y procesar los datos.

13

Estrategias algorítmicas para el tratamiento de datos

Los datos son el nuevo petróleo de la economía digital.

—Wired Magazine

En esta era impulsada por los datos, la capacidad de extraer información significativa de grandes conjuntos de datos está influyendo decisivamente en nuestros procesos de toma de decisiones. Los algoritmos en los que hemos estado profundizando a lo largo de este libro se apoyan en gran medida en esta dependencia de los datos. Por lo tanto, es importante desarrollar herramientas, metodologías y planes estratégicos destinados a crear infraestructuras sólidas y eficientes para el almacenamiento de datos.

Este capítulo trata de los algoritmos centrados en los datos para gestionarlos con eficacia. Estos algoritmos incluyen operaciones como el almacenamiento eficaz y la compresión de datos. Al emplear estas metodologías, las arquitecturas centradas en los datos permiten la gestión de estos y una utilización eficiente de los recursos. Al final de este capítulo serás capaz de entender los conceptos y las ventajas y desventajas de diseñar e implementar varios algoritmos centrados en datos.

En este capítulo trataremos los siguientes conceptos:

- Introducción a los algoritmos de datos
- Clasificación de los datos
- Algoritmos de almacenamiento de datos
- Algoritmos de compresión de datos Empezaremos presentando los conceptos básicos.

Introducción a los algoritmos de datos

Los algoritmos de datos están especializados en gestionar y optimizar el almacenamiento de datos. Más allá del almacenamiento, se encargan de tareas como la compresión de los datos, garantizando una utilización eficiente del espacio de almacenamiento, y agilizan la recuperación rápida de los datos, fundamental en muchas aplicaciones.

Un aspecto muy importante en la comprensión de los algoritmos de datos, especialmente en sistemas distribuidos, es el teorema CAP. Aquí radica su importancia: este teorema explica el equilibrio entre coherencia, disponibilidad y tolerancia a la partición. En cualquier sistema distribuido, conseguir dos de estas tres garantías simultáneamente es todo lo que podemos esperar. Comprender las sutilezas de este teorema ayuda a discernir los retos y las decisiones de diseño en los algoritmos de datos modernos.

En el ámbito de la gobernanza de datos, estos algoritmos tienen un valor incalculable. Garantizan la coherencia de los datos en todos los nodos del sistema distribuido, asegurando la integridad de dichos datos. Además, garantizan su disponibilidad eficiente y gestionan la tolerancia a la partición, mejorando la resistencia y la seguridad del sistema.

Importancia del teorema CAP en el contexto de los algoritmos de datos

El teorema CAP no solo establece límites teóricos, sino que tiene implicaciones prácticas en escenarios del mundo real en los que se manipulan, almacenan y recuperan datos. Por ejemplo, imaginemos un escenario donde un algoritmo debe recuperar datos de un sistema distribuido. Las decisiones tomadas en torno a la coherencia, la disponibilidad y la tolerancia a las particiones repercuten directamente en la eficacia y la fiabilidad de ese algoritmo. Si un sistema da prioridad a la disponibilidad, puede que los datos sean fácilmente recuperables, pero no su versión más actualizada. Por el contrario, un sistema que dé prioridad a la coherencia puede retrasar, a veces, la recuperación de datos para garantizar que solo se accede a aquellos más recientes.

Los algoritmos centrados en los datos de los que hablamos aquí están, en muchos aspectos, influidos por estas limitaciones del CAP. Si entrelazamos nuestra comprensión del teorema CAP con los algoritmos de datos, podremos tomar decisiones más informadas a la hora de afrontar los retos que plantean los datos.

Almacenamiento en entornos distribuidos

La arquitectura de nodo único es eficaz para conjuntos de datos pequeños. Sin embargo, con el aumento del tamaño de los conjuntos de datos, el almacenamiento en entornos distribuidos se ha convertido en un estándar para los problemas a gran escala. Determinar la estrategia adecuada para el almacenamiento de datos en este tipo de entornos depende de varios factores, como la naturaleza de los datos y los patrones de uso previstos.

El teorema CAP proporciona un principio fundamental para desarrollar estas estrategias de almacenamiento, ayudándonos a afrontar los retos relacionados con la gestión de conjuntos de datos en expansión.

Relación entre el teorema CAP y la compresión de datos

En principio, podría parecer que el teorema CAP y la compresión de datos tienen poco en común. Pero consideremos las implicaciones prácticas. Si damos prioridad a la coherencia en nuestro sistema (según las consideraciones del CAP), nuestros métodos de compresión de datos tendrían que garantizar que los datos permanezcan comprimidos de forma coherente en todos los nodos. En un sistema en el que prima la disponibilidad, el método de compresión puede estar optimizado para la velocidad, aunque ello provoque pequeñas incoherencias. Esta interacción pone de manifiesto que nuestras decisiones en torno al teorema CAP influyen incluso en cómo comprimimos y recuperamos nuestros datos, lo que demuestra la omnipresente influencia del teorema en los algoritmos centrados en datos.

Qué es el teorema CAP

En 1998, Eric Brewer propuso un teorema que más tarde se hizo famoso como el teorema CAP. En él se ponen de relieve los distintos compromisos que implica el diseño de un sistema de servicios distribuidos. Para entender el teorema CAP, debemos definir primero las tres características de los sistemas de servicios distribuidos: coherencia, disponibilidad y tolerancia a las particiones. CAP es, de hecho, un acrónimo formado por estas tres características:

- **Coherencia** o *Consistency*, en inglés, (o simplemente **C**): el servicio distribuido consta de varios nodos. Cualquiera de estos nodos puede utilizarse para leer, escribir o actualizar registros en el repositorio de datos. La coherencia garantiza que, en un instante determinado *t1*, independientemente del nodo que utilicemos para leer los datos, obtendremos el mismo resultado. Cada operación de lectura devuelve los últimos datos que son coherentes en todo el repositorio distribuido o bien lanza un mensaje de error.

- **Disponibilidad** o *Availability*, en inglés, (o simplemente **A**): en el ámbito de los sistemas distribuidos, disponibilidad significa que el sistema en su conjunto siempre responde a las peticiones. De este modo, los usuarios obtienen una respuesta cada vez que consultan el sistema, aunque no siempre se trate de los datos más recientes. Así, en lugar de centrarse en que cada nodo esté actualizado, se hace hincapié en que todo el sistema responda. Se trata de garantizar que la solicitud de un usuario nunca quede sin respuesta, aunque algunas partes del sistema tengan información obsoleta.

- **Tolerancia a la partición** o *Partition Tolerance*, en inglés, (o simplemente **P**): en un sistema distribuido, varios nodos están conectados por medio de una red de comunicación. La tolerancia a la partición garantiza que, en caso de fallo de comunicación entre un pequeño subconjunto de nodos (uno o varios), el sistema siga funcionando. Ten en cuenta que, para garantizar la tolerancia a la partición, los datos deben duplicarse en un número suficiente de nodos.

A partir de estas tres características, el teorema CAP resume minuciosamente las compensaciones implicadas en la arquitectura y el diseño de un sistema de servicios distribuidos. En concreto, este teorema establece que, en un sistema de almacenamiento distribuido, solo podemos tener dos de las siguientes características: coherencia (**C**), disponibilidad (**A**) y tolerancia a la partición (**P**).

Esta afirmación se muestra en el diagrama siguiente:

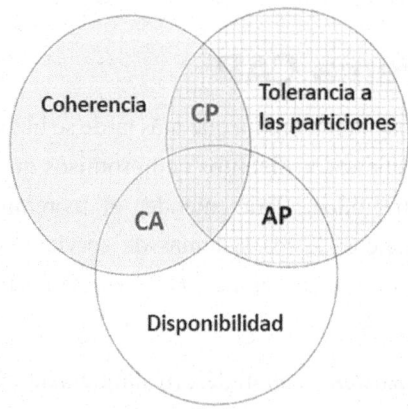

Figura 13.1: *Visualización de las opciones en los sistemas distribuidos: el teorema CAP.*

El almacenamiento de datos distribuidos se está convirtiendo cada vez más en un componente esencial de la infraestructura informática moderna. El diseño del almacenamiento de datos distribuidos debe ser tratado con precaución, basándonos en las características de los datos y los requisitos del problema que queremos resolver. Cuando se aplica a las bases de datos distribuidas, el teorema CAP ayuda a guiar el proceso de diseño y toma de decisiones, garantizando que los desarrolladores y arquitectos comprendan las compensaciones y limitaciones fundamentales que implica la creación de sistemas de bases de datos distribuidas. Equilibrar estas tres características es crucial para lograr el rendimiento, la fiabilidad y la escalabilidad deseados del sistema de base de datos distribuidos. Cuando se aplica a las bases de datos distribuidos, el teorema CAP ayuda a guiar el proceso de diseño y toma de decisiones garantizando que los desarrolladores y arquitectos comprendan las compensaciones fundamentales. Equilibrar estas tres características es crucial para lograr el rendimiento, la fiabilidad y la escalabilidad deseados del sistema de base de datos distribuidos. En el contexto del teorema CAP, podemos suponer que existen tres tipos de sistemas de almacenamiento distribuido:

- Un sistema **CA**, que aplica la coherencia y la disponibilidad.
- Un sistema **AP**, que aplica la disponibilidad y la tolerancia a las particiones.
- Un sistema **CP**, que aplica la coherencia y la tolerancia a las particiones.

Clasificar el almacenamiento de datos en sistemas **CA**, **AP** y **CP** nos ayuda a comprender las distintas compensaciones que implica el diseño de sistemas de almacenamiento de datos.

Veamos cada uno de los sistemas por separado.

Sistemas CA

Los sistemas tradicionales de nodo único son sistemas CA. En los sistemas no distribuidos, la tolerancia a las particiones no es un problema, ya que no se debe gestionar la comunicación entre varios nodos. Como resultado, estos sistemas pueden centrarse en mantener tanto la coherencia como la disponibilidad. En otras palabras, son sistemas CA.

Un sistema puede funcionar sin tolerancia a las particiones almacenando y procesando datos en un único nodo o servidor. Aunque este enfoque puede no ser adecuado para manejar conjuntos de datos a gran escala o flujos de datos de alta velocidad, puede ser eficaz para tamaños de datos más pequeños o aplicaciones con requisitos de rendimiento menos exigentes.

Las bases de datos tradicionales de un solo nodo, como Oracle o MySQL, son excelentes ejemplos de sistemas CA. Estos sistemas son adecuados para casos de uso donde el volumen y la velocidad de los datos son relativamente bajos, y la tolerancia a las particiones no es un factor crítico. Algunos ejemplos son las pequeñas y medianas empresas, los proyectos académicos o las aplicaciones con un número limitado de usuarios y fuentes de datos.

Sistemas AP

Los sistemas AP son sistemas de almacenamiento distribuido diseñados para priorizar la disponibilidad y la tolerancia a la partición, incluso a expensas de la coherencia. Estos sistemas de alta capacidad de respuesta pueden sacrificar la coherencia, si es necesario, para dar cabida a datos de alta velocidad. De este modo, estos sistemas de almacenamiento distribuido pueden atender las peticiones de los usuarios de forma inmediata, aunque ello suponga servir temporalmente datos ligeramente desfasados o incoherentes en distintos nodos.

Cuando se sacrifica la coherencia en los sistemas AP, los usuarios pueden recibir ocasionalmente información ligeramente desfasada. En algunos casos, esta incoherencia temporal es una compensación aceptable, ya que la capacidad de procesar rápidamente las peticiones de los usuarios y mantener una alta disponibilidad se considera más importante que la estricta coherencia de los datos.

Los sistemas AP típicos se utilizan en sistemas de vigilancia en tiempo real, como las redes de sensores. Las bases de datos distribuidas de alta velocidad, como Cassandra, son excelentes ejemplos de sistemas AP.

Se recomienda un sistema AP para implementar el almacenamiento de datos distribuidos en escenarios donde la alta disponibilidad, la capacidad de respuesta y la tolerancia a las particiones son esenciales.

Por ejemplo, si el Ministerio de transporte del Gobierno federal de Canadá, Transport Canada, quiere controlar el tráfico en una de las autopistas de Ottawa mediante una red de sensores instalados en distintos puntos de la autopista, la mejor opción sería un sistema AP. En este contexto, dar prioridad al procesamiento de datos en tiempo real y a su disponibilidad es crucial para garantizar que la supervisión del tráfico pueda funcionar eficazmente, incluso en presencia de particiones de la red o de incoherencias temporales. Por este motivo, un sistema AP suele ser la opción recomendada para este tipo de aplicaciones, a pesar de la posible contrapartida de sacrificar la coherencia.

Sistemas CP

Los sistemas CP dan prioridad tanto a la coherencia como a la tolerancia a las particiones, garantizando así que los sistemas de almacenamiento distribuido mantengan la coherencia antes de que un proceso de lectura recupere un valor. Estos sistemas están especialmente diseñados para mantener la coherencia de los datos y seguir funcionando eficazmente incluso en presencia de particiones de red.

El tipo de datos ideal para los sistemas CP son aquellos que requieren una coherencia y una precisión estrictas, aunque ello suponga renunciar a la disponibilidad inmediata del sistema. Algunos ejemplos de este sistema son las transacciones financieras, la gestión de inventarios y los datos críticos de operaciones empresariales. En estos casos, garantizar que los datos sigan siendo coherentes y precisos en todo el entorno distribuido es de vital importancia.

Un caso de uso típico de los sistemas CP es cuando queremos almacenar documentos en formato JSON. Las bases de datos documentales, como MongoDB, son sistemas CP preparados para garantizar la coherencia en un entorno distribuido.

Una vez conocidos los distintos tipos de sistemas de almacenamiento distribuido, podemos pasar a explorar los algoritmos de compresión de datos.

Algoritmos de compresión de datos

La compresión de datos es una metodología esencial utilizada para el almacenamiento de datos. Esta metodología no solo mejora la eficiencia del almacenamiento y minimiza los tiempos de transmisión de datos, sino que también tiene importantes implicaciones para el ahorro de costes y la mejora del rendimiento, especialmente en el ámbito de los macrodatos y la computación en la nube. Esta sección presenta de forma detallada las técnicas de compresión de datos, poniendo especial atención en los algoritmos sin pérdida Huffman y LZ77 y su influencia en los esquemas de compresión modernos, como Gzip, LZO y Snappy.

Técnicas de compresión sin pérdida

La compresión sin pérdida se centra en la eliminación de la redundancia en los datos para minimizar las necesidades de almacenamiento y garantizar, al mismo tiempo, una reversibilidad perfecta. Huffman y LZ77 son dos algoritmos fundacionales que han influido mucho en este campo.

La codificación Huffman se centra en código de longitud variable, representando los caracteres frecuentes con menos bits, mientras que LZ77, un algoritmo basado en diccionarios, aprovecha las secuencias de datos repetidas y las representa con referencias más cortas. Veamos los tres formatos por separado.

Codificación Huffman: implementación de código de longitud variable

La codificación Huffman, una forma de codificación entrópica, se utiliza ampliamente en la compresión de datos sin pérdida. El principio clave de la codificación Huffman es asignar códigos más cortos a los caracteres que aparecen con más frecuencia en un conjunto de datos, reduciendo así el tamaño total de los datos.

El algoritmo utiliza un tipo específico de árbol binario, conocido como árbol de Huffman, en el que cada nodo corresponde a un elemento de datos. La frecuencia de aparición de cada elemento determina su posición en el árbol: los elementos más frecuentes se sitúan más cerca de la raíz. Esta estrategia garantiza que los elementos más comunes tengan los códigos más cortos.

Un ejemplo rápido

Imaginemos que tenemos datos que contienen las letras **A**, **B** y **C** con una frecuencia de 5, 9 y 12 respectivamente. En la codificación Huffman:

- **C**, al ser el elemento más frecuente, podría obtener un código corto como 0.
- **B**, el siguiente con mayor frecuencia, podría conseguir un 10.
- **A**, el elemento menos frecuente, podría tener un 11.

Para entenderlo bien, veamos un ejemplo en Python.

Implementación de la codificación Huffman en Python

Empezamos creando un nodo para cada carácter, donde el nodo contiene el carácter y su frecuencia. Estos nodos se añaden a una cola de prioridad, donde los elementos menos frecuentes tienen la prioridad más alta. Para ello, creamos una clase Node para representar cada carácter del árbol de Huffman. Cada objeto Node contiene el carácter, su frecuencia y se dirige hacia sus hijos izquierdo y derecho. El método _lt_ se define para comparar dos objetos Node basándose en sus frecuencias.

```python
import functools

@functools.total_ordering
class Node:
    def_init_(self, char, freq):
        self.char = char
        self.freq = freq
        self.left = None
        self.right = None
    def__lt__(self, other):
        return self.freq < other.freq
    def__eq_(self, other):
        return self.freq == other.freq
```

A continuación, generamos el árbol de Huffman. La construcción de un árbol de Huffman implica una serie de inserciones y supresiones en una cola de prioridad, normalmente implementada como un montículo binario. Para construir el árbol de

Huffman, creamos un minimontículo de objetos Node, una estructura especial basada en árbol que cumple una condición simple pero importante: el nodo padre tiene un valor menor o igual que sus hijos. Esta propiedad garantiza que el elemento más pequeño esté siempre en la raíz, lo que resulta eficaz para las operaciones prioritarias. Saltamos repetidamente los dos nodos con las frecuencias más bajas, los fusionamos y empujamos el nodo fusionado de vuelta al montículo. Este proceso se va repitiendo hasta que solo queda un nodo, el cual se convierte en la raíz del árbol de Huffman. El árbol se puede construir mediante la función build_tree, que se define como sigue:

```python
import heapq
def build_tree(frequencies):
    heap = [Node(char, freq) for char, freq in frequencies.items()]
    heapq.heapify(heap)
    while len(heap) > 1:
        node1 = heapq.heappop(heap)
        node2 = heapq.heappop(heap)
        merged = Node(None, node1.freq + node2.freq)
        merged.left = node1
        merged.right = node2
        heapq.heappush(heap, merged)
    return heap[0]  # the root node
```

Una vez construido el árbol de Huffman, podemos recorrerlo para generar los códigos Huffman. Empezando por la raíz, añadimos un 0 a cada rama de la izquierda que seguimos y un 1 a cada rama de la derecha. Cuando llegamos a un nodo hoja, la secuencia de 0 y 1 acumulada a lo largo del camino desde la raíz forma el código Huffman para el carácter en ese nodo hoja. Esta funcionalidad se consigue creando la función generate_codes de la siguiente manera.

```python
def generate_codes(node, code='', codes=None):
    if codes is None:
        codes = {}
    if node is None:
        return {}
    if node.char is not None:
        codes[node.char] = code
        return codes
    generate_codes(node.left, code + '0', codes)
    generate_codes(node.right, code + '1', codes)
    return codes
```

A continuación, utilizaremos el árbol de Huffman. En primer lugar, debemos definir los datos que utilizaremos para la codificación.

```
data = {
    'L': 0.45,
    'M': 0.13,
    'N': 0.12,
    'X': 0.16,
    'Y': 0.09,
    'Z': 0.05
}
```

Después, imprimimos los códigos Huffman de cada carácter.

```
# Construye el árbol de Huffman y genera los códigos
root = build_tree(data)
codes = generate_codes(root)
# Imprime la raíz del árbol de Huffman
print(f'Root of the Huffman tree: {root}')
# Imprime los códigos de Huffman
for char, code in codes.items():
    print(f'{char}: {code}')
```

```
Root of the Huffman tree: <_main__.Node object at 0x7a537d66d240>
L: 0
M: 101
N: 100
X: 111
Y: 1101
Z: 1100
```

Ahora, podemos deducir lo siguiente:

- **Código de longitud fija:** el código de longitud fija para esta tabla es 3. Esto se debe a que, con seis caracteres, una representación binaria de longitud fija necesitaría un máximo de tres bits ($2^3 = 8$ combinaciones posibles, que pueden cubrir nuestros 6 caracteres).

- **Código de longitud variable:** el código de longitud variable para esta tabla es:

$$45(1) + .13(3) + .12(3) + .16(3) + .09(4) + .05(4) = 2.24.$$

El siguiente diagrama muestra el árbol de Huffman creado a partir del ejemplo anterior:

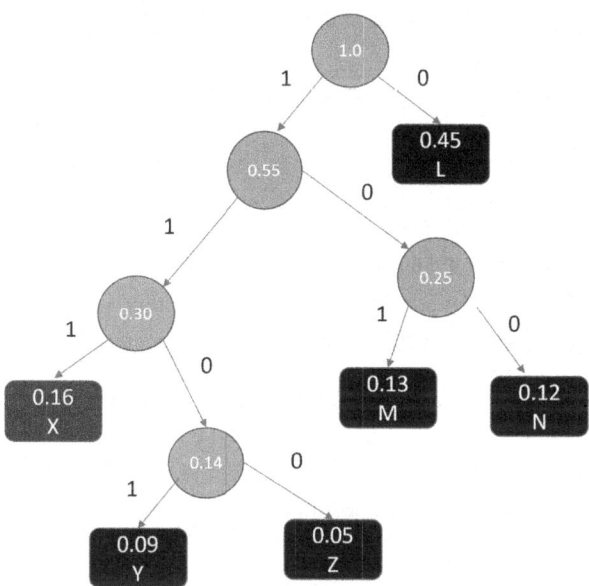

Figura 13.2: *Árbol de Huffman: visualización del proceso de compresión.*

Observa que la codificación Huffman consiste en convertir los datos en un árbol Huffman que permita la compresión. La descodificación o descompresión devuelve los datos a su formato original.

Una vez estudiada la codificación Huffman, veamos ahora otra técnica de compresión sin pérdida que se fundamenta en la compresión basada en diccionario.

La compresión basada en diccionarios LZ77

LZ77 pertenece a una familia de algoritmos de compresión conocidos como codificadores de diccionario. En lugar de mantener un diccionario estático de palabras codificadas, como en la codificación Huffman, LZ77 construye dinámicamente un diccionario de subcadenas que aparecen en los datos de entrada. Este diccionario no se almacena por separado, sino que nos referimos a él de forma implícita como una ventana corredera sobre la entrada ya codificada, lo que facilita un método elegante y eficaz de representar secuencias repetitivas.

El algoritmo LZ77 funciona según el principio de sustituir las repeticiones de datos por referencias a una única copia. Mantiene una "ventana corredera" de datos procesados recientemente. Cuando encuentra una subcadena que ya ha aparecido antes, no almacena la subcadena real sino un par de valores: la distancia al inicio de la subcadena repetida en la ventana corredera y la longitud de la subcadena repetida.

Entenderlo con un ejemplo

Imagina que estás leyendo la siguiente cadena:

```
data_string = "ABABCABABD"
```

Al procesar esta cadena de izquierda a derecha, cuando encuentres la subcadena "CABAB", observarás que "ABAB" ya ha aparecido antes, justo después de la "AB" inicial. LZ77 aprovecha estas repeticiones.

En lugar de volver a escribir "ABAB", LZ77 sugeriría: *"¡Eh, mira los dos caracteres anteriores y copia los dos siguientes!"*. En términos técnicos, se trata de una referencia hacia atrás de dos caracteres con una longitud de dos caracteres.

Así, si comprimimos nuestra data_string con LZ77, obtendríamos algo así:

```
ABABC<2,2>D
```

Aquí, <2,2> es la notación LZ77, que nos dice: *"Retrocede dos caracteres y copia los dos siguientes"*.

Comparación con Huffman

Para apreciar la potencia y las diferencias entre LZ77 y Huffman, podemos utilizar los mismos datos. Sigamos, pues, con nuestra data_string = "ABABCABABD".

Mientras que LZ77 identifica secuencias repetidas en los datos y hace referencia a ellas, la codificación Huffman representa caracteres frecuentes con códigos más cortos.

Por ejemplo, si comprimiéramos nuestra data_string con Huffman, podríamos ver determinados caracteres, como 'A' y 'B', que son más frecuentes, representados con códigos binarios más cortos que los menos frecuentes, 'C' y 'D'.

Esta comparación demuestra que mientras Huffman se basa en la representación de frecuencias, LZ77 se centra en la detección y referencia de patrones. Dependiendo del tipo de datos y de su estructura, uno puede ser más eficaz que el otro.

Formatos avanzados de compresión sin pérdida

Los principios establecidos por Huffman y LZ77 han dado lugar a otros formatos de compresión más avanzados. En este capítulo veremos tres de ellos.

1. LZO
2. Snappy
3. gzip

Veamos los tres formatos por separado.

Compresión LZO: priorizar la velocidad

LZO es un algoritmo de compresión de datos sin pérdida que prefiere la compresión y descompresión rápidas. Este algoritmo sustituye las repeticiones de datos por referencias de copia única. Tras este paso inicial de compresión LZ77, los datos pasan por una codificación Huffman.

Aunque su ratio de compresión puede que no sea el más alto, su velocidad de procesamiento es significativamente más rápida que la de muchos otros algoritmos. Esto convierte a LZO en una opción excelente para situaciones en las que el acceso rápido a los datos es una prioridad, como el procesamiento de datos en tiempo real y las aplicaciones de *streaming*.

Compresión Snappy: encontrar el equilibrio

Snappy es otra biblioteca de compresión y descompresión rápida desarrollada originalmente por Google. El objetivo principal de Snappy es alcanzar altas velocidades y una compresión razonable, pero no necesariamente la máxima.

El método de compresión de Snappy se basa en LZ77, pero centrándose en la velocidad y sin un paso adicional de codificación de entropía como la codificación Huffman. En su lugar, Snappy utiliza un algoritmo de codificación mucho más sencillo que garantiza compresiones y descompresiones rápidas. El algoritmo utiliza una estrategia basada en la copia en la que busca secuencias repetidas en los datos y las codifica como una longitud y una referencia a la ubicación anterior.

Hay que tener en cuenta que, debido a este compromiso con la velocidad, Snappy no comprime los datos con tanta eficacia como los algoritmos que utilizan la codificación Huffman u otras formas de codificación de entropía. Sin embargo, cuando la velocidad es más importante que la relación de compresión, Snappy puede ser una opción muy eficaz.

Compresión GZIP: maximizar la eficacia del almacenamiento

GZIP es un formato de archivo y una aplicación de software utilizada para la compresión y descompresión de archivos. GZIP utiliza una combinación del algoritmo LZ77 y la codificación Huffman.

Ejemplo práctico: gestión de datos en AWS. Un enfoque sobre el teorema CAP y los algoritmos de compresión

Consideremos el ejemplo de una plataforma global de comercio electrónico que funciona en múltiples servidores en la nube repartidos por todo el mundo. Esta plataforma gestiona miles de transacciones por segundo, y los datos generados por estas transacciones deben almacenarse y procesarse de forma eficaz. Veremos cómo el teorema CAP y los algoritmos de compresión pueden conducir el diseño del sistema de gestión de datos de la plataforma.

1. Aplicar el teorema CAP

El teorema CAP establece que un almacén de datos distribuido no puede proporcionar simultáneamente más de dos de las tres garantías siguientes: coherencia, disponibilidad y tolerancia a las particiones.

Para nuestra plataforma de comercio electrónico, la disponibilidad y la tolerancia a las particiones podrían ser prioritarias. Una alta disponibilidad garantiza que el sistema pueda seguir procesando transacciones aunque fallen algunos servidores. La tolerancia a las particiones significa que el sistema puede seguir funcionando aunque se produzcan fallos de red que aíslen algunos de los servidores.

Si bien esto significa que el sistema no siempre puede proporcionar una coherencia fuerte (cada lectura recibe la escritura más reciente), podría utilizar la coherencia eventual (las actualizaciones se propagan a través del sistema y, finalmente, todas las réplicas muestran el mismo valor) para garantizar una buena experiencia de usuario. En la práctica, pueden ser aceptables ligeras incoherencias, por ejemplo, cuando la cesta de la compra de un usuario tarda unos segundos en actualizarse en todos los dispositivos.

En el ecosistema AWS, disponemos de una variedad de servicios de almacenamiento de datos que pueden elegirse en función de las necesidades definidas por el teorema CAP. Para nuestra plataforma de comercio electrónico, preferimos la disponibilidad y la tolerancia a las particiones a la coherencia. Amazon DynamoDB, una base de datos NoSQL de clave-valor, sería una opción excelente. Esta ofrece compatibilidad integrada con la replicación multirregional y la partición automática, lo que garantiza una alta disponibilidad y tolerancia a las particiones.

En cuanto a la coherencia, DynamoDB ofrece opciones de "coherencia eventual" y "coherencia fuerte". En nuestro caso, optaríamos por la coherencia eventual para priorizar la disponibilidad y el rendimiento.

2. Utilizar algoritmos de compresión

La plataforma generaría enormes cantidades de datos, incluidos detalles de transacciones, registros de comportamiento de los usuarios e información sobre productos. El almacenamiento y la transferencia de estos datos puede resultar costoso y lento.

En este caso, algoritmos de compresión como gzip, Snappy o LZO podrían ser útiles. Por ejemplo, la plataforma puede utilizar gzip para comprimir los registros de transacciones que se archivan para su almacenamiento a largo plazo. Dado que gzip suele comprimir archivos de texto hasta un 30 % de su tamaño original, podría reducir considerablemente los costes de almacenamiento.

Por otro lado, para el análisis en tiempo real de los datos de comportamiento de los usuarios, la plataforma podría utilizar Snappy o LZO. Aunque es posible que estos algoritmos no compriman los datos tanto como gzip, son más rápidos y permitirían al sistema de análisis procesar los datos con mayor celeridad.

AWS ofrece varias formas de implementar la compresión en función del tipo y el uso de los datos. Para comprimir los registros de transacciones para su almacenamiento a largo plazo, podríamos utilizar Amazon S3 (Simple Storage Service) junto con la compresión gzip. S3 admite la compresión gzip automática de los archivos que se cargan, lo que puede reducir significativamente los costes de almacenamiento. Para el análisis en tiempo real de los datos de comportamiento de los usuarios, podríamos utilizar Amazon Kinesis Data Streams con compresión Snappy o LZO. Kinesis puede capturar, procesar y almacenar flujos de datos para análisis en tiempo real, y admite compresiones para gestionar grandes volúmenes de datos.

3. Cuantificar los beneficios

Los beneficios pueden cuantificarse de forma similar a cuanto hemos descrito anteriormente.

Pongamos un ejemplo práctico para demostrar la reducción potencial de costes. Imaginemos que nuestra plataforma registra 1 TB de transacciones al día. Aprovechando la compresión gzip con S3, podemos reducir potencialmente los requisitos de almacenamiento a unos 300 GB. Desde agosto de 2023, S3 cobra alrededor de 0.023 dólares por cada GB hasta los 50 TB mensuales iniciales. Haciendo cuentas, esto equivale a un ahorro de unos 485 dólares al mes, o unos considerables 5820 dólares al año, solo por el almacenamiento de registros. Cabe señalar que los precios de AWS citados son ilustrativos y específicos para agosto de 2023; es recomendable que compruebes las tarifas actuales, ya que podrían variar.

El uso de Snappy o LZO con Kinesis para el análisis en tiempo real podría mejorar la velocidad de procesamiento de los datos. Esto podría dar lugar a recomendaciones más precisas y personalizadas para el usuario, con el consiguiente aumento potencial de las ventas. El beneficio económico podría calcularse en función del aumento de la tasa de conversión atribuido a la mejora de la velocidad de recomendación.

Por último, al utilizar DynamoDB y adherirnos al teorema CAP, garantizamos una experiencia de compra fluida para nuestros usuarios, incluso en caso de particiones de la red o fallos del servidor. El valor de esta elección podría reflejarse en la tasa de retención de usuarios de la plataforma y en la satisfacción general de los clientes.

Resumen

En este capítulo hemos conocido el diseño de algoritmos centrados en los datos, fijándonos en tres componentes clave: almacenamiento de datos, gobernanza de datos y compresión de datos. Hemos visto diversas cuestiones relacionadas con la gobernanza de datos. Hemos analizado cómo influyen los distintos atributos de los datos en las decisiones arquitectónicas para su almacenamiento. También hemos estudiado distintos algoritmos de compresión de datos, cada uno de los cuales ofrece ventajas específicas en términos de eficacia y rendimiento. En el siguiente capítulo trataremos los algoritmos criptográficos. Aprenderemos a utilizar la potencia de estos algoritmos para proteger los mensajes intercambiados y almacenados.

14

Criptografía

> *¡Llevo mis poemas no escritos cifrados en mi rostro!*
>
> —George Eliot

Este capítulo es una introducción a los algoritmos relacionados con la criptografía. Empezaremos presentando los antecedentes y, a continuación, hablaremos de los algoritmos de cifrado simétrico. A continuación, explicaremos el algoritmo **Message-Digest 5 (MD5)** y el **Secure Hash Algorithm (SHA)** y presentaremos las limitaciones y debilidades de los algoritmos simétricos. Después hablaremos de los algoritmos de cifrado asimétrico y de cómo se utilizan para crear certificados digitales. Por último, presentaremos un ejemplo práctico que resume todas estas técnicas.

Al final de este capítulo conocerás a nivel básico distintos aspectos relacionados con la criptografía.

En este capítulo trataremos los siguientes temas:

- Introducción a la criptografía.

- Tipos de técnicas criptográficas.

- Ejemplo: problemas de seguridad al implantar un modelo de aprendizaje automático.

Empecemos por los conceptos básicos.

Introducción a la criptografía

Las técnicas para proteger secretos existen desde hace siglos. Los primeros intentos de proteger y ocultar datos ante los enemigos se remontan a antiguas inscripciones descubiertas en monumentos de Egipto, donde se utilizaba un alfabeto especial que solo conocían unas pocas personas de confianza. Esta primera forma de seguridad se denomina "oscuridad" y aún hoy se utiliza de diferentes maneras. Para que este método funcione, es fundamental proteger el secreto, que sería el significado secreto del alfabeto en el ejemplo anterior. Más adelante, encontrar formas infalibles de proteger los mensajes importantes fue primordial tanto en la Primera como en la Segunda Guerra Mundial. A finales del siglo XX, con la introducción de la electrónica y los ordenadores, se desarrollaron sofisticados algoritmos para asegurar los datos, dando lugar a un nuevo campo llamado criptografía. Este capítulo aborda los aspectos algorítmicos de la criptografía. Uno de los usos de estos algoritmos es permitir el intercambio seguro de datos entre dos procesos o usuarios. Los algoritmos criptográficos encuentran estrategias para utilizar funciones matemáticas que garanticen los objetivos de seguridad establecidos.

En primer lugar, examinaremos la importancia del "eslabón más débil" de la infraestructura.

La importancia del eslabón más débil

En ocasiones, al diseñar la seguridad de una infraestructura digital, hacemos demasiado hincapié en la seguridad de las entidades individuales y no prestamos la atención necesaria a la seguridad de extremo a extremo. Esto puede hacer que pasemos por alto algunas brechas de seguridad y vulnerabilidades del sistema, que más tarde pueden ser aprovechadas por piratas informáticos para acceder a datos confidenciales. Lo importante es recordar que una infraestructura digital, en su conjunto, es tan fuerte como su eslabón más débil. Para un *hacker*, este eslabón más débil puede suponer una puerta trasera para acceder a datos sensibles de la infraestructura digital. Más allá de cierto punto, no sirve de mucho fortificar la puerta principal sin cerrar todas las puertas traseras.

A medida que los algoritmos y las técnicas de mantenimiento de la infraestructura digital se vuelven cada vez más sofisticados, los atacantes también mejoran sus técnicas. Siempre es importante recordar que una de las formas más fáciles que tienen los atacantes de *hackear* una infraestructura digital es aprovechando estas vulnerabilidades para acceder a información confidencial.

En 2014, se calcula que un ciberataque a un instituto de investigación federal canadiense, el **National Research Council (NRC)**, costó cientos de millones de dólares. Los atacantes consiguieron robar décadas de datos de investigación y material de propiedad intelectual. Utilizaron una brecha de seguridad en el software Apache que se utilizaba en los servidores web para acceder a datos sensibles.

En este capítulo destacaremos las vulnerabilidades de varios algoritmos de cifrado. Veamos, para empezar, la terminología básica que se utiliza en criptografía.

Terminología básica

Esta es la terminología básica relacionada con la criptografía:

- **Cifrado:** algoritmo que realiza una función criptográfica determinada.

- **Texto sin formato:** datos sin formato, que pueden ser un archivo de texto, un vídeo, un mapa de bits o una voz digitalizada. En este capítulo haremos referencia al texto sin formato como P (de *Plain Text*).

- **Texto cifrado:** texto cifrado que se obtiene tras aplicar la criptografía al texto sin formato. En este capítulo haremos referencia a este texto como C (de *Cipher text*).

- **Conjunto de cifrado:** conjunto o suite de componentes de software criptográfico. Cuando dos nodos distintos quieren intercambiar mensajes mediante criptografía, primero tienen que ponerse de acuerdo sobre el conjunto de cifrado que se utilizará. Esto es importante para garantizar que utilizan exactamente la misma implementación de las funciones criptográficas.

- **Encriptación:** es el proceso de convertir un texto sin formato, P, en un texto cifrado, C. Matemáticamente, se representa mediante $encrypt(P) = C$.

- **Descifrado:** es el proceso de convertir el texto cifrado de nuevo en texto sin formato. Matemáticamente, se representa mediante $decrypt(C) = P$.

- **Criptoanálisis:** métodos utilizados para analizar la fuerza de los algoritmos criptográficos. El analista intenta recuperar el texto sin formato sin tener acceso al secreto.

- **Información de identificación personal (IIP):** información que puede utilizarse para rastrear la identidad de un individuo cuando se utiliza sola o con otros datos relevantes. Algunos ejemplos incluyen información protegida, como el número de la seguridad social, la fecha de nacimiento o el apellido materno.

Conozcamos en primer lugar los requisitos de seguridad de un sistema.

Requisitos de seguridad

Antes de empezar, es importante conocer los requisitos exactos de seguridad de un sistema, pues de este modo podremos utilizar la técnica criptográfica correcta y descubrir las posibles vulnerabilidades de dicho sistema.

La mejor forma de conocer los requisitos de seguridad de un sistema es responder a las cuatro preguntas siguientes:

- ¿Qué personas o procesos deben protegerse?

- ¿Ante quién les protegemos?

- ¿Dónde debemos protegerlos?

- ¿Por qué los protegemos?

Tomemos el ejemplo de la **nube privada virtual (VPC)** de AWS. Una VPC (del inglés, *Virtual Private Cloud*) nos permite crear una red de aislamiento lógico a la que se añaden recursos como máquinas virtuales. Para comprender los requisitos de seguridad de una VPC, es importante identificar primero las identidades respondiendo a estas cuatro preguntas:

- ¿Cuántas personas tienen previsto utilizar este sistema?

- ¿Qué tipo de información hay que proteger?

- ¿Debemos proteger solo la VPC, o enviamos un mensaje al sistema que debe cifrarse y comunicarse con la VPC?

- ¿Cuál es la clasificación de seguridad de los datos? ¿Cuáles son los riesgos potenciales? ¿Por qué razón debería interesar a alguien *hackear* el sistema?

Obtendremos la mayoría de las respuestas a estas preguntas llevando a cabo los tres pasos siguientes:

1. Identificar las entidades.

2. Establecer los objetivos de seguridad.

3. Conocer la sensibilidad de los datos.

Veamos estos pasos por separado.

Paso 1: Identificar las entidades

Una entidad puede definirse como un individuo, un proceso o un recurso que forma parte de un sistema de información. Primero tenemos que identificar cómo intervienen usuarios, recursos y procesos en el tiempo de ejecución. A continuación, cuantificaremos las necesidades de seguridad de estas entidades identificadas, ya sea individualmente o como grupo.

En cuanto conozcamos estos requisitos, podremos establecer los objetivos de seguridad de nuestro sistema digital.

Paso 2: Establecer los objetivos de seguridad

El objetivo de diseñar un sistema de seguridad es proteger la información para que no sea robada, comprometida o atacada. Los algoritmos criptográficos suelen utilizarse para cumplir uno o varios objetivos de seguridad:

- **Autenticación:** la autenticación es un mecanismo mediante el cual comprobamos la identidad de un usuario, dispositivo o sistema, confirmando que realmente es lo que dice ser o quien dice ser.

- **Autorización:** la autorización es el proceso de dar permiso al usuario para acceder a un recurso o función específica.

- **Confidencialidad:** los datos que deben protegerse se denominan **datos sensibles**. La confidencialidad es el concepto de restringir los datos sensibles únicamente a los usuarios autorizados. Para proteger la confidencialidad de estos datos durante su transporte o almacenamiento, es necesario hacerlos ilegibles, excepto para los usuarios autorizados. Esto se consigue utilizando algoritmos de encriptación, de los que hablaremos más adelante en este capítulo.

- **Integridad:** la integridad es el proceso de establecer que los datos no han sido alterados de ninguna manera durante su transporte o almacenamiento. Por ejemplo, el **TCP/IP (protocolo de control de transmisión/protocolo de Internet)** utiliza algoritmos de suma de verificación o **comprobación de redundancia cíclica (CRC)** para verificar la integridad de los datos.

- **No repudio:** el no repudio es la capacidad de producir pruebas infalsificables e irrefutables de que un mensaje ha sido enviado o recibido. Estas pruebas pueden utilizarse posteriormente para demostrar la recepción de datos.

Paso 3: Conocer la sensibilidad de los datos

Es importante conocer la clasificación natural de los datos. Las autoridades reguladoras, como los gobiernos, las agencias o las organizaciones, clasifican los datos en función de la gravedad de las consecuencias si estos se ponen en peligro. La categorización de los datos nos ayuda a elegir el algoritmo criptográfico correcto. Hay más de una forma de clasificar los datos, en función de la sensibilidad de la información que contienen. Veamos las formas típicas de clasificación de datos:

- **Datos públicos o no clasificados:** todo lo que está disponible para el consumo del público, por ejemplo, la información que se encuentra en el sitio web de una empresa o en el portal de información de un gobierno.

- **Datos internos o confidenciales:** aunque no sean de consumo público, exponer estos datos al público puede no tener consecuencias perjudiciales. Por ejemplo, si salen a la luz los correos electrónicos de un empleado quejándose de su jefe, puede resultar embarazoso para la empresa, pero no tener consecuencias perjudiciales.

- **Datos sensibles o datos secretos:** datos que se supone que no son de consumo público, cuya exposición al público podría tener consecuencias perjudiciales para un individuo o una organización. Por ejemplo, filtrar los detalles de un futuro iPhone puede perjudicar los objetivos comerciales de Apple y podría dar ventaja a rivales como Samsung.

- **Datos altamente sensibles:** también denominados **datos top-secret**. Se trata de información que, de revelarse, sería extremadamente perjudicial para la organización. Entre los ejemplos de datos altamente sensibles se incluyen las investigaciones patentadas, los planes de negocio estratégicos o los datos financieros internos.

Los datos top-secret están protegidos por múltiples capas de seguridad y requieren un permiso especial para acceder a ellos.

 En general, los sistemas de seguridad más sofisticados son mucho más lentos que los algoritmos sencillos. Es importante encontrar el equilibrio adecuado entre la seguridad y el rendimiento del sistema.

Diseño básico de los sistemas de cifrado

El diseño de un sistema de cifrado consiste en idear un algoritmo que pueda codificar datos sensibles de modo que un proceso malicioso o un usuario no autorizado no pueda acceder a ellos. Aunque, con el tiempo, los sistemas de cifrado se han vuelto cada vez más sofisticados, los principios subyacentes en los que se basan permanecen inalterados.

Vamos a empezar viendo algunos sistemas de cifrado relativamente sencillos que nos ayudarán a entender los principios subyacentes que se utilizan en el diseño de algoritmos criptográficos.

Cifrado por sustitución

Los sistemas de cifrado por sustitución se utilizan desde hace cientos de años de diversas maneras. Como su nombre indica, los sistemas de cifrado por sustitución se basan en un concepto sencillo: sustituir los caracteres del texto sin formato por otros caracteres de forma predeterminada y organizada.

Veamos los pasos exactos que intervienen en el proceso:

1. En primer lugar, asignamos cada carácter a un carácter sustituto.

2. A continuación, codificamos y convertimos el texto sin formato en texto cifrado sustituyendo cada carácter del texto sin formato por otro carácter del texto cifrado mediante un mapeo de sustitución.

3. Para descodificar, devolvemos el texto sin formato utilizando el mapeo de sustitución.

Estos son ejemplos de cifrados basados en sustituciones:

- Cifrado César

- ROT13

Veámoslos con más detalle.

Cifrado César

El cifrado César se basa en el mapeo de sustitución. El mapeo de sustitución cambia la cadena real de forma determinista aplicando una fórmula sencilla que se mantiene en secreto.

El mapeo de sustitución se crea reemplazando cada carácter por el tercer carácter situado a su derecha. Esta asignación se describe en el siguiente diagrama:

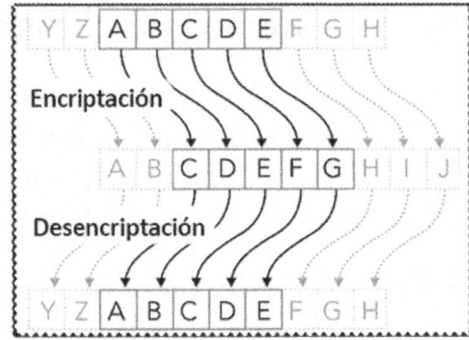

Figura 14.1: *Mapeo de sustitución de los cifrados César.*

Veamos cómo podemos implementar un cifrado César utilizando Python:

```
rotation = 3
P = 'CALM'; C=''
for letter in P:
    C = C+ (chr(ord(letter) + rotation))
```

Podemos ver que hemos aplicado un cifrado César al texto sin formato CALM.

Ahora mostraremos el texto cifrado después de encriptarlo con el cifrado César:

```
print(C)
```

```
FDOP
```

 Se dice que Julio César utilizaba el cifrado César para comunicarse con sus consejeros.

El cifrado César es un método de cifrado sencillo y fácil de aplicar. El inconveniente es que no es demasiado difícil de descifrar, ya que un *hacker* podría simplemente iterar a través de todas las posiciones posibles del alfabeto (las 2626) y ver si aparece algún mensaje coherente. Dada la actual capacidad de procesamiento de los ordenadores, se trata de un número relativamente pequeño de combinaciones, por lo que este cifrado no debe utilizarse para proteger datos muy sensibles.

ROT13

ROT13 es un caso especial del cifrado César en el que el mapeo de sustitución se crea reemplazando cada carácter por el decimotercer carácter situado a su derecha. En la siguiente imagen se muestra gráficamente este procedimiento:

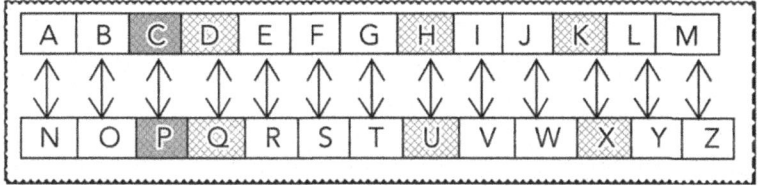

Figura 14.2: *Funcionamiento de ROT13.*

Esto significa que, si `ROT13()` es la función que implementa ROT13, la aplicación será la siguiente:

```
rotation = 13
P = 'CALM'; C=''
for letter in P:
  C = C+ (chr(ord(letter) + rotation))
```

Ahora, mostraremos el valor codificado de `C`:

```
print(c)
```

```
PNYZ
```

En realidad, el ROT13 no se utiliza para lograr la confidencialidad de los datos. Se utiliza más para enmascarar texto, por ejemplo, para ocultar texto potencialmente ofensivo. También puede utilizarse para evitar desvelar la respuesta a un enigma y en otros casos similares.

Criptoanálisis de los métodos de cifrado por sustitución

Los cifrados por sustitución son fáciles de aplicar y de entender. Por desgracia, también son fáciles de descifrar. Un sencillo criptoanálisis de cifrados por sustitución demuestra que, si utilizamos el alfabeto de la lengua inglesa, todo lo que necesitamos determinar para descifrar este cifrado es en cuánto nos estamos desplazando. Podemos probar cada letra del alfabeto inglés una a una hasta que seamos capaces de descifrar el texto. Esto significa que se necesitarán unos 25 intentos para reconstruir el texto sin formato.

Veamos ahora otro tipo de cifrado simple: el cifrado por transposición.

Cifrado por transposición

En los cifrados por transposición, los caracteres del texto sin formato se cifran mediante transposición. La transposición es un método de cifrado que consiste en descifrar la posición de los caracteres mediante una lógica determinista. Un cifrado por transposición escribe caracteres en filas de una matriz y luego lee las columnas como salida. Veamos un ejemplo.

Tomemos el texto sin formato *(P)* `Ottawa Rocks`.

En primer lugar, vamos a codificar *P*. Para ello, utilizaremos una matriz de 3 x 4 y escribiremos el texto sin formato horizontalmente:

O	t	t	a
w	a	R	o
c	k	s	

El proceso de lectura leerá la cadena verticalmente, lo que generará el texto cifrado, en este caso, `OwctaktRsao`. La clave sería {1,2,3,4}, que es el orden en que se leen las columnas. Cifrar con una clave diferente, por ejemplo {2,4,3,1}, daría como resultado un texto cifrado distinto, en este caso, `takaotRsOwc`.

En la Primera Guerra Mundial, los alemanes utilizaron un sistema de cifrado denominado ADFGVX, que empleaba tanto el cifrado por transposición como el cifrado por sustitución. Años más tarde, fue descifrado por George Painvin.

Así, pues, estos son algunos de los tipos de cifrado. En general, los métodos de cifrado utilizan una clave para codificar texto sin formato. A continuación, veremos algunas de las técnicas criptográficas que se utilizan actualmente. La criptografía protege un mensaje mediante procesos de cifrado y descifrado, como se explica en la siguiente sección.

Tipos de técnicas criptográficas

Los distintos tipos de técnicas criptográficas utilizan diferentes tipos de algoritmos y se emplean en circunstancias diferentes. Dado que cada situación y caso de uso tienen distintos requisitos de seguridad basados en las necesidades empresariales y la clasificación de los datos, la selección de la técnica adecuada es importante para diseñar una buena arquitectura.

A grandes rasgos, las técnicas criptográficas pueden dividirse en tres tipos:

- Hashing
- Simétrica
- Asimétrica

Veamos los tres tipos por separado.

Uso de la función criptográfica hash

La función hash es un algoritmo matemático que puede utilizarse para crear una huella digital única de un mensaje. Crea una salida, llamada hash, a partir de un texto sin formato. El tamaño de la salida suele ser fijo, pero puede variar en el caso de algunos algoritmos especializados.

Matemáticamente, se expresa del siguiente modo:

$$C_1 = hashFunction(P_1)$$

Y su explicación es la siguiente:

- P_1 es el texto sin formato que representa los datos de entrada.

- C_1 es un hash de longitud fija generado por la función de criptografía hash.

Esta explicación se muestra de forma gráfica en la imagen siguiente. Los datos de longitud variable se convierten en un hash de longitud fija mediante una función hash unidireccional:

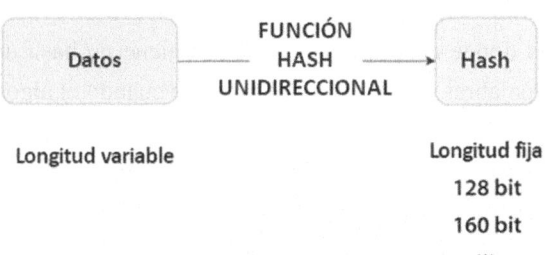

Figura 14.3: *Funciones hash unidireccionales.*

Una función hash es un algoritmo matemático que transforma una cantidad arbitraria de datos en una cadena de bytes de tamaño fijo. Esta función desempeña un papel fundamental para garantizar la integridad y autenticidad de los datos. A continuación, se indican las características clave que definen una función criptográfica hash:

- **Determinista:** una función hash es determinista, lo que significa que la misma entrada (o "texto sin formato") siempre producirá la misma salida (o "hash"). No importa cuántas veces hagas hash de un dato concreto, pues el resultado seguirá siendo el mismo.

- **Unicidad:** idealmente, diferentes entradas deberían producir siempre salidas hash únicas. Si dos entradas distintas producen el mismo hash, se habla de colisión. Las funciones hash de calidad están diseñadas para minimizar la probabilidad de colisiones.

- **Longitud fija:** la salida de una función hash tiene una longitud fija, independientemente del tamaño de los datos de entrada. Tanto si se trata de un único carácter como de una novela entera, el hash resultante tendrá el mismo tamaño, específico del algoritmo hash utilizado (por ejemplo, 128 bits para MD5, 256 bits para SHA-256).

- **Sensible a los cambios de entrada:** incluso una pequeña alteración en el texto sin formato provoca un cambio significativo e impredecible en el valor hash resultante. Esta propiedad garantiza que no es posible derivar la entrada original o encontrar una entrada diferente que produzca el mismo hash, lo que aumenta la seguridad de la función. El efecto es tal que incluso el cambio de una sola letra en un documento grande dará lugar a un hash que parece totalmente diferente del original.

- **Función unidireccional:** las funciones hash son unidireccionales, lo que significa que es inviable computacionalmente invertir el proceso y generar el texto sin formato original (P_1) a partir del hash (C_1). Esto garantiza que, aunque una parte no autorizada obtenga el hash, no pueda utilizarlo para determinar los datos originales.

Aquellas situaciones donde cada mensaje único no tiene un hash único se denominan colisiones. En otras palabras, una colisión se produce cuando el algoritmo hash produce el mismo valor hash para dos valores de entrada diferentes. Para las aplicaciones de seguridad, una colisión es una vulnerabilidad potencial y su probabilidad debe ser muy baja. Es decir, si tenemos dos textos, P1 y P2, en caso de colisión, significa que *hashFunction(P_1) = hashFunction(P_2)*.

Independientemente del algoritmo hash utilizado, las colisiones son poco frecuentes. De lo contrario, el método hash no sería útil. Sin embargo, algunas aplicaciones no admiten colisiones. En esos casos, tenemos que utilizar un algoritmo hash que sea más complejo, pero mucho menos propenso a generar valores hash que colisionen.

Implementación de funciones hash criptográficas

Las funciones hash pueden implementarse utilizando varios algoritmos. Analicemos en profundidad dos de ellos:

1. MD5
2. Algoritmos de cifrado seguro (SHA, del inglés *Secure Hashing Algorithm*)

La tolerancia del MD5

El MD5 fue desarrollado por Poul-Henning Kamp en 1994 para sustituir al MD4. Este algoritmo genera un hash de 128 bits, lo que significa que el valor hash resultante está formado por 128 dígitos binarios (bits).

Esto se traduce en una longitud fija de 16 bytes o 32 caracteres hexadecimales. La longitud fija garantiza que, independientemente del tamaño de los datos originales, el hash siempre tendrá una longitud de 128 bits. El objetivo de esta salida de longitud fija es crear una "huella digital" o "resumen" de los datos originales. El MD5 es un algoritmo relativamente simple y vulnerable a las colisiones. En aplicaciones que no pueden tolerar colisiones, no se debe utilizar. Por ejemplo, puede utilizarse para comprobar la integridad de los archivos descargados de Internet.

Veamos un ejemplo. Para generar un hash MD5 en Python, empezaremos utilizando el módulo `hashlib`, que forma parte de la biblioteca estándar de Python y proporciona una serie de algoritmos hash criptográficos diferentes:

```
import hashlib
```

A continuación, definiremos una función de utilidad denominada `generate_md5_hash()`, que toma `input_string` como parámetro. Esta cadena será procesada por la función:

```
def generate_md5_hash(input_string):
# Crea un nuevo objeto hash md5
md5_hash = hashlib.md5()

# Codifica la cadena de entrada en bytes y hace un hash de ella
md5_hash.update(input_string.encode())

# Devuelve la representación hexadecimal del hash
return md5_hash.hexdigest()
```

Observa que `hashlib.md5()` crea un nuevo objeto hash. Este objeto utiliza el algoritmo MD5 y `md5_hash.update(input_string.encode())` actualiza el objeto hash con los bytes de la cadena de entrada. Esta cadena se codifica en bytes utilizando por defecto la codificación UTF-8. Una vez actualizados todos los datos en el objeto hash, podemos llamar al método `hexdigest()` para que nos devuelva la representación hexadecimal del resumen. Este es el hash MD5 de la cadena de entrada.

Aquí utilizamos la función `generate_md5_hash()` para obtener el hash MD5 de la cadena `"¡Hello,World!"` e imprimir el resultado en la consola:

```
def verify_md5_hash(input_string, correct_hash):
    # Genera el hash md5 para input_string
    computed_hash = generate_md5_hash(input_string)

    # Compara el hash calculado con el hash proporcionado
    return computed_hash == correct_hash
```

```
# Prueba
input_string = "Hello, World!"
hash_value = generate_md5_hash(input_string)
print(f"Generated hash: {hash_value}")

correct_hash = hash_value
print(verify_md5_hash(input_string, correct_hash)) # Debería devolver True
```

```
Generated hash: 65a8e27d8879283831b664bd8b7f0ad4
True
```

En la función `verify_md5_hash`, tomamos una cadena de entrada y un hash MD5 correcto conocido. Generamos el hash MD5 de la cadena de entrada utilizando nuestra función `generate_md5_hash` y luego lo comparamos con el hash correcto conocido.

Cuándo utilizar MD5

Si echamos la vista atrás en la historia, los puntos débiles del MD5 se descubrieron a finales de la década de 1990. A pesar de los problemas, el uso del MD5 sigue siendo popular. Este método resulta ideal para comprobar la integridad de los datos. Ten en cuenta que el resumen de mensajes del MD5 no asocia de forma única el hash con su propietario, ya que dicho resumen no es un hash firmado. El MD5 se utiliza para demostrar que un archivo no ha sido modificado desde el cálculo del hash, pero no se utiliza para demostrar la autenticidad de un archivo. Veamos ahora otro algoritmo hash: el SHA.

Algoritmos de cifrado seguro (SHA)

El SHA fue desarrollado por el **Instituto Nacional de Normas y Tecnología (NIST**, del inglés *National Institute of Standards and Technology*) y se utiliza mucho para verificar la integridad de los datos. Entre sus variantes, el SHA-512 es una función hash popular y forma parte de la biblioteca `hashlib` de Python. Vamos a ver cómo podemos utilizar Python para crear un hash mediante el algoritmo SHA. Para ello, debemos importar primero la biblioteca `hashlib`:

```
import hashlib
```

Seguidamente, definiremos la sal y el mensaje. El *salting* es la práctica de añadir caracteres aleatorios a una contraseña antes del hash. Dicha práctica aumenta la seguridad haciendo que las colisiones hash sean más difíciles:

```
salt = "qIo0foX5"
password = "myPassword"
```

A continuación, combinaremos la sal con la contraseña para aplicar el procedimiento del *salting*:

```
salted_password = salt + password
```

Y después utilizaremos la función `sha512` para crear un hash de la contraseña salada:

```
sha512_hash = hashlib.sha512()
sha512_hash.update(salted_password.encode())
myHash = sha512_hash.hexdigest()
```

Ahora, imprimimos `myHash`:

```
myHash
```

```
2e367911b87b12f73b135b1a4af9fac193a8064d3c0a52e34b3a52a5422beed2b6
276eabf95abe728f91ba61ef93175e5bac9a643b54967363ffab0b35133563
```

Ten en cuenta que, cuando utilizamos el algoritmo SHA, el hash generado tiene 512 bytes. Este tamaño específico no es arbitrario, sino un componente clave de las características de seguridad del algoritmo. Un mayor tamaño del hash corresponde a un mayor número de combinaciones potenciales, lo que reduce las posibilidades de "colisiones", es decir, los casos en los que dos entradas diferentes producen el mismo hash de salida. Las colisiones comprometen la fiabilidad de un algoritmo hash, y la salida de 512 bytes del SHA-512 reduce significativamente este riesgo.

Una aplicación de la función hash criptográfica

Las funciones hash se utilizan para comprobar la integridad de un archivo después de hacer una copia de este. Para ello, cuando un archivo se copia de un origen a un destino (por ejemplo, cuando se descarga de un servidor web), también se copia con él el hash correspondiente. Este hash original, *horiginal*, actúa como una huella digital del archivo original. Después de copiar el archivo, volvemos a generar el hash a partir de la versión copiada del archivo, es decir, *hcopied*. Si *horiginal = hcopied*, es decir, el hash generado, coincide con el hash original, se verifica que el archivo no ha cambiado y no se ha perdido ninguno de los datos durante el proceso de descarga. Podemos utilizar cualquier función hash criptográfica, como MD5 o SHA, para generar un hash con este fin.

Elegir entre MD5 y SHA

Tanto MD5 como SHA son algoritmos hash. MD5 es sencillo y rápido, pero no proporciona una buena seguridad. SHA es complejo en comparación con MD5 y proporciona un mayor nivel de seguridad.

A continuación, veremos el cifrado simétrico.

El cifrado simétrico

En criptografía, una clave es una combinación de números que se utiliza para codificar texto sin formato mediante un algoritmo de nuestra elección. En el cifrado simétrico, utilizamos la misma clave tanto para cifrar como para descifrar. Si la clave utilizada para el cifrado simétrico es K, se cumple la siguiente ecuación:

$$EK(P) = C$$

Aquí, P es el texto sin formato y C, el texto cifrado.

Para descifrarlo y convertirlo de nuevo en P, utilizamos la misma clave, K:

$$DK(C) = P$$

El siguiente diagrama muestra este proceso:

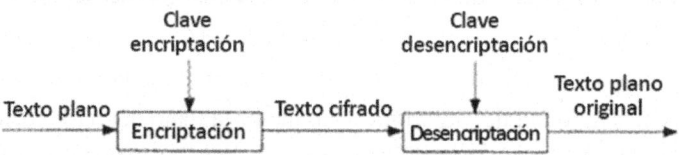

Figura 14.4: *Cifrado simétrico.*

Veamos ahora cómo podemos utilizar el cifrado simétrico con Python.

Código para el cifrado simétrico

En esta sección veremos cómo trabajar con funciones hash utilizando la biblioteca `hashlib` integrada en Python. `hashlib` viene preinstalada en Python y proporciona una amplia gama de algoritmos hash. En primer lugar, la importaremos:

```
import hashlib
```

Utilizaremos el algoritmo SHA-256 para crear nuestro hash. También se pueden utilizar otros algoritmos, como MD5, SHA-1, etc.:

```
sha256_hash = hashlib.sha256()
```

Ahora crearemos un hash para el mensaje `"Ottawa is really cold"`:

```
message = "Ottawa is really cold".encode()
sha256_hash.update(message)
```

La representación hexadecimal del hash se puede imprimir con:

```
print(sha256_hash.hexdigest())
```

```
b6ee63a201c4505f1f50ff92b7fe9d9e881b57292c00a3244008b76d0e026161
```

Veamos algunas de las ventajas del cifrado simétrico.

Ventajas del cifrado simétrico

A continuación, se enumeran las ventajas del cifrado simétrico:

- **Sencillez:** el cifrado y descifrado mediante cifrado simétrico son más sencillos de implementar.

- **Rapidez:** el cifrado simétrico es más rápido que el asimétrico.

- **Seguridad:** uno de los sistemas de cifrado de clave simétrica más utilizados es el **estándar de cifrado avanzado (AES,** del inglés *Advanced Encryption Standard*), diseñado por el gobierno estadounidense. Cuando se utiliza un algoritmo seguro como AES, el cifrado simétrico es al menos tan seguro como el asimétrico.

Los problemas del cifrado simétrico

Cuando dos usuarios o procesos planean utilizar el cifrado simétrico para comunicarse, necesitan intercambiar claves utilizando un canal seguro. Esto plantea los dos problemas siguientes:

- **Protección de claves:** cómo proteger la clave de cifrado simétrico.

- **Distribución de claves:** cómo compartir la clave de cifrado simétrico desde el origen hasta el destino.

Veamos ahora en qué consiste el cifrado asimétrico.

Cifrado asimétrico

En los años 70, se ideó el cifrado asimétrico para solucionar algunos de los puntos débiles del cifrado simétrico.

El primer paso en el cifrado asimétrico es la generación de dos claves distintas que parezcan totalmente diferentes pero que estén relacionadas algorítmicamente. Una de ellas se elige como clave privada, *Kpr*, y la otra, como clave pública, *Kpu*. La elección de cuál de las dos claves es pública o privada es arbitraria. Matemáticamente, podemos representarlo de la siguiente manera:

$$EKpr(P) = C$$

Aquí, *P* es el texto sin formato y *C*, el texto cifrado.

Podemos descifrarlo de la siguiente manera:

$$DKpu(C) = P$$

Se supone que las claves públicas se distribuyen libremente y que las privadas las mantiene en secreto el propietario del par de claves. Por ejemplo, en AWS, los pares de claves se utilizan para proteger las conexiones de las instancias virtuales y gestionar los recursos cifrados. La clave pública es utilizada por otros para cifrar datos o verificar firmas, mientras que la clave privada, almacenada de forma segura por el propietario, se utiliza para descifrar datos o firmar contenidos digitales. Al adherirse al principio de mantener la clave privada secreta y la clave pública accesible, los usuarios de AWS pueden garantizar una comunicación segura y la integridad de los datos en su entorno en la nube. Esta separación entre claves públicas y privadas es la piedra angular de los mecanismos de seguridad y confianza de AWS y otros servicios en la nube.

El principio fundamental es que, si se cifra con una de las claves, la única forma de descifrarlo es utilizando la otra clave. Por ejemplo, si ciframos datos utilizando la clave pública, tendremos que descifrarlos mediante la otra clave, es decir, la privada.

Veamos ahora uno de los protocolos fundamentales del cifrado asimétrico, el protocolo de enlace **Secure Sockets Layer (SSL)/Transport Layer Security (TLS)**, responsable de establecer una conexión entre dos nodos mediante cifrado asimétrico.

El algoritmo de handshaking SSL/TLS

El SSL se desarrolló originalmente para añadir seguridad al HTTP. Con el tiempo, este algoritmo ha sido reemplazado por un protocolo más eficaz y seguro, denominado TLS. Los *handshakes* o apretones de manos TLS son la base de cómo el HTTP crea una sesión de comunicación segura. Este protocolo de enlace TLS se lleva a cabo entre las dos entidades participantes, el cliente y el servidor, como se muestra en el siguiente diagrama:

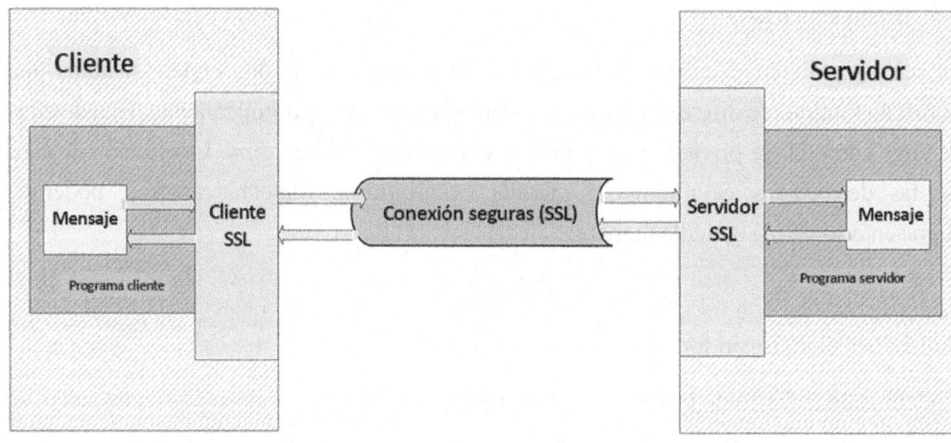

Figura 14.5: *Sesión segura entre el cliente y el servidor.*

Un protocolo de enlace TLS establece una conexión segura entre los nodos participantes. A continuación, se indican los pasos que hay que dar en este proceso:

1. El cliente envía un mensaje de bienvenida (`client hello`) al servidor. Este mensaje contiene, además, lo siguiente:
   - La versión de TLS utilizada.
   - La lista de conjuntos de cifrado soportados por el cliente.
   - Un algoritmo de compresión.
   - Una cadena de bytes aleatoria, identificada como `byte_client`.

2. El servidor envía también un mensaje de bienvenida (`server hello`) al cliente. Este mensaje contiene, además, lo siguiente:
   - Un conjunto de cifrado seleccionado por el servidor a partir de la lista proporcionada por el cliente.
   - Un identificador de sesión.
   - Una cadena de bytes aleatoria, identificada como `byte_server`.
   - Un certificado digital del servidor, identificado como `cert_server`, que contiene la clave pública del servidor.
   - Si el servidor requiere un certificado digital para la autenticación del cliente o una solicitud de certificado del cliente, la solicitud cliente-servidor también incluye lo siguiente:
     - Los nombres distintivos de las CA aceptables
     - Los tipos de certificados admitidos
   - El cliente verifica el certificado `cert_server`.
   - El cliente genera una cadena de bytes aleatoria, identificada como `byte_client2`, y la cifra con la clave pública del servidor proporcionada a través de `cert_server`.
   - El cliente genera una cadena de bytes aleatoria y la identifica y encripta con su propia clave privada.
   - El servidor verifica el certificado del cliente.
   - El cliente envía el mensaje final al servidor, cifrado con una clave secreta.
   - Para acusar recibo desde el lado del servidor, este envía un mensaje final al cliente, cifrado con una clave secreta.
   - El servidor y el cliente han establecido un canal seguro. Ahora pueden intercambiar mensajes cifrados simétricamente con la clave secreta compartida. La metodología completa se muestra a continuación:

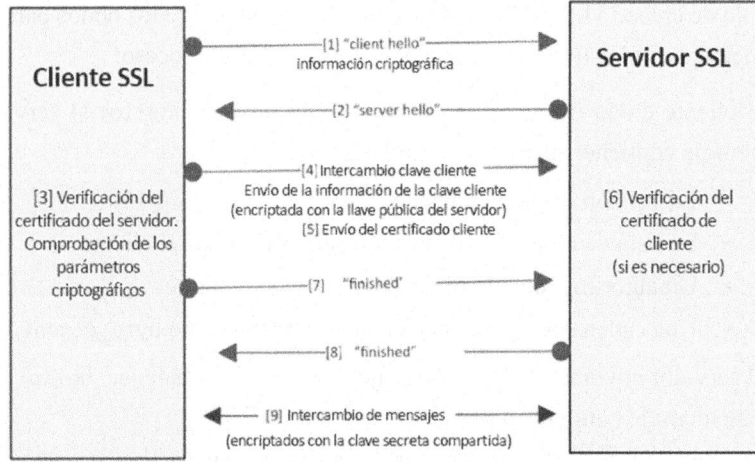

Figura 14.6: *Sesión segura entre el cliente y el servidor.*

Veamos ahora cómo utilizar el cifrado asimétrico para crear una **infraestructura de clave pública** (**PKI**, del inglés *Public Key Infrastructure*), que se crea para cumplir uno o varios objetivos de seguridad de una organización.

Infraestructura de clave pública

El cifrado asimétrico se utiliza para implementar una PKI. La PKI es una de las formas más populares y fiables de gestionar las claves de cifrado de una organización. Todos los participantes confían en una autoridad central de confianza denominada **autoridad de certificación** (**CA**, del inglés *Certification Authority*). Las CA verifican la identidad de personas y organizaciones y les expiden certificados digitales (un certificado digital contiene una copia de la clave pública de una persona u organización y su identidad), comprobando que la clave pública asociada a esa persona u organización realmente les pertenece.

La CA solicita al usuario que demuestre su identidad. La validación básica se denomina validación de dominio, que puede consistir simplemente en verificar la propiedad de un nombre de dominio. La validación ampliada, si es necesaria, supone un proceso más riguroso que implica una prueba física de identidad, según el tipo de certificado digital que el usuario esté intentando obtener. Si la autoridad de certificación está convencida de que el usuario es realmente quien dice ser, le proporciona su clave pública de cifrado a través de un canal seguro.

La CA utiliza esta información para crear un certificado digital que contiene información sobre la identidad del usuario y su clave pública. Este certificado está firmado digitalmente por la CA. El certificado es una entidad pública, ya que el usuario puede mostrarlo a cualquiera que quiera verificar su identidad, sin tener que enviarlo a través de un canal seguro, ya que el certificado no contiene ninguna información sensible en sí misma. La persona que recibe el certificado no tiene que verificar directamente la identidad del usuario. Esa persona puede simplemente comprobar que el certificado es válido verificando la firma digital de la CA, que valida que la clave pública contenida en el certificado pertenece, realmente, a la persona u organización nombrada en el certificado.

La clave privada de la CA de una organización es el eslabón más débil de la cadena de confianza de la PKI. Si un suplantador se hiciera con la clave privada de Microsoft, por ejemplo, podría instalar software malicioso en millones de ordenadores de todo el mundo suplantando una actualización de Windows.

Blockchain y criptografía

No cabe duda de que en los últimos años ha habido mucho entusiasmo en torno a blockchain (o cadena de bloques) y las criptomonedas. Se dice que blockchain es una de las tecnologías más seguras jamás inventadas. El entusiasmo por esta tecnología empezó con Bitcoin y las monedas digitales. Las monedas digitales se desarrollaron por primera vez en 1980, pero con Bitcoin se convirtieron en la corriente principal. El auge de Bitcoin se debió a la amplia disponibilidad de sistemas distribuidos. Tiene dos importantes características que hicieron cambiar las reglas del juego:

1. Está descentralizada. Utiliza una red de minería y un algoritmo distribuido llamado blockchain.

2. Bitcoin se basa en incentivos inherentes para que los procesos de minería compitan por añadir un bloque al blockchain intentando responder a un rompecabezas computacional muy complejo. El proceso ganador puede reclamar diferentes bitcoins como recompensa por su esfuerzo.

Aunque blockchain fue desarrollada para Bitcoin, actualmente se utiliza y aplica en muchos otros ámbitos. Se basa en un algoritmo de consenso distribuido que utiliza la **tecnología de libro mayor distribuido** (**DLT**, del inglés *Distributed Ledger Technology*). Estas son sus características:

- **Descentralización:** se basa en una arquitectura distribuida y no centralizada. No existe una autoridad central. Cada nodo del sistema blockchain participa en el mantenimiento de la integridad del DLT y existe un consenso entre todos los nodos participantes. En esta arquitectura distribuida, las transacciones se almacenan en los nodos constituyentes, formando una red P2P.

El término "P2P" significa "Peer-to-Peer", es decir, que cada nodo, o "peer", de la red se comunica directamente con los demás sin necesidad de pasar por un servidor o autoridad central.

- **Formaciones en cadena:** todas las transacciones de blockchain se acumulan en una lista de bloques. Cuando se añaden varios bloques, se crea una formación similar a una cadena, razón por la cual se denomina blockchain.

- **Irreversibilidad:** los datos están seguros, replicados y almacenados en bloques irreversibles.

- **Transparencia:** se mantiene un registro o historial de cada transacción. Cada transacción se verifica y registra mediante técnicas criptográficas.

Si lo analizamos con detalle, las transacciones de blockchain utilizan hashes criptográficos de cada uno de los bloques anteriores de la cadena. Las funciones hash se utilizan para crear una huella digital unidireccional de un fragmento arbitrario de datos. Para verificar los datos almacenados, manejados y transferidos entre los distintos nodos participantes, se utiliza un árbol de Merkle o árbol hash. Para el hash, se utiliza SHA-2. A continuación, se muestra un diagrama de una transacción concreta:

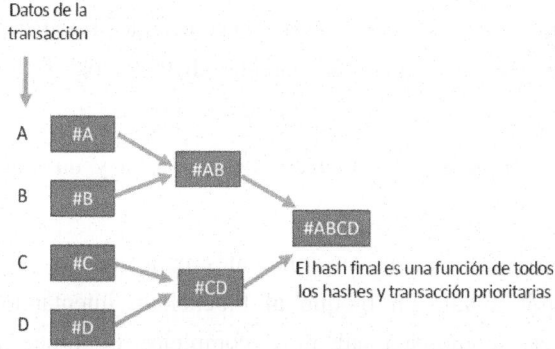

Figura 14.7: *El árbol de Merkle de una cadena de bloques.*

La figura 14.7 resume el funcionamiento de blockchain. En ella se muestra cómo las transacciones se convierten en bloques, que, a su vez, se convierten en cadenas. En el lado izquierdo, se muestran cuatro transacciones: A, B, C y D. A continuación, se crea la raíz Merkle aplicando una función hash. La raíz Merkle puede considerarse una estructura de datos que forma parte de la cabecera del bloque. Como las transacciones son irreversibles, las transacciones registradas anteriormente no pueden modificarse.

Observa que el valor hash de la cabecera del bloque anterior también pasa a formar parte del bloque, incorporando así registros de transacciones. Esto crea estructuras de procesamiento que parecen cadenas, razón por la cual este proceso se denomina blockchain.

Cada usuario del blockchain se autentica y autoriza mediante criptografía, lo que elimina la necesidad de autenticación y autorización de terceros. Las firmas digitales también se utilizan para proteger las transacciones. El receptor de una transacción tiene una clave pública. La tecnología blockchain elimina la intervención de terceros para la validación de las transacciones, basándose en pruebas criptográficas. Las transacciones quedan aseguradas mediante una firma digital. Cada usuario tiene una clave privada única que establece su identidad digital en el sistema.

Ejemplo: problemas de seguridad al implantar un modelo de aprendizaje automático

En el capítulo 6, *Algoritmos de aprendizaje automático no supervisado*, analizamos el ciclo de vida del **proceso estándar intersectorial para la minería de datos (CRISP-DM)**, que especifica las distintas fases de entrenamiento y despliegue de un modelo de aprendizaje automático. Cuando un modelo ha sido entrenado y evaluado, la fase final es el despliegue o implantación. Si se trata de un modelo de aprendizaje automático crítico, nos interesará asegurarnos de que se cumplen todos sus objetivos de seguridad.

Vamos a anlizar los retos habituales a los que nos enfrentamos al implantar un modelo como este y cómo podemos abordarlos utilizando los conceptos tratados en este capítulo. Hablaremos sobre estrategias para proteger nuestro modelo entrenado contra los tres retos siguientes:

- Ataques **Man-in-the-Middle (MITM)**
- Enmascaramiento
- Templado de datos

Veamos los tres retos por separado.

Ataques MITM

Uno de los posibles ataques contra los que querríamos proteger nuestro modelo son los ataques MITM. Un ataque MITM se produce cuando un intruso intenta espiar una comunicación supuestamente privada.

Tratemos de explicar los ataques MITM secuencialmente utilizando una situación de ejemplo.

Supongamos que Bob y Alice quieren intercambiar mensajes por PKI:

1. Bob utiliza $\{Pr_{Bob}, Pu_{Bob}\}$ y Alice, $\{Pr_{Alice}, Pu_{Alice}\}$. Bob ha creado un mensaje, M_{Bob}, y Alice ha creado otro, M_{Alice} y quieren intercambiarlos entre ellos de forma segura.

2. Al principio, tienen que intercambiar sus claves públicas para establecer una conexión segura. Esto significa que Bob utiliza Pu_{Alice} para cifrar M_{Bob} antes de enviar el mensaje a Alice.

3. Supongamos que tenemos un espía, comúnmente conocido como Eve X, que utiliza $\{Pr_X, Pu_X\}$. El atacante es capaz de interceptar los intercambios de clave pública entre Bob y Alice y sustituirlos por su propio certificado público.

4. Bob envía M_{Bob} a Alice, encriptándolo con Pu_X en lugar de Pu_{Alice}, pensando erróneamente que este es el certificado público de Alice. El espía X intercepta la comunicación: intercepta el mensaje M_{Bob} y lo descifra utilizando Pr_{Bob}.

El siguiente diagrama muestra este ataque MITM:

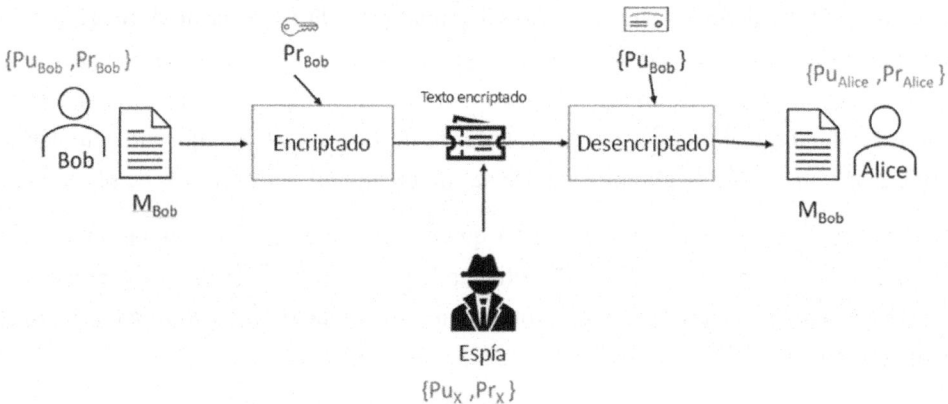

Figura 14.8: *Ataque MITM.*

Veamos ahora cómo podemos evitar este tipo de ataques.

Cómo evitar los ataques MITM

Una manera de evitar este tipo de ataques es introduciendo una CA en la organización. Supongamos que el nombre de esta CA es myTrustCA. El certificado digital tiene su clave pública, llamada PumyTrustCA, incrustada en él. myTrustCA se encarga de firmar los certificados de todas las personas de la organización, incluidos Alice y Bob. Esto significa que ambos tienen sus certificados firmados por myTrustCA. Al firmar sus certificados, myTrustCA verifica que son realmente quienes dicen ser.

Con esta nueva disposición, volvamos a la interacción secuencial entre Bob y Alice:

1. Bob utiliza $\{Pr_{Bob}, Pu_{Bob}\}$ y Alice, $\{Pr_{Alice}, Pu_{Alice}\}$. Las claves públicas de ambos están incrustadas en sus certificados digitales, firmados por myTrustCA. Bob ha creado un mensaje, M_{Bob}, y Alice ha creado otro, M_{Alice} y quieren intercambiárselos de forma segura.

2. Intercambian sus certificados digitales, que contienen sus claves públicas. Solo aceptarán las claves públicas si están incrustadas en los certificados firmados por la CA en la que confían. Necesitan intercambiar sus claves públicas para establecer una conexión segura entre sí. Esto significa que Bob utiliza Pu_{Alice} para cifrar M_{Bob} antes de enviar el mensaje a Alice.

3. Supongamos que tenemos un espía, X, que utiliza $\{Pr_X, Pu_X\}$. El atacante es capaz de interceptar los intercambios de clave pública entre Bob y Alice y sustituirlos por su propio certificado público, Pu_X.

4. Bob rechaza el intento de X, ya que el certificado digital del villano no está firmado por la CA en la que Bob confía. El protocolo de enlace se aborta, el intento de ataque se registra con una marca de tiempo y todos los detalles y se lanza una excepción de seguridad.

Cuando se despliega un modelo de aprendizaje automático entrenado, en lugar de Alice, hay un servidor. Bob solo despliega el modelo después de establecer un canal seguro, siguiendo los pasos anteriormente mencionados.

Evitar el enmascaramiento

El atacante X se hace pasar por un usuario autorizado, Bob, y accede a los datos sensibles, que en este caso es el modelo entrenado. Necesitamos proteger el modelo contra cualquier cambio no autorizado.

Una forma de proteger nuestro modelo entrenado contra la suplantación de identidad es cifrar el modelo con la clave privada de un usuario autorizado. Una vez cifrado, cualquiera puede leer y utilizar el modelo descifrándolo mediante la clave pública del usuario autorizado, que se encuentra en su certificado digital. Nadie puede hacer cambios no autorizados en el modelo.

Cifrado de datos y modelos

Una vez desplegado el modelo, los datos no etiquetados en tiempo real que se proporcionan como entrada al modelo también pueden ser manipulados. El modelo entrenado se utiliza para la inferencia y proporciona una etiqueta para estos datos. Para proteger los datos contra la manipulación, estos deben estar en reposo y en comunicación. Para proteger los datos en reposo, se puede utilizar el cifrado simétrico para codificarlos.

Para transferir los datos, se pueden establecer canales seguros basados en SSL-/TLS. Estos canales pueden utilizarse para transferir la clave simétrica, y los datos pueden descifrarse en el servidor antes de proporcionárselos al modelo entrenado.

Esta es una de las formas más eficaces e infalibles de proteger los datos contra la manipulación.

El cifrado simétrico también puede utilizarse para cifrar un modelo una vez entrenado, antes de enviarlo a un servidor. Esto evitará cualquier acceso no autorizado al modelo antes de su despliegue.

Veamos cómo podemos encriptar un modelo entrenado en el origen, utilizando el cifrado simétrico con la ayuda de los siguientes pasos, y luego desencriptarlo en el destino antes de utilizarlo:

1. Primero, entrenaremos un modelo sencillo utilizando el conjunto de datos Iris:

```python
import pickle
from joblib
import dump, load
from sklearn.linear_model import LogisticRegression
from sklearn.model_selection import train_test_split
from sklearn.datasets import load_iris
from cryptography.fernet import Fernet

iris = load_iris()
X = iris.data
y = iris.target
X_train, X_test, y_train, y_test = train_test_split(X, y)
model = LogisticRegression(max_iter=1000) # Aumenta max_iter
                                          para la convergencia
model.fit(X_train, y_train)
```

2. Seguidamente, definiremos los nombres de los archivos que almacenarán el modelo:

```python
filename_source = "unencrypted_model.pkl"
filename_destination = "decrypted_model.pkl"
filename_sec = "encrypted_model.pkl"
```

3. Ten en cuenta que `filename_source` es el archivo que almacenará el modelo entrenado sin cifrar en el origen, `filename_destination` es el archivo que almacenará el modelo entrenado sin cifrar en el destino y `filename_sec` es el modelo entrenado cifrado.

4. Utilizaremos `pickle` para almacenar el modelo entrenado en un archivo:

```python
from joblib import dump dump(model, filename_source)
```

5. Vamos a definir una función llamada `write_key()` que generará una clave simétrica y la almacenará en un archivo llamado `key.key`:

```
def write_key():
    key = Fernet.generate_key()
    with open("key.key", "wb") as key_file:
        key_file.write(key)
```

6. Ahora, definiremos una función llamada `load_key()` que puede leer la clave almacenada desde el archivo `key.key`:

```
def load_key():
    return open("key.key", "rb").read()
```

7. A continuación, definiremos una función `encrypt()` que puede cifrar y entrenar el modelo y almacenarlo en un archivo llamado `filename_sec`:

```
def encrypt(filename, key):
    f = Fernet(key)
    with open(filename,"rb") as file:
        file_data = file.read()
    encrypted_data = f.encrypt(file_data)
    with open(filename_sec,"wb") as file:
        file.write(encrypted_data)
```

8. Utilizaremos estas funciones para generar una clave simétrica y almacenarla en un archivo. A continuación, leeremos esta clave y la utilizaremos para almacenar nuestro modelo entrenado en un archivo llamado `filename_sec`:

```
write_key()
key = load_key()
encrypt(filename_source, key)
```

El modelo ya está encriptado y será transferido al destino donde se utilizará para la predicción:

1. En primer lugar, vamos a definir una función llamada `decrypt()` que podemos utilizar para descifrar el modelo de `filename_sec` a `filename_destination` utilizando la clave almacenada en el archivo `key.key`:

```
def decrypt(filename, key):
    f = Fernet(key)
    with open(filename, "rb") as file:
        encrypted_data = file.read()
    decrypted_data = f.decrypt(encrypted_data)
    with open(filename_destination, "wb") as file:
        file.write(decrypted_data)
```

2. Seguidamente, utilizaremos esta función para descifrar el modelo y almacenarlo en un archivo llamado `filename_ destination`:

```
decrypt(filename_sec, key)
```

3. Ahora utilizaremos este archivo sin cifrar para cargar el modelo y utilizarlo para las predicciones:

```
loaded model = load(filename_destination)
result = loaded_model.score(X_test, y_test)
print(result)
```

```
0.9473684210526315
```

Observa que hemos utilizado un cifrado simétrico para codificar el modelo. Si fuera necesario, se podría utilizar esta misma técnica para cifrar datos.

Resumen

En este capítulo hemos conocido los algoritmos criptográficos. Hemos empezado identificando los objetivos de seguridad de un problema. A continuación, hemos tratado diversas técnicas criptográficas y examinado los detalles de la PKI. Por último, hemos visto las distintas formas de proteger un modelo de aprendizaje automático entrenado contra los ataques más comunes. Llegados a este punto, ya conoces los fundamentos de los algoritmos de seguridad utilizados para proteger las infraestructuras informáticas modernas.

En el próximo capítulo nos ocuparemos del diseño de algoritmos a gran escala. Estudiaremos los retos y las compensaciones que plantea este diseño y la selección de algoritmos de este tipo. También veremos el uso de la GPU y los clústers para resolver problemas complejos.

15

Algoritmos a gran escala

Los algoritmos a gran escala están diseñados específicamente para abordar problemas de gran envergadura y complejidad. Se distinguen por su demanda de múltiples motores de ejecución debido al enorme volumen de datos y requisitos de procesamiento. Entre los ejemplos de este tipo de algoritmos se incluyen los **grandes modelos de lenguaje (LLM)**, como ChatGPT, que requieren un entrenamiento distribuido del modelo para gestionar las grandes demandas computacionales inherentes al aprendizaje profundo. El uso intensivo de recursos de estos algoritmos complejos pone de manifiesto la necesidad de disponer de técnicas de procesamiento en paralelo sólidas y esenciales para el entrenamiento del modelo.

Empezaremos presentando el concepto de algoritmo a gran escala y, a continuación, analizaremos la infraestructura eficiente necesaria para soportarlos. Además, exploraremos diversas estrategias para gestionar el procesamiento de múltiples recursos. También en este capítulo examinaremos las limitaciones del procesamiento paralelo, esbozadas por la ley de Amdahl, e investigaremos el uso de las **unidades de procesamiento gráfico (GPU)**. Al finalizar este capítulo habrás adquirido una base sólida de las estrategias básicas esenciales para diseñar algoritmos a gran escala.

Este capítulo trata los siguientes temas:

- Introducción a los algoritmos a gran escala.
- Infraestructura eficiente para algoritmos a gran escala.
- Estrategias para el procesamiento de múltiples recursos.
- Uso de la potencia de clústeres/nube para ejecutar algoritmos a gran escala.

Empecemos por la introducción.

Introducción a los algoritmos a gran escala

A lo largo de la historia, los seres humanos han abordado problemas complejos, desde predecir la ubicación de plagas de langostas hasta descubrir los números primos más grandes. Nuestra curiosidad y determinación nos han llevado a innovar continuamente en los métodos de resolución de problemas. La invención de los ordenadores fue un momento crucial en este viaje, ya que nos dio la capacidad de manejar algoritmos y cálculos complejos. Hoy en día, los ordenadores nos permiten procesar conjuntos de datos masivos, ejecutar cálculos complejos y simular diversos escenarios con notable rapidez y precisión.

Sin embargo, a medida que nos enfrentamos a retos cada vez más complejos, los recursos de un solo ordenador resultan a menudo insuficientes. Y aquí es donde entran en juego los algoritmos a gran escala, que aprovechan la potencia combinada de varios ordenadores trabajando juntos. El diseño de algoritmos a gran escala constituye un campo dinámico y extenso dentro de la informática, centrado en la creación y el análisis de algoritmos que utilicen eficientemente los recursos computacionales de numerosas máquinas. Estos algoritmos a gran escala permiten dos tipos de informática: distribuida y paralela. En la informática distribuida, dividimos una única tarea entre varios ordenadores, cada uno de los cuales trabaja en un segmento de la tarea y se combinan sus resultados al final. Piensa en ello como el montaje de un coche: distintos trabajadores se ocupan de diferentes partes, pero juntos construyen el vehículo entero. La informática paralela, por el contrario, implica múltiples procesadores que realizan varias tareas simultáneamente, de forma similar a una cadena de montaje en la que cada trabajador realiza un trabajo diferente al mismo tiempo.

Los LLM, como el GPT-4 de OpenAI, ocupan una posición crucial en este amplio sector, ya que representan una forma de algoritmos a gran escala. Los LLM están diseñados para comprender y generar textos similares a los humanos procesando grandes cantidades de datos e identificando patrones dentro de las lenguas. Sin embargo, entrenar estos modelos es una tarea pesada, pues implica trabajar con miles de millones, a veces billones, de unidades de datos, conocidas como tokens. Este entrenamiento incluye pasos que hay que dar uno tras otro, como la preparación de los datos. También hay pasos que pueden llevarse a cabo al mismo tiempo, como calcular los cambios necesarios en las distintas capas del modelo.

No exageramos si decimos que se trata de un trabajo colosal. Debido a estas enormes dimensiones, es habitual que los LLM se entrenen utilizando varios ordenadores a la vez. Los llamamos "sistemas distribuidos". Estos sistemas utilizan varias GPU, que son las partes de los ordenadores que realizan el trabajo pesado para crear imágenes o procesar datos. Es más exacto decir que los LLM casi siempre se entrenan con muchas máquinas que trabajan juntas para enseñar a un único modelo.

En este contexto, empezaremos viendo las características de un algoritmo a gran escala bien diseñado, que pueda aprovechar plenamente el potencial de la infraestructura informática moderna, como la computación en la nube, los clústeres y las GPU/TPU.

Características de las infraestructuras eficaces para algoritmos a gran escala

Para ejecutar algoritmos a gran escala de forma eficiente, necesitamos sistemas eficaces, diseñados para gestionar cargas de trabajo crecientes que añaden más recursos informáticos para distribuir el procesamiento. El escalado horizontal es una técnica clave para conseguir escalabilidad en los sistemas distribuidos, ya que permite al sistema ampliar su capacidad asignando tareas a múltiples recursos. Estos recursos suelen ser elementos de hardware (como **unidades centrales de procesamiento (CPU)** o GPU) o de software (como memoria, espacio en disco o ancho de banda de red) que el sistema puede utilizar para realizar tareas. Para que un sistema escalable responda eficazmente a las necesidades de cálculo, debe mostrar elasticidad y equilibrio de carga, como se explica en la siguiente sección.

Elasticidad

La elasticidad es la capacidad de la infraestructura para escalar dinámicamente los recursos en función de la evolución de las necesidades. Un método común para implementar esta función es el autoescalado, una estrategia prevalente en plataformas de computación en la nube como **Amazon Web Services (AWS)**. En el contexto de la computación en la nube, un grupo de servidores es una colección de servidores virtuales o instancias que se organizan para trabajar juntos y gestionar cargas de trabajo específicas. Estos grupos de servidores pueden organizarse en clústeres para proporcionar alta disponibilidad, tolerancia a fallos y equilibrio de carga. Cada servidor de un grupo puede estar configurado con recursos específicos, como CPU, memoria y almacenamiento, para rendir de forma óptima en las tareas previstas. El autoescalado permite al grupo de servidores adaptarse a las fluctuaciones de la demanda modificando el número de nodos (servidores virtuales) en funcionamiento. En un sistema elástico, se pueden añadir recursos (ampliar) para satisfacer una mayor demanda y, del mismo modo, se pueden liberar recursos (reducir) cuando la demanda disminuye. Este ajuste dinámico permite un uso eficiente de los recursos, ayudando a equilibrar las necesidades de rendimiento con la rentabilidad.

AWS proporciona un servicio de autoescalado, que se integra con otros servicios de AWS como **EC2 (Elastic Compute Cloud) y ELB (Elastic Load Balancing),** para ajustar automáticamente el número de instancias de servidor en el grupo. Esto garantiza una asignación óptima de recursos y un rendimiento constante, incluso durante periodos de tráfico intenso o fallos del sistema.

Características de un algoritmo a gran escala bien diseñado

Un algoritmo a gran escala bien diseñado es capaz de procesar grandes cantidades de información y está diseñado para ser adaptable, resistente y eficiente. Es resistente y adaptable para acomodarse a la dinámica fluctuante de un entorno a gran escala.

Un algoritmo a gran escala bien diseñado tiene estas dos características:

- **Paralelismo:** el paralelismo es una característica que permite a un algoritmo hacer varias cosas a la vez. Para grandes tareas de cálculo, un algoritmo debe ser capaz de dividir las tareas entre muchos ordenadores. Esto acelera los cálculos porque se realizan todos al mismo tiempo. En el contexto de la informática a gran escala, un algoritmo debe ser capaz de repartir las tareas entre varias máquinas, agilizando así los cálculos mediante el procesamiento simultáneo.

- **Tolerancia a fallos:** dado el mayor riesgo de fallos del sistema en entornos a gran escala debido al gran número de componentes, es esencial que los algoritmos se construyan para soportar estos fallos. Deben ser capaces de recuperarse sin una pérdida sustancial de datos ni imprecisiones en los resultados.

Los tres gigantes de la computación en la nube, Google, Amazon y Microsoft, proporcionan infraestructuras altamente elásticas. Debido al gigantesco tamaño de sus reservas de recursos compartidos, hay muy pocas empresas que tengan el potencial de igualar la elasticidad de la infraestructura de estas tres.

El rendimiento de un algoritmo a gran escala está íntimamente vinculado a la calidad de la infraestructura subyacente. Esta base debe proporcionar recursos computacionales adecuados, gran capacidad de almacenamiento, conectividad de red de alta velocidad y un rendimiento fiable para garantizar el funcionamiento óptimo del algoritmo. Veamos las características de una infraestructura adecuada para un algoritmo a gran escala.

Equilibrio de carga

El equilibrio de carga es esencial en los algoritmos informáticos distribuidos a gran escala. Al gestionar y distribuir uniformemente la carga de trabajo, evita la sobrecarga de recursos y mantiene un alto rendimiento del sistema. Desempeña un papel importante a la hora de garantizar operaciones eficientes, un uso óptimo de los recursos y un alto rendimiento en el ámbito del aprendizaje profundo distribuido.

La figura 15.1 representa gráficamente este concepto. Muestra a un usuario interactuando con un equilibrador de carga que, a su vez, gestiona la carga en múltiples nodos. En este caso, hay cuatro nodos: **Nodo 1**, **Nodo 2**, **Nodo 3** y **Nodo 4**. El equilibrador de carga supervisa continuamente el estado de todos los nodos, distribuyendo entre ellos las solicitudes entrantes de los usuarios. La decisión de asignar una tarea a un nodo específico depende de la carga actual del nodo y del algoritmo del equilibrador de carga. Al evitar que un único nodo se vea desbordado mientras otros se utilizan poco, el equilibrador de carga garantiza un rendimiento óptimo del sistema:

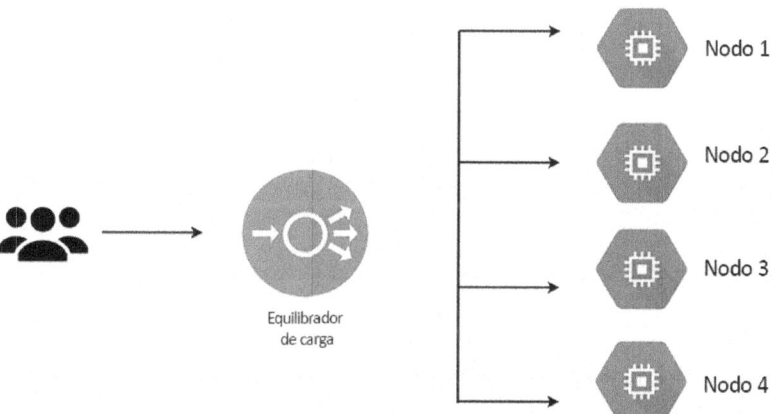

Figura 15.1: *Equilibrio de carga.*

En el contexto más amplio de la computación en la nube, AWS ofrece una función denominada **Elastic Load Balancing (ELB)** o equilibrio de carga elástico. El ELB distribuye automáticamente el tráfico entrante de las aplicaciones entre varios destinos dentro del ecosistema de AWS, como instancias de Amazon EC2, direcciones IP o funciones de Lambda. De este modo, el ELB evita la sobrecarga de recursos y mantiene una alta disponibilidad y un alto rendimiento de las aplicaciones.

ELB: combinar la elasticidad y el equilibrio de carga

El ELB representa una técnica avanzada que combina los elementos de elasticidad y equilibrio de carga en una única solución. Utiliza clústeres de grupos de servidores para aumentar la capacidad de respuesta, la eficiencia y la escalabilidad de la infraestructura informática. El objetivo es mantener una distribución uniforme de las cargas de trabajo entre todos los recursos disponibles y, al mismo tiempo, permitir que la infraestructura ajuste dinámicamente su tamaño en respuesta a las fluctuaciones de la demanda.

La figura 15.2 muestra un equilibrador de carga que gestiona cuatro grupos de servidores. Un grupo de servidores es una colección de nodos que se encargan de funciones de cálculo específicas, es decir, un conjunto de nodos, cada uno de los cuales con una única función computacional que cumplir.

Una de las características clave de un grupo de servidores es su elasticidad, es decir, su capacidad para añadir o eliminar nodos de forma flexible en función de la situación:

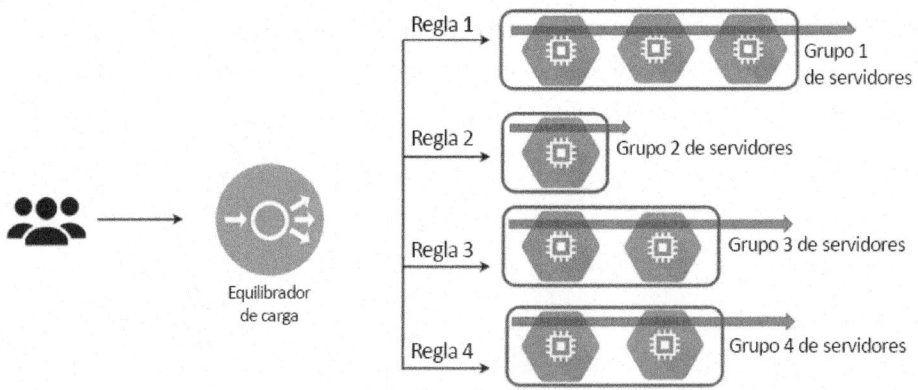

Figura 15.2: *Autoescalado inteligente de servidores de equilibrio de carga.*

Los equilibradores de carga funcionan supervisando continuamente las métricas de carga de trabajo en tiempo real. Cuando las tareas informáticas se hacen cada vez más complejas, aumentan también las necesidades de potencia de procesamiento. Para hacer frente a este pico de demanda, el sistema pone en marcha una operación de "ampliación", integrando nodos adicionales en los grupos de servidores existentes. En este contexto, "ampliación" es el proceso de aumentar la capacidad computacional para acomodar la carga de trabajo ampliada. Al contrario, cuando la demanda disminuye, la infraestructura puede iniciar una operación de "reducción", en la que se desasignan algunos nodos. Esta reasignación dinámica de nodos entre grupos de servidores garantiza una relación óptima de uso de recursos. Al adaptar la asignación de recursos a la carga de trabajo predominante, el sistema evita el exceso o la escasez de recursos. Esta estrategia de gestión dinámica de los recursos se traduce en una mejora de la eficacia operativa y la rentabilidad, al tiempo que se mantiene un rendimiento de alto calibre.

Estrategias para el procesamiento de múltiples recursos

En los primeros tiempos del procesamiento multirrecurso, los algoritmos a gran escala se ejecutaban en potentes máquinas llamadas superordenadores. Estas máquinas monolíticas tenían un espacio de memoria compartida, que permitía una comunicación rápida entre los distintos procesadores, así como acceder a variables comunes a través de la misma memoria. A medida que crecía la demanda de ejecución de algoritmos a gran escala, los superordenadores se transformaron en sistemas de **memoria compartida distribuida** (**DSM**, del inglés *Distributed Shared Memory*), donde cada nodo de procesamiento poseía un segmento de la memoria física. Posteriormente surgieron los clústeres, que constituyen sistemas poco conectados que dependen del paso de mensajes entre nodos de procesamiento.

La ejecución eficaz de algoritmos a gran escala requiere múltiples motores de ejecución que funcionen en paralelo para afrontar retos complejos. Para lograrlo, se pueden utilizar tres estrategias principales:

- **Observar dentro:** aprovechar los recursos existentes en un ordenador utilizando los cientos de núcleos disponibles en una GPU para ejecutar algoritmos a gran escala. Por ejemplo, un científico de datos que quiera entrenar un modelo complejo de aprendizaje profundo podría aprovechar la potencia de la GPU para aumentar la capacidad de cálculo.

- **Observar fuera:** implementar la informática distribuida para acceder a recursos informáticos suplementarios que puedan abordar en colaboración problemas a gran escala. Algunos ejemplos son la computación en clúster y la computación en la nube, que permiten ejecutar algoritmos complejos que exigen muchos recursos aprovechando los recursos distribuidos.

- **Estrategia híbrida:** combinar la computación distribuida con la aceleración de la GPU en cada nodo para agilizar la ejecución de los algoritmos. Este enfoque podría ser adoptado por una organización de investigación científica que procese grandes cantidades de datos y realice simulaciones sofisticadas. Como se ilustra en la figura 15.3, la carga de trabajo computacional se distribuye entre varios nodos (**Nodo 1**, **Nodo 2** y **Nodo 3**), cada uno equipado con su propia GPU. Esta figura ilustra la estrategia híbrida y muestra cómo se aceleran las simulaciones y los cálculos aprovechando las ventajas de la computación distribuida y la aceleración en la GPU dentro de cada nodo:

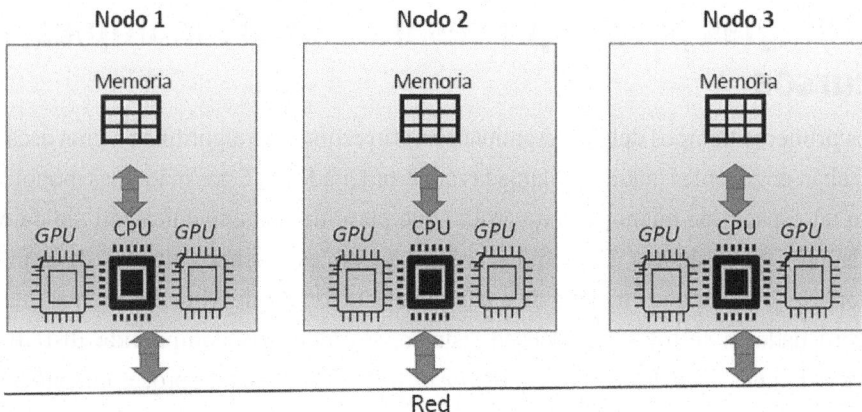

Figura 15.3: *Estrategia híbrida para el procesamiento multirrecurso.*

Mientras exploramos el potencial de la computación paralela para ejecutar algoritmos a gran escala, es igualmente importante conocer las limitaciones teóricas que rigen su eficiencia.

En la siguiente sección profundizaremos en las limitaciones fundamentales de la computación paralela, destacando los factores que influyen en su rendimiento y hasta qué punto puede optimizarse.

Limitaciones teóricas de la computación paralela

Es importante señalar que los algoritmos paralelos no son la panacea. Incluso las arquitecturas paralelas mejor diseñadas pueden no ofrecer el rendimiento que cabría esperar. Las complejidades de la computación paralela, como la sobrecarga de comunicación y la sincronización, dificultan el logro de una eficiencia óptima. Con el fin de ayudar a navegar por estas complejidades y comprender mejor las posibles ganancias y limitaciones de los algoritmos paralelos, se formuló una ley, denominada ley de Amdahl.

La ley de Amdahl

Gene Amdahl fue uno de los primeros en estudiar el procesamiento paralelo en los años sesenta. Él propuso la ley de Amdahl, que sigue vigente hoy en día y sirve de base para comprender las distintas compensaciones que hay que hacer a la hora de diseñar una solución de cálculo paralelo. La ley de Amdahl proporciona un límite teórico sobre la mejora máxima en el tiempo de ejecución que se puede conseguir con una versión paralelizada de un algoritmo, dada la proporción del algoritmo que se puede paralelizar.

Se basa en el concepto de que, en cualquier proceso informático, no todos los procesos pueden ejecutarse en paralelo, habrá una parte secuencial del proceso que no podrá paralelizarse.

Derivación de la ley de Amdahl

Consideremos un algoritmo o tarea que puede dividirse en una fracción paralelizable *(f)* y una fracción en serie *(1 - f)*. La fracción paralelizable se refiere a la parte de la tarea que puede ejecutarse simultáneamente en varios recursos o procesadores. Estas tareas no dependen unas de otras y pueden ejecutarse en paralelo, de ahí el término "paralelizable". Por otro lado, la fracción en serie es parte de la tarea que no puede dividirse y debe ejecutarse secuencialmente, una tras otra, de ahí el término "en serie".

$T_p(1)$ representará el tiempo necesario para procesar esta tarea en un único procesador. Esta secuencia puede expresarse del siguiente modo:

$$T_p(1) = N(1 - f)\tau_p + N(f)\tau_p = N\tau_p$$

En estas ecuaciones, N y τp representan:

- N: el número total de tareas o iteraciones que el algoritmo o tarea debe realizar, consistente tanto en procesadores simples como paralelos.

- τ_p: el tiempo que tarda un procesador en completar una sola unidad de trabajo, tarea o iteración, que permanece constante independientemente del número de procesadores utilizados.

La ecuación anterior calcula el tiempo total necesario para procesar todas las tareas en un único procesador. Veamos ahora un escenario en el que la tarea se ejecuta en N procesadores paralelos.

El tiempo necesario para esta ejecución puede representarse como $T_p(N)$. En el siguiente diagrama, en el eje X, tenemos el **número de procesadores**, es decir, el número de unidades de cálculo o núcleos utilizados para ejecutar nuestro programa. A medida que nos desplazamos hacia la derecha en el eje X, vamos aumentando el número de procesadores utilizados. El eje Y representa la velocidad. Es un modo de medir la rapidez con que se ejecuta nuestro programa con varios procesadores en comparación con el uso de uno solo. A medida que subimos en el eje Y, la velocidad de nuestro programa aumenta proporcionalmente, lo que se traduce en una ejecución más eficiente de las tareas.

El gráfico de la figura 15.4 y la ley de Amdahl nos muestran que un mayor número de procesadores puede mejorar el rendimiento, aunque existe un límite debido a la parte secuencial de nuestro código. Este principio es un ejemplo clásico de rendimiento decreciente en computación paralela.

$$N = N(1 - f)\tau_p + (f)\tau_p$$

En este caso, el **primer elemento del lado derecho** representa el tiempo necesario para procesar la parte en serie de la tarea, mientras que el segundo indica el tiempo que se necesita para procesar la parte en paralelo.

El aumento de velocidad en este caso se debe a la distribución de la parte paralela de la tarea entre N procesadores. La ley de Amdahl define el aumento de velocidad $S(N)$ conseguido utilizando N procesadores como:

$$S(N) = \frac{T_p(1)}{T_p(N)} = \frac{N}{N(1-f) + (f)}$$

Para obtener un aumento significativo de la velocidad, debe cumplirse la siguiente condición:

$$1 - f << f / N \ (4.4)$$

Esta desigualdad indica que la parte paralela *(f)* debe estar muy próxima a la unidad, especialmente cuando N es grande.

Veamos ahora el gráfico con el que se suele explicar la ley de Amdahl:

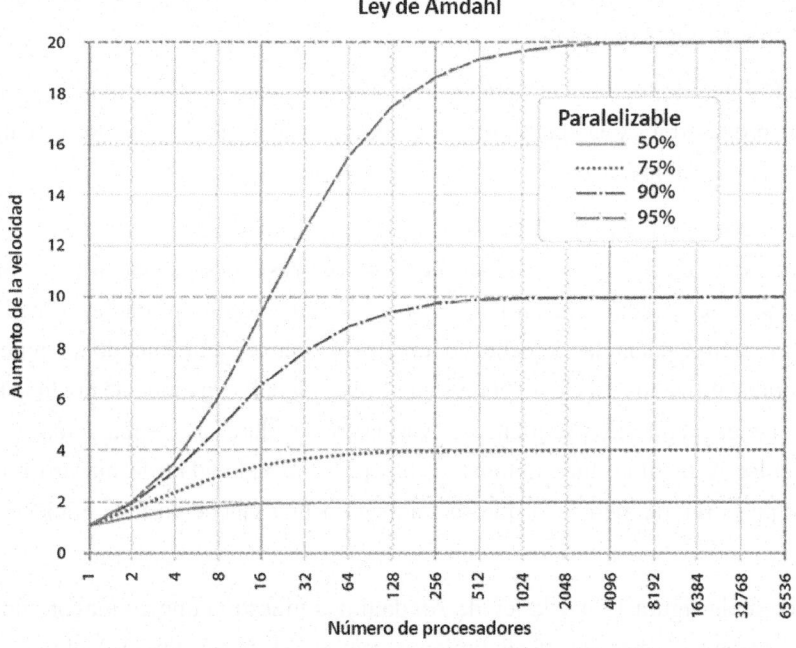

Figura 15.4: *Rendimientos decrecientes en el procesamiento paralelo: representación de la ley de Amdahl.*

En la figura 15.4, el eje X representa el número de procesadores *(N),* que corresponden a las unidades de cálculo o núcleos utilizados para ejecutar el programa. A medida que nos desplazamos hacia la derecha por el eje X, N aumenta. El eje Y indica el aumento de velocidad *(S)*, una medida de la mejora en el tiempo de ejecución del programa T_p con varios procesadores en comparación con el uso de uno solo. El desplazamiento hacia arriba del eje Y indica un aumento de la velocidad de ejecución del programa.

El gráfico presenta cuatro líneas, cada una de las cuales representa el aumento de velocidad S obtenido del procesamiento paralelo para distintos porcentajes de la fracción paralelizable *(f):* 50 %, 75 %, 90 % y 95 %:

- 50 % en paralelo *(f = 0.5):* esta línea muestra el menor aumento de velocidad S. Aunque se añadan más procesadores *(N),* la mitad del programa se ejecuta secuencialmente, lo que limita el aumento de velocidad a un máximo de 2.

- 75 % en paralelo *(f = 0.75):* el aumento de velocidad S es mayor que en el caso del 50 %. Sin embargo, el 25 % del programa sigue ejecutándose secuencialmente, lo que limita el aumento global de velocidad.

- 90 % en paralelo *(f = 0.9):* en este caso, se observa un aumento significativo de la velocidad S. Sin embargo, el 10 % secuencial del programa impone un límite al aumento de velocidad.

- 95% paralelo *(f = 0.95):* esta línea muestra el mayor aumento de velocidad S. Sin embargo, el 5 % secuencial sigue imponiendo un límite superior al aumento de velocidad.

El gráfico, junto con la ley de Amdahl, pone de manifiesto que, aunque aumentar el número de procesadores *(N)* puede mejorar el rendimiento, existe un límite inherente debido a la parte secuencial del código *(1 - f)*. Este principio sirve como ilustración clásica de los rendimientos decrecientes en la computación paralela.

La ley de Amdahl proporciona información valiosa sobre los posibles aumentos de rendimiento que pueden conseguirse en los sistemas multiprocesador y la importancia de la fracción paralelizable *(f)* a la hora de determinar el aumento de velocidad global del sistema. Tras analizar las limitaciones teóricas del cálculo paralelo, resulta crucial presentar y explorar otra potente tecnología de procesamiento paralelo ampliamente utilizada: la GPU y su framework de programación asociado, CUDA.

CUDA: liberando el potencial de las arquitecturas de GPU en el cálculo paralelo

Las GPU se diseñaron originalmente para el procesamiento de gráficos, pero desde entonces han evolucionado, presentando características distintivas que las diferencian de las CPU y dando lugar a un paradigma de cálculo totalmente distinto.

A diferencia de las CPU, que tienen un número limitado de núcleos, las GPU están compuestas por miles de ellos. Sin embargo, es esencial reconocer que estos núcleos, de forma aislada, no son tan potentes individualmente como el núcleo de una CPU. Aun así, las GPU son bastante eficientes a la hora de ejecutar numerosos cálculos relativamente sencillos de forma paralela.

Dado que las GPU se diseñaron originalmente para el procesamiento gráfico, su arquitectura es ideal para este tipo de procesamiento, donde se pueden ejecutar varias operaciones de forma independiente. Por ejemplo, el renderizado de una imagen implica el cálculo del color y el brillo de cada píxel de la imagen. Estos cálculos son en gran medida independientes entre sí y, por tanto, pueden realizarse simultáneamente, aprovechando la arquitectura multinúcleo de la GPU.

Otros datos

Esta elección de diseño permite a las GPU ser extremadamente eficientes en tareas para las que han sido diseñadas, como el renderizado de gráficos y el procesamiento de grandes conjuntos de datos. En la figura 15.5 se muestra la arquitectura de las GPU:

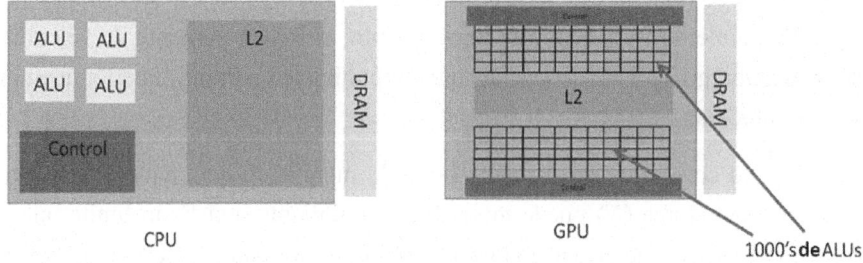

Figura 15.5: *Arquitectura de las GPU.*

Esta arquitectura única no solo es beneficiosa para el procesamiento de gráficos, sino también muy ventajosa para otros tipos de problemas computacionales. Cualquier problema que pueda segmentarse en tareas más pequeñas e independientes puede aprovechar esta arquitectura para un procesamiento más rápido. Esto incluye ámbitos como la informática científica, el aprendizaje automático e, incluso, la minería de criptomonedas, donde se manejan conjuntos de datos masivos y cálculos complejos.

Poco después de que las GPU se generalizaran, los científicos de datos empezaron a aprovecharlas debido a su potencial para realizar operaciones paralelas de forma eficiente. Como una GPU típica tiene miles de **unidades aritméticas lógicas** (**ALU**, del inglés *Arithmetic Logic Units*), tiene el potencial de generar miles de procesos simultáneos. Ten en cuenta que las ALU son el caballo de batalla del núcleo que realiza la mayoría de los cálculos reales. Este elevado número de unidades aritméticas lógicas hace que las GPU sean muy adecuadas para tareas en las que es necesario realizar la misma operación en muchos puntos de datos simultáneamente, como las operaciones vectoriales y matriciales habituales en la ciencia de datos y el aprendizaje automático. Por tanto, los algoritmos que pueden realizar cálculos paralelos son los más adecuados para las GPU. Por ejemplo, se sabe que la búsqueda de un objeto en un vídeo es al menos 20 veces más rápida en las GPU que en las CPU. Se sabe también que los algoritmos de grafos, analizados en el capítulo 5, *Algoritmos de grafos*, se ejecutan mucho más rápido en las GPU que en las CPU.

En 2007, NVIDIA desarrolló el framework de código abierto **Compute Unified Device Architecture (CUDA)** para permitir a los científicos de datos aprovechar la potencia de las GPU para sus algoritmos. CUDA abstrae la CPU y la GPU como host y dispositivo, respectivamente.

Por **host** se entiende la CPU y la memoria principal, responsables de ejecutar el programa principal y de cargar los cálculos paralelos de datos en la GPU.

Dispositivo se refiere a la GPU y su memoria (VRAM), responsables de ejecutar los kernels que realizan cálculos en paralelo con los datos.

En un programa CUDA típico, el host asigna memoria en el dispositivo, transfiere datos de entrada e invoca un kernel. El dispositivo realiza el cálculo y los resultados se almacenan en su memoria. A continuación, el host recupera los resultados. Esta división del trabajo aprovecha las ventajas de cada componente: la CPU se encarga de la lógica compleja y la GPU, de los cálculos paralelos a gran escala.

CUDA se ejecuta en las GPU NVIDIA y requiere soporte del kernel del sistema operativo, que inicialmente comenzó con Linux y posteriormente se extendió a Windows. La API del controlador CUDA sirve de puente entre la API del lenguaje de programación y el controlador CUDA, con soporte para C, C++ y Python.

Procesamiento paralelo en los LLM: un estudio de caso sobre la ley de Amdahl y los rendimientos decrecientes

Los LLM, como ChatGPT, son sistemas complejos que generan un texto muy similar a la prosa escrita por humanos a partir de una pregunta inicial. Esta tarea implica una serie de operaciones complejas, que pueden dividirse a grandes rasgos en secuenciales y paralelizables.

Las tareas secuenciales son aquellas que deben producirse en un orden específico, una tras otra. Estas tareas pueden incluir pasos de preprocesamiento como la tokenización, en la que el texto de entrada se divide en fragmentos más pequeños, a menudo palabras o frases, que el modelo puede entender. También puede abarcar tareas de posprocesamiento como la descodificación, en la que el resultado del modelo, a menudo en forma de probabilidades de token, se traduce de nuevo a texto legible por humanos. Estas tareas secuenciales son fundamentales para el funcionamiento del modelo, pero por naturaleza no pueden dividirse y ejecutarse simultáneamente.

Por otro lado, las tareas paralelizables son aquellas que pueden dividirse y ejecutarse simultáneamente. Un ejemplo clave de ello es la etapa de propagación hacia delante en la red neuronal del modelo. Aquí, los cálculos de cada capa de la red pueden realizarse simultáneamente. Esta operación constituye la mayor parte del tiempo de cálculo del modelo, y es aquí donde puede aprovecharse la potencia del procesamiento paralelo.

Ahora, supongamos que trabajamos con una GPU que tiene 1000 núcleos. En el contexto de los modelos lingüísticos, la parte paralelizable de la tarea podría implicar la etapa de propagación hacia delante, en la que los cálculos de cada capa de la red neuronal pueden realizarse a la vez. Supongamos que esto constituye el 95 % del tiempo total de cálculo. El 5 % restante de la tarea, que podría incluir operaciones como la tokenización y la descodificación, es secuencial y no puede paralelizarse.

Si aplicamos la ley de Amdahl a este escenario obtenemos lo siguiente:

Aumento de la velocidad = 1 / ((1 - 0.95) + 0.95/1000) = 1 / (0.05 + 0.00095) = 19.61

En circunstancias ideales, esto indica que nuestra tarea de procesamiento del lenguaje podría completarse unas 19.61 veces más rápido en una GPU de 1000 núcleos que en una CPU de un solo núcleo.

Para ilustrar mejor los rendimientos decrecientes de la computación paralela, ajustemos el número de núcleos a 2, 50 y 100:

- Para 2 núcleos: *aumento de la velocidad = 1 / ((1 - 0.95) + 0.95/2) = 1.67*

- Para 50 núcleos: *aumento de la velocidad = 1 / ((1 - 0.95) + 0.95/50) = 14.71*

- Para 100 núcleos: *aumento de la velocidad = 1 / ((1 - 0.95) + 0.95/100) = 16.81*

Como se desprende de nuestros cálculos, añadir más núcleos a una configuración de cálculo paralelo no conlleva un aumento equivalente de la velocidad. Este es un buen ejemplo del concepto de rendimiento decreciente en la computación paralela. A pesar de duplicar el número de núcleos de 2 a 4, o multiplicarlos por 50 de 2 a 100, la velocidad no se duplica ni se multiplica por 50. En cambio, el aumento de velocidad alcanza un límite teórico según la ley de Amdahl.

El principal factor que se esconde tras este rendimiento decreciente es la existencia de una parte no paralelizable en la tarea. En nuestro caso, operaciones como la tokenización y la descodificación forman esta parte secuencial, que representa el 5 % del tiempo total de cálculo. Independientemente de cuántos núcleos añadamos al sistema o de la eficacia con la que podamos llevar a cabo la parte paralelizable, esta parte secuencial impone un límite superior al aumento de velocidad alcanzable. Siempre estará ahí, exigiendo su parte del tiempo de cálculo.

La ley de Amdahl capta con elegancia esta característica de la computación paralela. Afirma que el aumento potencial máximo de la velocidad utilizando el procesamiento paralelo viene dictado por la parte no paralelizable de la tarea. La ley sirve para recordar a los diseñadores de algoritmos y arquitectos de sistemas que, aunque el paralelismo puede acelerar drásticamente el cálculo, no es un recurso infinito que se pueda aprovechar para ganar velocidad. También subraya la importancia de identificar y optimizar los componentes secuenciales de un algoritmo para maximizar las ventajas del procesamiento paralelo.

Esta idea es especialmente importante en el contexto de los LLM, donde la enorme escala de los cálculos hace que el uso eficiente de los recursos sea una preocupación clave. La ley destaca la necesidad de un enfoque equilibrado que combine estrategias de cálculo paralelo con esfuerzos por optimizar el rendimiento de las partes secuenciales de la tarea.

Reimaginar la localidad de datos

Tradicionalmente, en el procesamiento paralelo y distribuido, el principio de localidad de datos es fundamental para determinar la asignación óptima de recursos. Este principio sugiere básicamente que se rechace el movimiento de datos en las infraestructuras distribuidas. Siempre que sea posible, en lugar de mover los datos, deben procesarse localmente en el nodo donde residen; de lo contrario, se reducen las ventajas de la paralelización y el escalado horizontal. El escalado horizontal es el proceso de aumentar la capacidad de un sistema añadiendo más máquinas o nodos para distribuir la carga de trabajo, lo que le permite manejar mayores cantidades de tráfico o datos.

A medida que el ancho de banda de las redes ha ido mejorando con los años, las limitaciones impuestas por la localidad de datos han ido perdiendo importancia. Las mayores velocidades de transferencia de datos permiten una comunicación eficaz entre nodos en un entorno informático distribuido, lo que reduce la dependencia de la localidad de datos para optimizar el rendimiento. El ancho de banda de la red puede cuantificarse mediante el ancho de banda de bisección, que es el ancho de banda entre dos partes iguales de una red. Esto es importante en la informática distribuida con recursos que están físicamente distribuidos. Si trazamos una línea en algún punto entre dos conjuntos de recursos en una red distribuida, el ancho de banda biseccional es la velocidad de comunicación a la que los servidores de un lado de la línea pueden comunicarse con los servidores del otro lado, como se muestra en la figura 15.6. Para que la informática distribuida funcione eficazmente, este es el parámetro más importante a tener en cuenta. Si no disponemos de suficiente ancho de banda de bisección de red, las ventajas obtenidas por la disponibilidad de múltiples motores de ejecución en la informática distribuida se verán eclipsadas por la lentitud de los enlaces de comunicación.

Figura 15.6: *Ancho de banda de bisección.*

Un gran ancho de banda de bisección nos permite procesar los datos donde están sin copiarlos. Hoy en día, los principales proveedores de computación en la nube ofrecen un ancho de banda de bisección excepcional. Por ejemplo, en un centro de datos de Google, el ancho de banda de bisección llega a 1 petabyte por segundo. Otros grandes proveedores de servicios en la nube ofrecen un ancho de banda similar. Por el contrario, una red empresarial típica solo puede proporcionar un ancho de banda de bisección de 1 a 10 gigabytes por segundo.

Esta enorme diferencia de velocidad demuestra las notables capacidades de la moderna infraestructura en la nube, que la hacen óptima para tareas de procesamiento de datos a gran escala.

El aumento del ancho de banda biseccional a petabit ha abierto nuevas opciones y patrones de diseño para almacenar y procesar *big data* de forma eficiente. Estas nuevas opciones incluyen métodos y patrones de diseño alternativos que se han hecho viables gracias al aumento de la capacidad de la red, lo que permite un procesamiento de datos más rápido y eficaz.

Aprovechar la computación en clúster con Apache Spark

Apache Spark es una plataforma muy utilizada para gestionar y aprovechar la computación en clúster. En este contexto, la "computación en clúster" consiste en agrupar varias máquinas y hacerlas trabajar juntas como un único sistema para resolver un problema. Spark no se limita a implementarlo, sino que crea y controla estos clústeres para lograr un procesamiento de datos de alta velocidad.

En Apache Spark, los datos se transforman en lo que se conoce como **Resilient Distributed Datasets (RDD)**. Estos son efectivamente la columna vertebral de la abstracción de datos de Apache Spark.

Los RDD son irreversibles, lo que significa que no pueden alterarse una vez creados, y son colecciones de elementos que pueden procesarse en paralelo. En otras palabras, se puede trabajar con distintas partes de estos conjuntos de datos al mismo tiempo, lo que acelera el procesamiento de los datos.

Cuando decimos "tolerantes a fallos", nos referimos a que los RDD tienen la capacidad de recuperarse de posibles fallos o errores durante la ejecución. Esto los hace robustos y fiables para tareas de procesamiento de *big data*. Se dividen en fragmentos más pequeños conocidos como "particiones", que luego se distribuyen entre varios nodos u ordenadores individuales del clúster. El tamaño de estas particiones puede variar y viene determinado principalmente por la naturaleza de la tarea y la configuración de la aplicación Spark.

El framework de computación distribuida de Spark permite distribuir las tareas entre varios nodos, lo que puede mejorar significativamente la velocidad y la eficiencia del procesamiento.

La arquitectura de Spark consta de varios componentes principales, como el programa controlador, el ejecutor, el nodo trabajador y el gestor de clústeres.

- **Programa controlador:** el programa controlador es un componente clave en una aplicación Spark, que funciona de forma muy parecida a un centro de control de operaciones. Reside en su propio proceso independiente, a menudo ubicado en una máquina conocida como máquina del controlador. El papel del programa de controlador es como el de un director de orquesta: dirige el programa Spark principal y supervisa las numerosas tareas que lo componen.

  Entre las principales tareas del programa controlador se encuentran el manejo y la ejecución de la SparkSession. La SparkSession es fundamental para la aplicación Spark ya que envuelve el SparkContext. El SparkContext es como el sistema nervioso central de la aplicación Spark, es la puerta de entrada para que la aplicación interactúe con el ecosistema computacional Spark.

  Para hacerlo más sencillo, imaginemos la aplicación Spark como un edificio de oficinas. El programa controlador es como el conserje del edificio, responsable del funcionamiento y el mantenimiento generales. Dentro de este edificio, la SparkSession representa una oficina individual, y el SparkContext es la entrada principal a esa oficina. Lo esencial es que estos componentes, el programa controlador, SparkSession y SparkContext, trabajan juntos para coordinar tareas y gestionar recursos dentro de una aplicación Spark. El SparkContext está repleto de funciones fundamentales e información de contexto que se carga previamente al inicio de la aplicación. Además, transporta detalles importantes sobre el clúster, como su configuración y estado, que son cruciales para que la aplicación funcione y ejecute las tareas con eficacia.

- **Gestor de clústeres:** el programa controlador interactúa perfectamente con el gestor de clústeres. El gestor de clústeres es un servicio externo que proporciona y gestiona recursos en todo el clúster, como potencia de cálculo y memoria. El programa controlador y el gestor de clústeres trabajan mano a mano para identificar los recursos disponibles en el clúster, asignarlos eficazmente y gestionar su uso durante todo el ciclo de vida de la aplicación Spark.

- **Ejecutores:** un ejecutor es un proceso de cálculo dedicado que se genera específicamente para una aplicación Spark individual que se ejecuta en un nodo de un clúster. Cada uno de estos procesos ejecutores opera en un nodo trabajador, actuando efectivamente como el "músculo" computacional detrás de su aplicación Spark.

- El uso compartido de memoria y parámetros globales de este modo puede mejorar significativamente la velocidad y la eficiencia de la ejecución de tareas, lo que convierte a Spark en un framework de alto rendimiento para el procesamiento de *big data*.

- **Nodo trabajador:** un nodo trabajador, como su nombre indica, es el encargado de llevar a cabo la ejecución real de las tareas dentro del sistema distribuido Spark.

Cada nodo trabajador es capaz de alojar múltiples ejecutores, que a su vez pueden servir a numerosas aplicaciones Spark:

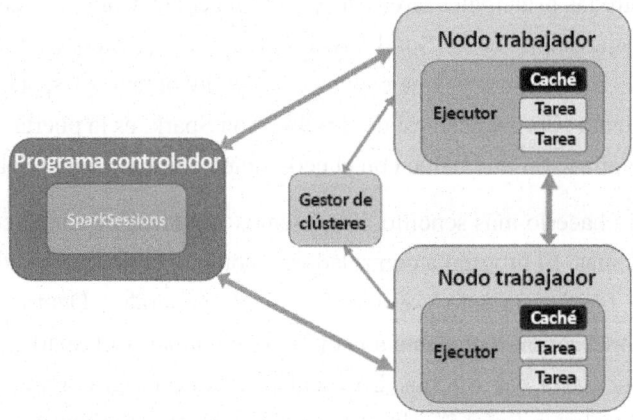

Figura 15.7: *Arquitectura distribuida de Spark.*

Cómo potencia Apache Spark el procesamiento de algoritmos a gran escala

Apache Spark se ha convertido en una plataforma líder para el procesamiento y análisis de *big data*, gracias a sus potentes capacidades de computación distribuida, su naturaleza tolerante a fallos y su facilidad de uso. En esta sección exploraremos cómo potencia Apache Spark el procesamiento de algoritmos a gran escala, lo que lo convierte en una opción ideal para tareas complejas que requieren muchos recursos.

Computación distribuida

En el núcleo de la arquitectura de Apache Spark se encuentra el concepto de partición de datos, que permite dividir los datos entre varios nodos de un clúster. Esta característica permite el procesamiento en paralelo y la utilización eficiente de los recursos, ambos cruciales para ejecutar algoritmos a gran escala. La arquitectura de Spark consta de un programa controlador y varios procesos ejecutores distribuidos en nodos trabajadores. El programa controlador se encarga de gestionar y distribuir las tareas entre los ejecutores, mientras que cada ejecutor lleva a cabo varias tareas simultáneamente en subprocesos independientes, lo que permite un alto rendimiento.

Procesamiento en memoria

Una de las características más destacadas de Spark es su capacidad de procesamiento en memoria. A diferencia de los sistemas tradicionales basados en disco, Spark puede almacenar en caché datos intermedios en memoria, lo que acelera significativamente los algoritmos iterativos que requieren múltiples pasadas sobre los datos.

- Esta capacidad de procesamiento en memoria es especialmente beneficiosa para algoritmos a gran escala, ya que minimiza el tiempo dedicado a la E/S en disco, lo que se traduce en tiempos de cálculo más rápidos y un uso más eficiente de los recursos.

Uso de algoritmos a gran escala en la computación en la nube

El rápido crecimiento de los datos y el aumento de la complejidad de los modelos de aprendizaje automático han convertido el entrenamiento distribuido de modelos en un componente esencial de los modernos canales de aprendizaje profundo. Los algoritmos a gran escala exigen grandes cantidades de recursos informáticos y necesitan un paralelismo eficiente para optimizar sus tiempos de entrenamiento. La computación en la nube ofrece una serie de servicios y herramientas que facilitan el entrenamiento de modelos distribuidos, lo que le permite aprovechar todo el potencial de los algoritmos a gran escala y ávidos de nuevas fuentes.

Algunas de las principales ventajas de utilizar la nube para el entrenamiento de modelos distribuidos son las siguientes:

- **Escalabilidad:** la nube proporciona recursos prácticamente ilimitados, lo que permite escalar las cargas de trabajo de entrenamiento de sus modelos para satisfacer las demandas de algoritmos a gran escala.

- **Flexibilidad:** la nube admite una amplia gama de frameworks y bibliotecas de aprendizaje automático, lo que permite elegir las herramientas más adecuadas para necesidades específicas.

- **Rentabilidad:** con la nube, es posible optimizar los costes de entrenamiento seleccionando los tipos de instancia adecuados y aprovechando las instancias puntuales para reducir gastos.

Ejemplo

A medida que profundizamos en los modelos de aprendizaje automático, especialmente los que se ocupan de tareas de **procesamiento del lenguaje natural (PLN),** detectamos una necesidad creciente de recursos computacionales. Por ejemplo, transformadores como GPT-3 para tareas de modelado del lenguaje a gran escala pueden tener miles de millones de parámetros, lo que exige una potencia de procesamiento y una memoria considerables. El entrenamiento de estos modelos en conjuntos de datos colosales, como Common Crawl, que contiene miles de millones de páginas web, aumenta aún más estos requisitos.

En estos casos es donde la computación en la nube se perfila como una potente solución. Dicha solución ofrece servicios y herramientas para la formación distribuida de modelos, lo que nos permite acceder a un conjunto casi infinito de recursos, escalar nuestras cargas de trabajo y seleccionar los frameworks de aprendizaje automático más adecuados. Además, la computación en la nube facilita la optimización de costes al ofrecer tipos de instancias flexibles e instancias puntuales, es decir, pujas por la capacidad informática disponible. Al delegar en la nube estas tareas que consumen muchos recursos, podemos concentrarnos más en el trabajo innovador, acelerar el proceso de entrenamiento y desarrollar modelos más potentes.

Resumen

En este capítulo hemos presentado los conceptos y principios del desarrollo de algoritmos paralelos y a gran escala. Hemos analizado el papel fundamental de la computación paralela, con especial énfasis en su capacidad para distribuir eficazmente las tareas computacionales entre múltiples unidades de procesamiento. Hemos estudiado en detalle las extraordinarias capacidades de las GPU, ilustrando su utilidad para ejecutar numerosos subprocesos de forma concurrente. Además, hemos hablado de plataformas de computación distribuida, concretamente de Apache Spark y de entornos de computación en la nube. Hemos destacado su importancia para facilitar el desarrollo y despliegue de algoritmos a gran escala, proporcionando una infraestructura robusta, escalable y rentable para cálculos de alto rendimiento.

16

Consideraciones prácticas

En este libro se han presentado un montón de algoritmos que pueden utilizarse para resolver problemas del mundo real. En este capítulo examinaremos la viabilidad de todos estos algoritmos. Nos centraremos en su aplicabilidad en el mundo real, los retos potenciales y los temas generales, incluidas la utilidad y las implicaciones éticas.

Este capítulo está organizado de la siguiente manera. Empezaremos con una introducción. A continuación, presentaremos las cuestiones en torno a la explicabilidad de un algoritmo, es decir, el grado en que la mecánica interna de un algoritmo puede explicarse en términos comprensibles. Seguidamente, trataremos la ética de utilizar un algoritmo y la posibilidad de crear sesgos al aplicarlos. Después, hablaremos de las técnicas para tratar problemas NP-duros (*NP-hard*). Por último, investigaremos los factores que deben tenerse en cuenta antes de elegir un algoritmo.

Al final de este capítulo habrás aprendido las consideraciones prácticas que es importante tener en cuenta cuando se utilizan algoritmos para resolver problemas del mundo real.

En este capítulo trataremos los siguientes temas:

- Introducción a las consideraciones prácticas.

- La explicabilidad de un algoritmo.

- Ética y algoritmos.

- Reducir el sesgo de los modelos.

- Cuándo utilizar algoritmos.

Empecemos por algunos de los retos a los que se enfrentan las soluciones algorítmicas.

Retos de las soluciones algorítmicas

Además de diseñar, desarrollar y probar un algoritmo, en muchos casos es importante tener en cuenta ciertos aspectos prácticos respecto al hecho de empezar a confiar en una máquina para resolver un problema del mundo real. En el caso de determinados algoritmos, puede que tengamos que estudiar la manera de incorporar de forma fiable información nueva e importante que se espera que siga cambiando incluso después de haber desplegado nuestro algoritmo. Por ejemplo, la interrupción inesperada de las cadenas de suministro mundiales puede invalidar algunos de los supuestos que utilizamos para entrenar un modelo de predicción de los márgenes de beneficio de un producto. Debemos considerar detenidamente si la incorporación de esta nueva información cambiará de algún modo la calidad de nuestro algoritmo, que ya ha demostrado su eficacia. En caso afirmativo, ¿cómo lo gestionará nuestro diseño?

Esperar lo inesperado

La mayoría de las soluciones a problemas del mundo real desarrolladas mediante algoritmos se basan en suposiciones. Estas suposiciones pueden cambiar inesperadamente una vez implantado el modelo. Algunos algoritmos utilizan suposiciones que pueden verse afectadas por la evolución de la situación geopolítica mundial. Por ejemplo, consideremos un modelo entrenado que predice el beneficio financiero de una empresa internacional con oficinas en todo el mundo. Un acontecimiento inesperado, como una guerra o la propagación repentina de un virus mortal, puede hacer que cambien radicalmente las suposiciones de este modelo y la calidad de las predicciones. Para estos casos de uso, el consejo es "esperar lo inesperado" y elaborar estrategias frente a las sorpresas. Para determinados modelos basados en datos, la sorpresa puede venir de los cambios en las políticas reguladoras después de que se haya desplegado la solución.

Cuando utilizamos algoritmos para resolver un problema del mundo real, estamos, en cierto modo, confiando en las máquinas para la resolución de problemas. Incluso los algoritmos más sofisticados se basan en simplificaciones y suposiciones y no pueden hacer frente a las sorpresas. Todavía no estamos ni siquiera cerca de ceder por completo la toma de decisiones críticas a algoritmos diseñados por nosotros mismos.

Por ejemplo, los algoritmos del motor de recomendaciones de Google se han enfrentado recientemente a las restricciones normativas de la Unión Europea por motivos de privacidad. Estos algoritmos pueden ser algunos de los más avanzados en su campo, pero, si se prohíben, pueden resultar inútiles, ya que no se utilizarán para resolver los problemas que debían abordar.

Pero lo cierto es que, por desgracia, las consideraciones prácticas de un algoritmo siguen siendo ideas de última hora que no suelen tenerse en cuenta en la fase inicial de diseño.

Para muchos casos de uso, una vez que se despliega un algoritmo y se acaba la momentánea emoción de proporcionar la solución, los aspectos prácticos y las implicaciones del uso de un algoritmo se descubrirán con el tiempo y definirán el éxito o el fracaso del proyecto.

Veamos un ejemplo práctico en el que no prestar atención a las consideraciones prácticas hizo fracasar un proyecto de alto perfil diseñado por una de las mejores empresas de TI del mundo.

El fracaso de Tay, el bot de inteligencia artificial de Twitter

Este es el ejemplo clásico de Tay, que se presentó como el primer bot de Twitter con IA creado por Microsoft en 2016. Mediante un algoritmo de IA, Tay fue entrenado como un bot automatizado de Twitter capaz de responder a tuits sobre un tema concreto. Para lograrlo, tenía la capacidad de construir mensajes sencillos utilizando un vocabulario existente mediante la detección del contexto de la conversación. Una vez desplegado, se suponía que seguiría aprendiendo de las conversaciones en línea en tiempo real y aumentando su vocabulario con las palabras utilizadas a menudo en conversaciones importantes. Tras vivir un par de días en el ciberespacio, Tay empezó a aprender palabras nuevas. Además de estas palabras nuevas, por desgracia, Tay extrajo de los tuits palabras relacionadas con el racismo y la falta de educación. Pronto empezó a utilizar las palabras recién aprendidas para generar sus propios tuits. Una ínfima minoría de estos tuits eran lo suficientemente ofensivos como para levantar una tarjeta roja. Aunque demostró inteligencia y aprendió rápidamente a crear tuits personalizados en función de los acontecimientos en tiempo real, tal y como estaba diseñado, al mismo tiempo ofendía gravemente a la gente. Microsoft lo desconectó y trató de rediseñarlo, pero no funcionó. Al final, Microsoft tuvo que poner fin al proyecto. Fue el triste final de un proyecto ambicioso.

Aunque la inteligencia incorporada por Microsoft era impresionante, la empresa ignoró las implicaciones prácticas de desplegar un bot de Twitter con capacidad de autoaprendizaje. Aunque los algoritmos de aprendizaje automático y PLN fueran los mejores de su clase, fue prácticamente un proyecto inútil debido a las evidentes deficiencias. Actualmente, Tay se ha convertido en un ejemplo de manual de un fracaso debido a que fueron ignoradas las implicaciones prácticas de permitir que los algoritmos aprendan sobre la marcha. Las lecciones aprendidas a partir del fracaso de Tay influyeron definitivamente en los proyectos de IA de años posteriores. Los científicos de datos también empezaron a prestar más atención a la transparencia de los algoritmos.

 Si deseas más información, aquí encontrarás un estudio exhaustivo sobre Tay: https://spectrum.ieee.org/in-2016-microsofts-racist-chatbot-revealed-the-dangers-of-online-conversation.

Esto nos lleva al siguiente tema, que explora la necesidad y las formas de hacer transparentes los algoritmos.

La explicabilidad de un algoritmo

En primer lugar, debemos distinguir entre un algoritmo de caja negra y uno de caja blanca:

- Un algoritmo de caja negra es aquel cuya lógica no es interpretable por el ser humano, ya sea por su complejidad o por estar representada de manera confusa.

- Un algoritmo de caja blanca es aquel cuya lógica es visible y comprensible para un humano.

La explicabilidad en el contexto del aprendizaje automático se refiere a nuestra capacidad para comprender y articular las razones que hay detrás de los resultados específicos de un algoritmo. Básicamente, esta explicabilidad mide hasta qué punto el funcionamiento interno de un algoritmo y sus vías de decisión son comprensibles para la cognición humana.

Muchos algoritmos, especialmente en el ámbito del aprendizaje automático, suelen denominarse "de caja negra" debido a su naturaleza opaca. Por ejemplo, pensemos en las redes neuronales, que tratamos con detalle en el capítulo 8, *Algoritmos de redes neuronales*. Estos algoritmos, en los que se basan muchas aplicaciones de aprendizaje profundo, son ejemplos por excelencia de modelos de caja negra. Su complejidad y sus estructuras de múltiples capas las hacen intrínsecamente no intuitivas, por lo que sus procesos internos de toma de decisiones resultan indescifrables para la comprensión humana.

Sin embargo, es importante tener en cuenta que los términos "caja negra" y "caja blanca" son categorizaciones definitivas, que indican opacidad total o transparencia, respectivamente. No existe un gradiente o un espectro en el que un algoritmo puede ser algo negro o algo blanco. La investigación actual se dirige firmemente hacia hacer más transparentes y explicables estos algoritmos de caja negra, como las redes neuronales. Sin embargo, debido a su compleja arquitectura, permanecen predominantemente en la categoría de cajas negras.

Si los algoritmos se utilizan para tomar decisiones críticas, puede ser importante comprender las razones que hay detrás de los resultados generados por el algoritmo. Evitar los algoritmos de caja negra y utilizar en su lugar los de caja blanca también permite comprender mejor el funcionamiento interno del modelo. El algoritmo de árbol de decisión analizado en el capítulo 7, *Algoritmos tradicionales de aprendizaje supervisado*, es un ejemplo de algoritmos de caja blanca. Por ejemplo, un algoritmo explicable orientará a los médicos sobre qué características se han utilizado realmente para clasificar a los pacientes como enfermos o no. Si el médico tiene alguna duda sobre los resultados, puede volver atrás y volver a comprobar la exactitud de esas características concretas.

Algoritmos de aprendizaje automático y explicabilidad

En el ámbito del aprendizaje automático, el concepto de explicabilidad es primordial. Pero ¿qué entendemos exactamente por explicabilidad? Básicamente, la explicabilidad se refiere a la claridad con la que podemos entender e interpretar las decisiones de un modelo de aprendizaje automático.

Se trata de abrir el telón de las predicciones de un modelo y comprender el "por qué" de las mismas.

Cuando se aprovecha el aprendizaje automático, especialmente en la toma de decisiones, a menudo es necesario confiar en los resultados de un modelo. Esta confianza puede aumentar considerablemente si los procesos y decisiones del modelo son transparentes y justificables. Para ilustrar la importancia de la explicabilidad, veamos un caso real.

Supongamos que queremos utilizar el aprendizaje automático para predecir los precios de las viviendas de la zona de Boston en función de sus características. Vamos a suponer también que las normativas municipales nos permitirán utilizar algoritmos de aprendizaje automático solo si podemos proporcionar información detallada que justifique cualquier predicción siempre que sea necesario. Esta información es necesaria a efectos de auditoría para garantizar que determinados segmentos del mercado inmobiliario no se manipulan artificialmente. Hacer que nuestro modelo entrenado sea explicable proporcionará esta información adicional.

Veamos las distintas opciones disponibles para implementar la explicabilidad de nuestro modelo entrenado.

Presentar estrategias para la explicabilidad

En el caso del aprendizaje automático, existen fundamentalmente dos estrategias para dotar de explicabilidad a los algoritmos:

- **Estrategia de explicabilidad global:** se trata de proporcionar los detalles de la formulación de un modelo en su conjunto. Por ejemplo, consideremos el caso de un modelo de aprendizaje automático utilizado para aprobar o denegar préstamos a particulares para un gran banco. Se puede utilizar una estrategia de explicabilidad global para cuantificar la transparencia de las decisiones de este modelo. La estrategia de explicabilidad global no es la transparencia de las decisiones individuales, sino la de las tendencias agregadas. Digamos que si en la prensa se especula sobre el sesgo de género en este modelo, una estrategia de explicabilidad global proporcionará la información necesaria para validar o negar la especulación.

- **Estrategia de explicabilidad local:** se trata de proporcionar la justificación de una única predicción individual realizada por nuestro modelo entrenado. El objetivo es dar transparencia a cada decisión individual. Por ejemplo, consideremos nuestro ejemplo anterior de predicción de los precios de la vivienda en la zona de Boston. Si un propietario se pregunta por qué el modelo ha valorado su casa a un precio concreto, una estrategia de explicabilidad local le proporcionaría el razonamiento detallado que subyace a esa valoración específica, ofreciendo claridad sobre los diversos factores y ponderaciones que han contribuido a esa estimación.

Para la explicabilidad global, disponemos de técnicas como las **pruebas con vectores de activación de concepto (TCAV**, del inglés *Testing with Concept Activation Vectors*), que se utilizan para proporcionar explicabilidad a los modelos de clasificación de imágenes. Las TCAV se basan en el cálculo de las derivadas direccionales para cuantificar el grado de relación entre un concepto definido por el usuario y la clasificación de las imágenes. Por ejemplo, cuantificarán lo sensible que es una predicción de clasificación de una persona como hombre a la presencia de vello facial en la foto. Existen otras estrategias de explicabilidad global, como los gráficos de dependencia parcial y el cálculo de la importancia de la permutación, que pueden ayudar a explicar las formulaciones de nuestro modelo entrenado. Tanto las estrategias de explicabilidad global como local pueden ser específicas de un modelo o agnósticas con respecto a dicho modelo. Las específicas se aplican a determinados tipos de modelos, mientras que las agnósticas pueden aplicarse a una amplia variedad de modelos.

El siguiente diagrama resume las distintas estrategias disponibles para la explicabilidad del aprendizaje automático:

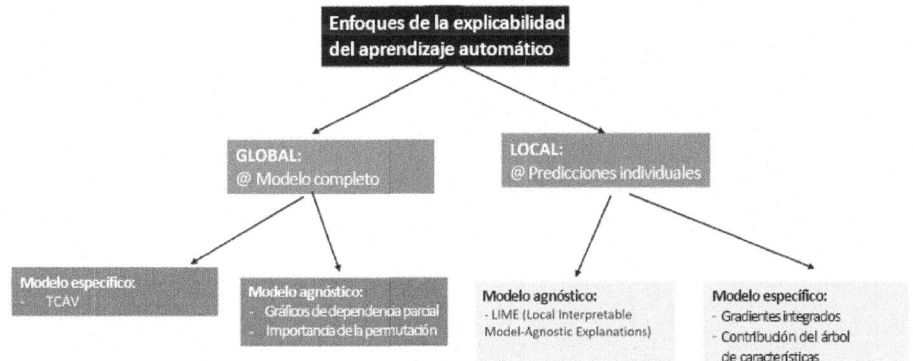

Figura 16.1: *Enfoques de la explicabilidad del aprendizaje automático.*

Veamos ahora cómo podemos aplicar la explicabilidad utilizando una de estas estrategias.

Aplicar la explicabilidad

Las **explicaciones agnósticas al modelo de la interpretabilidad local (LIME**, del inglés *Local Interpretable Model-Agnostic Explanations*) son un enfoque independiente del modelo que puede explicar las predicciones individuales realizadas por un modelo entrenado. Al ser independientes del modelo, pueden explicar las predicciones de la mayoría de los tipos de modelos de aprendizaje automático entrenados.

LIME explica las decisiones induciendo pequeños cambios en la entrada de cada instancia. Puede recoger los efectos en el límite de decisión local para esa instancia e iterar sobre el bucle para proporcionar detalles de cada variable. Si observamos el resultado, podemos ver qué variable influye más en esa instancia.

Veamos cómo podemos utilizar LIME para hacer explicables las predicciones individuales de nuestro modelo de precios de la vivienda:

1. Si nunca has utilizado LIME, tienes que instalar el paquete mediante `pip`:

   ```
   !pip install lime
   ```

2. A continuación, vamos a importar los paquetes de Python que necesitamos:

   ```
   import sklearn
   import requests
   import pickle
   import numpy as np
   from lime.lime_tabular import LimeTabularExplainer as ex
   ```

3. Entrenaremos un modelo que pueda predecir los precios de la vivienda en una ciudad concreta. Para ello, primero importaremos el conjunto de datos almacenado en el archivo `housing.pkl` y después veremos sus características:

```
# Definir la URL
url = "https://storage.googleapis.com/neurals/data/data/housing.pkl"

# Obtener los datos de la URL
response = requests.get(url)
data = response.content

# Cargar los datos mediante pickle
housing = pickle.loads(data)
housing['feature_names']
```

```
array(['crime_per_capita', 'zoning_prop',
       'industrial_prop','nitrogen oxide',
       'number_of_rooms', 'old_home_prop',
       'distance_from_city_center',
       'high_way_access', 'property_tax_rate',
       'pupil_teacher_ratio', 'low_income_prop',
       'lower_status_prop',
       'median_price_in_area'], dtype='<U25')
```

A partir de estas características, debemos predecir el precio de una vivienda.

4. Ahora, vamos a entrenar el modelo. Para ello, utilizaremos un regresor de bosque aleatorio. En primer lugar, dividimos los datos en particiones de prueba y de entrenamiento y, a continuación, los utilizamos para entrenar el modelo:

```
from sklearn.ensemble import RandomForestRegressor
X_train, X_test, y_train, y_test = sklearn.model_selection.train_
test_split(housing.data, housing.target)

regressor = RandomForestRegressor()
regressor.fit(X_train, y_train)
```

```
RandomForestRegressor()
```

5. A continuación, identificamos las columnas de categorías:

```
cat_col = [i for i, col in enumerate(housing.data.T)
                      if np.unique(col).size < 10]
```

6. Ahora, vamos a instanciar el explicador LIME con los parámetros de configuración necesarios. Observa que estamos especificando que nuestra etiqueta es `'price'`, que representa los precios de las viviendas en Boston:

```
myexplainer = ex(X_train,
    feature_names=housing.feature_names,
    class_names=['price'],
    categorical_features=cat_col,
    mode='regression')
```

7. Intentemos profundizar en los detalles de las predicciones. Para ello, en primer lugar, vamos a importar `pyplot` como el trazador (*plotter*) de `matplotlib`:

```
exp = myexplainer.explain_instance(X_test[25], regressor.predict,
    num_features=10)

exp.as_pyplot_figure()
from matplotlib import pyplot as plt
plt.tight_layout()
```

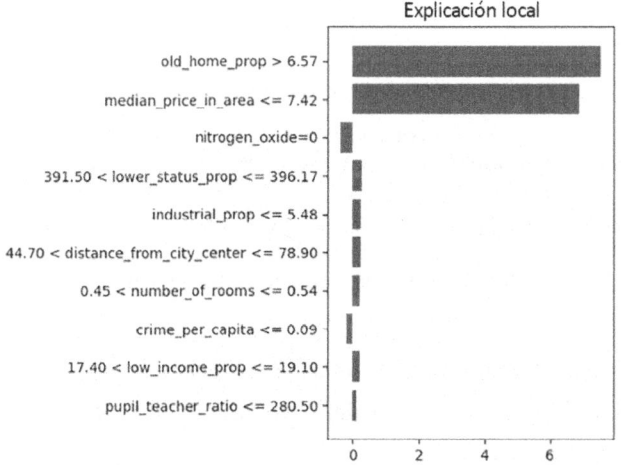

Figura 16.2: *Explicación por características de una predicción del precio de la vivienda.*

8. Como el explicador LIME trabaja sobre predicciones individuales, tenemos que elegir las predicciones que queremos analizar. Hemos pedido al explicador que justifique las predicciones indexadas como `1` y `35`:

```
for i in [1, 35]:
    exp = myexplainer.explain_instance(X_test[i], regressor.predict,
        num_features=10)
exp.as_pyplot_figure()
plt.tight_layout()
```

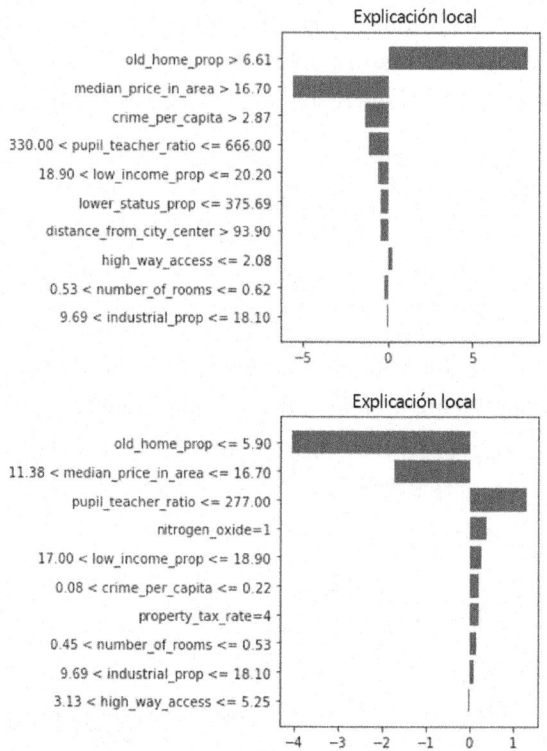

Figura 16.3: *Resaltar las características clave: disección de las predicciones para las instancias de prueba 1 y 35.*

Si analizamos la explicación anterior de LIME, obtenemos lo siguiente:

- **La lista de características utilizadas en las predicciones individuales:** en la imagen anterior, se indican en el eje *y*.

- **La importancia relativa de las características para determinar la decisión:** cuanto mayor es la barra del gráfico, mayor es la importancia. Este valor se muestra en el eje *x*.

- **La influencia positiva o negativa de cada una de las características de entrada en la etiqueta:** las barras rojas muestran la influencia negativa de una característica concreta y las verdes, la influencia positiva.

Ética y algoritmos

La ética algorítmica, también conocida como ética computacional, profundiza en las dimensiones morales de los algoritmos. Este ámbito tan importante pretende garantizar que las máquinas que funcionan con estos algoritmos respeten las normas éticas. El desarrollo y despliegue de algoritmos puede fomentar inadvertidamente resultados poco éticos o sesgos. La elaboración de algoritmos plantea el reto de prever todas sus repercusiones éticas. Cuando hablamos de algoritmos a gran escala en este contexto, nos referimos a los que procesan grandes volúmenes de datos. Sin embargo, la complejidad aumenta cuando varios usuarios o diseñadores participan en un mismo algoritmo, introduciendo diversos sesgos humanos. El objetivo general de la ética algorítmica es poner de relieve y abordar los problemas que surgen en estos ámbitos:

- **Sesgo y discriminación:** hay muchos factores que pueden afectar a la calidad de las soluciones creadas por algoritmos. Una de las mayores preocupaciones es el sesgo involuntario y algorítmico. La razón puede ser el diseño del algoritmo, que da más importancia a unos datos que a otros, o bien la recogida y selección de los datos. Todo ello puede dar lugar a que se omitan puntos de datos que deberían ser computados por el algoritmo, o a que se incluyan datos que no deberían estar implicados. Un ejemplo es el uso de un algoritmo por parte de una compañía de seguros para calcular riesgos. Es posible que utilice datos sobre accidentes de tráfico que incluyan el sexo de los conductores implicados. Basándose en los datos disponibles, el algoritmo podría decidir que las mujeres están implicadas en más accidentes y, por tanto, los precios del seguro para las conductoras serán automáticamente más caros.

- **Privacidad:** los datos que utilizan los algoritmos pueden contener información personal y pueden ser utilizados poniendo en riesgo la privacidad de las personas. Por ejemplo, los algoritmos que permiten el reconocimiento facial son un ejemplo de los problemas de privacidad que provoca el uso de algoritmos. Actualmente, muchas ciudades y aeropuertos de todo el mundo utilizan sistemas de reconocimiento facial. El reto consiste en utilizar estos algoritmos para que protejan a las personas contra cualquier violación de su intimidad.

 Cada vez son más las empresas que hacen del análisis ético de un algoritmo parte de su diseño. Pero lo cierto es que los problemas pueden no aparecer hasta que encontramos un caso de uso problemático.

Problemas con los algoritmos de aprendizaje

Los algoritmos capaces de adaptarse a los cambios en los patrones de datos se denominan algoritmos de aprendizaje. Están en modo de aprendizaje en tiempo real, aunque esta capacidad de aprendizaje puede tener implicaciones éticas. Esto crea la posibilidad de que su aprendizaje dé lugar a decisiones que pueden plantear problemas desde el punto de vista ético. Como han sido creados para estar en constante evolución, es casi imposible realizarles continuamente un análisis ético.

Por ejemplo, analicemos el problema que Amazon descubrió en el algoritmo de aprendizaje que utilizaba para contratar personal. Amazon empezó a utilizar un algoritmo de IA para contratar empleados en 2015. Antes de desplegarlo, se sometió a rigurosas pruebas para garantizar que cumplía los requisitos funcionales y no funcionales y no presentaba sesgos ni ningún otro problema ético. Como se diseñó como un algoritmo de aprendizaje, se ajustaba constantemente con los nuevos datos que iban apareciendo. Un par de semanas después de su despliegue, Amazon descubrió que el algoritmo de IA había desarrollado sorprendentemente un sesgo de género. La empresa apartó el algoritmo y lo investigó. Se descubrió que el sesgo había aparecido debido a algunos patrones específicos en los nuevos datos, concretamente, en más recientes, entre los cuales había muchos más hombres que mujeres. Y resulta que los hombres de los últimos datos tenían una formación más adecuada para el puesto anunciado. El aprendizaje con ajuste en tiempo real tuvo algunas consecuencias no intencionadas y provocó que el algoritmo empezara a favorecer a los hombres en detrimento de las mujeres, introduciendo así un sesgo. El algoritmo empezó a utilizar el género como uno de los factores decisivos para la contratación. El modelo fue entrenado de nuevo y se añadieron las barreras de seguridad necesarias para garantizar que no volvieran a aparecer prejuicios sexistas.

 A medida que aumenta la complejidad de los algoritmos, resulta cada vez más difícil comprender plenamente sus implicaciones a largo plazo para personas y colectivos en la sociedad.

Consideraciones éticas

Las soluciones algorítmicas son formulaciones matemáticas. Es responsabilidad de las personas encargadas de desarrollar los algoritmos asegurarse de que se ajustan a las sensibilidades éticas en torno al problema que intentamos resolver. Una vez desplegadas las soluciones, puede ser necesario supervisarlas periódicamente para garantizar que no empiezan a crear problemas éticos a medida que se dispone de nuevos datos y cambian las suposiciones subyacentes.

Estas consideraciones éticas de los algoritmos dependen del tipo de algoritmo. Por ejemplo, analicemos los siguientes algoritmos y sus consideraciones éticas; se trata de ejemplos de algoritmos potentes para los que son necesarias consideraciones éticas minuciosas:

- Tanto los algoritmos de clasificación como los de regresión tienen objetivos distintos en el aprendizaje automático. Los algoritmos de clasificación categorizan los datos en clases predefinidas y pueden participar directamente en los procesos de toma de decisiones. Por ejemplo, pueden determinar requisitos de visado o identificar datos demográficos específicos de una ciudad. Por otra parte, los algoritmos de regresión predicen valores numéricos a partir de datos de entrada, y estas predicciones pueden utilizarse en la toma de decisiones. Por ejemplo, un modelo de regresión podría predecir el mejor precio para poner una vivienda en el mercado. Básicamente, mientras que la clasificación ofrece resultados categóricos, la regresión proporciona predicciones cuantitativas; ambas opciones son válidas para tomar decisiones informadas en distintos escenarios.

- Cuando se utilizan en motores de recomendación, los algoritmos pueden emparejar currículos con solicitantes de empleo, tanto para individuos como para grupos. Para estos casos de uso, los algoritmos deben aplicar la explicabilidad tanto a nivel local como global. La explicabilidad a nivel local proporcionará la trazabilidad de un currículum individual concreto cuando se coteje con los puestos de trabajo disponibles. La explicabilidad a nivel global aportará transparencia a la lógica general que se utiliza para cotejar los currículos con los puestos de trabajo.

- Los algoritmos de minería de datos pueden utilizarse para extraer información sobre las personas a partir de diversas fuentes de datos que los gobiernos pueden utilizar para la toma de decisiones. Por ejemplo, el departamento de policía de Chicago utiliza algoritmos de minería de datos para identificar focos delictivos y personas de alto riesgo en la ciudad. La garantía de que estos algoritmos de minería de datos se diseñan y utilizan de forma que satisfagan todos los requisitos relacionados con la ética se consigue mediante un diseño meticuloso y una supervisión constante.

Por lo tanto, la consideración ética de los algoritmos dependerá del caso de uso concreto en el que se utilicen y de las entidades a las que afecten directa o indirectamente. Antes de empezar a utilizar un algoritmo para la toma de decisiones críticas, es necesario realizar un análisis detallado desde el punto de vista ético. Estas consideraciones éticas deben formar parte del proceso de diseño.

Factores que afectan a las soluciones algorítmicas

A continuación, se enumeran los factores que debemos tener en cuenta a la hora de analizar la calidad de las soluciones algorítmicas.

Considerar las pruebas no concluyentes

En el aprendizaje automático, la calidad y amplitud del conjunto de datos desempeñan un papel crucial en la precisión y la fiabilidad de los resultados del modelo. A menudo, los datos pueden parecer limitados o carecer de la profundidad necesaria para ofrecer un resultado concluyente.

Por ejemplo, en el ámbito de los ensayos clínicos, si un nuevo medicamento se prueba en un grupo reducido de personas, los resultados pueden no reflejar de forma exhaustiva su eficacia. Del mismo modo, si examinamos las pautas de fraude en un código postal concreto de una ciudad, unos datos limitados podrían sugerir una tendencia que no necesariamente corresponde a mayor escala.

Es esencial distinguir entre "datos limitados" y "pruebas no concluyentes". Mientras que la mayoría de los conjuntos de datos son intrínsecamente limitados (ningún conjunto de datos puede captar todas las posibilidades), el término "pruebas no concluyentes" se refiere a los datos que no ofrecen una tendencia o un resultado claros o definitivos. Esta distinción es fundamental, ya que basar las decisiones en patrones no concluyentes podría conducir a errores de juicio. Plantea siempre la toma de decisiones con ojo crítico, sobre todo cuando trabajes con algoritmos entrenados con esos datos.

 Las decisiones que se basan en pruebas no concluyentes tienden a conducir hacia acciones injustificadas.

Trazabilidad

Los algoritmos de aprendizaje automático suelen separar los entornos de desarrollo y de producción, lo que puede crear una desconexión entre la fase de entrenamiento y la fase de inferencia. Esto significa que, si el algoritmo causara algún daño, este sería muy difícil de rastrear y depurar. Además, cuando se detecta un problema en un algoritmo, es difícil determinar realmente las personas afectadas.

Pruebas erróneas

Los algoritmos son formulaciones basadas en datos. El principio **Garbage-in, Garbage-out (GIGO)** significa que los resultados de los algoritmos solo pueden ser tan fiables como los datos en los que se basan. Si existen sesgos en los datos, también se reflejarán en los algoritmos.

Resultados injustos

El uso de algoritmos puede perjudicar a colectivos vulnerables y grupos que ya están en desventaja.

Además, se ha demostrado en más de una ocasión que el uso de algoritmos para distribuir la financiación de la investigación está sesgado a favor de la población masculina. Los algoritmos utilizados para conceder la inmigración están a veces involuntariamente sesgados hacia los grupos de población vulnerables.

A pesar de utilizar datos de alta calidad y complejas formulaciones matemáticas, si el resultado es injusto, todo el esfuerzo puede traer más perjuicios que beneficios.

Veamos cómo podemos reducir el sesgo en los modelos.

Reducir el sesgo de los modelos

Como ya hemos comentado, el sesgo de un modelo está relacionado con ciertos atributos de un algoritmo concreto que hacen que cree resultados injustos. En el mundo actual, existen prejuicios generales conocidos y bien documentados basados en el género, la raza y la orientación sexual. Esto significa que es de esperar que los datos que recojamos presenten esos sesgos, a menos que se trate de un entorno en el que se haya hecho un esfuerzo por eliminarlos antes de recoger dichos datos.

La mayoría de las veces, el sesgo en los algoritmos es introducido directa o indirectamente por los humanos. El ser humano introduce sesgos, ya sea involuntariamente por negligencia o intencionadamente por subjetividad. Una de las razones de estos sesgos es el hecho de que el cerebro humano es vulnerable al sesgo cognitivo, que refleja la propia subjetividad, creencias e ideología de una persona tanto en el proceso de datos como en el proceso de creación lógica de un algoritmo. El sesgo humano puede reflejarse tanto en los datos utilizados por el algoritmo como en la formulación del propio algoritmo. Para un proyecto típico de aprendizaje automático que sigue el ciclo de vida **CRISP-DM** (explicado en el capítulo 5, *Algoritmos de grafos)*, el sesgo tiene el siguiente aspecto:

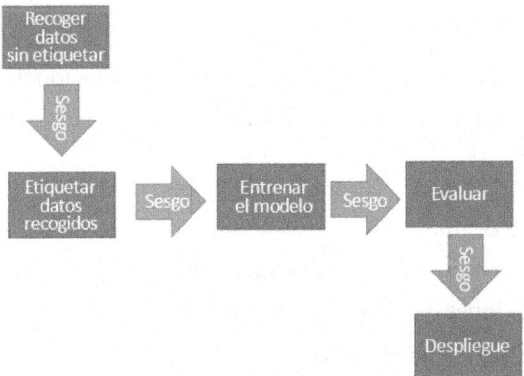

Figura 16.4: *El sesgo puede introducirse en diferentes fases del ciclo de vida CRISP-DM.*

La parte más difícil de reducir los prejuicios es identificar y localizar primero los que son involuntarios.

Veamos, a continuación, cuándo utilizar algoritmos.

Cuándo utilizar algoritmos

Los algoritmos son como las herramientas en la caja de herramientas de un profesional. En primer lugar, debemos saber qué herramienta es la más adecuada en cada circunstancia. A veces, tenemos que preguntarnos si ya tenemos una solución para el problema que intentamos resolver y cuándo es el momento adecuado para desplegarla. Tenemos que determinar si el uso de un algoritmo puede proporcionar una solución a un problema real que sea realmente útil, en lugar de la alternativa. Debemos analizar el efecto del uso del algoritmo en función de tres aspectos:

- **Coste:** ¿puede justificarse el coste respecto al esfuerzo para aplicar el algoritmo?

- **Tiempo:** ¿será el proceso global más eficiente con nuestra solución que con otras alternativas más sencillas?

- **Precisión:** ¿produce nuestra solución dar resultados más precisos que otras alternativas más sencillas?

Para elegir el algoritmo adecuado, tenemos que encontrar las respuestas a las siguientes preguntas:

- ¿Podemos simplificar el problema mediante suposiciones?

- ¿Cómo evaluaremos nuestro algoritmo?

- ¿Cuáles son las métricas clave?

- ¿Cómo se desplegará y utilizará?

- ¿Tiene que ser explicable?

- ¿Sabemos cuáles son los tres requisitos no funcionales más importantes: seguridad, rendimiento y disponibilidad?

- ¿Hay algún plazo previsto?

Al seleccionar un algoritmo basado en los criterios mencionados, conviene tener en cuenta que, si bien la mayoría de los acontecimientos o retos pueden anticiparse y abordarse, hay excepciones que desafían nuestra comprensión y capacidad de predicción tradicionales. Veámoslos con más detalle.

Los cisnes negros y sus implicaciones en los algoritmos

En el ámbito de la ciencia de datos y las soluciones algorítmicas, ciertos acontecimientos impredecibles y poco frecuentes pueden plantear retos únicos. Acuñado por Nassim Taleb en su libro *Fooled by Randomness* (2001), el término "evento de cisne negro" representa metafóricamente estos sucesos raros e impredecibles.

Para que se considere un evento de cisne negro, debe cumplir los siguientes criterios:

- **Inesperado:** el acontecimiento sorprende a la mayoría de los observadores, como el lanzamiento de la bomba atómica sobre Hiroshima.

- **Magnitud:** el acontecimiento es preocupante y significativo, similar al brote de gripe española.

- **Previsibilidad posterior al acontecimiento:** después del suceso, se hace evidente que, si se hubieran observado las pistas, este podría haberse anticipado, como las señales que se pasaron por alto antes de que la gripe española se convirtiera en pandemia.

- **No es una sorpresa para todos:** algunas personas podrían haberse anticipado al acontecimiento, como hicieron los científicos implicados en el Proyecto Manhattan con la bomba atómica.

 Antes de que se descubrieran los cisnes negros en libertad, durante siglos se utilizaron para representar algo que no podía suceder. Tras su descubrimiento, el término siguió siendo popular, pero se produjo un cambio en lo que representaba. Ahora representa algo tan raro que no puede predecirse.

Retos y oportunidades para los algoritmos con eventos de cisne negro:

- **Dilemas de previsión**: aunque existen numerosos algoritmos de previsión, desde ARIMA hasta metodologías de aprendizaje profundo, predecir un evento de cisne negro sigue siendo difícil. Utilizar técnicas estándar puede proporcionar una falsa sensación de seguridad. Predecir el momento exacto de otro acontecimiento, como el COVID-19, por ejemplo, resulta muy difícil debido a la insuficiencia de datos históricos.

- **Predecir las implicaciones**: una vez que se produce un evento de cisne negro, es difícil prever sus amplias repercusiones sociales. Podemos carecer tanto de los datos pertinentes para los algoritmos como de una comprensión de las interrelaciones sociales afectadas por el suceso.

- **Potencial predictivo**: aunque los eventos de cisnes negros parecen aleatorios, son el resultado de precursores complejos pasados por alto. Aquí reside una oportunidad para los algoritmos: la elaboración de estrategias para predecir y detectar estos precursores podría ayudar a anticiparse a un posible evento de cisne negro.

La importancia de una aplicación práctica:

Consideremos la reciente pandemia de COVID-19 un evento de cisne negro de primer orden. Una posible aplicación práctica podría consistir en aprovechar los datos sobre pandemias anteriores, pautas mundiales de viaje y parámetros sanitarios locales. A continuación, un algoritmo podría vigilar los picos inusuales de la enfermedad u otros posibles indicadores tempranos, que señalarían una posible amenaza sanitaria global. Sin embargo, la singularidad de los cisnes negros dificulta esta tarea.

Resumen

En este capítulo hemos aprendido los aspectos prácticos que deben tenerse en cuenta al diseñar algoritmos. Hemos examinado el concepto de explicabilidad algorítmica y las distintas formas de ofrecerla a diferentes niveles. También hemos analizado los posibles problemas éticos de los algoritmos. Por último, hemos descrito los factores que hay que tener en cuenta al elegir un algoritmo.

Los algoritmos son los motores del nuevo mundo automatizado en el que vivimos actualmente. Es importante aprender, experimentar y comprender las implicaciones del uso de algoritmos. Conocer sus ventajas y limitaciones y las implicaciones éticas del uso de algoritmos contribuirá en gran medida a hacer de este mundo un lugar mejor en el que vivir, y este libro es un esfuerzo por alcanzar este importante objetivo en un mundo en constante cambio y evolución.